普通高等教育经管类专业系列教材

STATISTICS
统 计 学

编 著 李军红 李付庆 范建民

南京大学出版社

Preface

前言

同物理世界一样,从科学的角度,看似纷繁复杂的社会、经济现象的背后,也自有一种简明的数理规律,一个公式、一个分布图形,就能揭示这些现象彼此的关系和遵循的模式。比如,统计学中最重要的概率分布——正态分布,许多社会现象——某地区同年龄儿童的发育特征,如身高、体重;某公司年度销售量;同一条件下产品的质量等——都被发现完美地服从正态分布,特别好的和特别差的都是少数,大多数处于中间状态。这就是统计的迷人之处!它使人们对各种表象有了更加清晰、更有深度的认识,并可以借助这种数理发现预测、改善人们的实践。

经济管理是现代科学化管理的范畴,统计学这门学科所提供的基本理论和方法已成为社会、经济、管理工作者必须具备的知识。

统计学是一门数理与实用密切交叉的学科,所涉及的知识点多且杂,涵盖的内容博大精深。全面且深入地掌握这门学科,需要深厚扎实的概率论与数理统计知识基础,以及丰富敏锐的实践经验。

本书是针对应用型高等院校经济管理专业统计学的教学而编写,因此教材体系结构的设计与安排偏重于统计学的一般基本知识和分析方法的介绍与讲解。对于这部分,教材系统且详细阐明了统计的基本概念、统计调查和统计整理的方法、统计的主要指标以及综合指标法、动态数列法、统计指数法、抽样法等。对于需要概率与数理统计知识基础做铺垫的统计学知识与方法,包括参数估计、假设检验、相关与回归分析、方差分析,则由统计学知识与问题,带出需要掌握的概率与数理统计知识部分,讲解注重提纲挈领、点到为止,以了解、适用、够用为准,不做过多的阐释和发挥;必要的知识补充以脚注形式列于正文,因此书中的页下注也非常重要,是了解知识点的不可或缺的一部分。章后统计实验部分使用的软件是 EXCEL 2013,以实例展开,演示具体的操作步骤。

本书写作力求通俗易懂,通过大量实例与习题的计算来分解演示统计方法,以促进对相关概念和计算公式的理解与掌握。对参数估计、假设检验、回归分析等比较难懂的部分的讲解,注重从宏观思路入手,使读者对需要了解的知识点先有一个逻辑清晰的概览与理解,先提纲挈领,再择重点展开,而不至于一开始就被过多复杂的细节所淹没。

本书写作分工如下:统计学概述、统计调查、统计整理、静态分析指标、时间数列分析、统计指数部分,由李军红撰写;抽样调查中参数估计及其数理基础部分由唐甜甜撰写,其他内容由李军红撰写;相关分析由李军红、范建民撰写,唐甜甜整体概括纲领、补充必要知识点;假设检验理论铺垫及概述部分由唐甜甜撰写,后续展开实例部分由范建民撰写,唐甜甜补充、修正;方差分析由范建民撰写,唐甜甜修正;统计分析由李付庆撰写。全书由唐甜甜审定统稿。

由于作者水平有限、时间仓促,书中错漏之处难免,恳请读者批评指正、提出建议,以便进一步修订和完善。在编写过程中,参考了国内外一些非常优秀的教材,以参考文献列于书后,在此表示诚挚的谢意。

作 者

2021 年 8 月

Contents

目录

第一章 统计学概述	1
第一节 统计概述	1
第二节 统计学的研究对象与方法	6
第三节 统计的职能	9
第四节 统计学中的几个基本概念	11
知识结构图	16
深度乐享	16
课后练习	17
第二章 统计调查	21
第一节 统计调查概述	21
第二节 统计调查方案的设计	22
第三节 统计调查的种类	23
第四节 统计调查的组织形式	26
第五节 统计调查误差	31
知识结构图	33
深度乐享	34
课后练习	34
第三章 统计整理	37
第一节 统计整理概述	37
第二节 统计分组	39
第三节 分配数列	43
第四节 统计资料的汇总	50

第五节	统计资料的表现形式	52
第六节	统计整理中 EXCEL 的应用	59
知识结构图		64
深度乐享		65
课后练习		65

第四章 静态分析指标 … 70

第一节	总量指标概述	70
第二节	相对指标概述	73
第三节	平均指标概述	79
第四节	算术平均数、调和平均数	80
第五节	几何平均数	89
第六节	众数、中位数	90
第七节	变异度指标	98
第八节	静态分析指标中 EXCEL 的应用	105
知识结构图		110
深度乐享		111
课后练习		111

第五章 时间数列分析 … 119

第一节	时间数列概述	119
第二节	时间数列水平指标	122
第三节	时间数列速度指标	129
第四节	时间数列趋势分析	132
第五节	动态数列分析中的 EXCEL 的应用	143
知识结构图		146
深度乐享		147
课后练习		147

第六章 统计指数 … 152

第一节	统计指数概述	152
第二节	综合指数	154
第三节	平均数指数	156
第四节	指数体系和因素分析法	161
第五节	平均指标指数	165
知识结构图		169

| 深度乐享 | 170 |
| 课后练习 | 170 |

第七章 抽样调查 174

第一节 抽样调查概述	174
第二节 抽样调查基本理论	176
第三节 抽样平均误差	180
第四节 全及指标的推断	186
第五节 抽样方案的设计	203
第六节 抽样调查中的 EXCEL 的应用	208
知识结构图	210
深度乐享	210
课后练习	211

第八章 相关分析 214

第一节 相关分析的意义和任务	214
第二节 线性相关分析	217
第三节 线性回归分析	221
第四节 非线性相关与非线性回归分析	229
第五节 相关与回归分析中的 EXCEL 的应用	234
知识结构图	236
深度乐享	237
课后练习	237

第九章 假设检验 241

第一节 假设检验概述	241
第二节 单总体均值假设检验	246
第三节 单总体成数和方差假设检验	248
第四节 两个总体假设检验	251
第五节 非参数假设检验	258
知识结构图	269
深度乐享	270
课后练习	270

第十章 方差分析 280

| 第一节 方差分析概述 | 280 |
| 第二节 单因素试验的方差分析 | 282 |

  第三节 双因素试验的方差分析 ··· 286
  第四节 用 EXCEL 表进行方差分析的实例说明 ····························· 295
  知识结构图 ··· 299
  深度乐享 ·· 299
  课后练习 ·· 300

第十一章 统计分析 ··· 308
  第一节 统计分析概述 ··· 308
  第二节 统计综合分析的过程和方法 ·· 310
  第三节 统计分析报告 ··· 313
  知识结构图 ··· 321
  深度乐享 ·· 321
  课后练习 ·· 321

参考文献 ··· 323

第一章
统计学概述

Adviced Cases

教学目的和要求
重点在于从总体上对统计学有一个基本的认识,要求了解统计学的产生和发展、统计学的性质、研究对象的特点和统计研究的基本方法;重点掌握统计学常用的基本概念。

关键词
统计学　统计指标　统计资料

第一节　统计概述

一、统计的产生与发展

(一) 统计的产生

社会经济统计是适应社会发展和国家管理的需要而产生和发展的。社会经济统计作为一种社会实践活动,已有四五千年的历史,早在原始社会末期,人类就有了计数的概念和原始的计量方法。这可以说是统计的初步萌芽。我国是世界四大文明古国之一,在统计实践和统计思想方面都有杰出的贡献。据《尚书》记载,公元前两千多年之前,在国家所进行的天文观测和居民生活条件的调查、贡赋制度和劳役制度中,已有"四极"调查点的选择和年、季、月、"二分二至"与365日的划分;已有"九州"地理区划、"九山九水"治理方案和"上中下三等九级"贡赋标准,数量和分组概念已经形成。在封建社会时代,据《商君书》记载,我国公元前三百多年前,已有了全国规模的人口调查登记制度和按年龄、按职业的人口分组;已有了调查研究中的各种数量对比分析,并把掌握反映基本国情国力的"十三数"定为富国强兵的重要手段。到17世纪中叶,随着社会经济统计的发展,"统计"一词已约定俗成,在《清文献通考》中有明文记载。在历史长河中,我国历代出现过不少杰出的具有统计思想的人物。例如,春秋战国时期的李悝、管仲、商鞅、范蠡等,以及后来的王安石、张居正、顾炎武等,他们都对中国统计的思想和业绩有极大的贡献。

在古代埃及、希腊、罗马的历史中,有关国情国力的调查研究中,统计发展同样十分发达。资本主义最早产生于欧洲,在17世纪和18世纪资本主义上升时期,由于生产发展的需要,社会经济统计有了很大发展,包括人口、工业和农业的"国情普查",逐渐形成了制度。畜业、工业、农业、海关、外贸、物价等方面的统计,先后都得到了发展。为了适应经济活动和统计实践的需要,一门新兴的统计科学便应运而生了。

(二) 统计学的产生与发展

人类的统计实践是随着计数活动而产生的。因此,对统计发展的历史可追溯到原始社会。但是,使人类的统计实践上升到理论予以总结和概括成为一门系统的科学——统计学,却是近代的事情,距今只有300多年的历史。回顾一下统计科学的渊源及其发展过程,对于我们了解统计学的研究对象和性质,学习统计学的理论和方法,提高我们的统计实践和理论水平,都是十分必要的。

从统计学的产生和发展过程来看,大致可以划分为三个时期:统计学的萌芽期、统计学的近代期和统计学的现代期。

1. 第一个时期:统计学的萌芽

统计学初创于17世纪中叶至18世纪,当时主要有国势学派和政治算术学派。

(1) 国势学派

国势学派产生于17世纪的德国,代表人物是康令(H. Conring)、阿亨瓦尔(G. Achenwl),代表作是《近代欧洲各国国情学概论》,他们在大学中开设了一门新课程,最初叫作国势学。他们所做的工作主要是对国家重要事项的记录,因此又被称为记述学派。这些记录记载着关于国家、人口、军队、领土、居民职业以及资源财产等事项,偏重于事件的叙述,而忽视量的分析。严格地说,这一学派的研究对象和研究方法都不符合统计学的要求,只是登记了一些记述材料,借以说明管理国家的方法。

当然,国势学派对统计学的创立和发展还是做了不少贡献的:首先,国势学派为统计学这门新兴的学科起了一个至今仍为世界公认的名词"统计学"(statistics),并提出了至今仍为统计学者所采用的一些术语,如"统计数字资料""数字对比"等。国势学派建立的最重要的概念就是"显著事项",它事实上是建立统计指标和使统计对象数量化的重要前提;国势学派在研究各国的显著事项时,主要是系统地运用对比的方法来研究各国实力的强弱,统计图表实际上也是"对比"思想的形象化的产物。

(2) 政治算术学派

该学派起源于17世纪的英国,在英国,当时从事统计研究的人被称为政治算术学派。虽然政治算术学派与国势学派的研究,都与各国的国情国力这一内容有关,但国势学派主要采用文字记述的方法,而政治算术学派则采用数量分析的方法。因此,从严格意义上来说,政治算术学派作为统计学的开端更为合适,主要代表人物是威廉·配第(W. Petty,1623～1687年)和约翰·格朗特(J. Graunt,1620～1674年)。17世纪的英国学者威廉·配第在他所著的《政治算术》(1676年)一书中,对当时的英国、荷兰、法国之间的"国富和力量"进行数量上的计算和比较,做了前人没有做过的工作——从数量方面来研究社会经济现象。正是在这个意义上,马克思称配第是"政治经济学之父,在某种程度上也可以说是统计学的创始人"。

配第的朋友约翰·格朗特,通过对伦敦市 50 多年的人口出生和死亡资料的计算,写出了第一本关于人口统计的著作《对死亡表的自然观察和政治观察》(1662 年)。从此,统计的含义从记述转变为专指在"量"的方面来说明国家的重要事项。这就为统计学作为一种从数量方面认识事物的科学方法,开辟了广阔的发展前景。

政治算术学派在统计发展史上有着重要的地位。首先,它并不仅满足于社会经济现象的数量登记、列表、汇总、记述等过程,还要求把这些统计经验加以全面系统地总结,并从中提炼出某些理论原则。这个学派在收集资料方面,较明确地提出了大量观察法、典型调查、定期调查等思想;在处理资料方面,较为广泛地运用了分类、制表及各种指标来浓缩与显现数量资料内含的信息。其次,政治算术学派第一次运用可度量的方法,力求把自己的论证建立在具体的、有说服力的数字上面,依靠数字来解释与说明社会经济生活。然而,政治算术学派毕竟还处于统计发展的初创阶段,它只是用简单的、粗略的算术方法对社会经济现象进行计量和比较。

2. 第二个时期:近代统计学

18 世纪末至 19 世纪末,统计学的发展步入近代,这时期的统计学主要有数理统计学派和社会统计学派。

(1) 数理统计学派

最初的统计方法是随着社会政治和经济的需要而初步得到发展的,直到概率论被引进之后,才逐渐形成为一门成熟的科学。在统计发展史上,最初把古典概率论引进统计学领域的是法国天文学家、数学家、统计学家拉普拉斯(P. Laplace)。他发展了对概率论的研究,阐明了统计学的大数法则,并进行了大样本推断的尝试。

随着资本主义经济的发展,统计被应用于社会经济的各个方面,统计学逐步走向昌盛。比利时统计学家、数学家、天文学家凯特勒(A. Quetelet)完成了统计学和概率论的结合。从此,统计学开始进入更为丰富发展的新阶段。国际统计学界有人称凯特勒为近代"统计学之父",就在于他发现了大量现象的统计规律性并开创性地应用了许多统计方法。凯特勒将统计学发展中的三个主要源泉,即德国的国势学派,英国的政治算术派和意大利、法国的古典概率派加以统一与改造,并融合成具有近代意义的统计学,促使统计学向新的境界发展。可以说,凯特勒是古典统计学的完成者,又是近代统计学的先驱者,在统计发展史上具有承上启下、继往开来的地位。同时,凯特勒也是数理统计学派的奠基人,因为数理统计就是在概率论的基础上发展起来的。随着统计学的发展,对概率论的运用逐步增加;同时,自然科学的迅速发展和技术的不断进步,对数理统计方法又提出了进一步的要求。这样,数理统计学就从统计学中分离出来自成一派。由于这一学派主要在英美等国发展起来,故又称英美数理统计学派。

(2) 社会统计学派

自凯特勒后,统计学的发展开始变得丰富而复杂起来。由于在社会领域和自然领域统计学被运用的对象不同,统计学的发展呈现出不同的方向和特色。19 世纪后半叶,正当致力于自然领域研究的英美数理统计学派刚开始发展的时候,在德国竟异军突起,兴起了与之不同的社会统计学派。这个学派是近代各种统计学派中比较独特的一派。由于它在理论上比政治算术学派更加完善，在时间上比数理统计学派提前成熟，因此它很快占领了"市场"，对国际统计学界影响较大，流传较广。

社会统计学派由德国大学教授克尼斯首创，主要代表人物为恩格尔(C. L E. Engel)和梅尔(G. V. Mayr)。他们认为，统计学的研究对象是社会现象，目的在于明确社会现象内部的联系和相互关系；统计应当包括资料的搜集、整理，以及对其分析研究。他们认为，在社会统计中，全面调查包括人口普查和工农业调查，居于重要地位；以概率论为理论基础的抽样调查，在一定的范围内具有实际意义和作用。这个学派融合了国势学派与政治算术学派的观点，认为统计学是一门社会科学，是研究社会现象变动原因和规律性的实质性科学，同数理统计学派的通用方法论相对立；统计学研究的是社会总体而不是个别的社会现象；由于社会现象的复杂性和整体性，必须对总体进行大量观察和分析，研究其内在联系，才能揭示社会现象的规律。该学派以德国为中心，在国际统计学界占有一定的地位，对日本等国的统计学界都有一定影响。主要代表作有《作为独立科学的统计学》《社会生活中的规律》《比利时工人家庭的生活费》等。

19世纪后半叶到20世纪初，社会统计学派在欧洲大陆占有优势，并在世界各国传播，对于美国、苏联、日本、中国等国家发生了不同程度的影响。1882年起，社会统计学派与数理统计学派展开了关于实质科学的争论。受数理统计学派的影响，社会统计学派的性质逐渐发生了变化，由原来的实质科学向方法论科学转变。

3. 第三个时期：现代统计学

现代意义的统计学始于20世纪初，统计学发展步入数理统计时期。20世纪20年代以来，数理统计学发展的主流从描述统计学转向推断统计学。19世纪末和20世纪初的统计学主要是关于描述统计学中的一些基本概念，资料的收集、整理、图示和分析等，后来逐步增加概率论和推断统计的内容。直到20世纪30年代，R.费希尔的推断统计学才促使数理统计进入现代范畴。

现在，数理统计学的丰富程度完全可以独立成为一门学科，但它也不可能完全代替一般统计方法论。传统的统计方法虽然比较简单，但在实际统计工作中运用仍然极广，正如四则运算与高等数学的关系一样。不仅如此，数理统计学主要涉及资料的分析和推断方面，而统计学还包括各种统计调查、统计工作制度和核算体系的方法理论，统计学与各专业相结合的一般方法理论等。由于统计学比数理统计在内容上更为广泛，因此数理统计学相对于统计学来说不是一门并列的学科，而是统计学的重要组成部分。

从世界范围看，自20世纪60年代以后，统计学的发展有几个明显的趋势：第一，随着数学的发展，统计学依赖和吸收的数学方法越来越多；第二，向其他学科领域渗透，或者说，以统计学为基础的边缘学科不断形成；第三，随着统计学应用日益广泛和深入，特别是借助电子计算机后，统计学所发挥的功效日益增强；第四，统计学的作用与功能已从描述事物现状、反映事物规律，向抽样推断、预测未来变化方向发展。它已从一门实质性的社会性学科，发展成为方法论的综合性学科。

二、统计的含义

统计的产生已经有几千年的历史。不过在早期还没有出现"统计"这样的用语。统计语源最早出现于中世纪拉丁语的 Status,意思指各种现象的状态和状况。由这一语根组成意大利语 Stato,表示"国家"的概念,也含有国家结构和国情知识的意思。根据这一语根,最早作为学名使用的"统计",是在 17 世纪德国政治学教授阿亨瓦尔(G. Achenwall)在 1749 年所著《近代欧洲各国国情学概论》一书绪言中,把国家学名定为"Statistika"(统计)这个词,原意是指"国家显著事项的比较和记述"或"国势学",认为统计是关于国家应注意事项的学问。此后,各国相继沿用"统计"这个词,并把这个词译成各国的文字,法国译为 Statistique,意大利译为 Statistica,英国译为 Statistics,日本最初译为"政表""政算""国势""形势"等,直到 1880 年在太政官中设立了统计院,才确定以"统计"二字正名。1903 年(清光绪二十九年)由钮永建、林卓南等翻译了四本横山雅南所著的《统计讲义录》一书,把"统计"这个词从日本传到我国。1907 年(清光绪三十三年)彭祖植编写的《统计学》在日本出版,同时在国内发行,这是我国最早的一本"统计学"书籍。"统计"一词就成了记述国家和社会状况的数量关系的总称。

今天,"统计"一词已被人们赋予多种含义,因此很难给出一个简单的定义。在不同场合,统计一词可以具有不同的含义。它可以是指统计数据的收集活动,即统计工作;也可以是指统计活动的结果,即统计数据资料;还可以是指分析统计数据的方法和技术,即统计学。

1. 统计是统计工作

统计工作,是收集、整理、分析和研究统计数据资料的工作过程。统计工作在人类历史上出现比较早。随着历史的发展,统计工作逐渐发展和完善起来,使统计成为国家、部门、事业和企业、公司和个人及科研单位认识与改造客观世界和主观世界的一种有力工具。统计工作,可以简称为统计。

2. 统计是统计数据资料

统计数据资料,是统计工作活动进行收集、整理、分析和研究的主体及最终成果。不管是个人、集体和社会,还是国家、部门和事业、企业、公司及科研机构,都离不开统计数据资料。个人要进行学习、工作和家政管理,需要对有关的统计数据资料进行收集和分析,以指导自己的学习、工作和生活;公司和企业要管理好生产和销售,必须进行市场调研、生产控制、质量管理、人员培训、成本评估等,这就需要对有关的生产资料、市场资料、成本资料、人员资料、质量数据等进行收集、整理、分析和研究;国家要进行经济建设和社会发展,更离不开关国民经济和社会发展的统计资料。国家统计局编辑、中国统计出版社出版的每年一册的《中国统计年鉴》以及国家统计局每年初公布的《国民经济与社会发展统计公报》等即是统计数据资料。

3. 统计是统计学

统计学是对研究对象的数据资料进行收集、整理、分析和研究,以显示其总体的特征和规律性的学科。统计学的研究对象是客观事物的数量特征和数据资料。统计学是以收集、整理、分析和研究等统计技术为手段,对所研究对象的总体数量关系和数据资料去伪存真、去粗取精,从而达到显示、描述和推断被研究对象的特征、趋势和规律性的目的。

统计数据的收集是取得统计数据的过程,它是进行统计分析的基础。离开了统计数据,统计方法就失去了用武之地。如何取得所需的统计数据是统计学研究的内容之一。统计数据的整理是对统计数据的加工处理过程,目的是使统计数据系统化、条理化,符合统计分析的需要。数据整理是介于数据收集与数据分析之间的一个必要环节。统计数据的分析是统计学的核心内容,它是通过统计描述和统计推断的方法探索数据内在规律的过程。

可见,统计学是一门有关统计数据的科学,统计学与统计数据有着密不可分的关系。在英文中,"statistics"一词有两个含义:当它以单数名词出现时,表示作为一门科学的统计学;当它以复数名词出现时,表示统计数据或统计资料。从中可以看出,统计学与统计数据之间有着密不可分的关系。统计学是由一套收集和处理统计数据的方法所组成的,这些方法来源于对统计数据的研究,目的也在于对统计数据的研究。首先,统计数据不用统计方法去分析也仅仅是一堆数据而已,无法得出任何有益的结论。其次,统计数据不是指单个的数字,而是由多个数据构成的数据集。单个的数据显然用不着统计方法进行分析,仅凭一个数据点,我们也不可能得出事物的规律,只有经过对同一事物进行多次观察或计量得到大量数据,才能利用统计方法探索出内在的规律性。

第二节　统计学的研究对象与方法

一、统计学的研究对象

统计学的研究对象是自然、社会客观现象总体的数量关系。不论是自然领域,还是社会经济领域,客观现象总体的数量方面,都是统计学所要分析和研究的。

统计学研究对象的特点有如下几点。

1. 数量性

统计学的研究对象是自然、社会经济领域中现象的数量方面,这一特点是统计学(定量分析学科)与其他定性分析学科的分界线。数量性是统计学研究对象的基本特点,因为数字是统计的语言,数据资料是统计的原料。一切客观事物都有质和量两个方面,事物的质与量总是密切联系、共同规定着事物的性质。没有无量的质,也没有无质的量。一定的质规定着一定的量,一定的量也表现为一定的质。但在认识的角度上,质和量是可以区分的,可以在一定的质的情况下,单独地研究数量方面,通过认识事物的量进而认识事物的质。因此,事物的数量是我们认识客观现实的重要方面,通过分析研究统计数据资料,研究和掌握统计规律性,就可以达到我们统计分析研究的目的。

2. 总体性

统计学的研究对象是自然、社会经济领域中现象总体的数量方面,即统计的数量研究是对总体普遍存在着的事实进行大量观察和综合分析,得出反映现象总体的数量特征和资料规律性。自然、社会经济现象的数据资料和数量对比关系等一般是在一系列复杂因素的影响下形成的。在这些因素当中,有起着决定和普遍作用的主要因素,也有起着偶然和局部作用的次要因素。由于种种原因,在不同的个体中,它们相互结合的方式和实际发生的作用都不可能完全相同。所以,对于每个个体来说,就具有一定的随机性质,而对于有足够多数个体的总体来说又具有相对稳定的共同趋势,显示出一定的规律性。

3. 具体性

统计研究对象是自然、社会经济领域中具体现象的数量方面。即它不是单纯数量的研究,是具有明确的现实含义的,这一特点是统计学与数学的分水岭。数学是研究事物的抽象空间和抽象数量的科学,而统计学研究的数量是客观存在的、具体实在的数量表现。统计研究对象的这一特点,也正是统计工作必须遵循的基本原则。正因为统计的数量是客观存在的、具体实在的数量表现,它才能独立于客观世界,不以人们的主观意志为转移。只有如实地反映具体的已经发生的客观事实,才能为我们进行统计分析研究提供可靠的基础,才能分析、探索和掌握事物的统计规律性。否则,虚假的统计数据资料是不能成为统计数据资料的,因为它违背了统计研究对象的这一特点。

4. 变异性

统计研究对象的变异性是指构成统计研究对象的总体各单位,除在某一方面必须是同质的以外,在其他方面又要有差异,而且这些差异并不是由某种特定的原因事先给定的。就是说,总体各单位除必须有某一共同标志表现作为它们形成统计总体的客观依据以外,还必须要在所要研究的标志上存在变异的表现;否则,就没有必要进行统计分析研究了。

二、统计学的研究方法

统计学根据研究对象的性质和特点,形成了它自己专门的研究方法,这些基本方法是大量观察法、统计描述法、统计推断法、实验设计法等。

1. 大量观察法

大量观察法是统计学所特有的方法。所谓大量观察法,是指对所研究的事物的全部或足够数量进行观察的方法。社会现象或自然现象都受各种社会规律或自然规律相互交错作用的影响。在现象总体中,个别单位往往受偶然因素的影响,如果任选其中之一进行观察,其结果不足以代表总体的一般特征;只有观察全部或足够的单位并加以综合,影响个别单位的偶然因素才会相互抵消,现象的一般特征才能显示出来。大量观察的意义在于可使个体与总体之间在数量上的偏误相互抵消。

例如,当我们观察个别家庭或少数家庭的婴儿出生时,生男生女的比例极为参差不齐,有的是生男不生女,有的是生女不生男,有的是女多男少,有的是男多女少,然而经过大量观察,男婴、女婴的出生数则趋向均衡。也就是说,观察的次数愈多,离差的差距就愈小,或者说频率出现了稳定性。这就表明,同质的大量现象是有规律的,尽管个别现象受偶然性因素的影响出现偏差,但观察数量达到一定程度就呈现出规律性。

2. 统计描述法

统计描述是指对由实验或调查而得到的数据进行登记、审核、整理、归类、计算,得出各种能反映总体数量特征的综合指标,加以分析并从中抽取有用的信息,用表格或图像把它们表示出来。它通过对分散无序的原始资料的整理、归纳,运用分组法、综合指标法和统计模型法得到现象总体的数量特征,揭露客观事物内在数量规律性,达到认识的目的。

分组法是研究总体内部差异的重要方法,通过分组可以研究总体中不同类型的性质以及它们的分布情况,如产业的经济类型及其行业分布情况。可以研究总体中的构成和比例关系,如三次产业的构成、生产要素的比例等。可以研究总体中现象之间的相关依存关系,如企业经营规模和利润率之间的关系等。

综合指标法是指运用各种统计指标来反映和研究客观总体现象的一般数量特征与数量关系的方法。通过综合指标的计算可以显示出现象在具体时间、具体地点条件下的总量规模、相对水平、集中趋势、变异程度,并进一步从动态上研究现象的发展趋势和变化规律。

统计模型法则是综合指标法的扩展。它是根据一定的理论和假定条件,用数学方程去模拟客观现象相互关系的一种研究方法,利用这种方法,可以对客观现象和过程中存在的数量关系进行比较完整而全面的描述,凸显所研究的综合指标之间的关系,从而简化了客观存在的复杂的其他关系,以便利用模型对所关心的现象变化进行评估和预测。

3. 统计推断法

统计在研究现象的总体数量关系时,需要了解的总体对象的范围往往是很大的,有时甚至是无限的,而由于经费、时间和精力等各种原因,以致有时在客观上只能从中观察部分单位或有限单位进行计算和分析,根据局部观察结果来推断总体。例如,要说明一批灯泡的平均使用寿命,只能从该批灯泡中抽取一小部分进行检验,推断这一批灯泡的平均使用寿命,并给出这种推断的置信程度。这种在一定置信程度下,根据样本资料的特征,对总体的特征做出估计和预测的方法称为统计推断法。统计推断法是现代统计学的基本方法,在统计研究中得到了极为广泛的应用,它既可以用于对总体参数的估计,也可以用作对总体某些分布特征的假设检验。从这种意义上来说,统计学是在不确定条件下做出决策或推断的一种方法。

4. 实验设计法

统计是要分析数据的,但首先需要考察的是,数据的来源是否合适,实验采集的数据是否符合分析的目的和要求。由于安排不科学,使实验数据不能反映现象的真实情况,或不能用以估计总体的数量特征,那么接着一系列分析工作也就白费工夫了。例如,要比较某农作物 A 品种和 B 品种的收获率高低,分别在两地段播种 A 品种和 B 品种,结果获得 A 品种单位面积产量高于 B 品种的数据。如果根据这个数据判断 A 品种优于 B 品种,这个结论就太不可靠了。原因是影响收获率高低的因素不但有种籽品种的差异,还有土地区位、肥沃程度等差异,所以,我们需要事先做出安排,从实验结果数据的差异中排除可控因素(土地)的差异,而显示不可控因素(品种)的差异。所谓实验的统计设计,是指设计实验的合理程序,使得收集得到的数据符合统计分析方法的要求,以便得出有效的客观的结论。它主要适用于自然科学研究和工程技术领域的统计数据收集。

第三节 统计的职能

一、统计的职能

随着社会主义市场经济体制的逐步建立和完善,统计职能将越来越重要。统计已由单纯的统计信息收集整理职能转变为信息、咨询、监督三大职能。统计部门已成为社会经济信息的主体部门和国民经济核算的中心,成为国家重要的咨询和监督机构。

1. 信息职能。是指系统地收集、整理、贮存和提供大量的以数量描述为基本特征的社会经济信息资源。

2. 咨询职能。是利用已掌握的丰富的信息资源,运用科学方法进行综合分析,为科学决策和管理提供数据和咨询建议。

3. 监督职能。是利用统计信息,对社会经济的运行状态进行定量检查、监测和预警,揭示社会经济运行中出现的偏差,提出矫正意见,预警可能出现的问题,提出对策,以促使社会经济持续、健康地发展。

信息、咨询、监督三大职能是相互作用、相辅相成的,共同构成了统计的整体功能。其中,信息功能是最基本的,咨询、监督功能是统计信息功能的延续。发挥统计整体功能是我国长期统计工作特别是改革开放以来统计实践经验的总结,是国家科学管理和宏观调控的客观需要。

统计的作用主要体现在信息、咨询、监督三大功能上。具体表现在:为党和政府各级领导机构决策和宏观调控提供资料;为企业、事业单位经营管理提供依据;为社会公众了解情况、参与社会经济活动提供资料;为科学研究提供资料;为国际交往提供资料。

二、统计工作过程

一项完整的统计工作可分为四个阶段,即统计设计、统计调查、统计整理和统计分析。

1. 统计设计。即在进行统计工作和研究工作之前必须有一个周密的设计。统计设计是在广泛查阅文献、全面了解现状、充分征询意见的基础上,对将要进行的研究工作所做的全面设想。其内容包括:明确研究目的和研究假说,确定观察对象、观察单位、样本含量和抽样方法,拟定研究方案、预期分析指标、误差控制措施、进度与费用等。统计设计是整个研究工作中最关键的一环,也是指导以后工作的依据。

2. 统计调查。即根据统计研究的对象和目的,以及统计设计的内容、指标和指标体系的要求,有计划、有目的、有组织地收集统计原始资料的工作过程,是统计认识过程的第一个阶段,是定量认识的阶段。统计用数字说话,而各种统计数字都直接来自统计调查,管理者和决策者都需要根据大量翔实的统计信息进行管理和决策,科研工作者也需要根据统计调查得到的资料进行科学研究。调查是统计的基础,没有调查,就没有发言权。调查的方式方法主要有统计报表制度、普查、抽样调查、典型调查、重点调查等。

3. 统计整理。即根据统计研究的目的,将统计调查得到的原始资料(或次级资料)进行科学的分类和汇总,使其条理化、系统化的工作过程,是统计认识过程的第二阶段。这个阶段的主要任务就是为统计分析阶段准备能在一定程度上说明总体特征的统计资料。但在实际工作中,统计整理与统计调查、统计分析并非总是截然分开的,而是相互交织在一起的,它是统计调查的继续,也是统计分析的开始。统计调查和统计整理都是一种定量认识活动。

4. 统计分析。即统计认识过程的最后阶段,是在统计整理的基础上,根据研究目的和任务,利用科学的统计分析方法,对统计研究对象的数量方面进行计算、分析的工作过程。统计认识的结论要从分析中得出,因此这一阶段虽然是对统计资料的计算分析,但其目的却是要揭示统计研究的对象的状况、特点、问题、规律性等,所以这是统计认识的定性阶段。

因此,从认识的顺序来看统计设计、统计调查、统计整理和统计分析这四个阶段,是从定性认识开始,经过定量认识,再到定性认识的循环往复的过程。即定性认识(统计设计)→定量认识(统计调查和统计整理)→定性认识(在定量认识的基础上进行的统计分析)的过程。

三、统计组织

统计工作是一项组织严密的科学活动,必须有一套完整的组织制度和管理体制。我国统计工作的组织原则是集中统一。依据这一原则,我国的统计工作体系由以下三部分组成。

1. 政府综合统计系统。政府综合统计系统由国家统计局和地方各级政府的统计机构组成。国家统计局负责组织领导和协调全国统计工作;地方各级政府统计局负责组织领导和协调本地区的统计工作,受同级政府和上级统计局的双重领导,统计业务以上级统计局的领导为主。

2. 部门专业统计系统。部门专业统计系统由国务院和地方各级政府所属业务部门的统计机构组成,负责组织和协调本部门的统计工作和所管辖的企、事业单位的统计工作。其统计业务受国家统计局或同级政府统计机构的指导。

3. 基层单位统计机构。基层单位统计机构包括企、事业单位的统计机构和乡镇统计机构。它们负责组织、协调本单位的统计工作,完成国家、部门和地方所交给的统计工作任务,同时为本单位的生产经营和管理服务。

四、统计法

统计法是调整国家机关、社会团体、各种经济组织以及公民在统计活动中所形成的社会关系的各种法律规范的总称,是进行统计活动的行为准则。它具体规定了统计工作的性质、任务、管理体制、工作制度、机构设置,有关当事人的职责、权利、义务以及应承担的各种法律责任。统计法是国家法律的一个组成部分。

统计法可分别从广义和狭义两个角度去理解。狭义的统计法是指1983年12月公布的

《中华人民共和国统计法》。1983年12月8日第六届全国人民代表大会常务委员会第三次会议通过；根据1996年5月15日第八届全国人民代表大会常务委员会第十九次会议《关于修改〈中华人民共和国统计法〉的决定》修正；2009年6月27日第十一届全国人民代表大会常务委员会第九次会议修订，自2010年1月1日起施行。其中规定："中国境内所有政府机关、社会团体、企事业单位及个体工商户都必须依照本法和国家规定，提供统计资料。不得虚报、瞒报、拒报、迟报，不得伪造篡改。"广义的统计法既包括《中华人民共和国统计法》，还包括《中华人民共和国统计法实施细则》，国务院发布的关于统计活动的命令、条例和决议，以及地方性统计法规等。加强、完善统计法制，对于有效地组织统计工作、保障统计活动顺利开展具有重要意义。

第四节 统计学中的几个基本概念

一、总体与总体单位

统计总体简称总体，是指客观存在的、在同一性质基础上结合起来的许多个别单位的整体。构成总体的这些个别单位称为总体单位。例如，所有的工业企业就是一个总体，这是因为在性质上每个工业企业的经济职能是相同的，即都是从事工业生产活动的基本单位，即它们是同性质的。这些工业企业的集合就构成了统计总体。对于该总体来说，每一个工业企业就是一个总体单位。

统计总体一般具有以下特征：① 同质性。它是指总体中的各个单位必须具有某种共同的属性或标志数值。如国有企业总体中每个企业共同标志属性是国家所有。同质性是总体的根本特征，只有个体单位是同质的，统计才能通过对个体特征的观察研究，归纳和揭示出总体的综合特征和规律性。② 大量性。它是指总体中包括的总体单位有足够多的数量。总体是由许多个体在某一相同性质基础上结合起来的整体，个别或很少几个单位不能构成总体。总体的大量性，可使个别单位某些偶然因素的影响——表现在数量上的偏高、偏低的差异相互抵消，从而显示出总体的本质和规律性。③ 差异性（变异性）。它是指总体的各单位之间有一个或若干个可变的品质标志或数量标志，从而表现出的差异。例如，某领域的职工总体中各单位间有男女的性别属性差异，有20岁、21岁、22岁、23岁、24岁、25岁、26岁等年龄数值的差异。

总体可以分为有限总体和无限总体。总体所包含的单位数是有限的，称为有限总体，如人口数、企业数、商店数等。总体所包含的单位数是无限的，称为无限总体，如连续生产的某种产品的生产数量、大海里的鱼资源数等。对有限总体可以进行全面调查，也可以进行非全面调查。但对无限总体只能抽取一部分单位进行非全面调查，据以推断总体。

确定总体与总体单位，必须注意两个方面：① 构成总体的单位必须是同质的，不能把不同质的单位混在总体之中。例如，研究工人的工资水平，就只能将靠工资收入的职工列入统计总体的范围；同时，也只能对职工的工资收入进行考察，对职工由其他方面取得的收入就要加以排除,这样才能正确反映职工的工资水平。② 总体与总体单位具有相对性,随着研究任务的改变而改变。同一单位可以是总体也可以是总体单位。例如,要了解全国工业企业情况,那么全部工业企业是总体,各个工业企业是总体单位。如果旨在了解某个工业企业的情况,则该工业企业就成了总体。

二、标志与标志表现

(一) 标志和标志表现

统计标志简称标志,是指统计总体各单位所具有的共同特征的名称。从不同角度考察,每个总体单位可以有许多特征。如每个职工可以有性别、年龄、民族、工种等特征,这些都是职工的标志。

标志表现是标志特征在各单位的具体体现。职工的性别是女,年龄为 32 岁,民族为汉族等,这里"女""32 岁""汉族"就是性别、年龄、民族的具体体现,即标志表现。

(二) 标志的分类

1. 标志按变异情况可分为不变标志和变异标志。

当一个标志在各个单位的具体表现都相同时,这个标志称为不变标志;当一个标志在各个单位的具体表现有可能不同时,这个标志称为可变标志或变异标志。如中国第六次人口普查规定:"人口普查的对象是具有中华人民共和国国籍并在中华人民共和国国境内常住的人。"按照这一规定,在作为调查对象的人口总体中,国籍和在国境内居住是不变标志,而性别、年龄、民族、职业等则是变异标志。不变标志是构成统计总体的基础,因为至少必须有一个不变标志将各总体单位联结在一起,才能使它具有"同质性",从而构成一个总体。变异标志是统计研究的主要内容,因为如果标志在各总体单位之间的表现都相同,那就没有进行统计分析研究的必要了。

2. 标志按其性质可以分为品质标志和数量标志。

品质标志表示事物的质的特性,是不能用数值表示的,如职工的性别、民族、工种等。数量标志表示事物的量的特性,是可以用数值表示的,如职工年龄、工资、工龄等。品质标志主要用于分组,将性质不相同的总体单位划分开来,便于计算各组的总体单位数,计算结构和比例指标。数量标志既可用于分组,也可用于计算标志总量以及其他各种质量指标。

三、指标与指标体系

(一) 统计指标及其构成要素

统计指标及其构成要素对统计指标的含义,一般有两种理解和两种使用方法。

1. 统计指标是指反映总体现象数量特征的概念。如人口数、商品销售额、劳动生产率等。它包括三个构成要素,即指标名称、计量单位、计算方法。这是统计理论与统计设计上所使用的统计指标含义。

2. 统计指标是反映总体现象数量特征的概念和具体数值。例如,第六次全国人口普查,在 2010 年 11 月 1 日人口普查的中国人口总数是 1 339 72.485 2 万人。这个概念含义中包括了指标数值。按照这种理解,统计指标除了包括上述三个构成要素外,还包括时间限制、空间限制、指标数值。这是统计实际工作中经常使用的统计指标的含义。

一般认为,对统计指标的这两种理解都是成立的。在做一般性统计设计时,只能设计统计指标的名称、内容、口径、计量单位和方法,这是不包括数值的统计指标。然后经过收集资料、汇总整理、加工计算可以得到统计指标的具体数值,用来说明总体现象的实际数量状况及其发展变化的情况。从不包括数值的统计指标到包括数值的统计指标,在一定意义上反映了统计工作的过程。

(二) 统计指标的特点

1. 数量性。即所有的统计指标都是可以用数值来表现的。这是统计指标最基本的特点。统计指标所反映的就是客观现象的数量特征,这种数量特征是统计指标存在的形式,没有数量特征的统计指标是不存在的。正因为统计指标具有数量性的特点,它才能对客观总体进行量的描述,才使统计研究运用数学方法和现代计算技术成为可能。

2. 综合性。这是指统计指标既是同质总体大量个别单位的总计,又是大量个别单位标志差异的综合,是许多个体现象数量综合的结果。例如,某人的年龄、某人的存款额不能叫作统计指标,人的平均年龄、人的储蓄总额、人均储蓄才叫作统计指标。统计指标的形成都必须经过从个体到总体的过程,它是通过个别单位数量差异的抽象化来体现总体综合数量的特点的。

3. 具体性。统计指标的具体性有两个方面的含义:一是统计指标不是抽象的概念和数字,而是一定的具体的社会经济现象的量的反映,是在质的基础上的量的集合;二是统计指标说明的是客观存在的、已经发生的事实,它反映了社会经济现象在具体地点、时间和条件下的数量变化。

(三) 标志与指标的区别和联系

标志与指标的主要区别是:① 标志是说明总体单位特征的,指标是说明总体数量特征的。例如,一个工人的工资是数量标志,全体工人的工资总额是统计指标。② 标志有用文字表示的品质标志和用数值表示的数量标志,指标则都是用数值表示的,没有不能用数值表示的指标。

标志与指标的主要联系是:① 统计指标的数值多是由总体单位的数量标志值综合汇总而来的。例如工资总额是各个职工的工资之和,工业总产值是各个工业企业的工业总产值之和。② 数量标志与指标之间存在着变换关系。如果由于统计研究目的的变化,原来的统计总体变成总体单位了,则相对应的统计指标也就变成了数量标志。反过来,如果原来的总体单位变成总体了,则相对应的数量标志也就变成了统计指标。

(四) 统计指标的种类

1. 统计指标按其说明总体内容的不同,分为数量指标和质量指标。

数量指标,即说明总体外延规模的统计指标。例如,人口数、企业数、工资总额、商品销售额等。数量指标所反映的是总体的绝对数量,具有实物的或货币的计量单位,其数值的大小,随着总体范围的变化而变化,它是认识总体现象的基础指标。

质量指标,即说明总体内部数量关系和总体单位水平的统计指标。例如,人口的年龄构成、性别比例、农业、轻工业、重工业比例、平均单产、平均工资等。它通常是用相对数和平均数的形式表现的,其数值的大小与范围的变化没有直接关系。

2. 统计指标按其作用和表现形式的不同,可分为总量指标、相对指标和平均指标。总量指标又分为实物指标、劳动指标和价值指标三种。这些统计指标的含义、内容、计算方法和作用各不相同,将在第四章中叙述。

(五) 统计指标体系

由于现象的复杂多样性,各种现象之间相互联系的性质,只用个别统计指标来反映是不够的,需要采用指标体系来进行描述。

统计指标体系就是各种相互联系的统计指标所构成的一个有机整体,用来说明所研究现象各个方面相互依存和相互制约的关系。统计指标体系因各种现象本身联系的多样性和统计研究的目的不同而分为不同的类别:

(1) 根据所研究问题的范围大小,可以建立宏观统计指标体系和微观统计指标体系。宏观统计指标体系就是反映整个现象大范围的统计指标体系,如反映整个国民经济和社会发展的统计指标体系。微观统计指标体系就是反映现象较小范围的统计指标体系,如反映企业或事业单位的统计指标体系。介于这两者之间的可以称为中观统计指标体系,如反映各地区或各部门的统计指标体系。

(2) 根据所反映现象的范围内容不同,统计指标体系可以分为综合性统计指标体系和专题性统计指标体系。综合性统计指标体系是较全面地反映总系统及其各个子系统的综合情况的统计指标体系,如国民经济和社会发展统计指标体系。专题性统计指标体系则是反映某一个方面或问题的统计指标体系,如经济效益指标体系就是专题性统计指标体系。

(3) 根据统计指标体系表现形式的不同,统计指标体系可分为两种形式:一种是平行排列式,即将各种统计指标平行排列组成的指标体系;一种是将若干个统计指标之间的联系表现为一个方程关系式,例如,工资总额＝平均工资×职工人数,商品销售额＝商品销售量×商品销售价格。

统计指标体系对于统计分析和研究具有重要的意义。通过一个设计科学的统计指标体系,可以描述现象的全貌和发展的全过程,分析和研究现象总体存在的矛盾以及各种因素对现象总体变动结果的方向和程度,也可以对未来的指标进行计算和预测,对未来现象发展变化的趋势进行预测。

四、变异、变量和变量值

1. 变异

统计中的标志和指标都是可变的,如:人的性别有男女之分,各时期、各地区、各部门的工业总产值各有不同,这种差别叫作变异。变异就是有差别的意思,包括质的差别和量的差别。变异是统计的前提条件。

2. 变量与变量值

变量就是可以取不同值的量,这是数学上的一个名词。在社会经济统计中,变量包括各种数量标志和全部统计指标,它都是以数值表示的,不包括品质标志。变量就是数量标志的名称或指标的名称,变量的具体数值表现则称为变量值。例如,职工人数是一个变量,某工厂职工人数10 000人,就是变量值。要注意区分变量和变量值。

3. 变量分类

(1) 变量值按是否连续可分为连续变量与离散变量两种。在一定区间内可任意取值的变量叫连续变量,其数值是连续不断的,相邻两个数值可作无限分割,即可取无限个数值。例如,生产零件的规格尺寸,人体测量的身高、体重、胸围等为连续变量,其数值只能用测量或计量的方法取得。可按一定顺序一一列举其数值的变量叫离散变量,其数值表现为断开的。例如,企业个数、职工人数、设备台数、学校数、医院数等,都只能按计量单位数计数,这种变量的数值一般用计数方法取得。

(2) 变量按影响变量值的因素是否确定还可以分为确定性变量和随机性变量。确定性变量是指变量值的变化受某种或某几种确定性因素的影响,其变化是沿着一定的方向呈上升或下降的变动。例如,随着医疗卫生条件的改善,人们的寿命普遍增长了,一些传染病的流行受到了控制,甚至完全消失了。随机性变量是指变量值的变化受某种或某几种不确定性因素的影响,其变化不是沿着一定的方向发展,而带有很大的偶然性。例如:影响某种机械产品零件的质量波动有种种原因,若抽取一部分零件检验其尺寸是否符合规定,则带有一定的偶然性,这里的零件尺寸就是一个随机性变量。

After —— Class

——知识结构图

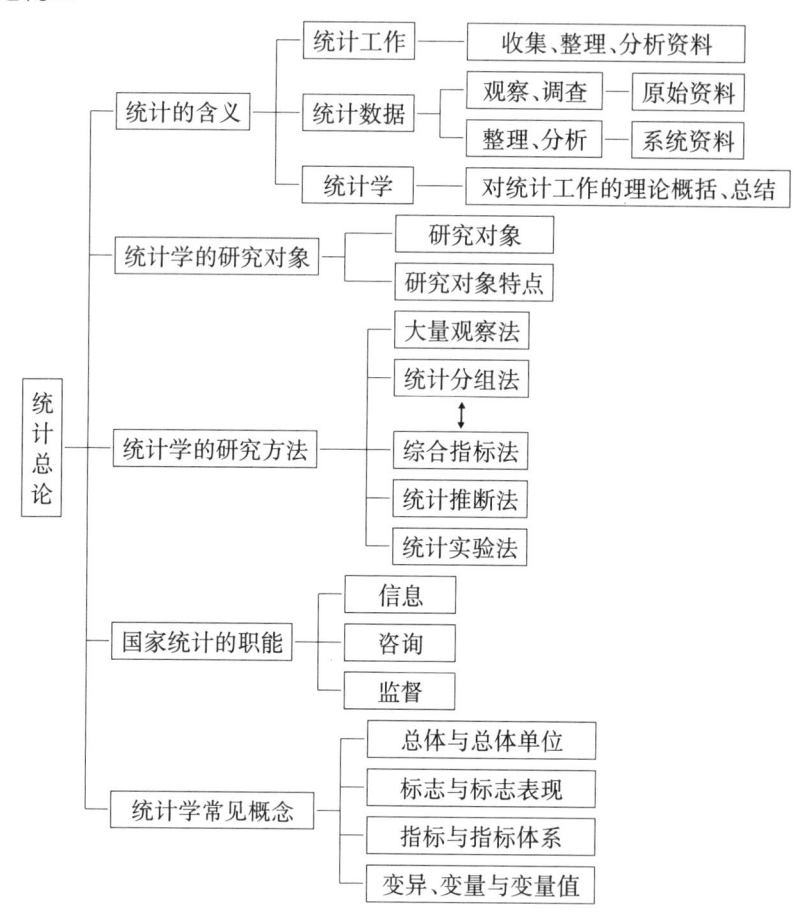

——深度乐享

近代统计学之父——阿道夫·凯特勒

现代计算机之父——查尔斯·巴贝奇（Charles Babbage）的故事

——课后练习

一、填空题

1. 社会经济统计学来源于_____；产生于_____；至今有_____的历史。
2. 统计学派主要有_____、_____、_____、_____；创始人分别是_____、_____、_____、_____。
3. 社会经济统计学的研究对象是_____；它具有_____、_____和_____的特点。
4. 一个完整的统计过程包括_____、_____、_____、_____四个阶段。
5. 社会经济统计学研究方法是_____、_____、_____和_____。
6. 总体是_____；可分为_____、_____；它具有_____、_____、_____的特征。
7. 标志表现是_____。
8. 变量按变量值是否连续可分为_____和_____。
9. 统计指标是_____。包括_____、_____、_____、_____、_____、_____六个构成要素。
10. 统计指标根据说明现象的内容不同可分为_____、_____；根据表现形式可分为_____、_____和_____。
11. 统计指标具有_____、_____、_____的特点。
12. 数量指标是_____；质量指标是_____。

二、单项选择题

1. 最早的统计活动是(　　)。
   A. 人口和土地的统计活动　　B. 原始的调查和登记
   C. 狩猎品和野果的计量　　　D. 简单的计算
2. 统计学之父是(　　)。
   A. 凯特勒　　　　　　　　　B. 威廉·配弟
   C. 海门尔·康令　　　　　　D. 约翰·格朗特
3. "统计学"这个学科名称是(　　)命名的。
   A. 数理统计学派　　　　　　B. 政治算术学派
   C. 国势学派　　　　　　　　D. 社会统计学派

4. 把法国的古典概率引入统计学的是（　　）。
   A. 韦特斯坦　　　B. 约翰·格朗特　　C. 梅尔　　　　D. 凯特勒
5. 从某班 50 名学生中抽取 45 名学生的统计作业进行检查,这种方法在统计中叫作（　　）。
   A. 统计分组法　　B. 综合指标法　　C. 归纳推断法　　D. 大量观察法
6. 要了解 50 名学生的统计课学习情况,则总体单位是（　　）。
   A. 50 名学生　　　　　　　　　　　B. 每一名学生
   C. 50 名学生的统计课成绩　　　　　D. 每一名学生的统计课成绩
7. 要了解某地区国有企业的劳动生产率状况,则总体是（　　）。
   A. 该地区所有的国有企业
   B. 该地区每一个国有企业
   C. 该地区所有国有企业的劳动生产率
   D. 该地区每一个国有企业的劳动生产率
8. 总体与总体单位之间的关系表现为（　　）。
   A. 二者是固定不变的
   B. 总体是总体单位数量标志的总和
   C. 在一定条件下,二者是可以转化的
   D. 总体只是由存在的数量标志的总体单位构成的
9. 三个企业的总产值分别是 10 万元、15 万元、20 万元,这三个数字是（　　）。
   A. 指标　　　　　B. 变量值　　　　C. 变量　　　　　D. 标志
10. 把统计指标含义理解为社会经济现象总体数量特征的概念,这是（　　）。
    A. 不正确的理解　　　　　　　　　B. 狭义的理解
    C. 广义的理解　　　　　　　　　　D. 唯一的理解
11. 2017 年末,我国大陆总人口数为 139 008 万人,这是（　　）。
    A. 统计指标　　　B. 数量标志　　　C. 连续变量　　　D. 变量值

三、多项选择题

1. 要调查某市零售商店的情况,属于品质标志的有（　　）。
   A. 所有制性质　　B. 营业性质　　　C. 日零售额　　　D. 从业人员数
2. 要调查某市零售商店的情况,属于数量标志的有（　　）。
   A. 健康状况　　　B. 文化程度　　　C. 工龄　　　　　D. 劳动生产率
3. 要调查某市零售商店的情况,属于标志表现的有（　　）。
   A. 文化程度　　　B. 年龄　　　　　C. 30 岁
   D. 大学　　　　　E. 住址　　　　　F. 女
4. 变量就是（　　）。
   A. 品质标志　　　B. 变异　　　　　C. 数量标志　　　D. 统计指标
5. 变量值是（　　）。
   A. 标志表现　　　　　　　　　　　B. 数量标志的表现

C. 品质标志的表现　　　　　　　D. 统计指标的数值
6. 属于连续变量的有(　　　)。
   A. 产值　　　　B. 职工人数　　　C. 职工收入　　　D. 设备数
7. 属于连续变量的有(　　　)。
   A. 企业数　　　B. 身高　　　　　C. 考试成绩　　　D. 年龄
8. 以某市工业企业为总体,属于统计指标的是(　　　)。
   A. 某市工业企业数
   B. 某市工业总产值
   C. 某市工人工资总额
   D. 某市工业劳动生产率
   (5) 某市企业所有制性质
   (6) 某市工业企业职工人数
9. 形成总体的必要条件是(　　　)。
   A. 差异性　　　B. 同质性　　　　C. 社会性　　　　D. 综合性

四、判断题

1. 统计起源追溯到原始社会末期。　　　　　　　　　　　　　　　　　　(　　)
2. 国势学派主要特点是以运用大量数字来说话。　　　　　　　　　　　　(　　)
3. 社会经济统计的研究对象是社会经济现象数量多少的方面。　　　　　　(　　)
4. 社会经济统计属于对社会经济现象的定量认识,但这种定量认识是以定性认识为基础的。　　　　　　　　　　　　　　　　　　　　　　　　　　　　　　　　　(　　)
5. 社会经济统计对社会经济现象总体数量方面的认识,是以对个体数量方面认识为基础的。　　　　　　　　　　　　　　　　　　　　　　　　　　　　　　　　　(　　)
6. 用100件产品的合格率推断全部产品的合格率,这种方法属于综合指标法。(　　)
7. 人口总数、土地数都是无限总体。　　　　　　　　　　　　　　　　　(　　)
8. 数量标志可以用数值表示,也可以用文字叙述。　　　　　　　　　　　(　　)
9. 属性变异只限于品质标志,数值变异则限于数量标志和统计指标。　　　(　　)
10. 没有变异就没有统计的必要。　　　　　　　　　　　　　　　　　　(　　)
11. 离散型变量只能取整数,不可能有小数。　　　　　　　　　　　　　(　　)
12. 凡是统计指标都可以用数值表示,若不能用数值表示的就不叫统计指标。(　　)
13. 统计指标可以用数值表示,所以它同数学中的数值没有区别。　　　　(　　)
14. 数量指标和质量指标的根本区别在于数量大小不同。　　　　　　　　(　　)
15. 数量指标多以绝对数形式表现,质量指标多以相对数、平均数形式表现。(　　)
16. 在研究总体时,要用质量指标了解总体的绝对数量大小及其发展变化,还要用数量指标了解总体内部数量关系及其发展变化。　　　　　　　　　　　　　　　(　　)
17. 变量与变量值的主要区别是变量不能相加平均,而变量值则可以相加平均。
　　　　　　　　　　　　　　　　　　　　　　　　　　　　　　　　(　　)
18. 某工厂作为个体时,则该工厂工业总产值是数量标志;若该工厂作为总体时,则该

工厂工业总产值是统计指标。 （ ）

19. 某商店作为个体时,则该商店零售额是统计指标;若该商店作为总体时,则该商店零售额是数量标志。 （ ）

五、问答题

1. 什么是统计?
2. 标志与指标有什么区别和联系?
3. 什么是统计指标体系?它的形式和作用是什么?

第二章 统计调查

Adviced Cases

教学目的和要求

理解统计调查的概念和要求,明确统计调查的各种分类;重点掌握统计调查的主要方法、特点以及适用场合;掌握问卷设计的基本技术,能设计比较简单的调查表;掌握设计统计调查方案的步骤及其方法。

关键词

统计调查　抽样调查　统计报表

第一节　统计调查概述

一、统计调查的含义

统计调查就是根据调查的任务和要求,采取科学的调查方法,有目的、有计划、有组织地及时收集各项反映社会经济活动和科学试验成果的统计资料的过程。对统计资料的收集既可以是对原始资料的收集,也可以是对次级资料进行调查。

原始资料是指对调查单位收集的没有经过汇总整理,需要由个体过渡到总体的统计资料。次级资料是对原始资料进行了一定加工、整理的资料。

统计调查在统计工作的整个过程中,担负着提供基础资料的任务,所有的统计计算和统计研究都是在原始资料收集的基础上建立起来的。因此,统计调查是统计工作的基础环节,是统计分析的前提。只有搞好统计调查,才能保证统计工作达到对于客观事物规律性的认识,从而预测未来。统计资料还是制定政策的依据,并据此检查和监督政策的贯彻执行情况。

二、统计调查的基本要求

根据统计制度方法的统一规定,统计调查必须达到准确、及时、全面的基本要求,做到数字准确、全面;数据反映及时。

1. 准确性

统计调查的准确性是指提供的统计资料必须符合客观实际情况,保证各项统计资料真实可靠。实事求是是统计工作的生命线。

2. 及时性

统计调查的及时性是指要及时上报已完成的各项统计调查资料,从时间上满足各部门对统计资料的需求。各项调查资料不但要求准确,而且需要及时,这是显而易见的,因为过时的资料落在了形势发展的后面,失去时效,起不到统计的作用。

3. 全面性

统计调查的全面性是指所收集的原始资料内容全面、完整,能反映总体的全貌,具体要求各个调查单位不得遗漏,以及各报告单位应填报的项目不得遗漏。

第二节 统计调查方案的设计

在统计调查工作正式开始之前,应当事先设计一个切实可行、周密细致的数据收集方案,以指导整个调查工作,使调查得以顺利地实施和完成。数据收集方案又称调查方案,它是指导整个调查过程的纲领性文件,其内容主要包括以下五个方面。

1. 确定调查目的

在调查方案中首先明确本次调查的目的、任务和意义。调查目的是调查所要达到的具体目标,它所回答的是"为什么调查",要解决什么样的问题,具有什么样的社会经济意义等。这些问题明确之后,我们才能确定向谁调查、调查什么以及采用什么方法进行调查。

2. 确定调查对象和调查单位

确定调查对象和调查单位就是要确定"向谁调查",由谁来提供所需数据的问题。所谓调查对象是根据调查的目的确定的调查研究总体。所谓调查单位是指所要调查的具体单位,即构成调查单位中的每一个单位,它是调查项目、标志承担体和载体,是我们收集数据、分析数据的基本单位。

3. 确定调查项目、调查表以及调查方式方法

调查项目是调查的具体内容,它可以是调查单位的数量特征,如一个人的年龄、收入,一家企业的产量、产值等;也可以是调查单位的某种属性或品质特性,如一个人的性别、职业,一家企业所属的行业类别等。

调查表又称问卷或询问表,是以问题的形式系统地记载调查内容的一种表格。问卷可以是表格式、卡片式或簿记式。设计问卷是询问调查的关键。完美的问卷必须具备两个功能,即能将问题传达给被问的人和使被问者乐于回答。要完成这两个功能,问卷设计时应当遵循一定的原则和程序,运用一定的技巧。

调查的方式有普查、重点调查、典型调查、抽样调查、统计报表制度等。具体收集统计资料的调查方法有:访问法、观察法、报告法等。

4. 确定调查时间和调查地点

统计调查时间包括两种含义,即调查时间和调查期限。调查时间是指调查资料所属的时间,在统计调查中,如果所调查的是时间现象,就要明确规定调查资料所反映的起始和截止时间。调查期限是指进行调查工作的时限,包括收集资料和报送资料工作所需的时间,应尽可能缩短。

统计调查地点就是收集、登记资料的地点。

5. 制定调查工作的组织实施计划

制定调查工作的组织实施计划,包括:调查人员的选择、组织和培训;调查表格、问卷、调查员平时必备工具的准备等;调查经费来源和开支预算等。

第三节　统计调查的种类

一、按调查对象包括的范围不同分类

统计调查按调查对象包括的范围不同,可分为全面调查和非全面调查。

1. 全面调查,即对构成总体的所有单位进行的调查。如普查。
2. 非全面调查,即对构成总体的一部分单位进行的调查。如典型调查、重点调查、抽样调查。

二、按调查的组织形式不同分类

统计调查按调查的组织形式不同,可分为统计报表和专门调查。

1. 统计报表,即按照一定的表式和要求,自上而下地统一布置,自下而上地提供统计资料的一种定期调查方式。如农业统计报表制度、工业统计报表制度。
2. 专门调查,即为研究某些专门问题而由调查单位组织的调查,多属一次性调查。如普查、抽样调查、典型调查、重点调查。

三、按调查登记的时间是否连续分类

统计调查按调查登记的时间是否连续可分为经常性调查和一次性调查。

1. 经常性调查,即随着现象的不断变化而连续不断地进行登记。如产品产量、原材料消耗量等。其数值变动很大。

2. 一次性调查,即间隔一定时间(一般为一年以上)对现象进行调查登记。如人口数、固定资产总值、生产设备数等。其数值变动不大。

四、按收集资料的方法不同分类

统计调查按收集资料的方法不同,可分为观察法、报告法、采访法、问卷法。

(一) 观察法

观察法是指研究者根据一定的研究目的、研究提纲或观察表,用自己的感官和辅助工具去直接观察被研究对象,从而获得资料的一种方法。观察法又分为直接观察法和间接观察法。

1. 直接观察法

直接观察法也称实地观察法,是由调查人员亲自到达现场,对调查对象直接进行观察、检验、测量、点数,以取得所需要的统计资料的一种调查方法。如商业企业的盘点工作。直接观察法,可以获得大量真实的第一手资料,是获得感性认识和发现问题的重要途径,能够保证所收集资料的准确性。但在某些情况下,这种方法也有局限性。如对宏观情况的调查、对历史资料的收集,就不能采用直接观察法。

2. 间接观察法

间接观察法间接观察法是指观察者借助一定的仪器、设备考察研究对象活动的方法。这些仪器、设备有单向观察屏、摄像机、录音机、照相机等。借助这些仪器、设备,观察者可以克服人的感官的局限性,扩大观察范围,提高观察和记录的准确性,同时不必过多地干扰被观察者的行为表现。比如,录音机可以记录下现场人员讲话的全文,摄像机可以摄下较大场面的活动,这些都有助于克服人的感觉灵敏度不够高、注意和记忆广度有限等局限;单向观察屏可以不让被观察者发现观察者,从而有效地避免反应性变化。间接观察法的不足是经费支出较大,同时,对相关技术的要求也比较高;此外,如果在现场使用有些仪器如摄像机、照相机等,被观察者的行为表现仍有不够真实的可能。

这里需要强调的是:直接观察法和间接观察法的区分是相对的。虽然只用感官进行的观察或只用仪器设备进行的观察是存在的,但在具体的实践和研究工作中,二者往往相互结合,共同发挥作用的,以取得更好的观察结果。

(二) 报告法

报告法是由被调查单位利用各种记录和核算资料,按照统一的要求和表格形式,向有关部门提供统计资料的方法。各企业、事业单位所填报的统计报表,就属于这种调查方法。

(三) 采访法

采访法是由调查人员向被调查者提出所要了解的问题,然后根据被调查者的答复来取得统计资料的一种调查方法。其具体形式有开调查会和个别深度访问两种。

1. 调查会

调查会,也称集体访谈法,它是将一组受访者集中在调查现场,让他们对调查的主题(如一种产品、一项服务或其他话题等)发表意见,从而获取调查资料的一种方法。通过座谈会,研究人员可以从一组受访者那里获得所需的定性资料,这些受访者与研究主题有某种程度上的关系。为获得此类资料,研究人员通过严格的甄别程序选取少数受访者,围绕研究主题以一种非正式的、比较自由的方式进行讨论。参加座谈会的人数不宜太多,通常有6至10人,通过小组讨论,在彼此交流的环境里,各个受访者之间相互影响、相互启发、相互补充,并在座谈过程中不断修正自己的观点,从而有利于取得较为广泛、深入的想法和意见。座谈会的另一个优点是不会因为问卷过长遭到拒访。

2. 个别深度访问

个别深度访问是一次只有一名受访者参加的特殊的定性研究。"深访"这一术语也暗示着要不断深入受访者的思想当中,努力发掘其行为的真实动机的意思。调查人员运用大量的追问技巧,尽可能让受访者自由发挥,表达他的想法和感受。深度访问常用于动机研究,如消费者购买某种产品的动机等,以发掘受访者非表面化的深层意见。这一方法最宜于研究比较隐秘的问题,如个人隐私问题,或较敏感的问题,如政治性问题。

(四) 问卷法

问卷法是调查者运用统一设计的问卷向被调查者了解情况、收集资料的一种调查方式。它可以是由被调查者按调查项目自己填写调查表,也可以是调查者按调查表项目向被调查者提问,然后根据调查者的回答填写调查表。其具体形式有以下几种。

1. 访问调查

访问调查又称派员调查,它是调查者通过与被调查者面对面交谈从而得到所需资料的调查方法。访问调查的方式有标准式访问和非标准式访问两种。标准式访问又称结构式访问,它是按照调查人员事先设计好的、有固定格式的标准化问卷,有顺序地依次提问,并由受访者做出回答;非标准式访问又称非结构式访问,它事先不制作统一的问卷或表格,没有统一的提问顺序,调查人员只是给一个题目或提纲,由调查人员和受访者自由交谈,以获得所需的资料。

2. 邮寄调查

邮寄调查是通过邮寄或其他方式将调查问卷送至被调查者,由被调查者填写,然后将问卷寄回或投放到指定收集点的一种调查方法。邮寄调查是一种标准化调查,其特点是调查人员和被调查者没有直接的语言交流,信息的传递完全依赖于问卷。邮寄调查的问卷发放方式有邮寄、宣传媒介传送、专门场所分发三种。

邮寄调查的基本程序是:在设计好问卷的基础上,先在小范围内进行预调查,以检查问卷设计中是否存在问题,以便纠正,然后选择一定的方式将问卷发放下去,进行正式的调查,再将问卷按预定的方式收回,并对问卷进行处理和分析。

3. 电话调查

电话调查是调查人员利用电话同受访者进行语言交流,从而获得信息的一种调查方式。电话调查具有时效快、费用低等特点。随着电话的普及,电话调查的应用也越来越广泛。电话调查可以按照事先设计好的问卷进行,也可以针对某一专门问题进行电话采访。用于电话调查的问题要明确,问题数量不宜过多。

4. 网上调查

网上调查在20世纪90年代开始热门起来,发展也很迅速,其优点表现在以下几个方面：① 速度快。由于省略了印制、邮寄和数据录入过程,问卷的制作、发放及数据的回收速度均得以提高,可以短时间内完成问卷并统计结果及报表。② 费用低。印刷、邮寄、录入及调研员的费用都被节省下来,易获得连续性数据。随着网上固定样本调研的出现,调研员能够通过跟踪受访者的态度、行为和时间进行纵向调研。复杂的跟踪软件能够做到根据上一次的回答情况进行本次问卷的筛选,而且还能填补落选项目;调研内容设置灵活;调研群体大。网上可以接触很多人。③ 可视性强。即它们在视觉效果上能够吸引人,互联网的图文及超文本特征可以用来展示产品或介绍服务内容。

但是网上调查也有以下缺点:① 代表性问题。即上网的人不能代表所有人口。使用者性别、教育水平、技术水平、收入水平各不相同。② 安全性问题。现在很多使用者为私人信息的安全性担忧,提高安全性仍是互联网有待解决的重要问题。③ 无限制样本问题。即网上的任何人都能填写问卷。它完全是自我决定的,很有可能除网虫外并不代表任何人。如果同一个人重复填写问卷的话,问题就变得复杂了。

第四节　统计调查的组织形式

一、统计报表

统计报表是一种以全面调查为主的调查方式,它是由政府主管部门根据统计调查的目的,以统计表格形式和行政手段自上而下布置,然后由企、事业单位自下而上层层汇总上报,逐级提供基本统计数据的一种调查方式。它的任务是经常地、定期地收集反映国民经济和社会发展基本情况的资料,为各级政府和有关部门制订国民经济和社会发展计划,以及检查计划执行情况服务。

(一) 统计报表种类

统计报表按其性质和要求不同,有如下几种分类。

1. 按报表内容和实施范围不同,分为国家统计报表、部门统计报表和地方统计报表。

国家统计报表是国民经济基本统计报表,由国家统计部门统一制发,用以收集全国性的经济和社会基本情况,包括农业、工业、基建、物资、商业、外贸、劳动工资、财政等方面最基本的统计资料。部门统计报表是为了适应各部门业务管理需要而制定的专业技术报表。地方统计报表是针对地区特点而补充制定的地区性统计报表,是为本地区的计划和管理服务的。

2. 按报送周期长短不同,分为日报、旬报、季报、半年报和年报。周期短的,要求资料上报迅速,填报的项目比较少;周期长的,内容要求全面一些。其中,年报具有年末总结的性质,反映当年中央政府的方针、政策和计划贯彻执行情况,内容要求更全面和详尽。

3. 按填报单位不同,分为基层统计报表和综合统计报表。基层统计报表是由基层企、事业单位填报的报表;综合统计报表是由主管部门或部门根据基层报表逐级汇总填报的报表。

4. 按报送方式不同,分为邮寄报表和电讯报表。邮寄报表是通过邮局邮寄的方式报送的报表;电讯报表又可分为电报、电话、传真和 E-mail 等方式。快速报表通常采用电讯报表。而月、季、年报指标内容较多,一般用邮寄方式。

(二) 统计报表特点

统计报表具有以下三个显著的优点。

1. 统计报表是根据国民经济和社会发展宏观管理的需要而周密设计的统计信息系统,从基层单位日常业务的原始记录和台账(原始记录分门别类的系统积累和总结)到包含一系列登记项目和指标,都可以力求规范和完善,使调查资料具有可靠的基础,保证资料的统一性,便于在全国范围内汇总、综合。

2. 统计报表是依靠行政手段执行的报表制度,要求严格按照规定的时间和程序上报,因此具有 100% 的回收率;而且填报的项目和指标具有相对的稳定性,可以完整地积累形成时间序列资料,便于进行历史对比和社会经济发展变化规律的系统分析。

3. 统计报表既可以越级汇总,也可以层层上报、逐级汇总,以便满足各级管理部门对主管系统和区域统计资料的需要。

统计报表是以生产资料公有制为基础,适应政府管理职能的需要而产生和发展起来的,曾经是高度集中的计划经济体制不可分割的组成部分。作为一种全面的基本情况的调查方式,经过调整和改进,同样也是社会主义市场经济体制下国家对国民经济和社会发展进行宏观调控的重要工具,是政府统计执行其"信息、咨询和监督"基本职能的主要手段。

(三) 统计报表资料来源

统计报表的资料来源于基层单位的原始记录。原始记录是基层单位以一定表格、凭证、账册对本单位经济活动的具体内容及状况所做的直接记录。所谓直接记录,是指"第一次记录",凡是转录和推算、估计的资料均不视为原始记录。表 2.1 为工业生产、销售总量及主要产品产量月报表。

表 2.1 工业生产、销售总量及主要产品产量月报　　　　　　年　　月

表　号:国工定基 02 表
文　号:统制字(　　)号
企业名称＿＿＿＿＿＿＿＿＿＿
企业代码□□□□□□□□□□
经济类型＿＿＿＿＿＿＿＿＿＿
是否乡办企业＿＿＿＿＿＿＿＿
是否大中型企业＿＿＿＿＿＿＿
主管机关制表机关:国家统计局
工业行业小类:轻工业或重工业

指标名称	计量单位	本月	本年本月止累计	去年同月止累计
甲	乙	1	2	3
工业总产值 (按不变价格计算)	万元			

(续表)

指标名称	计量单位	本月	本年本月止累计	去年同月止累计
甲	乙	1	2	3
工业总产值（按现行价格计算）	万元			
工业销售产值（按不变价格计算）	万元			
工业销售产值（按现行价格计算）	万元			
其中：出口交货值	万元			
自行车	辆			
⋮				

企业负责人签章_____　　主管部门负责人签章_____　　填表人签章_____　　日期：　年　月　日

原始记录记载着基层单位生产和经营活动的最初资料，各种基层统计表的指标数值都依据有关原始记录计算获得。因此，原始记录的质量直接决定着统计报表数字的准确性。基层单位实行经济核算所需要的资料，无论是统计核算、会计核算还是业务核算的资料都来源于原始记录。可见，建立和健全原始记录是贯彻执行统计报表制度的重要条件。

原始记录的范围十分广泛，形式、内容也不相同。按其内容原始记录可以概括为两类：一类是生产活动的原始记录，如加工业的成品入库单、出库单、下料单、设备变动记录及工人的考勤表、工时表等；另一类是反映经营活动状况的记录，如物资企业的验收入库单、销货票、物资调拨单、物资盘点表及各类账、卡、册等。

利用原始记录编制统计报表或积累统计资料，通常需要设置统计台账。所谓统计台账，是按照统计报表和统计核算工作的需要，以一定表格形式，将分散的原始记录资料按时间顺序进行经济登记和整理的一种表册。统计台账可以使原始记录系统化、条理化、档案化。基层企业科学地设置统计台账，按时间顺序（旬、月、季）分类登记可以提高统计报表的准确性、及时性；可以保持资料的完整性、系统性；可以系统积累统计资料，并随时更正差错；还可以随时为各级领导提供日常经营活动、生产活动需用的资料。统计台账种类很多，可分班组、车间、企业、公司和局统计台账，也可分专业和综合台账。表2.2就是一种台账。

表2.2　车间工时利用情况台账

车间：　　　　　　　　　　　　年　月　　　　　　　　　　　　单位：工时

日期	出勤			缺勤				停工					加班加点	实际工作	备注
	小计	甲班	乙班	小计	病	伤	事	小计	设备损坏	待料	无动力	开会			
合计															

利用统计台账,将原始记录每旬汇总记录在台账内,把编制报表的很大部分工作分散在平时进行,便于期末汇总编表,提高统计报表的及时性。

厂内报表是基层单位统计人员为适应本单位管理需要而编制的反映本企业内部生产、管理等活动的统计表。所以,统计报表资料来源于企业原始记录、统计台账和厂内报表这三个方面。

二、普查

普查是为了某种特定的目的而专门组织的一次性的全面调查,用以收集重要国情国力和资源状况的全面资料,为政府制定规划、方针政策提供依据,如人口普查、科技人员普查、工业普查、物资库存普查等。普查多半是在全国范围内进行的,而且所要收集的是经常的、定期的统计报表所不能提供的更为详细的资料,特别是诸如人口、物资等时点的数据。

普查的组织方式一般有两种:一种是建立专门的普查机构,配备大量的普查人员,对调查单位进行直接的登记,如人口普查等;另一种是利用调查单位的原始记录和核算资料,颁发调查表,由登记单位填报,如物资库存普查等。第二种方式比第一种简便,适用于内容比较单一、涉及范围较小的情况,特别是为了满足某种紧迫需要而进行的"快速普查",就可以采用这种方式,它由登记单位将填报的表格越过中间一些环节直接报送到最高一级机构集中汇总。我国采取第一种方式普查的有:1953年第一次全国人口普查,1995年私营商业及饮食业普查,1964年第二次全国科技售货员普查,1977年全民所有制单位实际用工人数普查,1978年全国科技人员普查,1982年第三次全国人口普查,1990年全国第四次人口普查,2000年第五次人口普查,2010年第六次人口普查等。采取上述第二种方式普查的有:1954年黑色金属、有色金属和木材库存普查,1954年以后所进行的多次物资库存普查,1985年第二次全国工业普查等。

普查作为一种特殊的数据收集方式,具有以下几个特点:

1. 普查通常是一次性的或周期性的。由于普查涉及面广、调查单位多,需要耗费大量的人力、物力和财力,通常需要间隔较长的时间,一般每隔10年进行一次。如我国的人口普查从1953至2000年共进行了五次。之后,我国的普查更加规范化、制度化,即每逢末尾数字为"0"的年份进行人口普查,每逢"3"的年份进行第三产业普查,每逢"5"的年份进行工业普查,每逢"7"的年份进行农业普查,每逢"1"或"6"的年份进行统计基本单位普查。

2. 规定统一的标准时点。标准时点是指对被调查对象登记时所依据的统一时点。调查资料必须反映调查对象的这一时点上的状况,以避免调查时因情况变动而产生重复登记或遗漏现象。例如,我国第六次人口普查的标准时点为2010年11月1日0时,就是要反映这一时点上我国人口的实际状况;农业普查的标准时点定为普查年份的1月1日0时。

3. 规定统一的普查期限。在普查范围内各调查单位或调查点尽可能同时进行登记,并在最短的期限内完成,以便在方法和步调上保持一致,保证资料的准确性和时效性。

4. 规定普查的项目和指标。普查时必须按统一规定的项目和指标进行登记,不准任意改变或增减,以免影响汇总和综合,降低资料质量。同一种普查,每次调查的项目和指标应力求一致,以便进行历次调查资料的对比分析和观察社会经济现象发展变化情况。

5. 普查的数据一般比较准确,规范化程度也较高,因此它可以为抽样调查或其他调查提供基本依据。

6. 普查的使用范围比较窄,只能调查一些最基本及特定的现象。

三、重点调查

重点调查是专门组织的一种非全面调查,它是在总体中选择个别的或部分重点单位进行调查,以了解总体的基本情况。所谓重点单位,是指在总体中具有举足轻重地位的单位。这些单位虽然少,但它们调查的标志值在总体标志总量中占有绝大比重,通过对这些单位的调查,就能掌握总体的基本情况。例如,鞍钢、武钢、首钢、包钢和宝钢等特大型钢铁企业,虽然在全国钢铁企业中只是少数,但它们的产量却占全国钢铁产量的绝大比重。对这些重大企业进行调查,便能省时省力而且及时地了解全国钢铁生产的基本情况,满足调查任务的要求。

重点调查的优点在于调查单位少,可以调查较多的项目的指标,了解较详细的情况,取得及时的资料,使用较少的人力和时间,取得较好的效果。当调查任务只要求掌握总体的基本情况,而且总体中确实存在重点单位时,采用重点调查是比较适宜的。但必须指出,由于重点单位与一般单位的差别较大,通常不能由重点调查的结果来推算整个调查对象的总体指标。

重点调查的关键问题是确定重点单位。首先重点多少,要根据调查任务确定。一般来说,选出的单位应尽可能少些,而其标志值在总体中所占比重应尽可能大些,其基本标准是所选出的重点单位的标志必须能够反映研究总体的基本情况。其次选择重点单位时,要注意重点是可以变动的,即要看到,一个单位在某一问题上是重点,而在另一问题上不一定是重点;在某一调查总体上是重点,在另一调查总体中不一定是重点;在这个时期是重点,在另一时期不一定是重点。因此,对不同问题的重点调查,或同一问题不同的重点调查,要随着情况的变化而随时调整重点单位。当然,选中的单位应是管理健全、统计基础工作较好的单位,以有利于统计调查的实施。

重点调查主要采取专门调查的组织形式,有时也可以颁发定期统计报表,由调查的重点单位填报,定期观察这些重点单位的主要技术经济指标的完成情况及其变动。重点调查收集资料的方法,主要指用以企事业单位的原始资料为依据的报告法。

四、典型调查

典型调查也是专门组织的一种非全面调查,它是根据调查研究的目的和要求,在对总体进行全面分析的基础上,有意识地选择其中有代表性的典型单位进行深入细致的调查,借以认识事物的本质特征、因果关系和发展变化的趋势。所谓有代表性的典型单位,是指那些最充分、最集中地体现总体某方面共性的单位。只要客观地、正确地选择典型单位,通过对典型单位的深入细致的调查,既收集详细的第一手数字资料,又掌握生动具体的情况,就可以获得对总体本质特征的深刻认识,特别是对一些复杂的社会经济问题的研究,典型调查可以了解得更深入、更具体、更详尽。

典型调查具有以下两个突出的作用:① 研究尚未充分发展、处于萌芽状况的新生事物或某种倾向性的社会问题。通过对典型单位深入细致的调查,可以及时发现新情况、新问题,探测事物发展变化的趋势,形成科学的预见。② 分析事物的不同类型,研究它们之间的差别和相互关系。例如,通过调查可以区别先进事物与落后事物,分别总结它们的经验教训,进一步进行对策研究,促进事物的转化与发展。

典型调查的中心问题是如何正确选择典型单位。选择典型单位必须依据正确的理论进行全面的分析,切忌主观片面性和随意性;它不仅要求调查者有客观的、正确的态度,而且要有科学的方法。根据不同的研究目的和要求,有以下三种选典方法:①"解剖麻雀"的方法。这种选典方法适用于总体内各单位差别不太大的情况。通过对个别代表性单位的调查,即可估计总体的一般情况。②"划类选典"的方法。总体内部差异明显,但可以划分为若干个类型组,使各类型组内部差异较小。从各类型组中分别抽选一两个具有代表性的单位进行调查,即称为划类选典。这种调查既可用于分析总体内部各类型特征,以及它们的差异和联系,也可综合各种类型对总体情况做出大致的估计。③"抓两头"的方法。从社会经济组织管理和指导工作的需要出发,可以分别从先进单位和落后单位中选择典型,以便总结经验和教训,带动中间状态的单位,推动整体的发展。

五、抽样调查

抽样调查是实际中应用最广泛的一种调查方法,它是从调查对象的总体中随机抽取一部分单位作为样本进行调查,并根据样本调查结果来推断总体数量特征的一种非全面调查方法。详细内容在第七章介绍。

第五节 统计调查误差

一、统计调查误差的种类

统计数据的准确性是统计工作的生命,提高统计数据质量是统计工作的重中之重。然而,由于各种原因均会造成统计数据的不准确,从而产生统计误差。所谓统计误差,是指统计数据与客观现象的真实数量之间的离差。

(一) 按产生的原因分类

统计误差按产生的原因不同,可分为登记性误差和代表性误差两种。

1. 登记性误差,是指在统计活动过程中,由于各种主观原因和客观原因引起的诸如测量错误、记录错误、汇总错误、计算错误、过录错误等而发生的统计误差。登记性误差又分为故意性登记误差和非故意性登记误差。人为误差是统计误差中产生因素最多的一类,它又分为度量性误差、知识性误差、态度性误差和干扰性误差。度量性误差是指统计指标因计量或者从生产量到价值量换算所产生的误差;知识性误差是指统计人员因统计知识不够,对统计指标的含义不理解或错误理解所产生的误差;态度性误差是指统计人员因对统计工作不负责而随意填报统计数据而产生的误差,包括乱报、漏填或不按规定的计量单位填报等;干扰性误差是指统计对象或统计部门受某种利益驱动而虚报、漏报或者捏造统计数据所形成的误差。

2. 代表性误差,是指总体中部分单位的特征不足以代表总体全部单位的特征而产生的统计误差。代表性误差也有两种,即系统性误差和偶然性误差。系统性误差又称为偏差,它是由于调查时没有遵循随机原则而产生的代表性误差。偶然性误差又称随机误差,是指在遵循随机原则条件下,由于抽中的样本各单位被研究标志的特征与总体有些出入而造成的代表性误差。

(二) 按工作环节分类

统计误差按工作环节不同,可分为源头误差、中间环节误差和最终误差三种。

1. 源头误差,是指起报单位或申报者所产生的误差。

2. 中间环节误差,是指统计调查数据在逐级上报过程中所产生的误差,包括加工整理、汇总和推算等环节。

3. 最终误差,是指由下级各基层数据汇总数或规范的方法得到的推算数与最终使用数之间的差异值。按工作环节划分的统计误差类别是相对的,中间环节误差在不同的场合有可能是源头误差,也可能是最终误差。

二、统计调查误差的防范方法

从微观方面,为了消除登记误差,可以加强对调查人员的业务培训,提高其素质;合理设计调查表,不使被调查者产生误解;采用合适的调查组织形式,尽量避免人为因素的干扰。代表性误差是不可避免的,但可以通过按随机原则抽取样本,或适当扩大样本容量的方法加以控制。从宏观方面,要建立必要的指标体系和评价方法,要广泛使用数理统计中的假设检验方法,完善统计指标体系及其计算方法;在统计体制上必须进行彻底的变革。加大统计执法力度,保证源头数据的准确性。对弄虚作假的单位要坚决严肃查处,在立法上罚款数额应该大幅增加,严重的甚至追究刑事责任,以威慑统计违法者,逐步建立全社会的统计诚信体系。

After —— Class

——知识结构图

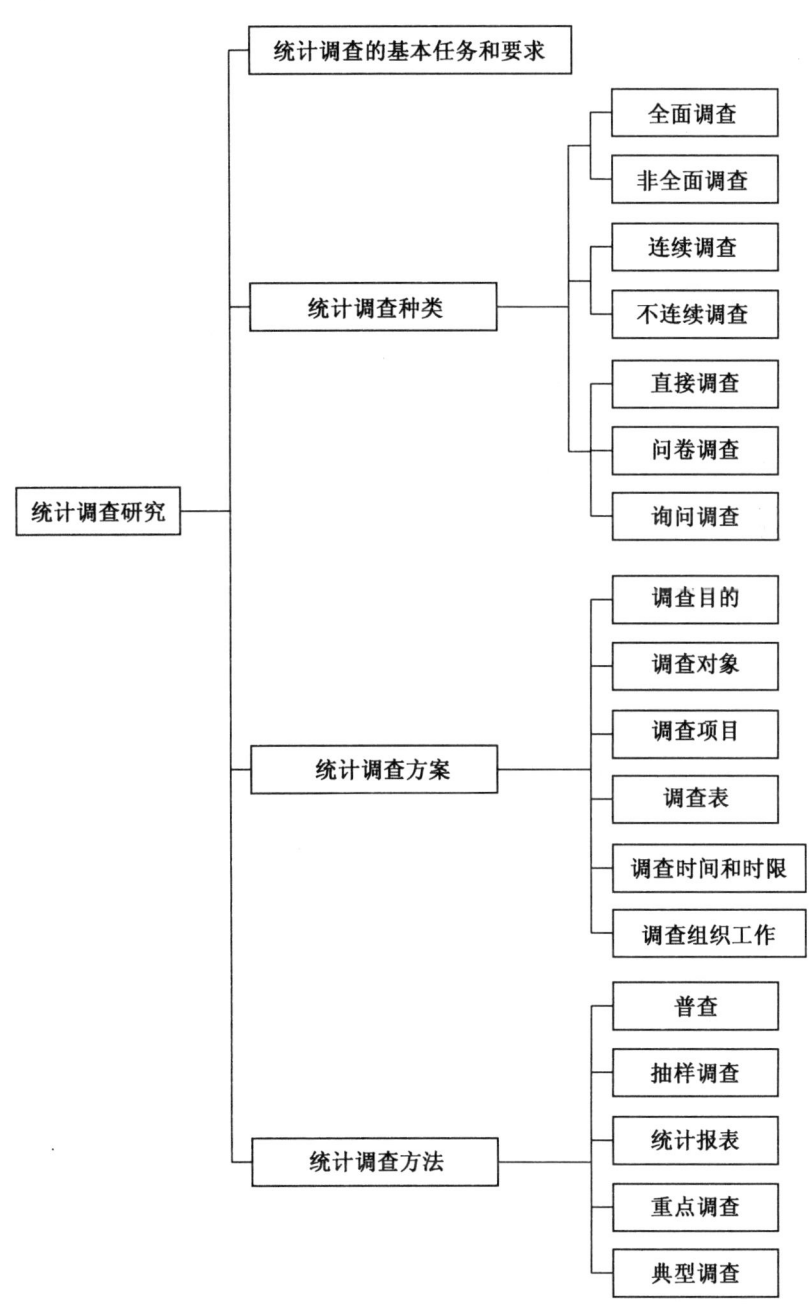

——深度乐享

　　　　　调查问卷的设计　　　美国民意调查创始人——乔治·盖洛普

——课后练习

一、填空题

1. 统计调查是_____。
2. 统计调查收集的资料有两种，一种是未经任何加工整理的_____，另一种是已经整理过的_____。
3. 统计调查的基本要求是_____、_____和_____。
4. 全面调查包括_____和_____；非全面调查包括_____、_____和_____。
5. 按调查登记的时间是否连续，统计调查可分为_____和_____。
6. 调查按组织方式不同可分为_____和_____。
7. 调查单位是_____。
8. 填报单位是_____。
9. 调查内容是_____。
10. 原始记录是_____；它具有_____、_____和_____三个特点。
11. 调查某市商品零售物价情况，调查对象是_____；调查单位是_____；填报单位是_____。
12. 调查某市科技人员情况，调查对象是_____；调查单位是_____；填报单位是_____。

二、单项选择题

1. 统计调查所收集的原始资料和次级资料的关系是(　　)。
   A. 原始资料来源于基层单位，次级资料来源于上级单位
   B. 次级资料是由原始资料加工整理而成的
   C. 二者无必然关系
   D. 二者之间没有区别
2. 对若干农民家庭收支状况通过提问回答方式进行调查，这种调查方法称作(　　)。
   A. 直接观察法　　　　　　　B. 采访法
   C. 报告法　　　　　　　　　D. 通讯法

3. 统计调查方案的首要问题是( )。
   A. 确定调查内容　　　　　　　　B. 确定调查时间
   C. 确定调查目的　　　　　　　　D. 确定调查经费
4. 调查表是解决( )。
   A. 为什么调查的问题　　　　　　B. 向谁调查的问题
   C. 调查什么的问题　　　　　　　D. 什么时间调查的问题
5. 通过调查鞍钢、武钢等几个大钢铁基地了解我国钢铁生产的基本情况,这种调查方式是( )。
   A. 典型调查　　B. 重点调查　　C. 普查　　D. 抽样调查
6. 重点调查的重点单位是指( )。
   A. 数量较少,但具有代表性的单位
   B. 数量较少,但企业规模较大的单位
   C. 数量较少,但经营状况较好的单位
   D. 数量较少,但所要调查的标志值在总体标志总量中占绝大比重的单位
7. 下列各调查中,调查单位与填报单位一致的是( )。
   A. 企业设备调查　　　　　　　　B. 工业企业调查
   C. 我国第六次人口普查　　　　　D. 农村牲畜调查
8. 典型调查单位选择是指( )。
   A. 按随机原则选取　　　　　　　B. 有意识选择先进的单位
   C. 有意识选择部分有代表性的单位　　D. 选择标志值比重大的单位

三、多项选择题

1. 统计调查按周期可分为( )。
   A. 定期调查　　B. 不定期调查　　C. 专门调查　　D. 全面调查
2. 统计报表按报送方式不同可分为( )。
   A. 非全面统计报表　　　　　　　B. 电讯报表
   C. 邮寄报表　　　　　　　　　　D. 基层报表
3. 普查的组织方式按收集资料的具体方法不同可分为( )。
   A. 采取逐级布置和逐级汇总上报的办法
   B. 组织专门的普查机构配备一定的普查人员,对调查单位进行直接登记
   C. 基层单位直接把资料报送给普查的最高组织机构,集中汇总
   D. 利用调查单位原始记录和核算资料,颁发一定的调查表格,由填报单位进行填报

四、判断题

1. 统计调查是整个统计工作的基础。　　　　　　　　　　　　　　( )
2. 车间产量登记表属于原始资料。　　　　　　　　　　　　　　　( )
3. 人口普查属于经常性调查。　　　　　　　　　　　　　　　　　( )
4. 对全国职工家庭收入进行调查,只要登记部分家庭的家庭收入就可以了,这种调查

属于非全面调查。( )

5. 统计调查就是收集次级资料。( )
6. 确定调查单位使我们知道由谁提供具体资料。( )
7. 若要调查的是时期现象,则要明确规定统一的标准调查时点。( )
8. 第六次人口普查规定统一标准调查时点为 2010 年 11 月 1 日零点,它是调查期限。( )
9. 调查地点是指登记调查资料的地点,它与调查单位所在地有时一致,有时不一致。( )
10. 标准时点是指对被调查对象登记时所依据的统一时点。( )
11. 重点调查是一次性调查。( )
12. 抽样调查是非全面调查中最完善、最科学的方法,因而它适合于完成任何调查任务。( )
13. 普查省时、省力,是比较容易取得统计资料的一种调查方法。( )

五、简答题

1. 简述统计调查方案的内容。
2. 简述统计报表同普查的异同。
3. 简述重点调查、抽样调查、典型调查的异同。
4. 简述问卷的结构。
5. 简述典型调查中典型单位的选择方法。

第三章 统计整理

Adviced Cases

教学目的和要求
了解统计整理的概念和内容;掌握统计分组的概念、方法和分组的类型;掌握频数分布的概念、种类;熟练掌握变量数列的编制方法;了解统计表和统计图的构成,以及制表、制图的方法。

关键词
统计分组　次数分配　组距

第一节　统计整理概述

一、统计整理的含义及作用

在统计调查中,通过运用一定的统计调查方式方法,我们取得了大量能够说明现象各个个体特征的原始资料。然而,由于这些资料只是一些个别的、分散的资料,缺乏系统性,不能反映社会经济现象总体的综合数量特征,也不能使我们达到对社会经济现象总体数量特征进行认识。因而,为完成统计研究的任务,必须对这些个别的、分散的资料运用科学的方法进行加工处理,把它转化为总体资料。

统计整理就是对收集得到的原始数据进行审核、分组、汇总,使之条理化、系统化,变成能反映总体特征的综合数据的工作过程。当然,它也包括对已整理过的资料进行再加工。

统计整理在整个统计工作中具有承上启下的作用:

1. 通过统计调查可以取得第一手资料,但这种资料只能反映总体各单位的具体情况,是分散、零碎、表面的。要说明总体情况,揭示出总体的内在特征,还需要对这些资料进行加工整理,使之系统化,以便通过综合指标对总体做出概括性的说明。

2. 统计整理是整个统计工作和研究过程的中间环节,起着承前启后的作用。统计整理是统计调查的继续，又是统计分析的基础。统计调查所收集到的资料，只有通过科学的审核、分类、汇总等整理工作，才能使统计在认识社会的过程中，实现由个别到全体、由特殊到一般、由现象到本质、由感性到理性的转化，才能从整体上反映出事物的数量特征。否则，统计调查所得的资料再丰富、再完备，其作用也发挥不出来，统计调查就将徒劳无益，统计分析也将无法进行。

3. 统计整理还是积累历史资料的必要手段。统计研究中经常要用动态分析，这就需要有长期累积的历史资料，而根据积累资料的要求，对已有的统计资料进行筛选，以及按历史的口径对现有的统计资料重新调整、分类和汇总等，都必须通过统计整理工作来完成。

二、统计整理的内容和步骤

1. 设计和编制统计资料的整理方案

统计资料的整理方案是统计整理的依据，在方案中应明确规定各种统计分析和进行汇总的各项统计分组和统计指标。制订统计整理方案，是保证统计整理有计划、有组织进行的首要步骤，是统计设计在统计整理阶段的具体化。

2. 对统计资料的审核

对收集到的资料进行全面审核，以确保统计资料符合统计研究目的的要求，资料准确无误。具体包括以下内容。

（1）审核资料的完整性和及时性

审核资料的完整性，就是要看调查单位或填报单位是否齐全，规定的项目是否都有答案，应报资料的份数是否符合规定。审核资料的及时性，是看填报单位是否按时报送了有关资料，对不报、漏报或迟报的现象都要及时查清。

（2）审核资料的正确性

审核资料的正确性，是检查所填报的资料是否准确可靠。常用的审核方法有以下两种：

① 逻辑检查。首先，从理论上或常识上检查资料是否有悖常理、有无不切实际或不符合逻辑的地方。比如，一张调查表中，年龄是9岁，职业是教师，其中必有一个是错误的。其次，是检查各项目之间有无相互矛盾的地方。例如，企业的净产值大于同期总产值就是明显的逻辑错误。

② 计算检查。检查各项指标的计算口径、计量单位是否符合规定，并通过各种计算方法来检查各指标间的数字是否相互衔接。

（3）资料审核后的订正情况

通过上述审核，如发现有缺报、缺份数和缺项等情况，应及时催报、补报；如有不正确之处，则应分别按不同情况做如下处理：对于可以肯定的一般错误，应及时代为更正，并通知原报单位；对于可疑之数或无法代为更正的错误，应要求原单位复查更正；如果所发现的差错在其他单位也可能发生时，应将错误情况通报所有单位，以免发生类似错误；对于严重的错误，应发还重新填报，并查明发生错误的原因，若属于违法行为，则应依法严肃处理。

3. 对统计资料的分组

根据研究目的和统计分析的需要，选择整理的标志，并进行划类分组。统计分组是统计整理的重要内容和统计分析的基础，只有正确地分组才能整理出有科学价值的综合指标，并借助这些指标来揭示现象的本质与规律。

4. 对统计资料的汇总

在统计分组的基础上，将各项统计资料进行汇总，得出反映各组和总体数量特征的各种统计指标。

5. 编制统计图表

统计图表即统计资料的显示。通过编制统计表和绘制统计图，将整理出的资料简捷明了、系统有序地显示出来，是对统计数据进行系统积累。

第二节 统计分组

一、统计分组的概念

统计分组是根据社会经济现象的特点和统计研究的目的要求，按照一定的标志把总体划分为若干不同性质的组或类型，称为统计分组。统计分组的依据就是分组标志，它可以是品质标志，也可以是数量标志。统计分组的对象是总体，对于现象总体而言，是"分"，即把总体分为性质相异的若干部分；而对于总体单位而言，又是"合"，即把性质相同的许多总体单位合为一组。对于分组标志而言，是"分"，即按分组标志将不同的标志表现分为若干组，而对于其他标志而言，是"合"，即在一个组内的各单位即使其他标志表现不相同也只能结合在一组。由此可见，选择一种分组方法，突出了一种差异，显示了一种矛盾，必然同时掩盖了其他差异，忽略了其他矛盾。不同的分组方法，可能得出不同的结论。缺乏科学根据的分组，不但无法显示事物的根本特征，甚至会把不同性质的事物混淆在一起，歪曲社会经济现象的本质。因此，统计分组必须先对所研究现象本质做全面、深刻的分析，确定所研究现象类型的属性及其内部差别，而后才能选择反映事物本质的正确的分组标志。

二、统计分组的作用

1. 划分社会现象的不同类型

社会经济现象千差万别，要了解各种社会经济现象的性质、特点及其相互关系，必须根据某种标志把它们划分为性质不同的类型，以便揭示不同社会经济现象的质的差异。

2. 揭示社会现象的内部结构

从数量上反映总体内部的结构是统计研究的重要任务。总体的内部结构可体现部分与整体的关系以及各部分之间存在的差别和相互联系，反映事物从量变到质变的过程，帮助人们掌握事物的特征，认识事物的性质。

3. 分析社会现象之间的依存关系

社会经济现象之间广泛地存在着相互依存的关系，如农作物的耕作深度与收成率之间、合理密植与农产量之间、家庭的工资收入与生活费支出之间、工人技术级别与产品质量之间、工人劳动生产率与产品成本之间、市场商品价格与其需求量之间等,都在一定程度上存在相互依存的关系。所有这些依存关系,都可通过统计分组分析出影响因素与结果因素之间的变动规律。

例 3-1　某地区农作物的施肥量与单位面积产量关系如表 3.1 所示。

表 3.1　某地区农作物施肥量与亩产量关系表

亩化肥施用量(kg)	亩产量(kg)
15.5	377.0
17.8	416.6
19.4	452.8
20.5	481.1
21.8	464.4

表 3.1 中的分组资料反映了化肥施用量与农作物亩产量之间的依存关系,一般来讲,随着化肥施用量的增加,农作物亩产量也在增加,但当化肥施用量为 21.8 kg 时,农作物亩产量则减少到 464.4 kg。因此,过少或过多的施用量都可以使农作物产量降低。

三、统计分组类型

(一) 按分组标志的多少分类

按分组标志的多少,可分为简单分组和分组体系。

1. 简单分组

简单分组就是对总体只按一个标志进行分组。例如国民生产总值按产业分为第一、第二、第三产业三组;货运量按运输方式分为铁路运输、公路运输、水陆运输、航空运输与管道运输五组。

2. 分组体系

分组体系是根据统计研究的需要,通过对同一总体进行多种不同分组而形成的一种相互联系、相互补充,能从各种不同角度加深对统计总体数量表现的认识体系。统计分组体系有平行分组体系与复合分组体系之分。

(1) 平行分组体系,又可称为并列分组,就是对总体按两个或两个以上的标志分别进行简单分组。

例 3-2　对工业企业按经济类型、隶属关系、企业规模、轻重工业进行的并列分组。

按经济类型分组　　　**按隶属关系分组**
　国有经济　　　　　　　中央工业
　集体经济　　　　　　　地方工业
　私营经济　　　　　　　其他经济

按企业规模分组	按轻重工业分组
大型企业	轻工业
中型企业	重工业
小型企业	

(2) 复合分组体系。就是对总体按两个或两个以上的标志进行的重叠式分组，即在按某一标志分组的基础上再按另一标志进一步分组。

例3-3　对工业企业按轻重工业和企业规模重叠分组形成的复合分组如下：

按轻重工业和企业规模分组

轻工业	重工业
大型工业企业	大型工业企业
中型工业企业	中型工业企业
小型工业企业	小型工业企业

复合分组中随着分组标志的增加，对总体所分的组数也不断地成倍增加，因而更不容易反映现象的本质特征，所以复合分组时分组标志不宜过多。因此，不能滥用复合分组，尤其不宜采用过多的标志进行复合分组，也不宜对较小总体进行复合分组。

（二）按分组标志的性质分类

按分组标志的性质不同，分为属性分组和变量分组。

1. 属性分组

属性分组是按品质标志进行的分组，即按事物的某种属性分组。如企业按经济类型、行业分组；人口按性别、民族分组；大学生按专业分组等。这种分组可以反映总体的构成和不同属性事物在总体中的地位和作用。按属性分组时，确定各组的界限有以下两种情况。

(1) 组限是自然形成的或比较明显的。例如，人口按性别、文化程度、党派分组等。

(2) 由于存在属性之间的过渡形式，使分组界限难以确定。这种比较复杂的属性分组，国家有关部门都制定有标准的分类目录，分组时可以依据分类目录来确定组限。例如，人口按职业分组、企业按行业分组、产品按经济用途分组等。

2. 变量分组

变量分组是按数量标志进行的分组。如企业按生产能力、劳动生产率分组；商店按商品流转额、职工人数分组；人口按年龄、身高分组等。这种分组的目的在于通过事物在数量上的差异来反映事物在性质上的区别。

应根据被研究的现象总体的数量特征，采用适当的分组形式，确定相宜的组距、组限和组数。

(1) 单项式分组与组距式分组。

① 单项式分组，就是以一个变量值（标志值）作为一组，形成单项式变量数列。单项式分组一般适用于离散型变量且变量变动范围不大的场合。例如，育龄妇女按其生育子女存活数分组，可分为0个、1个、2个、3个、4个、5个6组。

② 组距式分组，就是将变量依次划分为几段区间，一段区间表现为"从……到……"距离，把一段区间内的所有变量值归为一组，形成组距式变量数列。区间的距离就是组距。对于连续型变量或者变动范围较大的离散型变量，适宜采用组距式分组。例如，反映居民居住

水平情况,可按人均居住面积分组,分为:4 m² 以下、4～6 m²、6～8 m²、8 m² 以上 4 组;再如了解某班学生成绩情况,按成绩进行组距式分组。

(2) 间断组距式分组和连续组距式分组。

在组距式分组中,每组包含许多变量值,每一组变量值中,其最小值为下限,最大值为上限。组距是上下限之间的距离,相邻两组的界限,称为组限。

① 间断组距式分组,指凡是组限不相连的分组。例如,儿童按年龄分组,可分为:未满 1 岁、1～2 岁、3～4 岁、5～9 岁、10～14 岁。

② 连续组距式分组,指凡是组限相连(或称相重叠的)分组,即以同一数值作为相邻两组的共同界限的分组。例如,工人按工时定额完成程度分组,可分为:90%～100%、100%～110%、110%～120%等组。

如果变量值只是在整数之间变动,例如企业数、职工数、机器设备台数等离散型变量,可采用间断组距式分组,也可采用连续组距式分组。如果变量值在一定范围内的表现既可以是整数,也可以是小数,如产值、身高、体重等连续型变量,只能采用连续组距式分组。

在进行连续组距式分组时应注意,由于以同一个数值作为相邻两组共同的界限,为了遵循统计分组穷尽和互斥原则,统计上规定,凡是总体某一个单位的变量值是相邻两组的界限值,这一个单位归入作为下限值的那一组内,即所谓"上限不在内"原则。例如,学生成绩分组,把 70 分的学生归入 70～80 分组内,把 80 分的学生归入 80～90 分组内。根据这一原则,离散型变量的分组,各组的上限也可以写为下一组的下限,这样处理既简明又便于计算。

(3) 等距分组与异距分组。

按数量标志进行组距式分组,还可分为等距分组和不等距(或称异距)分组。

① 等距分组。指标志值在各组保持相等的组距,即各组的标志值变动都限于相同的范围。凡是在标志值变动比较均匀的情况下,都可采用等距分组。例如,工人的年龄、工龄、工资的分组;零件尺寸的误差、加工时间的分组;农产品单位面积产量、单位产品成本的分组等。等距分组有很多好处,它便于绘制统计图,也便于进行各类运算。

② 异距分组。分组的形式应服从分组的要求,即性质相同的单位应合并在一个组内,性质不同的单位应当分开。现象的差别取决于现象的本质,而不在于数学形式,必须根据现象的本质特征和统计研究的目的和任务来确定分组的等距与否。

对于异距分组方法的运用,没有固定模式可供依循,全凭统计人员在实践中不断探索,关键在于对所研究现象的内在联系必须十分熟悉,才能很好地运用异距分组来揭示事物的本质。

四、分组标志的选择

分组标志是统计分组的依据或标准。正确选择分组标志是进行统计分组的关键,分组标志确定得恰当与否会直接影响统计分组的作用。为了正确选择分组标志,必须遵循以下几条原则。

1. 要符合统计研究的目的和要求

统计分组是为统计研究服务的,统计研究的目的不同,选择的分组标志也应有所不同。例如,同是以工业部门为研究对象,当研究的目的是为了分析部门中各种规模的企业的生产情况时,应该选择产品数量或生产能力作为分组标志;当研究目的在于确定工业内部比例及平衡关系时,应该以行业为分组标志,将工业部门划分为重工业与轻工业或冶金、电力、化工、机械、纺织、煤炭等工业行业。

2. 必须选择最重要的标志作为分组依据

社会经济现象纷繁复杂,研究某一问题可能涉及许多标志,科学的统计分组则应从中选择与统计研究的目的、与有关事物的性质或类型关系最密切的标志,即最主要或最本质的标志作为统计分组的依据。

例如,根据统计调查资料,研究人民生活水平变动情况时,可供选择的分组标志有家庭人口数、每户就业人数、每一就业者负担人数、家庭总收入、平均每人月生活费收入等。而其中最能反映人民生活水平变动的标志是平均每人月生活费收入,故应选择这一标志作为分组标志。

3. 要考虑到社会经济现象所处的具体历史条件

客观事物的特点和内部联系随着条件的变化而不同,因此选择分组标志时,要具体情况具体分析,根据事物的不同条件来选择分组标志。例如,同是划分企业规模,在劳动密集型的行业或地区,可采用职工人数作为分组标志;而在技术密集型的行业或地区,则应选择固定资产价值或生产能力作为分组标志。

第三节 分配数列

一、分配数列的概念和种类

(一) 分配数列

在统计分组的基础上,将总体所有的单位按某一标志进行归类排列,并计算各组的单位数称为分配数列,或称为次数分布。

(二) 分配数列的两个要素

1. 组别,即总体按某个标志所分的组。
2. 频数(次数)和频率,即各组的单位数(次数或频数),以及各组的单位数与总体单位总数之比(频率)。

例 3-4 通过表 3.2 可了解次数分布的内容。

表 3.2 某年某地区企业职工构成表

按经济类型分组	职工人数(万人)	比重(%)
全民所有制	7 000	70
集体所有制	2 000	20
其他	1 000	10
合计	10 000	100

(三) 频数分配的种类

1. 品质分配数列

按品质标志分组所编制的分配数列叫品质分配数列或属性分配数列,简称品质数列。品质数列由组的名称和各组的次数两个要素构成。如表3.2所示。

2. 变量分配数例

按数量标志分组所编制的分配数列叫变量分配数列,简称变量数列。任何一个变量数列都由各组变量值和各组的次数两个要素构成。

(1) 单项数列,即以一个变量值为一组编制的变量频数分配。

例 3-5 表3.3为某厂工人生产某产品日产量资料。

表 3.3 某厂工人生产某产品日产量资料

日产量(件)	人数(人)	日产量(件)	人数(人)
12	20	16	29
13	31	17	23
14	45	18	15
15	37	合计	200

单项数列一般在变量的变异幅度不大的情况下采用。如表3.3中,变量的最大变量值为18件,最小变量值为12件,变量值的变异范围为12~18件,变量值的数目为7件。如果变量值的个数较多,变动的范围也较大,为了准确地反映出总体各个单位分布的特征和分布的趋势,则应编制组距数列。

(2) 组距数列,即以表示一定变动范围的两个变量值构成的组所编制的变量频数分布。

例 3-6 表3.4为某地区33个工厂职工人数资料。

表 3.4 某地区33个工厂职工人数资料表

按职工人数分组	工厂数(个)	比重(%)
250~500	8	16.67
500~750	9	30.00
750~1 000	7	23.33
1 000~1 250	4	13.33
1 250~1 500	3	10.00
1 500~1 750	2	6.67
合计	33	100.00

① 组距数列按各组组距是否相等,分为等距数列和异距数列。

组距数列中各组组距相等的数列叫作等距数列。在统计研究中,采用等距进行分组是根据研究的目的、所研究对象的性质来进行的,如果社会经济现象性质差异的变动比较均衡,可以采用等距来进行分组。

组距数列中各组组距不相等的数列叫作异距数列。如按生产能力将工业企业划分为大中小企业就是采用异距进行的分组。异距数列能比较准确地反映总体内部各组成部分的性质差异。实际工作中,有一些现象性质的变动很大,这时采用等距分组就不能反映事物性质的差别,必须按异距进行分组。

② 组距数列按变量是否连续,分为连续型组距数列和离散型组距数列。

变量为连续型组距数列叫作连续型组距数列。在这种数列中前一组的上限与后一组的下限同为一个变量值,这样进行分组不会出现遗漏标志值的现象。

例 3-7 表 3.5 为某企业 100 个工人工资资料。

表 3.5 某企业 100 个工人工资资料

按工资分组(元)	工人数(人)	按工资分组(元)	工人数(人)
3 400~3 500	10	3 700~3 800	15
3 500~3 600	35	3 800~3 900	20
3 600~3 700	20	合计	100

从表 3.5 中可以看出,前一组的上限与后一组的下限相等,这样的组距数列即为连续型数列。

变量为离散型的组距数列叫作离散型组距数列。由于离散型变量的取值为整数,因此组距数列中前一组的上限与后一组的下限不为同一个变量值。

例 3-8 表 3.6 为某社区人口年龄分组表。

表 3.6 某社区人口年龄分组表

年龄(岁)	人数	年龄	人数
0~14	10 000	65 以上	10 000
15~64	80 000	合计	100 000

从表 3.6 可以看出,它把年龄分为三组,第一组的上限为 14,第二组的下限为 15。因此,前一组上限与后一组的下限不相等。

二、分配数列的编制

(一) 分配数列编制中常用的基本概念

1. 组限和组距

组距数列中,各组变量值变动的界限称为组限,组内最大变量值称为上限,最小变量值称为下限。组距就是上限与下限之差,即:

$$组距 = 组上限 - 组下限$$

实际上,这一公式只适用于计算连续组距式分组的组距大小,例如成绩分组中,60~70 分,70~80 分,其组距为 10 分(10=70-60 或 80-70)。如果将这一公式套用于间断组距式,将会产生谬误。例如,商店规模按职工人数分组,分为 1~5 人、6~10 人、11~15 人等。套用上述公式,得出 5-1(或 10-6,或 15-11)=4,即组距为 4 人的结论,显然是错误的。对于间断式分组的组距大小的计算,必须采用如下公式:

$$组距 = 上组下限 - 本组下限$$

2. 全距和组数

全距是总体中最大的标志值与最小的标志值之差。

组数的多少直接取决于两个因素,一个是总体的全距,另一个是组距。在等距分组的条件下,组数等于全距除以组距。

在组距既定的条件下,全距大则组数多,全距小则组数少;在全距既定的条件下,组距大则组数少,组距小则组数多。全距是客观存在的事实,不以人的意志为转移,所以确定组数的关键是确定组距。如对学生成绩情况的统计分组中,若组数过少,例如学生成绩分为2组,不能很好地达到分组的基本要求;若组数过多,例如成绩分为101组,即分组过细,也无法起到化繁为简的作用,难以显示出总体分布的规律。

决定组数的多少,并无规则可言,必须凭借经验和所研究问题的性质做出判断。这里,向大家介绍一种确定组数和组距的经验公式,这一公式是美国学者斯特杰斯(Sturges)创立使用的,称为斯特杰斯经验公式,即:

$$n = 1 + 3.322 \lg N$$

则有

$$i = R/n = R/1 + 3.322 \lg N$$

上式中,n 为组数;N 为总体单位数;i 为组距;R 为全距,即最大变量值 X_{max} 与最小变量值 X_{min} 之差。根据这一公式,可以得出如下(见表3.7)的组数参考标准。

表3.7　分组组数参考标准表

N	15~24	25~44	45~89	90~179	180~359
n	5	6	7	8	9

上述公式及表中数据仅供参考,不能生搬硬套。实际分组时采用组数多少应依据所研究资料的性质而定。

3. 组中值

组距数列掩盖了各组单位的实际变量值,为了反映分布在各组中个体单位变量值的一般水平,往往需要计算组中值。组中值是各组变量值的中间数值,通常根据各组上限、下限进行简单平均求得,公式为:

$$组中值 = \frac{上限 + 下限}{2}$$

用组中值代表组内变量值的一般水平有一个前提,即组内各单位变量值在本组内均匀分布或在组中值两侧呈对称分布。实际上,完全具备这一前提是不可能的,但在划分各组组限时,必须考虑使组内变量值的分布尽可能满足这一要求。此外,为了计算方便,应力求使组中值能取整数。

在编制组距式变量数列时,使用"××以上"或"××以下"这样不确定组距的组,称为开口组。在组距数列中存在开口组的情况下,为了进行统计分析,需要计算开口组组中值。开口组的组中值的确定,一般可将邻组组距假定为开口组组距,然后计算组中值。组中值公式为:

$$缺下限的开口组组中值 = 上限 - \frac{相邻组距}{2}$$

$$缺上限的开口组组中值 = 下限 + \frac{相邻组距}{2}$$

（二）变量数列的编制

例 3-9 根据抽样调查，某月某中学 50 名住校学生购买消费品支出资料如下（单位：元）：

830	880	1 230	1 100	1 180	1 580	1 210	1 460
1 170	1 080	1 050	1 100	1 070	1 370	1 200	<u>1 630</u>
1 250	1 360	1 270	1 420	1 180	1 030	870	1 150
1 410	1 170	1 230	1 260	1 380	1 510	1 010	860
<u>810</u>	1 130	1 140	1 190	1 260	1 350	930	1 420
1 080	1 010	1 050	1 250	1 160	1 320	1 380	1 310
1 270	1 250						

对上述统计资料进行整理，编制统计表。

解 1. 将原始数据由小到大进行排列求出全距。

首先应对标志值的分布情况进行仔细审查，找出变量的最大值和最小值，求出全距为 $1\ 630-810=820$（元）。

2. 确定组数和组距。

根据分析确定采用等距分组，分为 8 组，则组距等于全距 820 除以 8，约为 100。再根据组距的大小定出上下限。一般地，第一组的下限必须略小于实际变量值的最小值，最后一组的上限必须略大于实际变量值的最大值，并尽可能使各单位的标志值在组内分布比较均匀。

3. 分组归类合计形成次数分布，并制成统计表。

经过整理，得出计算结果如表 3.8 所示。表中第 1 列是变量，第 2 列是各组出现的次数，即频数，各组频数之和等于总体单位数，第 3 列是频率，频率反映了各组频数的大小对总体所起的作用的相对强度，它是各组频数与总体单位总和之比，计算公式如下：

$$频率 = \frac{f}{\sum f_i}$$

表 3.8 某校 50 名在校学生某月购买消费品支出情况表 （单位：元）

按人月消费品支出额分组 x_i	频数 f_i	频率 $=\dfrac{f}{\sum f_i}$
800～900	5	0.10
900～1 000	1	0.02
1 000～1 100	8	0.16
1 100～1 200	11	0.22
1 200～1 300	11	0.22
1 300～1 400	7	0.14
1 400～1 500	4	0.08
1 500 以上	3	0.06
合计	50	1.00

通过对总体各单位分组而形成变量数列,显示了各单位标志值在各组间的分布状况,从而使杂乱无章的原始数据显示出一定的规律性。从表3.8可以看出,月消费品支出额在1 000～1 300元的在校学生户占全部在校学生的60%,而低支出和高支出在校学生户所占比重较小,呈现出一种近似"两头小,中间大"的钟型分布特征。

(三) 累计频数与累计频率

1. 累计频数(频率)

累计频数(频率)可以是向上累计频数(频率),也可以是向下累计频数(频率)。

(1) 向上累计频数(频率)分布,即先列出各组的上限,然后由标志值低的组向标志值高的组依次累计频数(频率)。某组向上累计频数表明该组上限以下的各组单位数之和是多少,某组向上累计频率表明该组上限以下的各组单位数之和占总体单位数的比重。

(2) 向下累计频数(频率)分布,即先列出各组的下限,然后由标志值高的组向标志值低的组依次累计频数(频率)。某组向下累计频数表明该组下限以上的各组单位数之和是多少,某组向下累计频率表明该组下限以上的各组单位数之和占总体单位数的比重。

例 3 - 10 现仍以50名在校学生某月购买消费品支出额的资料为例,分别进行向上和向下累计,其结果如表3.9所示。在校学生月消费品支出额在1 000元以下的有6名,占总数的12%;在校学生月消费品支出额在1 000元以上的有44名,占总数的88%;月消费品支出额在1 200元以上的有25名,占总数的50%,以此类推。

表3.9 某校在校学生某月消费品支出累计表 (单位:元)

学生月消费支出额分组	向上累计				向下累计			
	频数	累计频数	频率(%)	累计频率(%)	频数	累计频数	频率(%)	累计频率(%)
800～900	5	5	10	10	5	50	10	100
900～1 000	1	6	2	12	1	45	2	90
1 000～1 100	8	14	16	28	8	44	16	88
1 100～1 200	11	25	22	50	11	36	22	72
1 200～1 300	11	36	22	72	11	25	22	50
1 300～1 400	7	43	14	86	7	14	14	28
1 400～1 500	4	47	8	94	4	7	8	14
1 500～1 600	2	49	4	98	2	3	4	6
1 600～1 700	1	50	2	100	1	1	2	2
合计	50	—	100	—	50	—	100	—

2. 累计频数(频率)分布图

累计频数(频率)分布图,分为向上累计频数(频率)分布图和向下累计频数(频率)分布图。不论是向上累计或向下累计,它们均以分组变量为横轴,以累计频数(频率)为纵轴。

在直角坐标系上将各组组距的上限与其相应的累计频数(频率)构成坐标点,依次用折线(光滑曲线)相连,即是向上累计分布图。对于向下累计频数分布图,在直角坐标系上将各组组距下限与其相应累计频数(频率)构成坐标点,依次用折线(光滑曲线)相连,即是向下累计分布图。

例 3-11 从图 3.1"在校学生消费支出额向上(向下)累计频数分布"可以看出,在校学生月消费额支出在 1 100 元以下的有 14 人,占 28%;在 1 100 元以上的有 36 人,占 72%。在校学生月消费额支出在 1 400 元以下的有 43 人,占 86%。

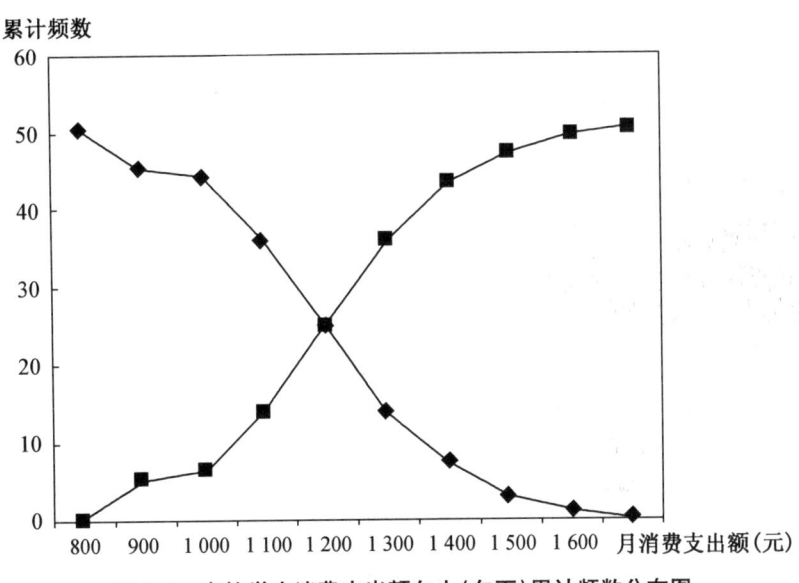

图 3.1 在校学生消费支出额向上(向下)累计频数分布图

由此可见,累计频数和累计频率可以简要概括地反映总体各单位的分布特征。向上累计分布曲线呈上升状,向下累计分布曲线呈下降状。组的次数(频率)较少,曲线显得平缓;组的次数(频率)较密集,曲线显得较陡峭。

三、次数分配的主要类型

次数分配是统计分析的一种重要方法。由于社会经济现象性质不同,各种统计总体各有不同的次数分配,形成各种不同类型的分布特征。描述统计总体的分布特征,除采用统计表的形式以外,还可采用直方图和曲线图进行描述。通过这些图形,可以明显地表明不同类型现象的分布特征。

各种不同性质的社会经济现象的次数分布的类型,概括起来,根据曲线形状的特点,大致有三种类型:钟型分布、U 型分布和 J 型分布。

1. 钟型分布

钟型分布的特征是"两头小,中间大",即靠近中间的变量值分布的次数多,靠近两边的变量值分布的次数少,其曲线图宛如一口钟,如图 3.2 所示。

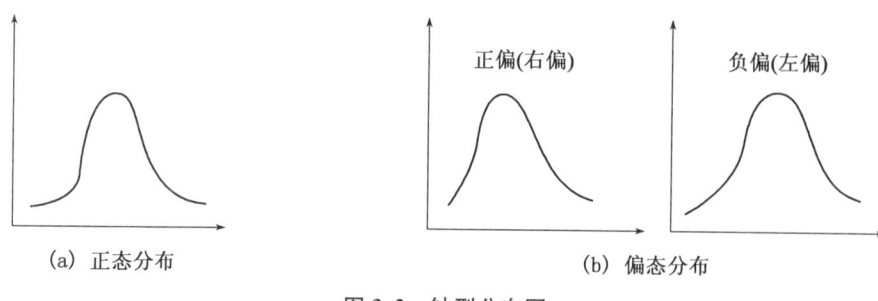

(a) 正态分布　　　　　　　　(b) 偏态分布

图 3.2　钟型分布图

如图 3.2(a)所示,其分布特征是以标志变量中心为对称轴,左右两侧对称,两侧变量值分布的次数随着与中间变量值距离的增大而渐次减少。在统计学中,称这种分布为对称分布。而图 3.2(b)为非对称分布,并各有不同方向的偏态,即左偏态分布和右偏态分布。客观实际中,许多社会现象统计总体的分布都趋于对称分布中的正态分布。正态分布是描述统计中的一种主要分布,它在社会经济统计分析中具有重要的意义。

2. U 型分布

U 型分布的形状与钟型分布相反,靠近中间的变量值分布次数少,靠近两端的变量值分布次数多,形成"两头大,中间小"的 U 型分布。如人口死亡率分布,人口总体中,幼儿和老人死亡率高,而中青年死亡率低。如图 3.3 所示。

3. J 型分布

J 型分布有两种类型,一种是次数随着变量的增大而增多,呈正 J 型分布,如投资按利润率大小分布。另一种呈反 J 型分布,即次数随着变量的增大而减少,如随着产品产量的增加,产品单位成本下降。如图 3.4 所示。

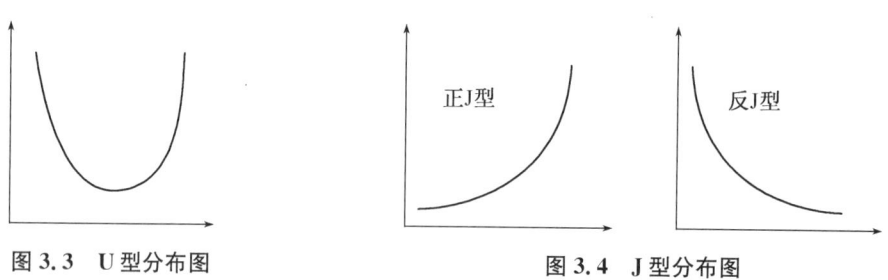

图 3.3　U 型分布图　　　　　　　　图 3.4　J 型分布图

第四节　统计资料的汇总

统计调查取得的统计资料经过统计分组,便可以进行汇总工作。统计汇总是调查资料经过科学分组之后,将各个单位分别归到各组中,计算各组及总体的单位数,将分布在各组中的各单位的标志值分别加总,计算各组及总体的标志总量。

一、统计资料汇总的组织形式与整理程序

1. 汇总组织形式

（1）逐级汇总是统计汇总中最常使用的一种汇总组织形式，它是按照统计管理体制，自下而上逐级整理汇总本系统或本地区范围内的统计资料。目前，我国现行的统计报表制度一般都采用这种组织形式。这种方法的优点在于能够满足各地区、各部门对统计资料的需要，有利于就地检查和核对原始资料。缺点是费时较长，影响统计资料的时效性，同时，由于经过的中间环节较多，容易产生误差。

（2）集中汇总是将全部调查资料集中到组织统计调查的最高一级机关一次汇总。这种汇总方式的优点是可以在较短时间内取得大规模综合统计的结果，大大缩短统计资料整理的时间，减少汇总过程产生的误差。缺点是原始资料如有差错，不能及时改正，汇总的资料往往不能满足各地区、各部门的需要。

（3）综合汇总是将上述两种汇总方式结合运用的组织形式。这种汇总方式一方面将最基本、最重要的指标实行逐级汇总，以满足各地区、各部门管理的需要；另一方面又将全部原始资料集中到最高一级机关实行集中汇总。例如，我国的几次人口调查采取了两种组织形式相结合的方式进行汇总，几个主要分组和指标采取逐级汇总方式，很快就得出汇总结果。同时，全部普查资料则由各省、市、自治区集中汇总，然后由中央一次汇总得出全国的资料。

（4）汇审汇编即由所属单位的统计人员带报表和有关资料集中到综合单位分工协作，共同审核、汇总和编表。这种方法由于是上下结合、集中审核整理的汇总，便于及时发现和修正差错，也有利于相互交流经验，提高统计人员的业务水平。

2. 统计资料整理程序

就整个统计资料整理的程序而言，统计汇总可分为一级汇总和二级汇总。一级汇总就是由基层单位在其内部，从原始记录的整理和台账的登记过渡到基层报表的综合工作；二级汇总是对一级汇总资料的再汇总，统计汇总过程中以后不论再经过几次汇总都视作二级汇总。为了保证统计汇总资料的质量，必须特别重视一级汇总。

三、统计资料汇总的技术

统计汇总的技术主要有手工汇总和电子计算机数据处理两种。

（一）手工汇总

手工汇总就是用算盘或小型计算器进行的汇总，它是目前我国统计汇总中普遍使用的方法。手工汇总中通常使用的方法有划记法、过录法、折叠法和卡片法四种。

1. 划记法

就是在汇总表上以点线符号（如正等）表示各组总体单位数的方法。汇总时，根据总体单位归属的组别，在该组内点一个点或画一条线，最后计算出各组点或线的数目，得到各组的总体单位数。这种方法简便易行，但容易出错，并且只能计算出各组的总体单位数，不能

对分布在各组的标志值进行汇总。因此,划记法通常只在总体单位数不多,只要求汇总单位数,不要汇总标志值的情况下使用。

2. 过录法

过录法是先将原始资料过录在事先设计好的整理表上,然后计算出各组和总体的单位数或标志值的合计数,再将计算结果填到统计表上。这种方法的优点是既可以汇总单位数,又可以汇总标志值,而且便于核对检查。缺点是工作量大,花费时间较多。因此,在总体单位数不多、分组简单的情况下,采用过录法比较适宜。

3. 折叠法

折叠法是将调查表中需要汇总的同一横行或纵栏的数值预先折好,一张一张地重叠起来,进行汇总计算,然后将汇总结果填入统计表。这种方法避免了过录,简便易行,省时省力,也不需要设计汇总表,所以实际工作中经常使用。但在汇总过程中,一旦发现计算有误,就会前功尽弃,必须从头算起,无法从汇总过程中发现错误的原因。

4. 卡片法

卡片法是把每个调查单位的有关资料摘录到一张卡片上,利用卡片进行分组和汇总。在总体单位数多、复合分组时,卡片法是手工汇总中较好的方法。若调查资料不多,采用卡片法就很不经济。

(二) 电子计算机数据处理

电子计算机数据处理是在手工处理的基础上发展起来的,其处理过程与手工处理大致相同,但具有手工处理所不可比拟的优点。电子计算机在统计工作中的应用,是统计工作现代化的重要标志,它标志着统计工作进入了一个新的阶段。

第五节 统计资料的表现形式

一、统计表

(一)统计表的定义和结构

将统计调查所得来的原始资料,经过统计整理,按一定的顺序排列在表格上,就形成了统计表。广义的统计表包括统计工作各个阶段中所用的一切表格。狭义的统计表是指各种反映统计资料的表格和统计分析表,也就是通常所说的统计表,它清楚地、有条理地显示统计资料,直观地反映统计分布特征,是统计分析的一种重要工具。统计表的结构,可以从表式和内容两个方面来认识。

1. 从表式看统计表结构

从表式上看,统计表是由纵横交叉的线条组成的一种表格,表格包括总标题、横行标题、纵栏标题和指标数值四个部分。如表 3.10 所示。

总标题是统计表的名称,它扼要地说明表的基本内容,并指明时间和范围。它置于统计表格的正上方。

横行标题是横行的名称,一般放在表格的左方;纵栏标题是纵栏的名称,一般放在表格的上方。横行标题和纵栏标题共同说明填入表格中的统计数字所指的内容。

指标数值是列在横行和纵栏的交叉处,表格中的数字就是指标数值,用来说明总体及其组成部分的数量特征,它是填写在统计表格的核心部分。

2. 从内容看统计表结构

从内容上来看,统计表是由主词栏和宾词栏两个部分组成。

主词栏是统计表所要说明的总体及其组成部分,一般都列在表的左半部分;宾词栏是统计表用来说明总体数量特征的各个统计指标及其数值,一般都列在统计表的右半部分。

例 3-12 表 3.10 就是体现上述特征的统计表。

表 3.10 某市企业职工人数与销售额资料表

企业	职工人数(人)	销售额(万元)
甲	235	284
乙	276	322
丙	417	542
合计	928	1 158

（主词栏　　宾词栏）

此外,统计表还有补充资料、注解、资料来源、填表单位、填表人等附加内容。

(二) 统计表的分类

1. 按统计数列性质分类

按统计数列的性质不同,分为空间数列表、时间数列表和时空数列结合表。

① 空间数列表,是指反映在同一时间条件下、不同空间范围内的统计数列的表格。

例 3-13 空间数列表见表 3.11。

表 3.11 某地区四个纺织企业 2017 年总产值

企业名称	总产值(万元)
第一纺织厂	6 000
第二纺织厂	7 000
第三纺织厂	5 500
第四纺织厂	4 500
合计	23 000

② 时间数列表,是指反映在同一空间条件下,不同时间的统计数列的表格。

例 3-14 时间数列表见表 3.12。

表 3.12 某地区财政收入

年份	财政收入(亿元)
2013	2 628
2014	2 947
2015	3 312
2016	3 610

③ 时空数列结合表,是指同时反映时间和空间两方面内容的统计表。

例 3-15 时空数列结合表见表 3.13。

表 3.13 某地区社会总产值构成表 （单位:%）

部门	2005 年	2006 年	2007 年	2008 年
农业	21.07	20.30	19.68	18.38
工业	58.78	59.97	61.14	63.63
建筑业	10.70	10.55	9.95	8.19
运输业	6.14	3.05	2.81	2.93
商业	6.31	6.13	6.42	6.37
合计	100.00	100.00	100.00	100.00

2. 按主词结构分类

根据主词是否分组和分组的程度,分为简单表、分组表和复合表。

(1) 简单表,即主词未经任何分组的统计表称为简单表。

(2) 分组表,即主词只按一个标志进行分组形成的统计表,又称为简单分组表。

例 3-16 简单分组表见表 3.14。

表 3.14 某年全社会固定资产投资情况

固定资产投资按经济类型分组	投资额(亿元)	比上年增长(%)
国有经济投资		
集体经济投资		
居民个人投资		
其他类型投资		
合计		

(3) 复合表,即主词按两个以上标志进行分组的统计表,又称为复合分组表。

例 3-17 表 3.15 就是复合表,表中国内生产总值分别按产业和国民经济行业这两个标志进行分组。

表 3.15　国内生产总值及其分组表

国内生产总值按产业和行业分组	国内生产总值(亿元)	比重(%)
第一产业		
第二产业		
工业		
建筑业		
第三产业		
交通运输、仓储、邮电、通信业、批发、零售、贸易、餐饮业		
合计		

注:第二标志进行分组的组别名称要后退两字。

3. 按宾词结构分类

统计表按宾词设计不同,分为宾词简单排列、分组平行排列和分组层叠排列。

(1)宾词简单排列,是指宾词不加任何分组、按一定顺序排列在统计表上。见表3.15。

(2)宾词分组平行排列,是指宾词栏中各分组标志彼此分开,平行排列。

例 3-18　宾词分组平行排列见表 3.16。

表 3.16　各地区社会商品零售总额　　　　　　　　　(单位:亿元)

按地区分组	按商品性质和用途分类		按城乡分组		按经济类型分组			
	社会消费品零售总额	农业生产资料销售额	城镇	乡村	国有	集体	个体	其他
北京								
天津								
⋮								

(3)宾词分组层叠排列,是指统计指标同时有层次地按两个或两个以上标志分组,各种分组层叠在一起,宾词的栏数等于各种分组的组数连乘积,例如农村劳动力按三次产业分为三组,按性别分为两组,则符合分组设计的宾词栏共有6栏(不包括总计栏)。

例 3-19　宾词分组层叠排列见表 3.17。

表 3.17　2013~2017 年农村劳动力的分布情况

年份	劳动力人数			三次产业								
				第一产业			第二产业			第三产业		
	合计	男	女	合计	男	女	合计	男	女	合计	男	女
2013												
2014												
2015												

(续表)

年份	劳动力人数			三次产业								
				第一产业			第二产业			第三产业		
	合计	男	女	合计	男	女	合计	男	女	合计	男	女
2016												
2017												
总计												

统计表的主词分组与宾词分组是有区别的。主词分组的结果使总体分成许多组成部分,它们是需要用统计指标(宾词)来描述和表现的。宾词分组的结果并不增加统计总体的组成部分,仅仅是比较详细地描述总体已有的各个组成部分。由此可见,主词分组具有独立的意义,而宾词分组从属于主词的要求,是为了描述主词的数量特征而设计的。

(四) 统计表的设计

统计表的设计要求是:简练、明确、实用、美观,便于比较。

1. 统计表表式设计应注意的事项

(1) 统计表应设计成由纵横交叉线条组成的长方形表格,长与宽之间保持适当的比例。

(2) 线条的绘制。表的上下两端应以粗线绘制,表内纵横线以细线绘制;表格的左右两端一般不划线,采用"开口式"。

(3) 合计栏的设置。统计表各纵列需合计时,一般应将合计列在最后一行;各横行若需合计时,可将合计列在最前一栏或最后一栏。

(4) 栏数的编号。如果栏数较多,应当按顺序编号,习惯上主词栏部分分别编以"甲、乙、丙、丁……"序号,宾词栏编以"(1)(2)(3)……"序号。

2. 统计表内容设计应注意的事项

(1) 标题设计。无论是总标题,还是横栏、纵栏标题都应简明扼要,简练而又准确地表述出统计资料的内容及所属的时间和空间范围。

(2) 指标数值。表中数字应填写整齐,对准位数。当数字本身为 0 或因数字太小而忽略不计时,可填写为"0";当缺某项数字资料时,可用符号"……"表示;不应有数字时用符号"—"表示。

(3) 计量单位。统计表必须注明数字资料的计量单位。当全表只有一种计量单位时,可以把它写在表头的右上方。如果表中各栏的指标数值计量单位不同,可在纵栏标题后添列计量单位,也可在指标后添加。

(4) 注解与资料来源。为保证统计资料的科学性与严肃性,在统计表下,应注明资料来源,以便考察。必要时,在统计表下加注说明。

二、统计图

统计图是利用统计资料绘制成的几何图形等来说明社会经济现象数量方面的一种形

式。统计图与统计表一样,可以从数量方面反映出研究对象的规模、水平、结构、发展趋势和比例关系,也是统计整理的一种重要内容。

统计图是表现统计资料的一种重要方法,它不仅使统计资料鲜明醒目、生动活泼,而且具体、形象、通俗易懂,给人以明晰而概括的印象,使人一目了然。所以,统计图是向广大群众进行宣传教育的有效工具,是进行评比的重要方法,也是进行统计分析、加强经营管理的一种重要手段。

(一) 统计图的绘制步骤

统计图的绘制,一般需要经过以下几个步骤。

1. 确定绘制统计图的目的。

有了明确的制图目的,才能据此决定制图所应用的资料、图式和表达方法,制图的目的应根据实际需要来确定。

2. 收集统计资料。

统计资料是绘制统计图的依据,制图所用的统计资料必须合乎制图的目的。因此,所选择的统计资料,应是具有实际意义并能反映事物本质的重要资料。

3. 决定绘制的图式。

要根据所确定的绘制统计图的目的,收集的统计资料的性质与内容,决定所要绘制的统计图的式样,并同时考虑统计图的作用、分布场合和应用对象。

4. 绘制图形。

手工绘图一般先用铅笔画好草图,待校对准确后再绘制出正式图形,并要书写图名、加注数字文字说明(如绘制单位、日期、资料来源等)和必要的图例。随着计算机技术不断发展,电脑制图功能日益强大,使得统计图的制作更加方便和精确。

(二) 几种主要统计图

1. 条形图

条形图是用宽度相同的条形的高度或长度来表示数据变动的图形。条形图可以横置也可以纵置,纵置时又称为柱形图,也就是说,当各类别放在纵轴时,称为条形图;当各类别放在横轴时,称为柱形图。

例 3-20 条形图见图 3.5。

广告类型	人数(人)	比例	频率(%)
商品广告	112	0.560	56
服务广告	51	0.255	25.5
金融广告	9	0.045	4.5
房地产广告	16	0.080	8
招生招聘广告	10	0.050	5
其他广告	2	0.010	1

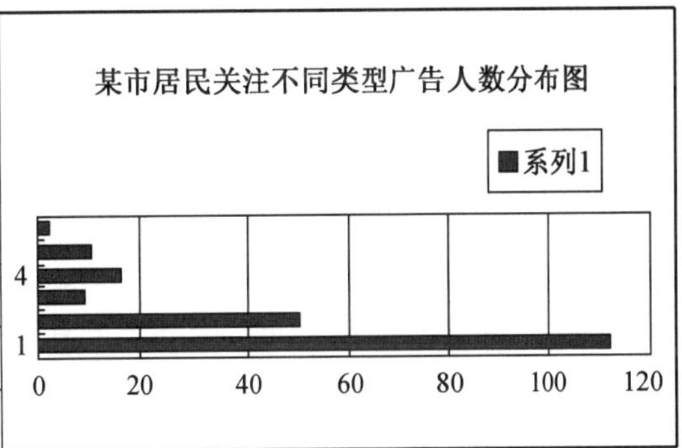

图 3.5 条形图

2. 圆形图

圆形图又称为饼图,是用圆形和圆内扇形的面积来表示数值大小的图形,主要用于表示总体中各组成部分所占的比例,对研究结构性问题十分有用。在绘制圆形图时,总体中各部分所占的百分比用圆内的各个扇形面积表示,这些扇形的中心角度是按各部分百分比占360°的相应比例确定的。

例 3-21 根据上表,绘制出相应的圆形图,见图 3.6。

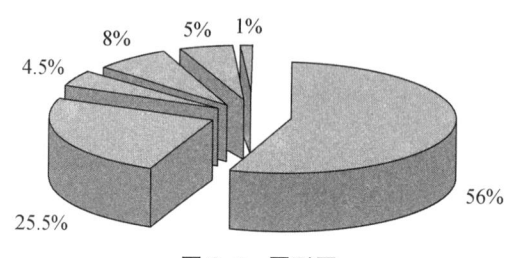

图 3.6 圆形图

3. 环形图

环形图与圆形图又有区别,环形图中间有一个空洞,总体中的每一部分数据用环中的一段表示;圆形图只能显示每一个总体各部分所占的比例,而环形图则可以同时绘制多个总体的数据系列,每一个总体的数据系列为一个环。因此,环形图可以显示多个总体各部分所占的相应比例,从而有利于进行比较研究。

例 3-22 在一项有关住房问题的研究中,调查人员在甲乙两个城市各抽样调查 300 户家庭,其中一个问题是:"您对您家庭目前的住房状况是否满意?"备选答案有:

(1) 非常不满意;(2) 不满意;(3) 一般;(4) 满意;(5) 非常满意。

调查结果如下:

回答类别	甲城市家庭		乙城市家庭	
	户数	比例(%)	比例(%)	户数
非常不满意	24	8	7	21
不满意	108	36	33	99
一般	93	31	26	78
满意	45	15	21.3	64
非常满意	30	10	12.7	38
合计	300	100	100	300

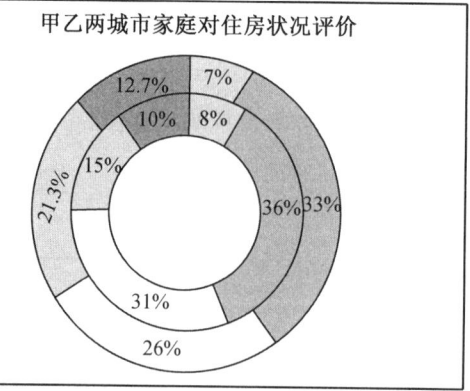

图 3.7 环形图

显示分组数据频数分布特征的图形有直方图、折线图和曲线图等。

4. 直方图

直方图是用矩形的宽度和高度来表示频数分布的图形。在平面直角坐标中,横轴表示数据分组,即各组组限,纵轴表示频数(一般标在左方)或频率(一般标在右方),若没有频率的直方图只保留左侧的频次数。这样各组组距的宽度与相应的频数的高度就绘制成一个个矩形，即直方图。

5. 折线图和曲线图

折线图可以在直方图的基础上，把直方图顶部的中点用直线连接而成，也可以用组中值与频数求坐标连接而成。

需要注意的是，折线图的两个终点要与横轴相交，具体的做法是：将第一个矩形的顶部中点通过竖边中点（该组频数一半的位置）连接到横轴，最后一个矩形顶部中点与其竖边中点连接到横轴。这样才会使折线图下所围成的面积与直方图的面积相等，从而使二者所表示的频数分布一致。当对数据所分的组数很多时，组距会越来越小，这时所绘制的折线图就会越来越光滑，逐渐形成一条平滑的曲线，这就是频数分布曲线。

第六节　统计整理中 EXCEL 的应用

把统计资料整理成统计表和统计图，可以使统计资料更加形象直观，但若用手工方法制作则比较麻烦，且容易出错。一旦数据发生变动，还得重新绘制，如果借助计算机就方便多了。在统计工作中常用的是微软公司的 EXCEL 软件，它不仅是一种功能齐全的电子表格处理软件，也是一种操作简便的绘图工具。

一、数据的录入

首先进入 EXCEL，选定准备向其中输入的数据单元格，然后将文字、数据、公式等输入到单元格中，然后按 Enter 键。

二、统计分组

使用 EXCEL 还可以为各类数据的一些数据项进行统计分组。具体方法是：从"数据"菜单中选"分类汇总"命令，出现对话框，按要求确定好分类、汇总方式及汇总项后，即可进行分类汇总。

三、制作统计图

EXCEL 提供的图形种类繁多，例如有条形图、饼图、折线图、直方图等常见的图形。这里仅介绍利用图表工具栏制图过程。具体做法是：在"视图"菜单中选择"工具"项，从中选择"图表"，出现图表工具栏，它包含的主要内容有图表类型、图表向导、图例等。此时，先在工作表中选择区域，然后根据需要在图表工具栏中选择"图表类型"，单击一下，立即生成一个图表嵌入在工作表中。根据需要还可以随时对图表区格、图表类型、图表标志等进行修改。

四、实验指南

(一) 问题与数据

在一批灯泡中随机抽取 50 只,测试其使用寿命,原始数据如下(单位:h):

700	716	728	719	685
709	691	684	705	718
706	715	712	722	691
708	690	692	707	701
708	729	694	681	695
685	706	661	735	665
668	710	693	697	674
658	698	666	696	698
706	692	691	747	699
682	698	700	710	722

对上述资料进行等距分组,整理成频数分布表,并绘制频数分布图(直方图、折线图、曲线图)。

(二) 操作步骤

具体操作步骤:使用 FREQUENCY 函数绘制频数分布表(图)。

1. 在单元区域 A2:E11 中输入原始数据。
2. 并计算原始数据的最大值(在单元格 B12 中)与最小值(在单元格 D12 中)。
3. 根据 Sturges 经验公式计算经验组距(在单元格 B13 中)和经验组数(在单元格 D13 中)。
4. 根据步骤(3)的计算结果,计算并确定各组上限、下限(在单元区域 F2:G8 中)。

步骤 1~4 如图 3.8 所示。

	A	B	C	D	E	F	G	H
	B13		fx	=INT((B12-D12)/(1+3.322*LOG(50,10)))				
1	原始数据:50只灯泡使用寿命(单位:小时)					各组下限	各组上限	
2	700	716	728	719	685	658	671	
3	709	691	684	705	718	671	684	
4	706	715	712	722	691	684	697	
5	708	690	692	707	701	697	710	
6	708	729	694	681	695	710	723	
7	685	706	661	735	665	723	736	
8	668	710	693	697	674	736	749	
9	658	698	666	696	698			
10	706	692	691	747	699			
11	682	698	700	710	722			
12	最大值	747	最小值	658				
13	经验组距	13	经验组数	7				

图 3.8 组数和组限的确定

5. 绘制频数分布表框架，如图 3.9 所示。

	A	B	C	D	E	F	G	H
17	频数（率）分布表							
18	分组	频数	频数密度	频率（%）	向上累积		向下累积	
19					频数	频率	频数	频率
20	658~671							
21	671~684							
22	684~697							
23	697~710							
24	710~723							
25	723~736							
26	736~749							
27	合计		—		—	—	—	—

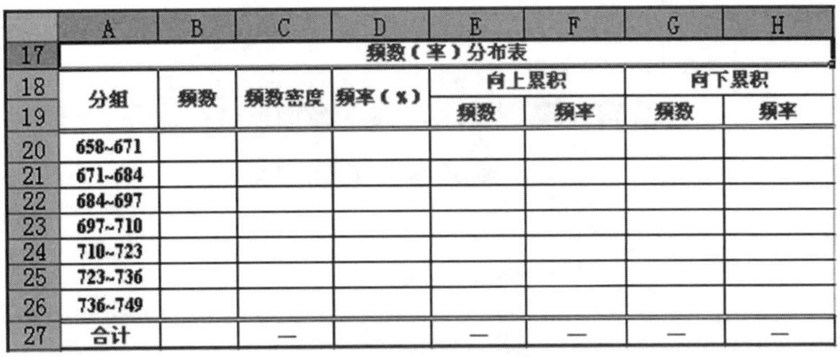

图 3.9　频数分布表框架

6. 计算各组频数。

(1) 选定 B20 ： B26 作为存放计算结果的区域。

(2) 从“插入”菜单中选择“函数”项(或“单击常用工具栏”中的“插入函数”按钮)。

(3) 在弹出的“插入函数”对话框中选择“统计”函数 FREQUENCY。

步骤(1)～(3) 如图 3.10 所示。

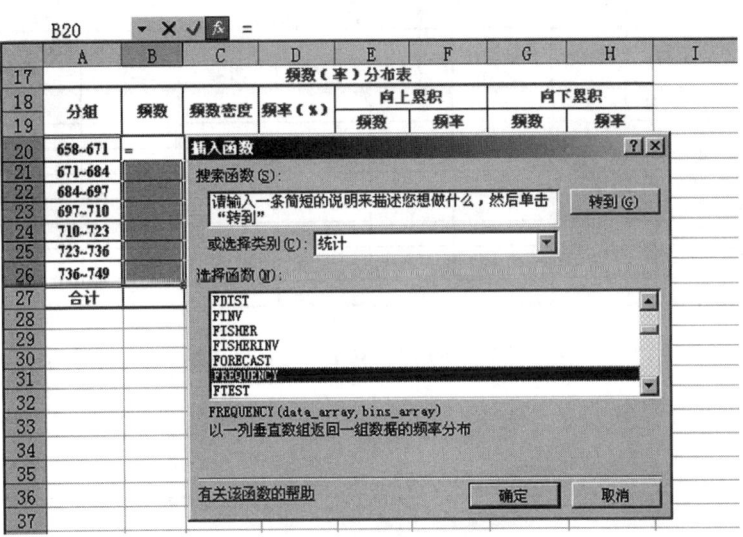

图 3.10　选择 FREQUENCY 函数

(4) 单击“插入函数”对话框中的“确定”按钮，弹出“FREQUENCY”对话框。

(5) 确定 FREQUENCY 函数的两个参数的值。其中：

Data_array，原始数据或其所在单元格区域(A2 ： E11)

Bins_array，分组各组的上限值或其所在的单元格区域(G2 ： G8)。

步骤(4)、(5)如图 3.11 所示。

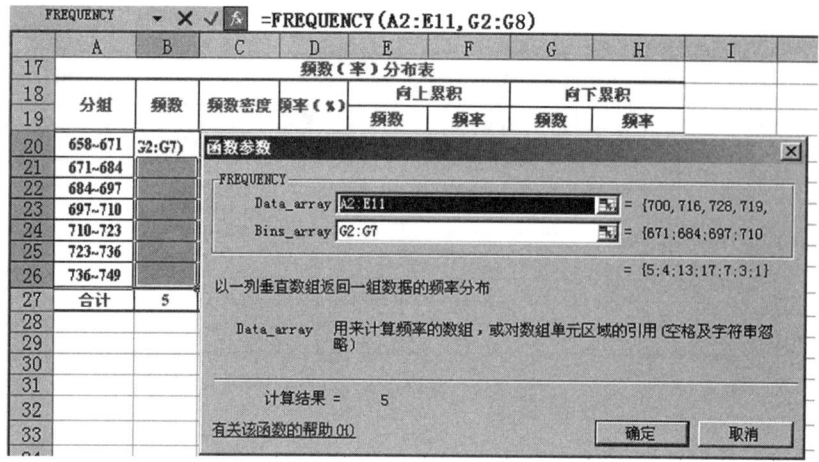

图 3.11 确定 FREQUENCY 函数的参数

(6) 按 Shift+Ctrl+Enter 组合键,结果如图 3.12 所示。

B20 {=FREQUENCY(A2:E11,G2:G8)}

分组	频数	频数密度	频率(%)	向上累积 频数	向上累积 频率	向下累积 频数	向下累积 频率
658~671	5						
671~684	4						
684~697	13						
697~710	17						
710~723	7						
723~736	3						
736~749	1						
合计	50	—	0	—	—	—	—

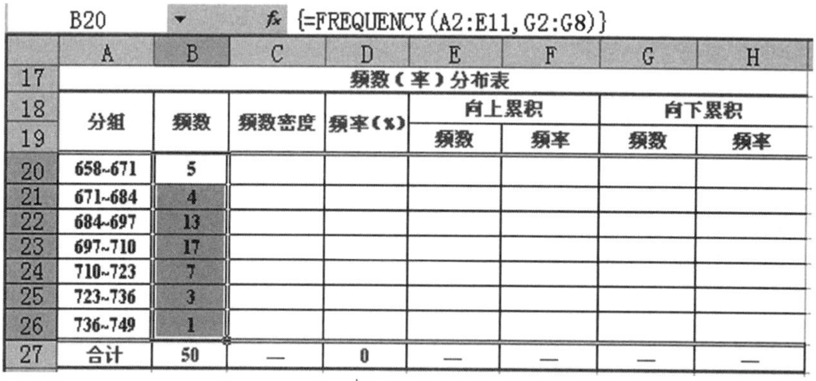

图 3.12 FREQUENCY 函数计算结果

(7) 用各种公式计算表中其他各项,结果如图 3.13 所示。

C28 {=B20:B26/B13}

分组	频数	频数密度	频率(%)	向上累积 频数	向上累积 频率	向下累积 频数	向下累积 频率
658~671	5	0.3846154	10	5	10	50	100
671~684	4	0.3076923	8	9	18	45	90
684~697	13	1	26	22	44	41	82
697~710	17	1.3076923	34	39	78	28	56
710~723	7	0.5384615	14	46	92	11	22
723~736	3	0.2307692	6	49	98	4	8
736~749	1	0.0769231	2	50	100	1	2
合计	50	—	100	—	—	—	—

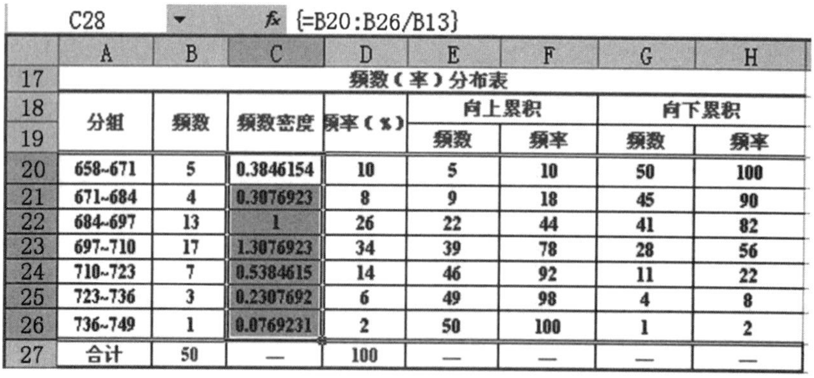

图 3.13 频数分布表中的其他计算

(8) 作频数分布图。

使用 EXCEL 的"图表向导"工具即可(操作步骤略),结果如图 3.14 至图 3.15 所示。

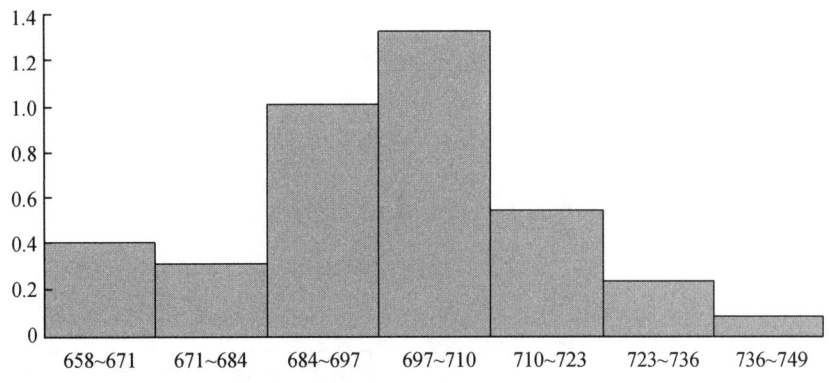

图 3.14 灯泡寿命频数分布直方图

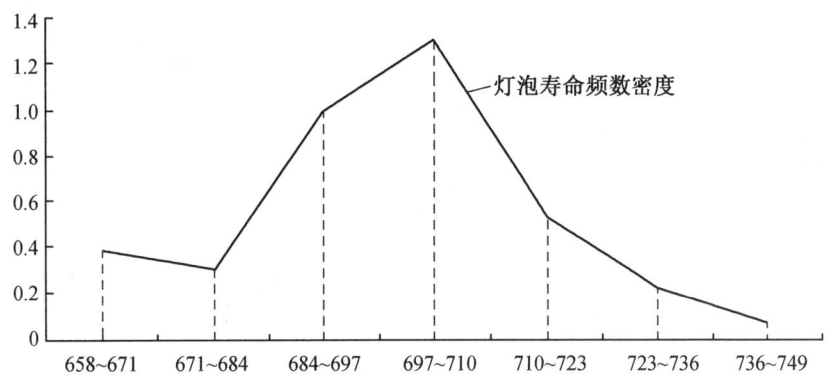

图 3.15 灯泡寿命频数分布折线图

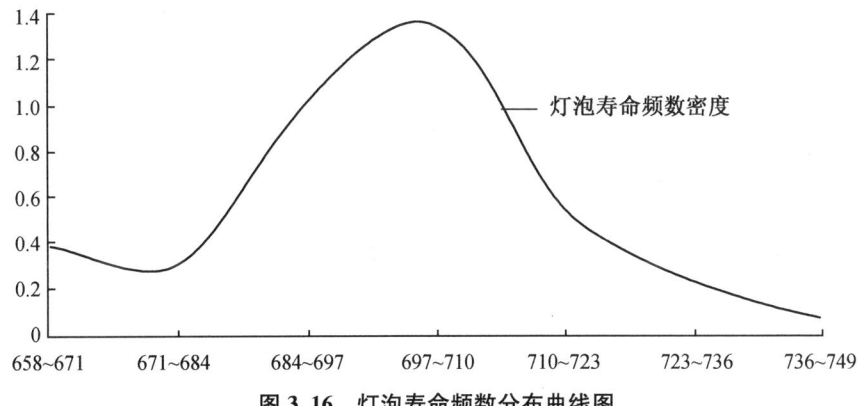

图 3.16 灯泡寿命频数分布曲线图

After —— Class

——知识结构图

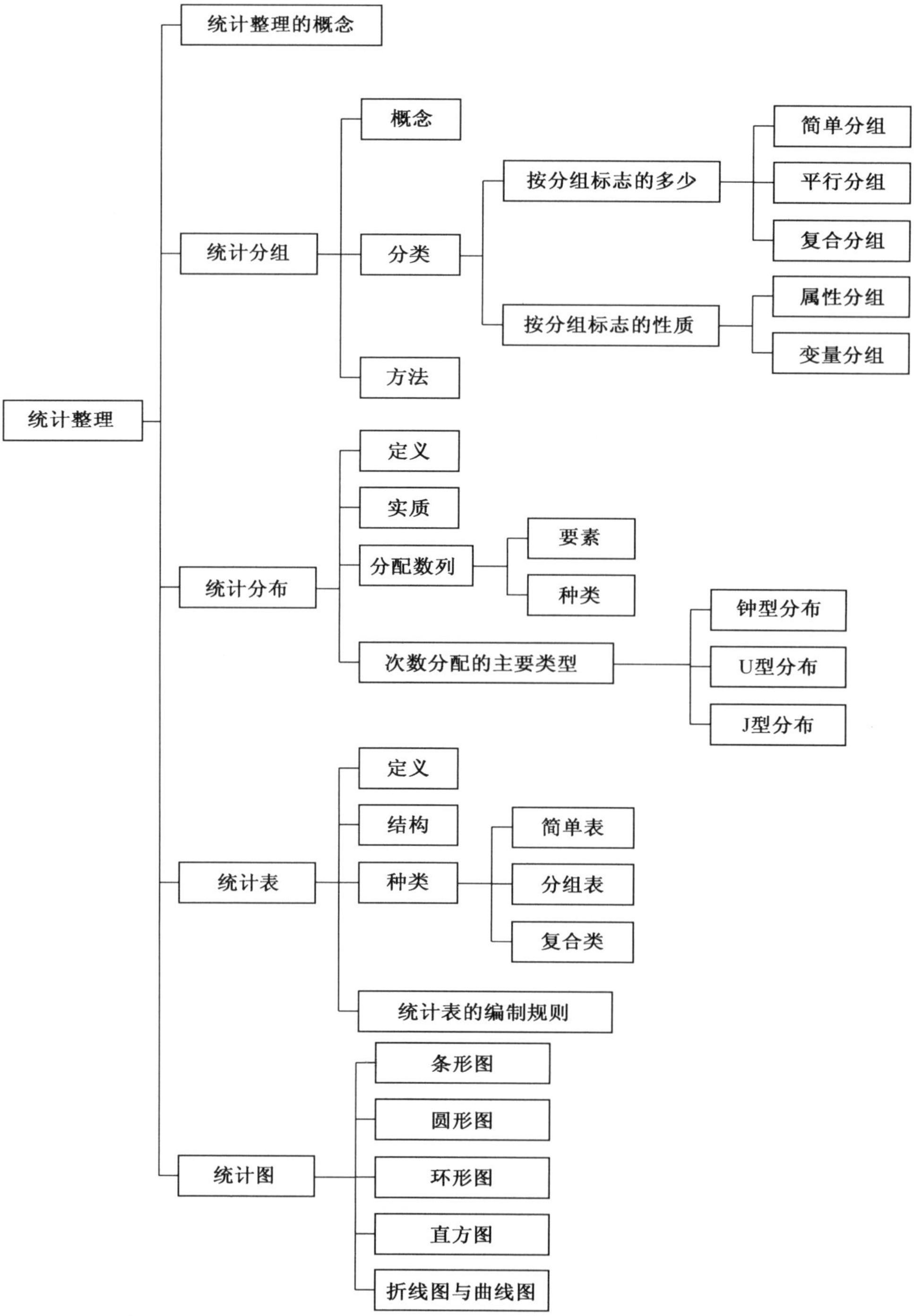

```
统计整理
├── 统计整理的概念
├── 统计分组
│   ├── 概念
│   ├── 分类
│   │   ├── 按分组标志的多少
│   │   │   ├── 简单分组
│   │   │   ├── 平行分组
│   │   │   └── 复合分组
│   │   └── 按分组标志的性质
│   │       ├── 属性分组
│   │       └── 变量分组
│   └── 方法
├── 统计分布
│   ├── 定义
│   ├── 实质
│   ├── 分配数列
│   │   ├── 要素
│   │   └── 种类
│   └── 次数分配的主要类型
│       ├── 钟型分布
│       ├── U型分布
│       └── J型分布
├── 统计表
│   ├── 定义
│   ├── 结构
│   ├── 种类
│   │   ├── 简单表
│   │   ├── 分组表
│   │   └── 复合类
│   └── 统计表的编制规则
└── 统计图
    ├── 条形图
    ├── 圆形图
    ├── 环形图
    ├── 直方图
    └── 折线图与曲线图
```

——深度乐享

海军军官——毛瑞的故事　　　女护士——南丁格尔的故事

——课后练习

一、填空题

1. 统计整理是_____。
2. 统计分组是_____。
3. 按分组性质不同,统计分组可分为_____和_____。
4. 统计分组体系是指_____;它的两种形式是_____和_____。
5. 简单分组是_____;平行分组体系是_____;复合分组体系是_____。
6. 分布数列是指_____;它有_____和_____两种。
7. 品质数列是由_____和_____两个要素构成;变量数列是由_____和_____两个要素构成。
8. 变量数列有_____和_____两种;单项数列适合_____;组距数列适合_____。
9. 组中值是_____;它有_____作用。
10. 在开口组距数列条件下,组中值计算公式分别为_____和_____。
11. 次数分布数列类型有_____、_____和_____三种。
12. 统计表从形式上看,由_____、_____、_____和_____四部分构成;从内容上看由_____和_____两部分构成。
13. 统计表按总体分组情况不同可分为_____、_____和_____。

二、单项选择题

1. 将基层的统计调查资料集中到中央或省市统计机关直接进行整理,这种整理组织形式是(　　)。

　　A. 逐级整理　　B. 会审汇编　　C. 集中整理　　D. 计算机整理

2. 统计分组能够将(　　)。

A. 总体中性质相同的单位划分开来
B. 性质不同的总体划分开来
C. 总体中性质相异的单位划分开来
D. 性质相同的总体合并在一起

3. 在研究工业企业的经济效益时,宜选择( )标志分组。
   A. 产量　　　　B. 所有制　　　　C. 利税额　　　　D. 职工人数

4. 在技术进步条件下,若研究企业规模,则宜用( )标志分组。
   A. 固定资产价值　B. 总产值　　　　C. 职工人数　　　D. 流动资金

5. 如果对某厂职工先按年龄分组,在此基础上再按工资水平分组,这属于( )。
   A. 简单分组　　　B. 复合分组　　　C. 平行分组　　　D. 再分组

6. 对企业按所有制、部门、隶属关系分组,这属于( )。
   A. 复合分组体系　B. 再分组　　　　C. 平行分组体系　D. 简单分组

7. 现有如下资料:(甲)人口按接受教育水平的分配;(乙)城市按居民人数的分配。上面资料中哪个属于品质分配数列?( )
   A. 甲　　　　　　B. 乙　　　　　　C. 甲、乙　　　　D. 非甲、非乙

8. 现有如下资料:(甲)学生按年龄分配;(乙)商店按流转额大小分配。上面资料中哪个属于变量分配数列?( )
   A. 甲　　　　　　B. 乙　　　　　　C. 甲、乙　　　　D. 非甲、非乙

9. 今有汽车按载重量的分配数列,变量是:(甲)载重量,(乙)汽车数量;今有高等学校按大学生人数的分配数列,频数是:(丙)大学生人数,(丁)高等学校数。属于变量和频数的是哪一组?( )
   A. 甲、丙　　　　B. 甲、丁　　　　C. 乙、丙　　　　D. 乙、丁

10. 在组距数列中,每组的上限值与下限值之差叫( )。
    A. 全距　　　　　B. 组距　　　　　C. 等距　　　　　D. 异距

11. 某乡农民人均收入最高为426元,最低为270元,据此分为6组形成等距数列,则其组距应为( )。
    A. 71　　　　　　B. 26　　　　　　C. 45　　　　　　D. 116

12. 某组距为50的等距数列,最末一组为开口组,其下限为100,则该组的组中值为( )。
    A. 100　　　　　B. 125　　　　　C. 95　　　　　　D. 130

13. 频率是指( )。
    A. 各组分布次数　　　　　　　　　B. 频数
    C. 各组分布次数相互之比　　　　　D. 各组分布次数与总次数之比

14. 在等距数列中,组距的大小与组数的多少成( )。
    A. 正比　　　　　B. 反比　　　　　C. 等比　　　　　D. 无比例

15. 将各组次数或比重由变量值高的组向变量值低的组累计称为( )。
    A. 向上累计　　　B. 累计　　　　　C. 向下累计　　　D. 汇总

16. 计算向上累计次数或比重时,各累计数的意义是( )。

A. 各组上限以下的累计次数或累计比重
B. 各组上限以上的累计次数或累计比重
C. 各组下限以上的累计次数或累计比重
D. 各组下限以下的累计次数或累计比重

17. 统计表的纵栏标题和数字在统计表中称为（　　）。
    A. 总标题　　　B. 主词　　　C. 宾词　　　D. 横标题

18. 说明统计表名称的词句，在统计表中称为（　　）。
    A. 主词　　　B. 总标题　　　C. 宾词　　　D. 纵标题

三、多项选择题

1. 统计整理具有（　　）的过渡作用。
   A. 由说明个体的材料过渡到说明总体的材料
   B. 由说明局部情况的材料过渡到说明全局的材料
   C. 由反映现象不系统不完备的材料过渡到反映现象系统完备的材料
   D. 由加工好的资料过渡到统计表上

2. 统计分组的关键在于（　　）。
   A. 选择分组标志　　　　　B. 划分各组界限
   C. 确定研究范围　　　　　D. 确定具体构成

3. 统计分组具有以下（　　）的作用。
   A. 反映现象之间的数量依存关系
   B. 区分事物性质、划分事物类型
   C. 反映总体的内部结构及整个结构的类型
   D. 发现现象特点和规律

4. （　　）是按品质标志分组。
   A. 职工按技术等级分组　　　B. 工人按工资分组
   C. 学生按成绩分组　　　　　D. 企业按隶属关系分组

5. （　　）是按数量标志分组。
   A. 企业按地区分布分组　　　B. 企业按计划完成百分比分组
   C. 商店按零售额分组　　　　D. 人口按地区分组

6. 农作物按亩产量分布、人口死亡率分布、老年人口死亡率按年龄分布分别属于（　　）。
   A. 钟型分布　　　　　　　B. U 型分布
   C. 正 J 型分布　　　　　　D. 反 J 型分布

四、判断题

1. 统计整理就是对原始资料的整理。　　　　　　　　　　　　　　　（　　）
2. 统计整理的中心任务就是汇总、计算、编制统计表。　　　　　　　（　　）
3. 按照一定的领导系统自下而上地逐级进行调查资料的整理叫逐级整理。（　　）

4. 只有汇总才能反映现象之间的数量依存关系。（　　）
5. 正确选择分组标志是统计分组的核心问题。（　　）
6. 对一总体按性别分为男、女，反映平均工资水平在各组分布状况，这个统计数列就叫分布数列。（　　）
7. 对某班学生按考分分组，反映学生人数在各组分布状况，这个统计数列叫变量数列。（　　）
8. 按品质标志分组的结果即形成变量数列。（　　）
9. 用变量变动的一定范围或一定距离的两个变量值作为一个组，而形成的分布数列叫单项式数列。（　　）
10. 分布数列中的每组组距都相等叫异距数列。（　　）
11. 对离散型变量既可编制单项式变量数列，也可编制组距数列；对连续型变量只能编制组距数列。（　　）
12. 在实践中，对离散型变量也可采用重合组限的办法进行分组，即相邻两组交界处的组限可以重合。（　　）
13. 上下限都齐全的组叫闭口组。（　　）
14. 某村按年收入分组，其中第二组下限为 1 500 元，上限为 1 550 元；第三组下限为 1 550元，上限为 1 600 元。若一农民年收入为 1 550 元，则该农民应统计到第三组中去。（　　）
15. 对组距数列进行分组时，"上限不在内"原则就是只包括本组下限变量值的单位，将本组上限变量值的单位划到下组去。（　　）
16. 统计表就是统计报表。（　　）
17. 简单表是指对总体按一个标志进行分组所形成的表格。（　　）
18. 统计表一般均采用开口式，即在左右两端不划线。（　　）

五、问答题

1. 简述统计整理的基本步骤。
2. 简述变量数列的编制方法。

六、计算题

1. 某车间新进工人某月工资资料如下所示：
3 500、3 520、3 750、3 800、3 920、
3 820、3 900、3 960、3 700、3 690、
3 940、3 830、3 640、3 670、3 880、
3 610、3 630、3 780、3 800、3 820、
3 860、3 750、3 840、3 720、3 960、
3 700、3 750、3 850、4 000、4 050、
3 890、3 950、3 780、3 900、3 700、
3 600、3 580、3 850、4 100、4 150、

3 650、3 720、3 540、3 680、3 530、
3 760、4 200、4 300、4 500、3 280

试根据上述资料编制组距数列和次数分布表,计算出人数、累计次数及频率,画出直方图、折线图、曲线图和累计图。

2. 对你所熟悉的现象设计:
(1) 简单表、简单分组表、复合表;
(2) 平行分组体系和复合分组体系。

第四章
静态分析指标

Adviced Cases

教学目的和要求
了解总量指标的概念和分类;掌握相对指标的概念和分类;熟练掌握平均指标和变异指标的概念和计算。

关键词
总量指标 相对指标 平均指标

第一节 总量指标概述

一、总量指标的意义

总量指标是反映社会经济现象总规模或总水平的统计指标,其数值随着总体范围的大小而增减,表现形式为绝对数,所以也称绝对数。它是社会经济统计中最常用、最基本的统计指标。其作用表现在以下几方面:

1. 总量指标是对现象总体认识的起点。例如掌握了一个国家或地区在一定时间的人口总数、劳动力数量、国土面积、社会总产值、社会商品零售额、钢铁产量等总量指标,就能对这个国家或地区有个基本认识。

2. 总量指标是制定政策、编制计划、实行社会经济管理的重要依据。

3. 总量指标是计算相对指标和平均指标的基础。因此,总量指标计算是否合理、科学,直接影响到其他指标的正确性。

二、总量指标的种类

1. 按指标所说明的总体内容分类

总量指标按其所说明的总体内容不同,分为总体单位总量和总体标志总量。

总体单位总量就是总体单位数。例如企业数、医院数、职工人数等。总体标志总量就是总体各单位某种标志值的总和,它表明总体数量特征的总量,例如:总产量、工资总额等。一个总量指标究竟是总体单位总量还是总体标志总量,应随着研究目的的不同和研究对象的变化而定。例如学生人数这一总量指标,当学校作为总体时,它就是总体标志总量;如果学生作为总体时,它就是总体单位总量。

2. 按反映时间状况分类

总量指标按其反映的时间状况不同,分为时期指标和时点指标。

时期指标反映在一定时期内发展变化的累计结果,如一定时期的产品产量、产值、工资总额、出生人数等。时点指标反映现象在某一时刻(瞬间)上状况的总量,如人口数、设备台数、商品库存数等。

比较时期指标与时点指标的特点,可以看出:(1)时期指标的数值是连续统计的结果,它的每个数据都说明现象在一段时期内发生的总量,如一年的总产值是一年中每天产值的累计。时点指标的数值是间断统计的结果,它的每个数据都表示现象发展到一定时点上所处的水平。如年末人口数,是指人口由年初数,经过一年的出生、死亡及迁移变动后至年末的实有人口数。(2)时期指标具有可加性,即各期数值直接相加可以说明现象在较长时期内发生的总量;时点指标不具有累加性,即各时点数值相加的总量没有实际意义。(3)时期指标数值的大小与时间长短有直接的关系,时期愈长数值愈大,如一年的产值必然大于一月的产值。时点指标数值大小与时点间的间隔长短没有直接联系,如年末的库存额不一定比某一月末的库存额大。

3. 按所采用的计量单位分类

总量指标按其所采用的计量单位不同,分为实物指标、价值指标和劳动量指标。

实物指标是指采用实物单位计量的总量指标,它反映物品的使用价值或现象的具体内容,能具体表明单项事物的规模和水平。实物指标的局限性是综合性能差,即不同类实物由于使用价值不同、内容性质不同、计量单位不同,无法进行汇总,因此不能用以反映现象的总规模和总水平。

价值指标是按货币单位计量的总量指标,例如成本、利润、工资总额等都是价值指标。价值指标的最大特点是具有最广泛的综合性和概括能力,可以反映社会经济活动的总成果。它的局限性在于指标脱离了物质内容,比较抽象。

劳动量指标是按劳动单位计量的总量指标。它是企业或车间编制和检查生产计划的依据。

三、总量指标的计量单位

总量指标一般都带有计量单位。总量指标的计量单位很多,归纳起来可分为三类。

(一) 实物单位

实物单位是根据事物的自然属性和物理属性而采用的计量单位。这种计量单位可以直接反映事物的具体内容和使用价值的实际数量。实物单位包括以下几类。

1. 自然单位。它是反映现象自然属性的单位。如 2018 年 6 月末,我国城镇就业人员总量超过 4.3 亿人;2017 年末内地总人口 139 008 万人等,都是用自然单位计量的。

2. 度量衡单位。它是根据度量衡制度来规定的计量单位。如 2018 年全国夏粮播种面积 26 703 千公顷,全国谷物产量 12 984 万吨,2018 年 1~6 月全国房屋新开工面积 95 817 万平方米等。

3. 物理单位。它是由科学上的有关术语转化而来的计量单位。如 2017 年末全国发电装机容量 177 703 万千瓦等。

4. 复合单位。它由两个或两个以上的单位复合而成。如 2017 年我国货物运输周转量 196 130.4 亿吨公里;全社会旅客运输周转量 32 812.7 亿人公里等。

5. 标准实物单位。它是按照规定的折算标准来度量被研究现象数量的一种计量单位。如拖拉机以 15 马力为一标准台,煤以 1 公斤 7 000 千卡为标准发热量,棉纱以 20 支为标准棉纱,将多种含量不同的化肥折合为含量 100% 的肥料计算等。

实物单位说明事物很直观、具体,但用不同的实物单位表示的实物数量不能相加,其综合性较差。

(二) 货币单位

货币单位是以货币表示的计量单位,又称价值量单位。它既可以用本币表示,也可以用外币表示。例如,2018 年 1~6 月全国土地成交价款 5 265 亿元,商品房销售额 66 945 亿元等。由于不同商品的使用价值各不相同,因而其实物形态总量不能直接相加,需要使用货币单位转换为价值量后才能相加。货币单位的特点是具有广泛的综合性和较强的概括能力。但价值量受价格变动的影响。在对不同的价值量进行对比时,往往要采用不变价格或固定价格,以消除价格变动的影响。

(三) 劳动量单位

劳动量单位是以劳动时间来表示的计量单位,如工日、工时。在计算一个企业或车间的产品产量时,可以把生产这些产量所消耗的劳动量累计起来,计算劳动消耗总量和单位产品劳动消耗量,作为企业编制和检查生产计划以及实行劳动定额管理的依据。

不同企业根据本企业生产的产品的具体情况制定生产单位产品或完成单位作业量所需要的时间标准,即工时定额。

$$总工时 = 工时定额 \times 总产量劳动量单位$$

在产品品种较多、零件复杂多样的机械制造企业使用较多。

四、总量指标的计算方法

总量指标有各种各样的具体表现形式,它们的具体计算方法各异,有的很容易(如计算总人数、总产量等),有的很复杂(如计算国内生产总值、商品零售价格指数等),在此不做具体介绍。

从计算方法的共性上分,总量指标的计算方法可以分为两类类别。

一是直接计算法。它是直接将总量指标的各个构成因素加总后求得指标值。如商业企业的商品库存额是各类商品库存额之和。

二是间接计算法。它是根据现象间客观存在的数量关系,或根据非全面调查资料,对某个总量指标进行推算。如利用各种平衡关系式、因素关系式、比例关系式等来推算总量指标。各种具体推算方法因具体指标和经济关系式而定。

第二节 相对指标概述

一、相对指标的意义

相对指标又称相对数,它是两个有联系的指标数值对比的结果。相对指标反映事物之间相互联系的密切程度、差异程度、速度、强度和总体结构状况。相对指标的特点是把两个对比的具体数值加以抽象化,指标数值同总体范围没有关联。计算相对指标具有很重要的意义,主要表现在:

1. 相对指标是对比分析的主要统计方法。相对指标可以为人们判断计划完成的好坏,认识事物的构成、发展变化、空间比较、密度等提供依据。例如把部分数值同全部数值对比,可以说明事物内部的构成和比例,进而判断事物的本质。

2. 相对指标可以使一些不能直接对比的事物找出共同比较的基础。例如甲、乙两个企业,甲生产服装,乙生产煤炭,我们不能根据两企业的产品产量和产值评价它们经营的好坏,但如果我们分别计算了两企业产值的计划完成程度、产值发展速度等相对指标,就有了两企业之间共同的比较基础。

二、相对指标的表现形式

相对指标的表现形式有无名数和有名数两种。

(一) 无名数

1. 倍数或系数

这是将对比的基数抽象化为 1 而计算的相对数。两个数字对比时,当分子数值大于分母数值很多时,可用倍数表示。若分子与分母数值相差不大时,可用系数表示。例如固定资产磨损系数、工资等级系数。

2. 成数

成数是将对比基数定为10而计算出的相对数。例如,粮食单产增加一成,即增长十分之一。这里的成数是对十分数的一个习惯叫法。

3. 百分数

百分数是将对比的基数抽象化为100而计算的相对数。它是相对指标最常用的一种表现形式,百分之一用1%表示。

4. 千分数

千分数是将对比基数抽象化为1 000而计算的相对数。两个数字对比时,当分子数值小于分母数值很多时,可用千分数表示,例如:人口出生率、死亡率等多用千分数表示。千分之一用1‰表示。

5. 百分点和千分点

统计对比分析中,比较两个百分数或千分数时,往往用相减的方法求其差率,相差相当于1%称为一个百分点,相差相当于1‰称为一个千分点。

(二) 有名数

就是把对比的分子和分母指标数值的计量单位同时使用,主要用于表示某些强度相对指标数值。例如人口密度用人/平方公里表示。

三、相对指标的种类

(一) 结构相对数

所谓结构,是指总体内部的组成状况。结构相对数是在总体分组的基础上,以总体某部分数值与总体全部数值对比所得出的比重,来反映总体内部组成状况的综合指标。其计算公式为:

$$结构相对数 = \frac{总体某部分或组的数值}{总体全部数值} \times 100\%$$

结构相对数通常是根据总体的总量指标来计算的,包括总体单位数的结构和总体标志值的结构,各比重之和为1。

结构相对指标的作用如下:① 可以研究总体内部各组成部分的分配比重及其变化的情况,从而深刻认识事物各部分的特殊性质及其在总体中所处地位和地位的变化。② 可以反映产品质量或工作质量的高低。例如,将全部产品分为合格品和废次品两部分,计算合格率或废品率,就可以反映产品质量高低。

(二) 比例相对数

比例相对数是同一总体中各个组成部分数量对比的相对数,反映总体各部分之间数量联系程度的指标。其计算公式为:

$$比例相对数 = \frac{总体中某一部分数值}{总体中另一部分数值} \times 100\%$$

比例相对数的表现形式，除了用倍数、百分数外，还可以用列比例形式表示。比如，把我国某年工农业总产值抽象化为100，农、轻、重的比例为25.3∶36∶38.7。

计算比例相对数的意义，在于分析总体内各组成部分之间的数量是否协调一致，比例关系是否相适应和相平衡。按比例发展是事物发展的客观要求，如人口的性别比例、国民收入中消费和积累的比例等，都可以运用比例相对数进行分析研究。

(三) 比较相对数

比较相对数是同一指标在不同空间条件下的数量对比。其计算公式为：

$$比较相对数 = \frac{甲地区(单位或企业)某类指标数值}{乙地区(单位或企业)同类指标数值} \times 100\%$$

计算比较相对数时，作为比较基数的分母有两种情况：① 比较标准是一般对象，此时，既可以用甲比乙，又可以用乙比甲，即分子与分母的位置可以互换。② 比较标准典型化。例如，把某企业的各项技术经济指标都和国家规定的质量水平比较，和同类企业的先进水平比较，和外国先进水平比较等，此时，分子与分母的位置不能互换。

比较相对数一般用相对指标和平均指标进行比较。如果用总量指标进行比较时，则要求对比的甲、乙两个总体规模大致相同。

现象的发展是不平衡的，利用比较相对数可使大家了解同一类事物由于所处的空间条件不同，发展状况是不一样的，是存在差异程度的。

(四) 动态相对数

动态相对数是同一指标在不同时间条件下的数量对比，反映现象的水平在时间上的变动程度。通常把作为对比的时间叫基期，把同基期比较的时间叫做报告期。其计算公式为：

$$动态相对数 = \frac{报告期指标数值}{基期指标数值} \times 100\%$$

动态相对数一般用百分数表示。

(五) 强度相对数

强度相对数是两个性质不同但有一定联系的总量指标对比的结果，用来表明现象的强度、密度和普遍程度的指标。其计算公式：

$$强度相对数 = \frac{某一总量指标数值}{另一个有联系而性质不同的总量指标数值}$$

强度相对数的数值表示有两种方法：

1. 当分子与分母计量单位不同时，则用分子与分母计量单位所构成的有名数表示。

例 4-1 我国土地面积为960万平方公里，2017年末内地总人口139 008万人，则：

$$人口密度 = \frac{139\,008}{960} = 145(人/平方公里)$$

2. 当分子与分母计量单位相同时，则用百分数或千分数表示。比如，商品流通费用率是流通费额与纯销售额之比，用百分数表示，说明每百元销售额企业负担多少流通费。人口出生率、人口自然增长率一般用千分数表示。

强度相对数在社会经济统计中运用十分广泛,其作用表现在:① 说明事物发展的密度、普遍程度和强弱程度等。例如医疗网密度、人口密度、人均国民生产总值、人均主要产品产量等指标。② 反映企业经济效益的高低。例如产值利税率、商品流转速度等。

此外,计算强度相对数还要注意以下几点:① 强度相对数似乎含有平均的意思,但它不是平均指标,它是根据两个性质不同但又有联系的指标数值对比计算的。② 有的强度相对数有正、逆两种计算方法,即分子与分母的位置可以互换。

例 4-2 某城市人口 100 万人,有零售商业机构 5 000 个,则:

$$商业网点密度正指标 = \frac{5\,000}{1\,000\,000} = 50(个/万人)$$

这个指标数值愈大,说明零售商业网密度愈大,从正面反映了商业网点的发展状况。

$$商业网点密度逆指标 = \frac{1\,000\,000}{5\,000} = 200(人/个)$$

这个指标数值愈大,说明零售商业网点密度愈小,从反面反映了零售商业网点密度。

(六) 计划完成相对数

计划完成相对数是实际完成数与计划数之比,反映计划的完成程度。其计算公式为:

$$计划完成程度相对指标 = \frac{实际完成数}{计划任务数} \times 100\%$$

为保证我国国民经济持续、健康、稳定发展,国家必须编制科学的国民经济和社会发展计划,并组织贯彻实施。因此,计算计划完成程度相对数具有重要作用:① 能够准确地说明各项计划指标的完成程度,为正确评价工作成绩提供依据。② 可以反映计划执行进度,以便及时发现问题,提出措施。③ 可以反映国民经济计划执行中的薄弱环节,为组织新的平衡提供依据。

由于制订的计划指标,既可以是总量指标,也可以是平均指标和相对指标,因此计划完成相对数的计算方法也分为以下三种:

1. 根据总量指标计算计划完成相对数。

例 4-3 设某工厂某年计划工业总产值 250 万元,实际完成 275 万元,则:

$$总产值计划完成相对数 = 275/250 \times 100\% = 110\%$$

结果表明,该厂超额 10% 完成总产值计划。

2. 根据平均数计算计划完成相对数。

例 4-4 设某企业某种产品单位成本计划为 200 元,实际成本为 180 元,则:

$$单位成本计划完成相对数 = 180/200 = 90\%$$

结果表明,该产品单位成本实际比计划降低了 10%,节约生产费用 20 元。

3. 根据相对数计算计划完成相对数。

在经济管理中,有些计划任务数是以本年计划数比上年实际数提高或降低多少的相对数表示的,如成本降低率、劳动生产率提高率等。

按相对指标计算计划完成相对数的公式为:

$$计划完成程度相对指标 = \frac{实际达到的百分数}{计划规定的百分数} \times 100\%$$

例 4-5 某企业某产品产量计划要求增长 10%,同时该种产品单位成本计划要求下降 5%,而实际产量增长了 12%,实际单位成本下降了 8%,则计划完成程度指标为:

$$产量计划完成程度相对指标 = \frac{100\% + 12\%}{100\% + 10\%} \times 100\% = 101.82\%$$

$$单位成本降低计划完成程度相对指标 = \frac{100\% - 8\%}{100\% - 5\%} \times 100\% = 96.84\%$$

计算结果表明,该企业产量超额完成 1.82%;单位成本计划完成较好,实际比计划多下降了 3.16%。

从上述计算可以看出,对计划完成相对指标数值进行评价时,要视指标本身的性质而定。对越高越好的指标,如产量、产值、劳动生产率等,计划完成相对数超过 100% 的部分,表示超额完成计划的程度,而不足 100% 的部分表示未完成计划的差距。对越低越好的指标,如单位产品成本、单位产品原材料消耗量等,计划完成相对数超过 100% 的部分,表示未完成计划的差距,而不足 100% 的部分则是超额完成计划的程度。

四、计划执行情况考核

在实际中,还要对计划执行进度和长期计划进行考核。

(一) 计划执行进度的考核

计划执行进度考核,就是逐日、逐月、逐季地检查计划执行的进展情况,以保证顺利完成计划任务。其公式是:

$$计划执行进度 = \frac{累计实际完成数}{全期计划数} \times 100\%$$

以检查年度计划的进度为例,上式中累计实际完成数是指从年初到报告期止的逐日、逐月或逐季实际完成的累计数;全期计划数是指全年的计划任务数。

评价计划执行进度的好坏,要以相应的时间进度为标准,使计划进度与时间的推进相适应。当计划任务在一年内均衡安排时,则要求时间过半,任务也过半,依次类推。

例 4-6 某企业某年工业总产值年度计划为 1 200 万元,前三个月实际完成量分别为 100 万元、90 万元、120 万元,则:

$$一季度计划执行进度 = \frac{100 + 90 + 120}{1\ 200} = 25.8\%$$

计算结果表明,第一季度完成年度计划的 25.8%,计划完成的进度走在了时间的前面。

(二) 长期计划的检查

根据客观现象性质的不同,五年计划指标数值的规定有水平法和累计法两种,统计学上检查五年计划的完成情况,也有水平法和累计法之分。

1. 水平法

水平法是在五年计划中只规定最后一年应达到的水平,如粮食产量、社会商品零售额等。用水平法检查计划执行情况的公式为:

$$计划完成程度相对指标 = \frac{中长期计划末期实际达到的水平}{中长期计划末期计划达到的水平} \times 100\%$$

提前完成五年计划的时间:只要连续有一年时间(可以跨年度),实际完成的水平达到了计划规定的末年水平,就算完成了五年计划,所剩时间即为提前完成五年计划的时间。

2. 累计法

累计法是在五年计划中规定五年累计完成量应达到的水平,例如基本建设投资额、新增生产能力、新增固定资产等。用累计法检查五年计划执行情况的公式为:

$$计划完成程度相对指标 = \frac{中长期计划末期实际累计完成量}{中长期计划末期计划累计量} \times 100\%$$

提前完成五年计划的时间:从期初往后连续考察,只要实际累计完成数达到计划规定的累计任务数,即为完成五年计划,所剩时间为提前完成五年计划的时间。

五、计算和运用相对指标的主要原则

1. 可比性原则

分子与分母的可比性,是计算和运用相对数的一个重要条件。可比性包括分子与分母在经济内容上要具有内在联系,在总体范围和指标口径上要一致,在计算方法、时间、价格和计量单位上要统一。如果不一致,就要进行必要的调整和换算。

强调可比性,要防止过分要求可比而不敢进行事物之间的对比分析。比如要敢于同国际先进水平比,这样才能发现差距、加快改革的步伐。

2. 相对指标和总量指标、平均指标结合运用的原则

相对数具有抽象化特点,它把现象的具体规模通过对比给抽象掉了。因此,运用相对数时,应该把它同对比的分子和分母结合起来考虑,要看到相对数背后所隐藏的总量指标或平均指标。结合运用的方法有两种:一是计算分子与分母的绝对差额;二是计算每增长百分之一的绝对值。

例 4-7 统计我国历年钢产量发展对比状况(见表 4.1)。

表 4.1 我国钢产量发展情况

年份	1949	1950	1995	1996
钢产量(万 t)	15.8	61	9 279	10 000
发展速度(%)	100	386	100	107.8
增长量(万 t)	—	45.2	—	721
增长 1%绝对值(万 t)	—	0.16	—	92.8

注:增长量=报告期水平-基期水平;增长 1%绝对值=增长量/增长速度。

计算结果表明,1950 年的发展速度是 1949 年发展速度的 386 倍,1996 年是 1995 年的 107.8 倍,发展速度较小,这并不是说 20 世纪 90 年代我国钢产量发展水平比 50 年代初低了,而是因为 1949 年的产量水平太低。从绝对数看,1950 年钢产量只比 1949 年增产 45.2 吨,增长 1%的绝对值只有 0.16 万 t 钢,而 1996 年较 1995 年速度虽然低,但一年增产 721 万 t 钢,每增长 1%的绝对值为 92.8 万 t 钢。

由此可见,大的相对数背后的绝对数可能很小,而小的相对数背后的绝对数可能很大,相同的相对数背后隐藏的绝对数可能不同。因此,不能只凭相对数大小判断事物,只有将相对数和绝对数、平均数结合运用,才能全面认识事物,做出正确的评价。

3. 多种相对数结合运用的原则

一种相对数只能说明一方面的情况,若把多种相对数联系起来考察,就可以更为深入地说明客观事物的情况。例如,要评价一个工业企业的生产情况,用计划完成相对数看计划完成好坏,用发展速度看进步快慢,用与先进水平比较看差距的大小,还可用强度相对数反映企业经济效益状况,从而对企业的工作做出全面而正确的判断。

第三节 平均指标概述

一、平均指标的意义

1. 平均指标的概念

平均指标是用来表明现象总体各单位某一数量标志值一般水平的综合指标。比如,某年某省职工平均货币工资 6 400 元,某班学生统计平均分数 82 分,都是平均指标。

2. 平均指标的特点

(1) 平均指标只能在同质总体中计算。

总体各单位的同质性是计算平均指标的前提和基础。这就是说,构成总体的各个单位必须具有某一共同的标志表现,在这 前提下计算平均指标才有实际意义。

比如,在一片耕地上种植同种农作物,才能计算这一作物的平均产量;在一个企业中有若干名生产工人生产同一种产品,才能计算一定时间内该产品的人均产量等。

如果把性质不同的个体混杂在一起,由此计算平均指标,其计算结果不仅是虚假的,而且会掩盖事物的本质区别,使人得出错误的结论。

(2) 平均指标反映同质总体各单位某一数量标志表现的一般水平。

构成总体的各单位的标志表现客观上存在着一定的差异,显示出一定的分布特征,而平均指标则使各个具体的数值差异相互抵消,反映出标志表现的一般水平或集中趋势,因而平均数具有抽象性的特征。须指出,如果个别品质标志可以数量化的时候,也可以计算平均指标。

3. 平均指标的作用

(1) 平均指标可以代表研究现象总体的一般水平。

在统计观察研究的现象总体中,都包含着众多的个体(总体单位),这些个体虽然具有同质性,但因各自受着特殊条件的影响,在量上存在着大小、多少的差别,有着不同的标志表现。在这种情况下,仅仅利用这些众多的个体标志值,无法综合反映现象总体的共同特征,其中任何一个个体的标志值,也不能代表现象总体的共同特点。而平均指标,由于把各个个体的标志值的差异抽象化了,所以它可以用来代表研究现象总体的一般水平。

(2) 利用平均指标可以对比同类现象在不同空间条件下的差异情况。

比如,评价甲、乙两个企业的生产情况时,如果简单地采用工业总产值或利税总额进行对比,并以此判断企业的生产水平或经济效益的高低,难免会出现一些偏差。因为两个企业的规模可能存在很大的差距,缺乏可比性。而如果使用平均指标,如劳动生产率或人均利税额指标进行对比,就能够比较确切评价它们的生产情况和工作成绩,使人有正确的认识和结论。

(3) 利用平均指标可以比较同一总体指标在不同时间上的变化情况。

比如,把某地区农民人均收入的历史资料进行对比,可以看出,该地区农民人均收入随着社会经济的发展逐年提高的发展趋势。

(4) 利用平均指标可以分析现象之间的依存关系。

例 4-8 某农科所绘制的粮食产量与浇水量的关系表,如表 4.2 所示。

表 4.2 粮食产量与浇水量关系

浇水深度(cm)	3.33	5.00	6.67	8.33	10.00	11.67	13.33
平均公顷产量(kg)	3 240	4 320	4 755	5 700	6 450	6 375	5 190

表 4.2 资料显示:粮食产量与浇水量之间存在着依存关系,即在一定范围内,灌溉深度与产量成正比;若超过一定的灌溉深度,两者成反比。

(5) 利用平均指标可以作为某些现象数量推断的依据。

比如,要了解某城市居民货币收支情况时,不可能也没有必要进行全面调查,而可以采用抽样法,通过抽取居民户样本计算样本平均指标,来推断该市全部居民家庭货币收支的一般水平及有关的总量指标。

二、平均指标的种类

平均指标作为总体变量的集中趋势值,按其计算方法可分为数值平均数和位置平均数两类。数值平均数包括算术平均数、调和平均数、几何平均数等,它们都是根据总体的标志值来计算的。位置平均数包括众数和中位数,它们是根据标志值所处的位置来确定的。所以,前者称为数值平均数,而后者则称为位置平均数。

第四节 算术平均数、调和平均数

一、算术平均数的基本公式

算术平均数是总体标志总量除以总体单位总量。例如,单位产品成本等于总成本除以总产量;单位产品原材料消耗等于原材料总消耗量除以产品产量等。因此,算术平均数的基本公式是:

$$算术平均数 = \frac{总体标志总量(变量值总量)}{总体单位总量(变量值个数)}$$

理解和掌握算术平均数的基本公式需要注意以下两个问题:

第一,计算算术平均数所用的标志总量和单位总量必须在内容上相适应。就是说,标志总量必须是总体中各单位标志值的总和,单位总量必须是总体中各单位数的总和。

第二,算术平均数与强度相对数虽然都是两个总量指标的对比关系,但在实质上是不同的。平均指标是在一个同质总体内标志总量与单位总量的对比关系,而强度相对指标的分子与分母是两个不同总体的现象总量,不存在标志总量与单位总量必须相适应的问题。所以,诸如我国某年人均粮食产量、人均钢产量等,尽管带有"平均"的意思,但它们都不是平均指标。

二、算术平均数的计算方法

在实际工作中,有一些平均指标可以借助于直接得到的标志总量和单位总量来计算。但是,大量的平均指标在计算时不具有现成的标志总量和单位总量,因而需要根据有关的资料,采用简单算术平均数法或加权算术平均数法来计算平均数。

(一) 简单算术平均数

在资料没有经过分组的情况下,可把总体各单位的标志值相加得出标志总量,然后再用总体单位数去除,即得出算术平均数。其计算公式是:

$$\bar{x} = \frac{x_1 + x_2 + \cdots + x_n}{n} = \frac{\sum x}{n} \tag{4-1}$$

式中,$\bar{x}$ 为算术平均数;x 为总体各单位的标志值;n 为总体单位数;$\sum$ 为求和符号。

例 4-9 某生产小组有 5 个工人,他们的月工资额分别是 2 000 元、2 800 元、2 600 元、3 300 元和 3 600 元,试求工人月平均工资。

解 工人的月平均工资为:

$$\bar{x} = \frac{x_1 + x_2 + \cdots + x_n}{n} = \frac{\sum x}{n} = \frac{2\,000 + 2\,800 + 2\,600 + 3\,300 + 3\,600}{5}$$
$$= 2\,860(元)$$

简单算术平均法并非因为其计算过程简单而得名,而是因为:① 它的计算基础比较低,往往是直接根据未经任何分组的资料计算;② 它的项数(总体单位数)完全相等,如上例,其项次都是 1;③ 它的计算结果只受标志值大小的影响,不受单位数多少的影响。可见,只有在被研究总体的单位数不多(小型总体),而且各数量标志值出现的次数相同时,才能利用简单算术平均法计算平均指标。

(二) 加权算术平均数

当被研究总体包括的总体单位很多,各总体单位某一数量标志表现不完全一样,资料经分组整理成变量数列时,可首先计算各组的标志总量及总体标志总量;同时把各组的次数相加得到总体单位总量;然后将标志总量除以单位总量。由此计算出来的平均数叫加权算术平均数。其计算公式是：

$$\bar{x} = \frac{x_1 f_1 + x_2 f_2 + \cdots + x_n f_n}{f_1 + f_2 + \cdots + f_n} = \frac{\sum xf}{\sum f} \qquad (4-2)$$

式中，$\bar{x}$为算术平均数；x为各组的变量值；f为各组的次数；$\sum$为总和符号。

1. 根据单项数列计算

例 4-10　某生产车间的工人人数及工资资料如表 4.3 所示，试求工人月平均工资。

表 4.3　某车间工人工资资料

月工资额 x(元)	工人数 f	工资总额 xf(元)
2 000	10	20 000
2 850	20	57 000
3 300	50	165 000
3 650	15	54 750
4 000	5	20 000
合计	100	316 750

解　根据上表资料计算：

$$\text{工人月平均工资}\bar{x} = \frac{x_1 f_1 + x_2 f_2 + \cdots + x_n f_n}{f_1 + f_2 + \cdots + f_n} = \frac{\sum xf}{\sum f}$$

$$= \frac{2\,000 \times 10 + 2\,850 \times 20 + 3\,300 \times 50 + 3\,650 \times 15 + 4\,000 \times 5}{100}$$

$$= 3\,167.5(\text{元})$$

由上例可见，加权算术平均数比简单算术平均数多了个加权过程。这个加权过程说明：平均数的大小不仅取决于总体各单位标志值的大小，同时还取决于各组标志值的次数多少，次数多的标志值对平均数的影响要大些，次数少的标志值对平均数的影响也相应小些。可见，标志值次数的多少对平均值的大小有权衡轻重的影响作用，故将其称为"权数"。

权数可以用绝对数表示，也可以用各组单位数在全部单位数中所占的比重来表示，这个比重也叫频率。如用频率表示权数时，加权算术平均数的计算可用下列公式表示：

$$\bar{x} = \sum \left(x \times \frac{f}{\sum f} \right) \qquad (4-3)$$

例 4-11　某工厂生产情况资料如表 4.4 所示，试求工人平均日产量。

表4.4 某工厂生产情况资料

日产量 x(件)	工人数 f	工人数频率 $f/\sum f$(%)	$xf/\sum f$
40	20	10	4
25	40	20	5
10	60	30	3
5	80	40	2
合计	200	100	14

解 工人平均日产量 $= 40 \times 10\% + 25 \times 20\% + 10 \times 30\% + 5 \times 40\%$
$\qquad\qquad\qquad\quad = 4 + 5 + 3 + 2 = 14$(件)

如果权重是绝对数时：

$$工人平均日产量 = \frac{40 \times 20 + 25 \times 40 + 10 \times 60 + 5 \times 80}{200}$$
$$= 14(件)$$

可见，使用加权算术平均法计算平均数时，权数采用绝对数形式或采用比重(频率)形式，其计算结果是一致的。同时，人们也可以看出，权数的权衡轻重的作用，说到底是体现在各组单位数占总体单位数比重的大小上，因为比重的大小直接表明了该组标志值对平均数的影响程度和该组标志值在平均数中占的比重。由此可见，权数对于算术平均数的影响作用决定于作为权数的各组单位数占总体单位数比重的大小。

2. 根据组距数列计算

在组距分配数列条件下计算加权算术平均数，从道理上说，应当以各组的实际平均数乘以相应的权数来计算。但在编制组距数列的过程中，由于种种原因很少计算实际组平均数。这样，在缺少实际组平均数的情况下，只能用组中值来代替。当然，用组中值代替实际平均数存在一定的假定性，不可避免地会存在一定程度的误差，从而使计算结果具有近似值的性质。

例 4-12 某生产小组生产工人工资资料如表 4.5 所示。

表4.5 某生产小组生产工人工资资料

月工资(元)	组中值 x(元)	工人数 f	工资总额 xf(元)
1 000~2 000	1 500	10	15 000
2 000~3 000	2 500	20	50 000
3 000~4 000	3 500	50	175 000
4 000~5 000	4 500	15	67 500
5 000~6 000	5 500	5	27 500
合计	—	100	335 000

解 工人月平均工资 $\bar{x} = \dfrac{x_1 f_1 + x_2 f_2 + \cdots + x_n f_n}{f_1 + f_2 + \cdots + f_n} = \dfrac{\sum xf}{\sum f} = \dfrac{33\,500}{100} = 3\,350(元)$

在实际工作中,用组距数列计算加权算术平均数时,往往会遇到首组缺下限或末组缺上限,即开口组距数列。这时,可按照开口组组中值的计算方法计算组中值,然后再按照公式(4-2)计算加权算术平均数。

例 4-13 某生产车间工人日产量资料如表 4.6 所示,试求该车间工人平均日产量。

表 4.6 某生产车间工人日产量资料

日产量(箱)	组中值 x(箱)	工人数 f	总产量 xf(箱)
60 以下	55	2	110
60～70	65	12	780
70～80	75	20	1 500
80～90	85	18	1 530
90 以上	95	6	570
合计	—	58	4 490

解 工人平均日产量为:

$$\bar{x} = \dfrac{x_1 f_1 + x_2 f_2 + \cdots + x_n f_n}{f_1 + f_2 + \cdots + f_n} = \dfrac{\sum xf}{\sum f} = 4\,490/58 = 77.4(箱)$$

三、调和平均数

(一) 调和平均数的计算公式

为便于理解,我们先从实例说起。

例 4-14 设市场上某种蔬菜的价格,早上每千克 5 元,中午每千克 4 元,晚上每千克 2 元。若早、中、晚各买 1 kg 时,则平均每千克的价格为简单算术平均数,即 $\bar{x} = \sum x/n = (5+4+2)/3 = 3.67(元)$。但是,如果早、中、晚各买 1 元钱,而不是各买 1 kg 时,又如何计算该蔬菜的平均价格呢?

解 现分析如下:

第一,早、中、晚各买 1 元钱,共用了 3 元。显然,早、中、晚购买的蔬菜数量多少不同,即早上买了 0.2 kg(1/5=0.2),中午买了 0.25 kg(1/4=0.25),晚上买了 0.5 kg(1/2=0.5),共买了 0.95 kg 蔬菜(0.2+0.25+0.5=0.95)。

第二,蔬菜平均价格是多少呢? 显然是 3.157(元)(3÷0.95=3.157),平均每千克蔬菜的价格为 3.157 元。

可见,按照这种方法计算的平均价格(3.157 元),与用简单算术平均法计算的平均价格(3.67 元)是不一样的。

这是因为,前者是早、中、晚各买 1 kg 的平均价格,后者是早、中、晚各买 1 元的平均价格。换句话说,前者共买了 3 kg,每千克蔬菜价格对平均价格的影响是一样的,它属于简单算术平均数;后者共买了 0.95 kg,每千克价格由于购买数量不同对平均价格的影响是不同的,亦即各种价格及不同的购买数量都对平均价格有着直接的影响,从而使平均价格"倾向"于 2 元每千克的低价格了。

如将以上计算及分析结合起来,用公式描述时,我们可以得到简单调和平均数的计算公式,即:

$$H = \frac{n}{\frac{1}{x_1} + \frac{1}{x_2} + \cdots + \frac{1}{x_n}} = \frac{n}{\sum_{i=1}^{n} \frac{1}{x_i}} \tag{4-4}$$

式中,H 为调和平均数;x 为各变量值;n 为变量值的项数;$\sum$ 为总和符号。

以上是简单调和平均数的分析及计算过程,但在很多情况下,需要计算加权调和平均数。如上例,假如早、中、晚不是各买 1 元,而是早上买 3 元、中午买 5 元、晚上买 8 元,这时:

$$H = \frac{m_1 + m_2 + \cdots + m_n}{\frac{m_1}{x_1} + \frac{m_2}{x_2} + \cdots + \frac{m_n}{x_n}} = \frac{\sum_{i=1}^{n} m_i}{\sum_{i=1}^{n} \frac{m_i}{x_i}} \tag{4-5}$$

式中,H 为加权调和平均数;x 为各变量值;m 为各变量值与次数之积;$\sum$ 为总和符号。

例 4-15 仍用上例说明加权调和平均数的计算。某地不同时间蔬菜价格如表 4.7 所示,试求该蔬菜某天每千克的平均价格。

表 4.7 某地不同时间蔬菜的价格资料

时间	价格 x(元/kg)	金额 m(元)	数量 m/x(kg)
早	5	3	0.6
中	4	5	1.25
晚	2	8	4
合计	—	16	5.85

解 该蔬菜某天每千克的平均价格为:

$$H = \frac{m_1 + m_2 + \cdots + m_n}{\frac{m_1}{x_1} + \frac{m_2}{x_2} + \cdots + \frac{m_n}{x_n}} = \frac{\sum_{i=1}^{n} m_i}{\sum_{i=1}^{n} \frac{m_i}{x_i}}$$
$$= 16/5.85 = 2.7(元)$$

(二) 调和平均数的计算原理

通过以上讨论,可以清楚地看出调和平均数的计算原理:

1. 先计算各变量值的倒数,如 $1/x$。

2. 再计算各变量值倒数的算术平均数,如 $\dfrac{\sum \dfrac{1}{x}}{n}$ 或 $\dfrac{\sum \dfrac{m}{x}}{\sum m}$。

3. 最后计算这种算术平均数的倒数,即调和平均数,如 $\dfrac{n}{\sum \dfrac{1}{x}}$ 或 $\dfrac{\sum m}{\sum \dfrac{m}{x}}$。

综上所述,调和平均数又可称为"倒数平均数",它是根据各个变量值的倒数来计算平均数的。用一句话表述其计算原理,即调和平均数是各个变量值倒数的算术平均数的倒数。

在实际工作中,调和平均数是作为算术平均数的变形来使用的,两者计算过程不同,但计算结果是完全相同的。因此,我们可根据掌握资料的不同,选用其中的一种来计算平均数。

三、算术平均数/调和平均数的广泛应用

下面我们结合由相对数计算平均数和由平均数计算平均数,进一步讨论两种方法选用的条件。

(一) 由相对数计算平均数

例 4 - 16 某综合商场 50 个营业柜组某季度商品销售计划完成情况如表 4.8 所示,试计算该商场平均商品销售计划完成程度。

表 4.8 某综合商场销售计划完成情况

销售计划完成(%)	组中值 x (%)	各营业柜组 n (个)	计划销售额 f (万元)	实际销售额 xf (万元)
80~90	85	2	3.00	2.55
90~100	95	17	18.00	17.10
100~110	105	11	32.81	34.45
110~120	115	14	31.00	35.65
120~130	125	4	8.00	10.00
130 以上	135	2	3.00	4.05
合计	—	50	95.81	103.50

解 平均计划完成程度(%)=实际销售额/计划销售额
$$=103.5/95.81=108\%$$

由表 4.8 资料看出,将各营业柜组的计划完成程度看成变量值(x),将各组计划销售额看成权数(f),则用加权算术平均法来计算平均计划完成程度:

$$\bar{x}=\dfrac{x_1f_1+x_2f_2+\cdots+x_nf_n}{f_1+f_2+\cdots+f_n}=\dfrac{\sum xf}{\sum f}$$

$$=103.5/95.81=108\%$$

当由于种种原因缺少计划资料时,就需要用加权调和平均法计算平均计划完成程度。

例 4-17 某综合商场销售平均计划完成情况如表 4.9 所示，试计算该商场平均商品销售计划完成程度。

表 4.9 某综合商场销售平均计划完成情况

商品销售计划完成程度（%）	组中值 x（%）	各营业柜组 n（个）	实际销售额 m（万元）	计划销售额 $f=m/x$（万元）
80~90	85	2	2.55	3.00
90~100	95	17	17.10	18.00
100~110	105	11	34.45	32.81
110~120	115	14	35.65	31.00
120~130	125	4	10.00	8.00
130 以上	135	2	4.05	3.00
合计	—	50	103.50	95.81

解 平均计划完成程度(%)＝实际销售额/计划销售额

$$H = \frac{m_1 + m_2 + \cdots + m_n}{\frac{m_1}{x_1} + \frac{m_2}{x_2} + \cdots + \frac{m_n}{x_n}} = \frac{\sum_{i=1}^{n} m_i}{\sum_{i=1}^{n} \frac{m_i}{x_i}} = 103.5/95.81 = 108\%$$

值得一提的是，以上采用的"权数"并非各营业柜组的个数，而是实际或计划商品销售额。因为这里能平均的是相对数，而相对数是由两个有联系的指标数值对比得到的。所以，在由相对数计算平均数时，应尽可能联系所计算的相对数指标的分子与分母指标数值，保持它们之间内在的经济联系和数量关系，使所求平均数更加准确、可靠。

(二) 由平均数计算平均数

一个工人的劳动生产率往往是由各个车间的劳动生产率综合而来的，这就需要由车间劳动生产率过渡到整个工厂的劳动生产率。

例 4-18 某工厂各车间工人的劳动生产率和实际工时资料如表 4.10 所示，试计算该厂平均劳动生产率。

表 4.10 某工厂工人的劳动生产率与实际工时资料

车间	平均劳动生产率 x（件/工时）	实际工时 f	各车间产品总量 xf（件）
第一车间	10	100	1 000
第二车间	12	200	2 400
第三车间	15	300	4 500
第四车间	20	300	6 000
第五车间	30	200	6 000
合计	—	1 100	19 900

解 采用加权算术平均数公式计算：

全厂劳动生产率＝全厂产总品总量/总工时

$$\bar{x} = \frac{x_1 f_1 + x_2 f_2 + \cdots + x_n f_n}{f_1 + f_2 + \cdots + f_n} = \frac{\sum xf}{\sum f}$$

＝19 900/1 100＝18.09(件/工时)

作为各个车间的劳动效率有高有低，但该厂所有车间工人的劳动效率一般水平为平均每个工时生产 18.09 件。

由于种种原因，有时各车间劳动效率资料也可能是以下情况。

例 4-19 某工厂各车间劳动效率如表 4.11 所示，试求该厂平均劳动生产率。

表 4.11 某工厂各车间劳动效率资料

车间	平均劳动生产率 x（件/工时）	实际产量 m（件）	各车间实际工时 m/x（工时）
第一车间	10	1 000	100
第二车间	12	2 400	200
第三车间	15	4 500	300
第四车间	20	6 000	300
第五车间	30	6 000	200
合计	—	19 900	1 100

解 采用加权调和平均数公式计算：

全厂劳动生产率＝全场实际产量/工时总量

$$H = \frac{m_1 + m_2 + \cdots + m_n}{\frac{m_1}{x_1} + \frac{m_2}{x_2} + \cdots + \frac{m_n}{x_n}} = \frac{\sum_{i=1}^{n} m_i}{\sum_{i=1}^{n} \frac{m_i}{x_i}} = 18.09(件/工时)$$

由上例可见，对于同一问题的研究，算术平均数和调和平均数的实际意义是相同的，计算公式也可以相互推算，采用哪一种方法完全取决于所掌握的实际资料。一般的做法是，如果掌握的是基本公式中的分母资料，则采用算术平均数，如果掌握的是基本公式中的分子资料，则采用调和平均数的计算公式。

（三）调和平均数特点

1. 调和平均数易受极端值的影响，且受极小值的影响比受极大值的影响更大。
2. 只要有一个变量值为零，就不能计算调和平均数。
3. 当组距数列有开口组时，其组中值即使按相邻组距计算了，假定性也很大，这时，调和平均数的代表性就很不可靠。
4. 调和平均数应用的范围较小。

第五节 几何平均数

一、几何平均数的意义

1. 几何平均数的概念

几何平均数又称"对数平均数",是一种独立的平均数形式。当有些经济现象的标志总量不等于各标志值之和,而等于各标志值的连乘积时,就需要计算几何平均数。

几何平均数是将构成总体的各个变量值连乘得出乘积后开该变量值的个数次方而得出的。

2. 几何平均数的基本公式

几何平均数的基本公式如下:

$$G = \sqrt[n]{x_1 \times x_2 \times x_3 \cdots \times x_n} = \sqrt[n]{\prod_{i=1}^{n} x_i} \tag{4-6}$$

式中,G 为几何平均数;$\prod$ 为连乘符号;x 为各变量值;n 为变量值的项数。

这种计算通常需要用对数进行。将上式两边各取对数,可见,几何平均数的对数,等于各个变量值对数的算术平均数。先求出几何平均数的对数,再求出反对数,便可求其真数。现在一般利用多功能计算器来计算。

二、几何平均数的计算

1. 简单几何平均数

简单几何平均数是 n 个变量值连乘积的 n 次方根,它适应于平均比率和平均发展速度的计算。

例 4-20 某工厂有三个车间,下一个车间的生产活动都是上一个车间生产活动的继续,这时,各车间产品的合格率就不能简单相加,而应表现为连乘之积。

设该厂某季度各车间产品的合格率分别为:第一车间 95%,第二车间 90%,第三车间 97%,试计算该厂平均每个车间的合格率。

解 该厂某季度某种产品的总合格率为:

$$95\% \times 90\% \times 97\% = 82.94\%$$

平均每个车间的合格率为:$G = \sqrt[n]{x_1 \times x_2 \times x_3 \cdots \cdots x_n} = \sqrt[n]{\prod_{i=1}^{n} x_i}$

$$= \sqrt[3]{0.95 \times 0.9 \times 0.97} = \sqrt[3]{0.8294} = 93.95\%$$

平均发展速度的计算在这里不展开讨论。

2. 加权几何平均数

当计算几何平均数的每个变量值次数不相同时,必须采用加权几何平均数的计算公式:

$$\bar{x}_G = \sqrt[\sum f]{x_1^{f_1} \times x_2^{f_2} \times x_3^{f_3} \cdots x_n^{f_n}} = \sqrt[\sum f]{\prod_{i=1}^{n} x_i^{f_i}} \tag{4-7}$$

式中,$\sum f$ 为变量值的次数之和;f 为各变量值的次数。

3. 几何平均数特点

(1) 几何平均数受极端值的影响较算术平均数小。
(2) 如果变量值有负值,计算出的几何平均数就会成为负数或虚数。
(3) 它仅适用于具有等比或近似等比关系的数据。
(4) 几何平均数的对数是各变量值对数的算术平均数。

第六节 众数、中位数

在统计研究中,有时可用某变量值在变量数列中所处的位置来代表现象总体的一般水平,我们称这个变量值为位置平均数,如众数和中位数等。

一、众数

(一) 众数的概念

众数是指在总体中重复出现次数最多的那个变量值,或者说在某一研究总体中各单位最普遍出现的标志值。由于这个标志值具有普遍性,所以有资格代表总体某一数量标志值的一般水平。

例如,在农贸市场上,我们常用某商品成交量最大的那个规格的价格代替该商品的平均价格,又如生产厂常根据一定时期某类产品中市场销量最大的品种、包装、牌号来确定下期生产计划等,都是对众数的应用。

(二) 众数的确定

1. 由单项数列确定众数

由单项数列确定众数在单项数列中,只需观察哪个变量值出现次数最多,即可确定为众数。

例 4-21 某味精厂确定各种包装的味精生产计划,首先要考虑市场上哪种包装销量最大,表示广大消费者最为满意,这样就可根据一些大商场销售味精的实际情况来确定众数,详见表 4.12。

表 4.12 某大商场某季度味精销售量

按包装分组(g)	销售量(袋)	按包装分组(g)	销售量(袋)
10	30	50	40
15	50	100	15
20	400	500	13
30	150	合计	700

由表 4.12 可见,20 g 一袋的味精销路最好,达到 400 袋,于是 20 g 便是众数。显然,在单项数列中确定众数是比较简单和直观的。

2. 由组距数列确定众数

因为是组距数列,所以首先应确定众数所在组,而后再确定本组内众数的位置。

例 4-22 某商场某种商品销售量如表 4.13 所示,试以表 4.13 为例分析确定众数的步骤与方法。

表 4.13 某商场某种商品销售量资料

销售价格(元)	销售量(袋)	销售价格(元)	销售量(袋)
0.50 以下	100	2~3	100
0.50~1	200	3 以上	50
1~2	800	合计	1 250

解 第一,找出众数所在组。即销售价格 1~2 元这一组,因为该组销售量最大,所以众数肯定在这一组内。

第二,利用以下近似公式确定该组内众数的位置。

$$M_0 = L + \frac{\Delta_1}{\Delta_1 + \Delta_2} \times d \qquad (4-8)$$

$$M_0 = U - \frac{\Delta_2}{\Delta_1 + \Delta_2} \times d \qquad (4-9)$$

式中,M_0 为众数;L 为众数所在组的下限;U 为众数所在组的上限;Δ_1 为众数所在组次数与其前一组次数之差;Δ_2 为众数所在组次数与其后一组次数之差;d 为众数所在组的组距。

由上例采用下限公式计算如下:

$$M_0 = L + \frac{\Delta_1}{\Delta_1 + \Delta_2} \times d = 1 + \frac{800-200}{(800-200)+(800-100)} \times 1 = 1.46(元)$$

说明该商品销售价格 1.46 元一袋的销量最高,即是众数。此价格可以作为工业企业和商业企业确定产品包装、重量以及定价决策的参考依据。

(三) 众数的计算公式证明

众数的计算公式可从图 4.1 得到证明。

由图 4.1 可见,M_0 一定位于次数分布直方图中最高一组的组距内某个值。它的数值是众数组下限加上按一定比例分割组距所得到的一段组距,即 $M_0 = L + x_1$。

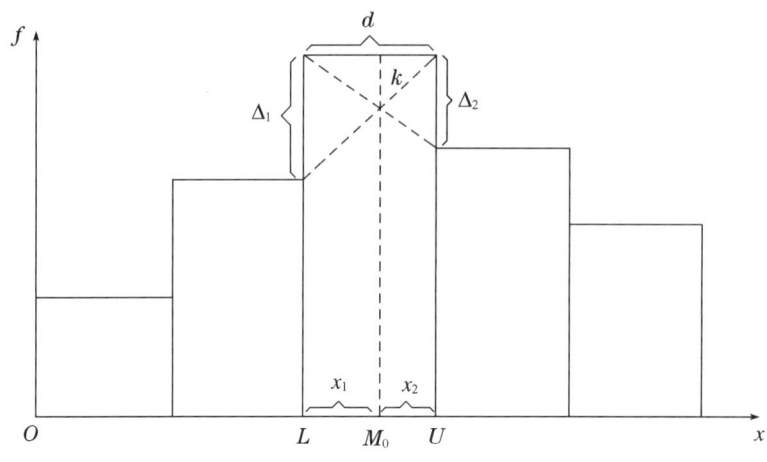

图 4.1　众数计算的直方示意图

由图 4.1 所示：$x_1 \times \Delta_2 = x_2 \times \Delta_1, x_1 + x_2 = d$

化简得：$x_1 = \dfrac{\Delta_1}{\Delta_1 + \Delta_2} \times d$

所以：$M_0 = L + \dfrac{\Delta_1}{\Delta_1 + \Delta_2} \times d$

上限公式证明略。

(四) 注意复众数现象

确定众数的前提是某种数量标志值出现的次数最多，也最普遍。但由于现象的复杂性，有时在变量数列中有两个变量值出现的次数相同，而且最多。在这种情况下，不能确认一个，而排斥另一个，因为这属于复众数现象。在组距数列中如遇到复众数时，应调整组距再确定众数；在单项数列中如遇到复众数，可结合数值平均法予以确认。

二、中位数

(一) 中位数的概念

将总体某一数量标志值按其大小顺序依次排列，处于中间位置的那个数值就叫中位数。由于所有变量值中，以它为界限，一半比它小，一半比它大，所以它有资格代表总体某一数量标志值的一般水平。

(二) 中位数的确定

1. 对未分组的资料，只需将各标志值按大小顺序依次排列起来，那么，处于中间位置的变量值就是中位数。

例 4-23　某机关有甲、乙两个科室，甲科室有 11 人，乙科室有 16 人，各科室年龄资料经排列如下。

甲科室年龄分别是：20、23、27、29、30、33、34、35、41、49、58 岁；

乙科室年龄分别是：18、21、23、25、28、33、35、36、40、44、45、47、48、51、55、60 岁。

试问哪个科室的职工更年轻一些?

解 若直接对比很难确定,分别计算出年龄中位数来,结论就比较清楚了。

设 n 为每一科室的总人数,则甲科室 $n=11$ 人,由于 11 人为奇数,所以中点位置 = $\frac{n+1}{2}=6$ 位,说明处于第六位的那个科室人员的年龄(33 岁)即为中位数。依此类推,乙科室 $n=16$ 人,由于 16 人为偶数,所以中点位置 = $\frac{n+1}{2}=8.5$ 位,说明中位数处于第八位和第九位之间的位置,当然也就是第八位和第九位科室人员年龄的平均数,即年龄中位数为 = $\frac{36+40}{2}=38$ 岁。两个科室人员年龄对比,甲科室人员更加年轻一些。

2. 由分组数列确定中位数时,需要先计算累计次数而后确定中位数。

例 4-24 将甲科室人员的年龄分布整理为表 4.14,试计算该科室人员年龄中位数。

表 4.14 甲科室人员年龄分布表

年龄 x	各组人数 f	累计次数	
		向上累计次数(人)	向下累计次数(人)
20	1	1	110
23	3	4	109
27	5	9	106
29	10	19	101
30	15	34	91
33	20	54	76
34	18	72	56
35	15	87	38
41	13	100	23
49	8	108	10
58	2	110	2
合计	110	—	—

解 中点位置 = $\frac{\sum f}{2}=55$,对应于 55 位的那个人员年龄便是中位数。由表 4.15 可见,向上累计次数 72 和向下累计次数 56 对应的年龄组,即 34 岁便是中位数。

3. 由组距数列确定中位数。

例 4-25 将表 4.14 资料调整为表 4.15。

表 4.15 甲科室人员年龄段分布表

年龄 x	各组人数 f	累计次数	
		向上累计次数(人)	向下累计次数(人)
20~25	4	4	110
25~30	15	19	106
30~35	53	72	91
35~40	15	87	38
40 以上	23	110	23
合计	110	—	—

解 中位数的确定步骤如下：

第一，确定中位数的中点位置 $=\dfrac{\sum f}{2}=110/2=55$。

第二，确定中位数所在组。即向上累计到 72 位或向下累计到 91 位，即中位数在 30~35 岁这一组。

第三，确定中位数。可利用以下近似公式确定中位数。

下限公式：
$$M_e = L + \dfrac{\dfrac{\sum f}{2} - f_{m-1}}{f_m} \times d \tag{4-10}$$

上限公式：
$$M_e = U - \dfrac{\dfrac{\sum f}{2} - f_{m+1}}{f_m} \times d \tag{4-11}$$

式中，M_e 为中位数；L 为中位数所在组的下限；U 为中位数所在组的上限；f_m 为中位数所在组的总次数；f_{m-1} 为向上累计到中位数所在组的前一组次数；f_{m+1} 为向下累计到中位数所在组的前一组次数；$\sum f$ 为所有的次数；d 为中位数所在组的组距。

由表 4.15 计算：

下限公式：$M_e = 30 + \dfrac{\dfrac{110}{2} - 19}{53} \times 5 = 33.4$（岁）

上限公式：$M_e = 35 - \dfrac{\dfrac{110}{2} - 38}{53} \times 5 = 33.4$（岁）

（三）中位数公式证明

中位数的计算公式可由图 4.2 得到证明。

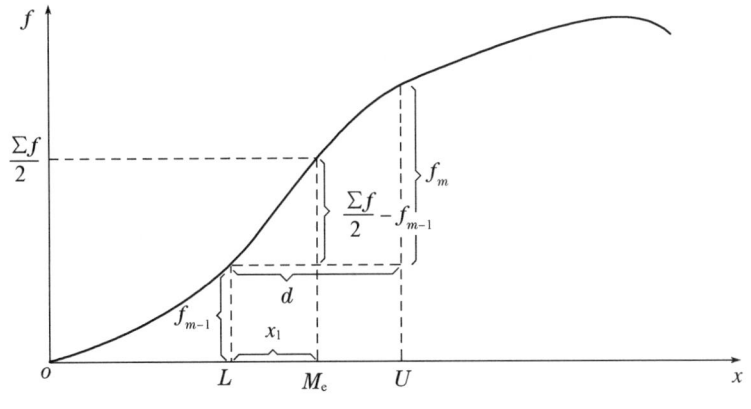

图 4.2　向上累计分布图

由图 4.2 可知：M_e 一定位于中位数所在组下限加上按一定比例分割组距所得到的一段组距，即 $M_e = L + x_1$。

由图 4.2 可得：

$$\frac{x_1}{d} = \frac{\frac{\sum f}{2} - f_{m-1}}{f_m}$$

即：

$$x_1 = \frac{\frac{\sum f}{2} - f_{m-1}}{f_m} \times d$$

则：

$$M_e = L + \frac{\frac{\sum f}{2} - f_{m-1}}{f_m} \times d$$

同理绘制向下累计图可得中位数上限公式：

$$M_e = U - \frac{\frac{\sum f}{2} - f_{m+1}}{f_m} \times d \text{（证明略）}$$

(四) 中位数的应用

中位数的确定取决于它在一个数列中的中间位置，不受极端数值的影响。虽然它不如算术平均数应用得广泛，但在某些场合下，用中位数表示一般水平要比算术平均数更有说服力。例如，当社会成员的收入高低悬殊的情况下，用年收入的中位数要比用年平均收入更能说明问题。

例 4-26　如某科室有 5 个管理人员，其年收入分别是 10 万元、3 万元、2 万元、2 万元、1 万元，试分析该科室管理人员年收入一般水平。

解　中位数 2 万元比用算数平均数计算的 $\frac{10+3+2+2+1}{5} = 3.6$（万元）更能概括说明 5 个管理人员的年收入一般水平。

三、各种平均数之间的相互关系

算术平均数、众数、中位数三者的关系,与总体分布的特征有关。具体可以分为以下三种表现情况:

1. 当总体分布呈对称状态,三者合而为一(如图4.3所示),即 $\bar{x}=M_0=M_e$。
2. 当总体分布呈右偏时,则 $M_0<M_e<\bar{x}$(如图4.4所示)。

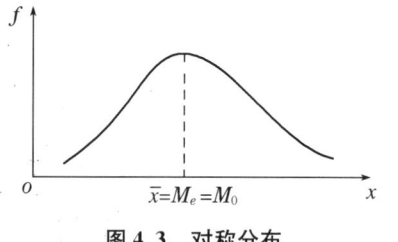

图 4.3 对称分布

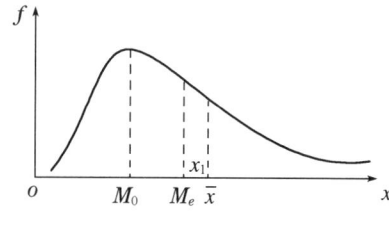

图 4.4 右偏分布

3. 当总体分布呈左偏时,则 $\bar{x}<M_e<M_0$(如图4.5所示)。

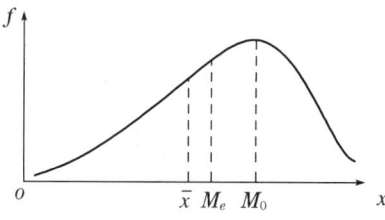

图 4.5 左偏分布

以上2、3两种情况均为总体分布,呈非对称状态,这时三者之间就存在着一定的差别,愈不对称,差别愈大。英国统计学家卡尔·皮尔逊认为,当分布只是适当偏态时,根据经验,在分布偏斜程度不大的情况下,不论右偏或左偏,三者存在一定的比例关系,即众数与中位数的距离约为算术平均数与中位数的距离2倍,用公式表示为:$M_e-M_0=2\times(\bar{x}-M_e)$

根据皮尔逊的经验公式,还可以推算出:在轻微偏态的次数分布中,一旦三者之中二者为已知时,就可以近似估计出第三者。

例 4-27 某企业工人的年收入众数为800元,年收入的算术平均数为1 100元,试判断该企业工人年收入分布状态。

解 年收入的中位数近似值为:
$$M_e=(2\times1\,100+800)/3=1\,000(元)$$
因为 $M_0<M_e<\bar{x}$,所以分布为右偏。

四、正确应用平均指标的原则

平均指标在统计分析中应用很广,但在具体应用时应注意以下几个问题。

(一) 平均指标只能运用于同质总体

这是计算平均指标的首要条件。马克思曾在《资本论》中指出:"平均量始终只是同种的许多不同的个别量的平均数。"[①]只有在同质总体中,总体各单位才具有共同的特征,从而才能计算它们的平均数来反映现象的一般水平,否则,计算的平均数就会把现象的本质差异掩盖起来,不能起到说明事物性质及其规律性的作用。

(二) 用组平均数补充总平均数

许多平均指标的计算,是在科学分组基础上进行的。我们应该重视影响总平均数的各个有关因素的作用,通过计算组平均数对总平均数做补充说明,来揭示现象内部结构组成的影响,从而克服认识上的片面性。

例 4-28 某生产小组基期有工人 15 人,报告期工人数增加到 30 人,两时期各技术等级的工人数和工资总额见表 4.16,试分析导致报告期比基期工人平均工资下降的原因。

表 4.16 某生产小组工人工资分配情况

级别	基期				报告期			
	工人数	比重(%)	工资总额(元)	平均工资(元)	工人数	比重(%)	工资总额(元)	平均工资(元)
二级工	2	13.3	1 400	700	16	53.3	12 800	800
四级工	8	53.3	8 800	1 100	10	33.3	12 000	1 200
七级工	5	33.4	9 000	1 800	4	13.4	8 000	2 000
合计	15	100	19 200	1 280	30	100	32 800	1 093

解 表 4.16 中,总平均工资由基期的 1 280 元下降到报告期的 1 093 元,即下降了 187 元。但从组平均数来看,基期平均工资,二级工为 700 元,四级工为 1 100 元,七级工为 1 800 元;报告期平均工资,二级工为 800 元,四级工为 1 200 元,七级工为 2 000 元。由此可见,各技术等级工人的平均工资报告期都高于基期。这种总平均数与组平均数不一致的现象,原因在于工人数结构的变化,即报告期二级工人数的增加幅度大(从基期 13.3%增加到报告期的 53.3%),从而导致总平均工资的虚假下降。

事实上,总平均数受到两个因素变动的影响,不仅受变量水平大小的影响,同时还受各组单位数在整个总体中所占比重大小的影响,即现象内部结构组成的影响。所以,为了客观地分析某一社会现象一般水平变动的情况,必须用组平均数补充说明总平均数。

(三) 用分配数列补充说明平均数

平均数只是说明现象的共性,即一般水平,而把总体各单位数量标志值的差异给抽象化

[①] 《马克思恩格斯全集》第 23 卷,第 359 页。

了,掩盖了总体各单位的差异及其分配情况。为了比较深入地说明问题,在利用平均数对社会经济现象进行分析时,还要结合原来的分配数列,分析平均数在原数列中所处位置,以及各单位标志值在平均数上下分配情况。

例 4-29 某工业部门 100 个企业年利润计划完成程度资料如表 4.17 所示,试用平均计划完成程度分析企业完成计划情况。

表 4.17 某工业部门各企业年利润计划完成情况

按计划完成程度分组(%)	企业数
85～89.9	2
90～94.9	8
95～99.9	10
100～104.9	40
105～109.9	30
110～114.9	10
合计	100

解 根据表 4.17 资料,该数列的平均计划完成程度是 103.35%。总平均数把企业总体分成先进和后进两部分,表中有 20 个企业(20%)没有完成计划,为后进企业。

第七节 变异度指标

一、变异度指标的概念及其作用

(一) 变异度指标的概念

变异度指标是用来说明总体各单位标志值之间差异程度的综合指标,也称为标志变动度。我们知道,平均指标是将总体各单位某一数量标志值的差异给抽象化了,只反映总体的一般水平。即平均指标只能综合反映各单位某一数量标志的共性,而不能反映它们之间的差异性,也不能全面描述总体标志值分布的特征。变异度指标弥补了这个不足,它综合反映总体各单位标志值之间的差异性,从另一方面说明总体的特征。所以,平均指标与变异度指标的主要区别在于:平均指标说明分布数列的集中趋势,而变异度指标则说明分布数列的离中趋势。

(二) 变异度指标的作用

通过变异度指标可以分析总体各单位某一数量标志值的离中和对称程度,衡量平均指标的代表性,揭示事物变动的规律性,从而为经济管理和科学决策提供依据。

1. 变异度指标是衡量平均指标代表性大小的重要尺度

平均指标作为总体各单位某一数量标志的代表值,其代表性如何,取决于总体各单位该数量标志值之间的差异程度。这种关系表现为:总体的标志变异指标愈大,平均指标的代表性就愈小;反之,标志变异指标愈小,平均指标的代表性就愈大。

例 4-30 有两组各 5 个工人,基本工资资料如下(单位:元),试判断甲、乙两组哪组平均数代表性较大。

甲组:600,700,800,900,1 000　乙组:700,750,800,850,900

解 这两个小组的平均工资都是 800 元,但各组工人工资的变异程度不同,因此这两个组的平均工资所具有的代表性也就不同。由于甲组各工资值的差异较大,所以其平均数的代表性就小;而乙组各工资值的差异较小,其平均数的代表性也就大。

2. 变异度指标是反映社会经济活动过程均衡性的一个重要指标

在经济管理中,变异度指标可以显示计划执行过程中的均衡性,为有效地组织节奏性生产,克服生产中时紧时松现象,提高经济管理工作的质量提供依据。

例 4-31 某企业两个车间某月份某产品生产计划完成情况如表 4.18 所示,试判断哪个车间计划执行更好。

表 4.18　某企业某月产品生产计划表　　　　　　　　　(单位:万 kg)

车间	计划数	实际完成							
		上　旬		中　旬		下　旬		全　月	
		绝对数	占全月(%)	绝对数	占全月(%)	绝对数	占全月(%)	绝对数	计划(%)
甲	15	4.5	30.0	5	33.3	5.5	36.7	15	100
乙	15	3.5	23.3	4.5	30.0	7.0	46.7	15	100

解 表 4.18 资料表明,甲、乙两个车间月产量计划都已完成。但执行计划过程中的节奏则不同。甲车间全月均衡地完成了生产计划,各旬计划完成率变异程度较小;而乙车间则前松后紧,各旬计划完成变异程度较大。显然,甲车间计划执行情况要优于乙车间。

此外,在抽样调查中,变异度指标还是确定必要抽样数目和计划抽样误差的必要依据。

三、变异度指标的计算

常用的变异度指标有全距、平均差、标准差、方差和离散系数,其中以标准差运用最普遍。

(一) 全距

全距是指一个变量数列中最大标志值与最小标志值之差。因为它是一个变量数列中两个极端数值之差,故又称为极差,一般用 R 表示,计算公式:

$$R = 最大标志值 - 最小标志值$$

例 4-32 沿用例 4-30 所列的两组工人工资资料,试用全距指标分析平均工资代表性。

解 全距为:
$$R_甲 = 1\,000 - 600 = 400(元)$$
$$R_乙 = 900 - 700 = 200(元)$$

虽然甲、乙两组工人的平均工资都是 800 元,但两组工人工资的极差不一样,即 $R_甲 > R_乙$,所以乙组工人的平均工资更具有代表性。

如果统计资料经过整理,成为组距变量数列,则全距的近似值为:

$$R = 最高组的上限 - 最低组的下限$$

如果所遇组距变量数列属于开口组,则应先分别计算其最高组的上限和最低组的下限,然后再利用上述公式计算全距。

例 4-33 某企业职工工资的分组资料如表 4.19 所示,试计算该企业职工工资的全距。

表 4.19 某企业职工工资分组资料

月基本工资分组(元)	职工人数
700 以下	100
700~800	250
800~900	300
900~1 000	200
1 000 以上	150
合计	1 000

解 最高组的上限=最高组的下限+邻组的组距=1 000+100=1 100(元)

最低组的下限=最低组的上限-邻组的组距=700-100=600(元)

R=最高组的上限-最低组的下限=1 100-600=500(元)

全距计算简便,意义清楚,但它易受极端数值的影响。统计资料是组距变量数列,尤其是遇到开口组资料时,全距的测定只能是一个近似值。

(二) 平均差

平均差是总体各单位的标志值与其算术平均数之差的绝对值的算术平均数。由于总体各单位的标志值与其算术平均数的离差总和恒等于 0,即 $\sum(x-\bar{x}) = 0$,因而各项离差的算术平均数也恒等于 0。所以,在计算平均差时,一定要采取离差的绝对值 $|x-\bar{x}|$ 形式才有意义。平均差能综合地反映总体中各单位标志值的变动影响,平均差大,其变异程度也大;反之,则小。常用 AD 代表。

平均差的计算步骤:第一步,求总体各标志值的算术平均数;第二步,求总体标志值与其算术平均数的离差;第三步,求离差的绝对值;第四步,将离差绝对值的总和除以项数(n)或总次数($\sum f$)。

根据所掌握的资料不同,平均差可分为简单平均式与加权平均式两种。

1. 简单平均式

在资料未经分组时,采用简单平均式。其公式为:

$$AD = \frac{\sum |x - \bar{x}|}{N} \tag{4-12}$$

例 4-34 现以例 4-30 所举的甲、乙两组工人的工资资料为例来说明,计算结果如表 4.20 所示,试用简单平均式分析其工人平均工资代表性。

表 4.20 某企业甲、乙两组工人的工资资料

甲 组			乙 组		
工资(元) x	离 差 $x - \bar{x}$	离差绝对值 $\|x - \bar{x}\|$	工资(元) x	离 差 $x - \bar{x}$	离差绝对值 $\|\bar{x} - x\|$
600	-200	200	700	-100	100
700	-100	100	750	-50	50
800	0	0	800	0	0
900	100	100	850	50	50
1 000	200	200	900	100	100
合计	—	600	合计	—	300

解 甲组平均工资:$\bar{x} = \dfrac{x_1 + x_2 + \cdots + x_n}{N} = \dfrac{\sum x}{N} = 800(元)$

甲组平均差: $AD = \dfrac{\sum |x - \bar{x}|}{N} = 600/5 = 120(元)$

乙组平均工资:$\bar{x} = \dfrac{x_1 + x_2 + \cdots + x_n}{N} = \dfrac{\sum x}{N} = 800(元)$

乙组平均差: $AD = \dfrac{\sum |x - \bar{x}|}{N} = 300/5 = 60(元)$

上例计算说明,在甲、乙两组工人平均工资相等的情况下,甲组的平均差大于乙组,因而其平均数的代表性比乙组小。

2. 加权平均式

在资料经过分组,形成次数不等的变量数列时,应采取加权平均式。其公式为:

$$AD = \frac{\sum |x - \bar{x}| f}{\sum f} \tag{4-13}$$

例 4-35 某企业职工工资资料如表 4.21 所示,试用加权平均法计算该企业职工工资与平均工资的平均差。

表 4.21 某企业职工工资资料

月工资分组（元）	职工人数 f	组中值 x	工资额（元） xf	离差 $x-\bar{x}$	离差绝对数 $|x-\bar{x}|$	离差绝对值×次数 $|x-\bar{x}|\times f$
7 000 以下	100	6 500	650 000	−2 050	2 050	205 000
7 000～8 000	250	7 500	1 875 000	−1 050	1 050	262 500
8 000～9 000	300	8 500	2 550 000	−50	50	15 000
9 000～10 000	200	9 500	1 900 000	950	950	190 000
10 000 以上	150	10 500	1 575 000	1 950	1 950	292 500
合计	1 000	—	8 550 000	—	—	965 000

解 平均工资：

$$\bar{x}=\frac{x_1f_1+x_2f_2+\cdots+x_nf_n}{f_1+f_2+\cdots+f_n}=\frac{\sum xf}{\sum f}=8\,550\,000/1\,000=8\,550（元）$$

平均差： $AD=\dfrac{\sum|x-\bar{x}|f}{\sum f}=965\,000/1\,000=965（元）$

上例计算说明，该厂工人的月平均工资与各个工人的月工资额平均相差 965 元。如同其他企业对比，平均差的数值愈大，则其平均工资的代表性就愈小。

平均差含义明确，能较全面、客观地反映变量数列标志值平均变动程度，计算也较简便。但是，平均差以平均绝对离差的形式来表现，不利于进一步代数运算，因此在应用中受到一定的限制。

(三) 标准差和方差

在统计中最常用的变异度指标是标准差。所谓标准差，就是总体各单位的某一标志值与其算术平均数离差平方的算术平均数的平方根，故又称均方根差（简称均方差）。标准差的平方称为方差。标准差的意义与平均差基本相同，它也是各个标志值对其算术平均数的平均离差，但在数学处理上与平均差有所不同，它是采用平方的方法来消除离差的正负号，因此它比平均差更能准确地反映变量数列之间的离中程度，在统计工作中被广泛运用。

标准差的计算步骤：第一步，求总体各标志值的算术平均数；第二步，求总体各标志值与其算术平均数的离差；第三步，求离差的平方；第四步，求各项离差平方的算术平均数；第五步，对离差平方的算术平均数开平方。

根据所掌握的资料不同，标准差可分为简单平均式与加权平均式两种计算方法。

1. 简单平均式

在资料未经分组时，采用简单平均式。其公式为：

$$\sigma=\sqrt{\frac{\sum_{i=1}^{N}(x_i-\bar{x})^2}{N}} \tag{4-14}$$

式中，σ 代表标准差。

例 4-36 现以甲、乙两组工人日产量资料(见表 4.22)为例来说明,试用简单平均式计算甲乙两组工人日产量标准差。

表 4.22 甲、乙两组工人的日产量资料

甲 组			乙 组		
日产量(件) x	离差 $(x-\bar{x})$	离差平方 $(x-\bar{x})^2$	日产量(件) x	离差 $(x-\bar{x})$	离差平方 $(x-\bar{x})^2$
60	-20	400	70	-10	100
70	-10	100	75	-5	25
80	0	0	80	0	0
90	10	100	85	5	25
100	20	400	90	10	100
合 计	—	1 000	合 计	—	250

解 甲组标准差:$\sigma = \sqrt{\dfrac{\sum\limits_{i=1}^{N}(x_i-\bar{x})^2}{N}} = \sqrt{\dfrac{1\ 000}{5}} = 14.14(件)$

乙组标准差:$\sigma = \sqrt{\dfrac{\sum\limits_{i=1}^{N}(x_i-\bar{x})^2}{N}} = \sqrt{\dfrac{250}{5}} = 7.07(件)$

上例计算说明,在甲、乙两组工人平均日产量相等的情况下,甲组的标准差大于乙组,因而其平均数的代表性比乙组小。

2. 加权平均式

在资料经过分组,形成次数不等的变量数列时,应采取加权平均式。其公式为:

$$\sigma = \sqrt{\dfrac{\sum\limits_{i=1}^{N}(x_i-\bar{x})^2 f_i}{\sum\limits_{i=1}^{N} f_i}} \quad (4-15)$$

例 4-37 以表 4.23 资料为例进行说明,试用加权平均式计算某企业工人日产量标准差。

表 4.23 某企业工人数及日产量资料

日产量分组 (件)	工人数 f	组中值 x	总产量(件) xf	离差 $x-\bar{x}$	离差平方 $(x-\bar{x})^2$	离差平方 ×次数 $(x-\bar{x})^2 f$
70 以下	100	65	6 500	-20.5	420.25	42 025.0
70~80	250	75	18 750	-10.5	110.25	27 562.5
80~90	300	85	25 500	-0.5	0.25	75.0
90~100	200	95	19 000	9.5	90.25	18 050.0
100 以上	150	105	15 750	19.5	380.25	57 037.5
合 计	1 000	—	85 500	—	—	144 750

解 平均日产量：

$$\bar{x} = \frac{x_1 f_1 + x_2 f_2 + \cdots + x_n f_n}{f_1 + f_2 + \cdots + f_n} = \frac{\sum xf}{\sum f} = 85\,500/1\,000 = 85.5(件)$$

标准差：

$$\sigma = \sqrt{\frac{\sum_{i=1}^{N}(x_i - \bar{x})^2 f_i}{\sum_{i=1}^{N} f_i}} = \sqrt{144\,750/1\,000} = 12.03(件)$$

(四) 离散系数

标准差和其他变异度指标一样，都是有计量单位的名数，均用绝对指标反映其标志变异程度。对于不同总体的社会现象，由于变异度指标的计量单位不同，不能直接进行对比；即使同类现象在平均指标不相等的情况下，也不能直接对比。这是因为变异度指标值的大小不仅受总体各单位标志值之间差异程度的影响，而且还直接受标志值本身水平高低的影响。例如，一组高工资的标准差必然大于一组低工资的标准差。所以说，标准差虽能正确地反映标志变异程度的大小，但利用它来比较平均数的代表性是有限的，只有在平均数相等的情况下，才能直接进行比较；如在平均数不等的情况下，就不能直接进行比较，这时必须计算离散系数才能进行比较。

1. 离散系数的概念与表达式

离散系数是指标志变异指标与相应的算术平均数相对比计算出来的相对数。其计算公式可表述为：

$$离散系数 = \frac{标志变异指标}{算术平均数} \times 100\%$$

2. 离散系数的分类

(1) 全距系数

全距系数是指全距与算术平均值的比值形成的相对数。

$$V_R = \frac{R}{\bar{x}} \times 100\%$$

(2) 平均差系数

平均差系数是指平均差与算术平均值的比值形成的相对数。

$$V_{AD} = \frac{AD}{\bar{x}} \times 100\%$$

(3) 标准差系数

标准差系数是指标准差与算术平均数的比值形成的相对数。

$$V_\sigma = \frac{\sigma}{\bar{x}} \text{ 或 } V_S = \frac{S}{\bar{x}}$$

例 4-38 某车间有甲、乙两个作业班生产同种产品，已知甲班工人该产品日产量分组资料，见表 4.24。

表 4.24　某车间甲班工人某产品日产量分组资料

日产量(件)	工人数 f	组中值 x	xf	$(x-\bar{x})$	$(x-\bar{x})^2$	$(x-\bar{x})^2 f$
6 以下	6	5	30	−3.23	10.43	62.59
7～9	12	8	96	−0.23	0.05	0.60
10 以上	8	11	88	2.77	7.67	61.36
合计	26	—	214	—	—	124.55

（1）试计算甲班工人平均日产量。

（2）又知乙班工人生产该产品平均日产量为 9.4 件，标准差为 2.4 件，试比较甲、乙两班哪个班的平均日产量代表性大。

解　（1）甲班工人平均日产量：

$$\bar{x}=\frac{x_1 f_1+x_2 f_2+\cdots+x_n f_n}{f_1+f_2+\cdots+f_n}=\frac{\sum xf}{\sum f}=214/26=8.23(件)$$

甲班标准差：$\sigma=\sqrt{\dfrac{\sum_{i=1}^{N}(x_i-\bar{x})^2 f_i}{\sum_{i=1}^{N} f_i}}=\sqrt{124.55/26}=2.19(件)$

甲班离散系数：$V=2.19/8.23=26.61\%$；乙班离散系数：$V=2.4/9.4=25.53\%$。从甲、乙两班工人日产量离散系数上看，乙班工人平均日产量代表性大。

第八节　静态分析指标中 EXCEL 的应用

用 EXCEL 计算平均数、标准差等描述性统计量有两种方法，一是用函数，二是用"数据分析"工具。第一次使用"数据分析"时，需在 EXCEL 工具菜单中选"加载宏"，选"分析工具库"。这样在"工具"菜单中就会出现"数据分析"。

一、实验内容一

用 Excel 中的工作表函数计算分组资料的数字特征。

（一）问题与数据

表 4.25　某地区农民家庭按人均收入分组的分组数据

人均收入(元)	频率(%)	人均收入(元)	频率(%)
0～100	2.3	400～500	15.1
100～200	13.7	500～600	20.0
200～300	19.7	600～700	14.0
300～400	15.2		

试计算家庭人均收入的中位数、均值、标准差。

(二) 操作步骤(如图 4.6 所示)

1. 绘制计算表框架,且输入分组数据:分组、频率、组限。
2. 用各种常用公式或函数在计算表中计算其他各栏。公式如下。

累积频率:(略);

组中值:{(D4:D10+E4:E10)/2}

组距:{=E4:E10−D4:D10}

$x_i \times f_i$:{=F4:F10×B4:B10}

$x_i^2 \times f_i$:{=POWER(F4:F10,2)×B4:B10}

(三) 计算中位数,均值,标准差

公式如下。

中位数:D7+(B11/2−C6)/B7×G7

均值:SUM(H4:H10)

标准差:SQRT(I11−POWER(H11,2))

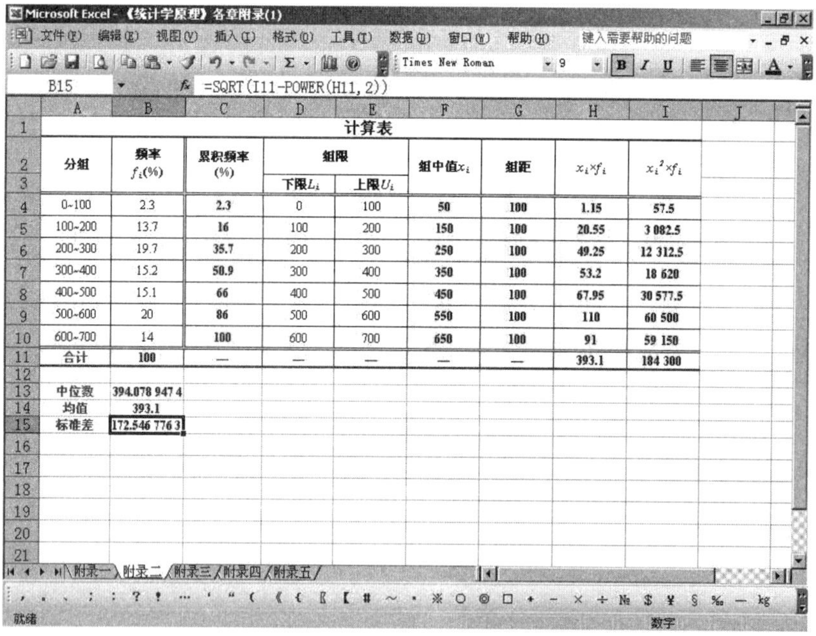

计算表

分组	频率 f_i(%)	累积频率(%)	组限 下限L_i	组限 上限U_i	组中值x_i	组距	$x_i \times f_i$	$x_i^2 \times f_i$
0~100	2.3	2.3	0	100	50	100	1.15	57.5
100~200	13.7	16	100	200	150	100	20.55	3 082.5
200~300	19.7	35.7	200	300	250	100	49.25	12 312.5
300~400	15.2	50.9	300	400	350	100	53.2	18 620
400~500	15.1	66	400	500	450	100	67.95	30 577.5
500~600	20	86	500	600	550	100	110	60 500
600~700	14	100	600	700	650	100	91	59 150
合计	100	—	—	—	—	—	393.1	184 300

中位数	394.078 947 4
均值	393.1
标准差	172.546 776 3

图 4.6　分组资料数字特征计算

二、实验内容二

从本实验开始,本书以下各章实验部分需用到"数据分析"。首先查看菜单栏的"数据"选项卡是否有"数据分析"项。若无,则需要加载宏,首先要安装 2013 版及以上版本的 EXCEL。具体步骤如下:

点击文件——选项，打开 EXCEL 选项在"加载项"中选择"分析工具库——VBA"。

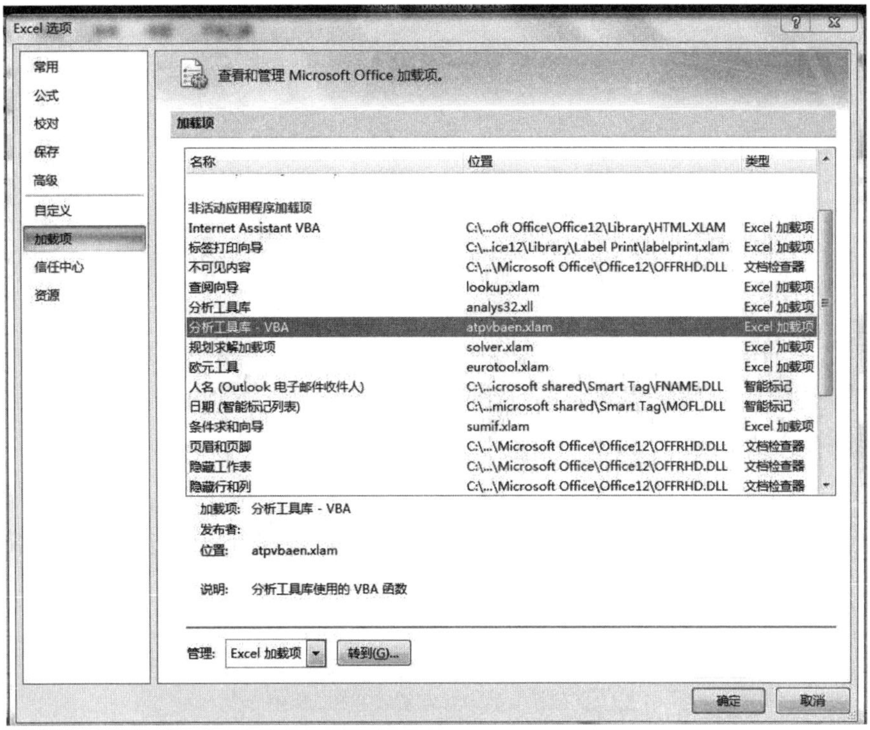

图 4.7

点击"转到"，出现的对话框选择"分析工具库——VBA"，点击确定按钮。

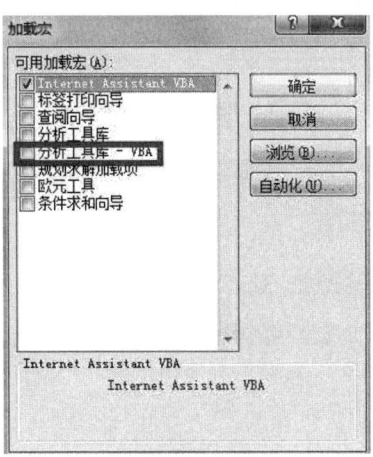

图 4.8

这样就出现了"数据分析"（在 EXCEL 表数据"菜单栏"的上侧最靠右部分有一个图标）。

（一）问题与数据

从某校所有参加一次英语考试的学生中，随机抽取 30 名学生记录其考试成绩，结果如下：

89	92	72
88	67	67
76	56	81
99	87	66
74	74	73
87	64	82
73	54	76
67	64	73
82	74	77
60	87	89

试用"描述统计"工具计算该样本的各描述统计特征。

(二) 操作步骤

1. 于 A1:A30 单元格区域中输入样本数据。

2. 从"工具"菜单中选择"数据分析"项;在所弹出的"数据分析"对话框的"分析工具"列表中选择"描述统计"工具(如图 4.9 所示)。

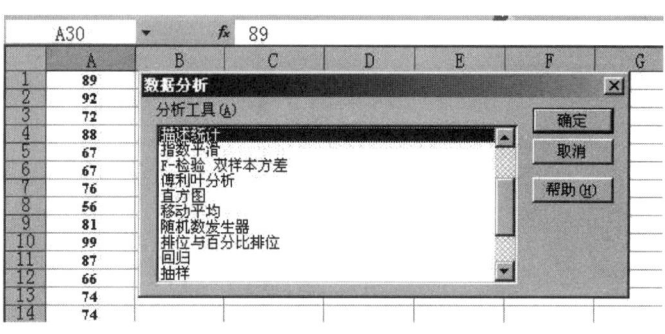

图 4.9 "数据分析"对话框

3. 单击"数据分析"对话框的"确定"按钮,弹出"描述统计"对话框。

4. 确定对话框中各选项(如图 4.10 所示)。

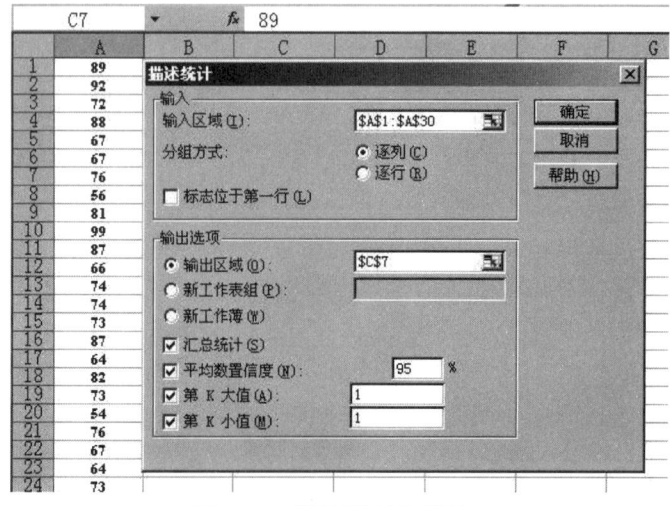

图 4.10 "描述统计"对话框

5. 单击“描述统计”对话框的“确定”按钮(结果如图 4.11 所示)。其中：

“中值”即“中位数”；“模式”即“众数”；“区域”即“极差”；“样本方差”即 S_{n-1}^2；“标准偏差”即 S_{n-1}。

“峰度”，EXCEL 工作表函数为 KURT，其计算公式为：

$$\left\{\frac{n(n+1)}{(n-1)(n-2)(n-3)}\sum\left(\frac{x_i-\bar{x}}{S_{n-1}}\right)^4\right\}-\frac{3(n-1)^2}{(n-2)(n-3)}$$

“偏度”，EXCEL 工作表函数为 SKEW，其计算公式为：

$$\frac{n}{(n-1)(n-2)}\sum\left(\frac{x_i-\bar{x}}{S_{n-1}}\right)^3$$

“置信度”，其计算公式为：$t\left(n-1,\frac{\alpha}{2}\right)\times\frac{S_{n-1}}{\sqrt{n}}$

A30　fx 89

	A	B	C	D
1	89			
2	92			
3	72			
4	88			
5	67			
6	67			
7	76		列1	
8	56			
9	81		平均	75.666 667
10	99		标准误差	2.020 204 5
11	87		中位数	74
12	66		众数	67
13	74		标准差	11.065 116
14	74		方差	122.436 78
15	73		峰度	-0.505 501
16	87		偏度	0.025 410 3
17	64		区域	45
18	82		最小值	54
19	73		最大值	99
20	54		求和	2 270
21	76		观测数	30
22	67		最大(15)	74
23	64		最小(9)	67
24	73		置信度(95.0%)	4.131 782
25	82			
26	74			
27	77			
28	60			
29	87			
30	89			

图 4.11　“描述统计”计算结果

After —— Class

——知识结构图

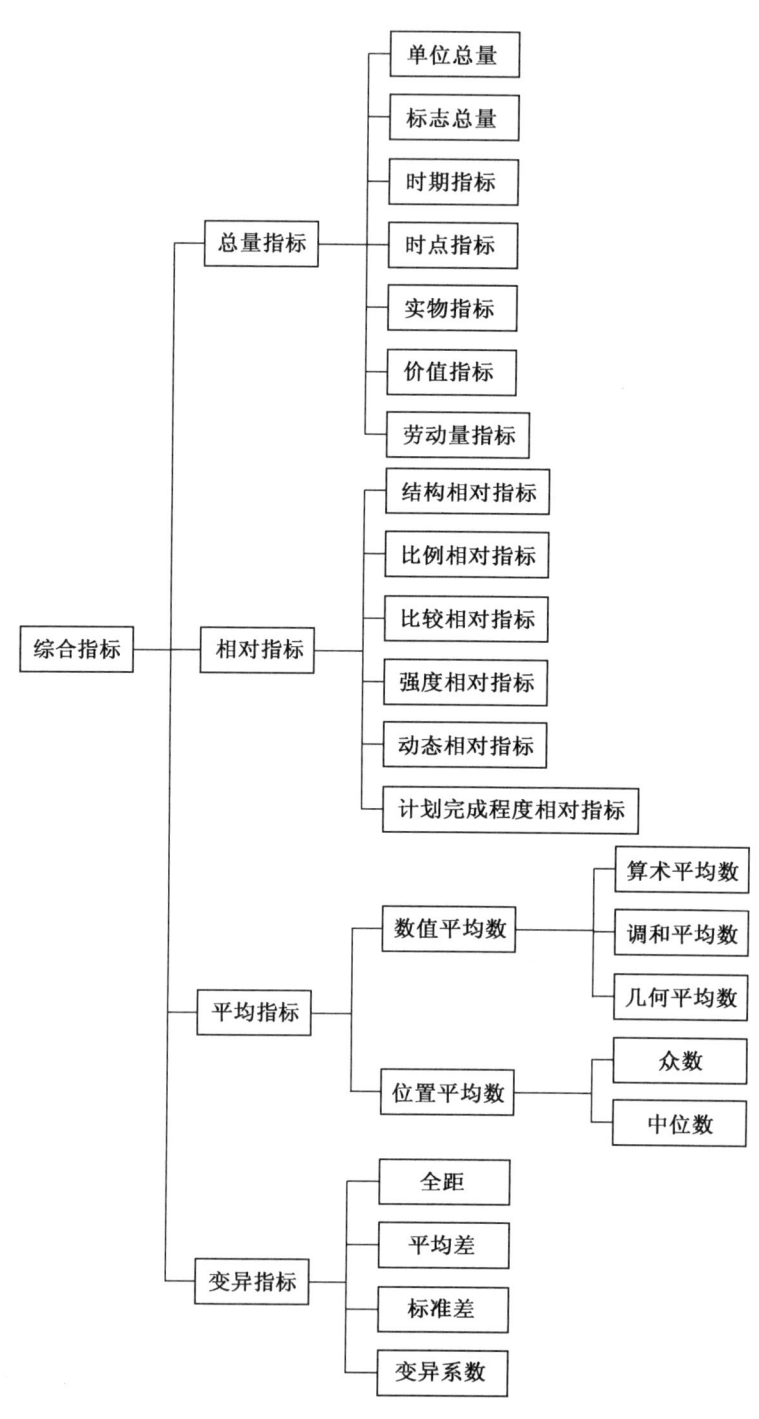

——深度乐享

恩格尔系数发明者——恩格尔·厄恩斯特

本福特定律

——课后练习

一、填空题

1. 总量指标是_____;它的作用是_____、_____和_____。

2. 总量指标按其反映的内容不同可分为_____和_____;按其反映的时间状况不同可分为_____和_____;按其采用的计算单位不同可分为_____、_____和_____。

3. 相对数的表现形式有_____和_____两种。

4. 常用的相对数有_____、_____、_____、_____、_____和_____。

5. 平均数有_____、_____、_____、_____和_____五种。其中,数值平均数有_____、_____和_____三种;位置平均数有_____和_____两种。

6. 积累与消费的比例为1∶3,即①消费额是积累额的3倍,② 积累额占国民收入的25%。则①是_____;②是_____。

7. 调和平均数是_____;它有_____和_____两种;计算公式是_____和_____。

8. 几何平均数是_____;其种类有_____和_____。

9. 变异指标是_____;它有_____、_____、_____和_____四种。

10. 某企业劳动生产率为10 000元/人,乙厂工人劳动生产率为5 000元/人,标准差分别为400元和300元,则_____的劳动生产率代表性大。

二、单项选择题

1. 结构相对数的分子和分母(　　)。
   A. 只能是总体单位数
   B. 只能是总体标志总量
   C. 只能是时期指标
   D. 可以是总体单位数,也可以是总体标志总量

2. 某年(甲)轻工业产值占农轻重的32.1%,(乙)轻工业产值是农业产值的34.6%,则结构相对数是(   )。

   A. 甲　　　　　　B. 乙　　　　　　C. 甲、乙　　　　D. 非甲、非乙

3. 下列指标中强度相对数是(   )。

   A. 某年工业总产值超额完成计划1.2%

   B. 全国人均粮食产量为400 kg

   C. 我国钢产量为美国的52.6%

   D. 职工的平均工资为300元

4. 若劳动生产率计划提高2%,实际提高6%,则超额完成计划(   )。

   A. 103.9%　　　　B. 3%　　　　　C. 4%　　　　　D. 3.9%

5. 按计划今年产量比去年应增加30%,实际比计划少完成了10%,则同上年相比今年产量的实际增长程度为(   )。

   A. 40%　　　　　B. 60%　　　　　C. 17%　　　　　D. 120%

6. 加权算术平均数的大小(   )。

   A. 受各组标志值大小的影响,与各组次数无关

   B. 受各组次数多少的影响,与各组标志值大小无关

   C. 与标志值大小和次数均有关

   D. 与标志值大小和次数均无关

7. 次数对算术平均数的影响作用取决于(   )。

   A. 次数本身绝对数的大小

   B. 标志值本身大小

   C. 作为次数的各组标志值在总体单位数中比重大小

   D. 次数多的标志值对平均数的影响大

8. 当掌握的资料是分组资料,并已编制成变量数列且各组次数不等时,应采用(   )计算算术平均数。

   A. $\bar{x} = \dfrac{x_1 f_1 + x_2 f_2 + \cdots + x_n f_n}{f_1 + f_2 + \cdots + f_n} = \dfrac{\sum xf}{\sum f}$

   B. $\bar{x} = \dfrac{x_1 + x_2 + \cdots + x_n}{n} = \dfrac{\sum x}{n}$

   C. $H = \dfrac{m_1 + m_2 + \cdots + m_n}{\dfrac{m_1}{x_1} + \dfrac{m_2}{x_2} + \cdots + \dfrac{m_n}{x_n}} = \dfrac{\sum_{i=1}^{n} m_i}{\sum_{i=1}^{n} \dfrac{m_i}{x_i}}$

   D. $H = \dfrac{n}{\dfrac{1}{x_1} + \dfrac{1}{x_2} + \cdots + \dfrac{1}{x_n}} = \dfrac{n}{\sum_{i=1}^{n} \dfrac{1}{x_i}}$

9. 由变量数列求算术平均数,在各组次数为频率形式且不等的情况下,应采用(   )计算。

A. $\bar{x} = \dfrac{x_1 + x_2 + \cdots + x_n}{n} = \dfrac{\sum x}{n}$

B. $\bar{x} = \dfrac{x_1 f_1 + x_2 f_2 + \cdots + x_n f_n}{f_1 + f_2 + \cdots + f_n} = \dfrac{\sum xf}{\sum f}$

C. $\bar{x} = \sum x \dfrac{f}{\sum f}$

D. $H = \dfrac{n}{\dfrac{1}{x_1} + \dfrac{1}{x_2} + \cdots + \dfrac{1}{x_n}} = \dfrac{n}{\sum\limits_{i=1}^{n} \dfrac{1}{x_i}}$

10. 已知甲、乙两城市某商品的单价及销售额,要求计算该商品在两城市的平均单价,则计算公式为(　　)。

A. $\bar{x} = \dfrac{x_1 f_1 + x_2 f_2 + \cdots + x_n f_n}{f_1 + f_2 + \cdots + f_n} = \dfrac{\sum xf}{\sum f}$

B. $H = \dfrac{m_1 + m_2 + \cdots + m_n}{\dfrac{m_1}{x_1} + \dfrac{m_2}{x_2} + \cdots + \dfrac{m_n}{x_n}} = \dfrac{\sum\limits_{i=1}^{n} m_i}{\sum\limits_{i=1}^{n} \dfrac{m_i}{x_i}}$

C. $H = \dfrac{n}{\dfrac{1}{x_1} + \dfrac{1}{x_2} + \cdots + \dfrac{1}{x_n}} = \dfrac{n}{\sum\limits_{i=1}^{n} \dfrac{1}{x_i}}$

D. $\bar{x} = \dfrac{x_1 + x_2 + \cdots + x_n}{n} = \dfrac{\sum x}{n}$

11. 已知甲、乙两城市某商品的单价及销售量,要求计算该商品在两城市的平均单价,则计算公式为(　　)。

A. $H = \dfrac{n}{\dfrac{1}{x_1} + \dfrac{1}{x_2} + \cdots + \dfrac{1}{x_n}} = \dfrac{n}{\sum\limits_{i=1}^{n} \dfrac{1}{x_i}}$

B. $\bar{x} = \dfrac{x_1 + x_2 + \cdots + x_n}{n} = \dfrac{\sum x}{n}$

C. $\bar{x} = \dfrac{x_1 f_1 + x_2 f_2 + \cdots + x_n f_n}{f_1 + f_2 + \cdots + f_n} = \dfrac{\sum xf}{\sum f}$

D. $H = \dfrac{m_1 + m_2 + \cdots + m_n}{\dfrac{m_1}{x_1} + \dfrac{m_2}{x_2} + \cdots + \dfrac{m_n}{x_n}} = \dfrac{\sum\limits_{i=1}^{n} m_i}{\sum\limits_{i=1}^{n} \dfrac{m_i}{x_i}}$

12. 由未分组资料确定中位数,则中位数是(　　)对应的变量值。

A. $n/2$ 　　　　B. $n+1/2$ 　　　　C. $(n+1)/2$ 　　　　D. $n/2+1$

13. 众数是(　　)。

A. 总体中出现最多的变量值　　　　B. 总体中最大的变量值

C. 总体中出现的最小变量值　　　　D. 变量值对应的最大次数

14. 变异指标中易受极端值影响的有(　　)。

　　A. 平均差　　　B. 标准差　　　C. 全距　　　D. 变异系数

15. 不同总体间标准差不能进行简单对比,这是因为(　　)。

　　A. 总体平均数不一样　　　　B. 离散程度不一样
　　C. 总体单位数不一样　　　　D. 离差平方和不一样

16. 有两类总体甲和乙的工资的标准差系数分别是 $V_甲=20\%,V_乙=25\%$,其平均工资的代表性(　　)。

　　A. 甲大于乙　　B. 甲小于乙　　C. 甲与乙相当　　D. 无法判断

17. 有两类总体甲和乙工资的标准差分别是 $\sigma_甲=30,\sigma_乙=40$,其平均工资的代表性(　　)。

　　A. 甲大于乙　　B. 甲小于乙　　C. 甲与乙相当　　D. 无法判断

18. 某工厂有两个车间,某年甲车间工人的平均工资为 3 200 元,乙车间的平均工资为 3 300 元,次年甲车间工人在全厂工人中的比重提高,乙车间的比重下降,但两个车间的平均工资没有变化,试问全厂工人平均工资次年比某年(　　)。

　　A. 提高　　　B. 降低　　　C. 持平　　　D. 无法判断

三、多项选择题

1. 某地区固定资产投资额为 120 亿元,则该指标为(　　)。

　　A. 总量指标　　B. 时点指标　　C. 相对指标　　D. 价值量指标

2. 某地区人口总数为 100 万人,则该指标为(　　)。

　　A. 实物量指标　B. 时点指标　　C. 总量指标　　D. 总体单位总量

3. 某地区商品库存额为 500 万元,则该指标为(　　)。

　　A. 劳动量指标　B. 价值量指标　C. 时点指标　　D. 总体标志总量

4. 某地区共有国有企业 1 000 个,则该指标为(　　)。

　　A. 总体单位总量　B. 时期指标　　C. 时点指标　　D. 价值量指标

5. 在计算和应用相对指标时,应注意(　　)等问题。

　　A. 指标的可比性
　　B. 正确选择对比基数
　　C. 要与总量指标结合运用
　　D. 要与经济内容和相关的相对指标结合运用

6. 总量指标的计算方法有(　　)。

　　A. 推算法　　　B. 直接法　　　C. 加权法　　　D. 指数法

7. 平均指标具有(　　)的作用。

　　A. 用来比较同类现象在不同单位发展的一般水平
　　B. 同一单位不同时期的比较
　　C. 制定先进合理的定额依据
　　D. 分析现象依存关系

8. 属于数值平均数的有（　　）；属于位置平均数的有（　　）。
   A. 众数　　　　　　B. 简单算术平均数　　C. 中位数
   D. 加权算术平均数　E. 调和平均数　　　　F. 几何平均数

9. 在下列平均数中，不受极端值影响的是（　　）。
   A. 算术平均数　　B. 几何平均数　　C. 调和平均数
   D. 众数　　　　　E. 中位数

10. 反映某标志值一般水平的指标有（　　）。
    A. 算术平均数　　B. 标准差　　　C. 众数
    D. 中位数　　　　E. 平均差　　　F. 标准差系数

11. 反映平均指标代表性大小的指标是（　　）。
    A. 平均差　　　　B. 标准差　　　C. 标准差系数
    D. 调和平均数　　E. 几何平均数　F. 算术平均数

四、判断题

1. 总量指标的数值随研究范围而变化，范围越大，指标数值越小。（　　）
2. 反映总体单位某一数量标志的总和叫总体标志总量。（　　）
3. 总体标志总量和总体单位总量是固定不变的。（　　）
4. 相对指标的数值大小不随总体范围大小而变化。（　　）
5. 相对数是抽象化数值，所以相对数无计量单位。（　　）
6. 两个数字对比，分子数值同分母数值相差不大时，常用倍数表示。（　　）
7. 人口出生率、人口死亡率常用百分数形式表现。（　　）
8. 有名数就是分子与分母指标数值的计量单位同时使用。（　　）
9. 结构相对数比重之和为100%。（　　）
10. 积累与消费的比例叫比较相对数。（　　）
11. 成本利税率属于比较相对数。（　　）
12. 计划完成相对数大于100%就是超额完成了计划。（　　）
13. 计划完成相对数分子、分母的数值可以是绝对数，也可以是相对数和平均数。（　　）
14. 指标的可比性就是要求对比的两个指标必须有联系，并且指标内容、范围、计算方法等必须一致。（　　）
15. 低速度代表的水平不一定低，较大的相对数背后的绝对值可能很小。（　　）
16. 某高校女生占全部学生比重由2016年10%上升到2017年的20%，这两个指标分别是结构相对数和动态相对数。（　　）
17. 算术平均数计算要求是各标志值与各单位之间是一一对应的。（　　）
18. 由组距数列计算加权算术平均数首先要计算出各组的组中值。（　　）
19. 各个标志值与平均数离差之和等于零。（　　）
20. 各个标志值与平均数离差平方和为最大。（　　）
21. 众数只有在总体单位比较少、没有明显集中趋势的资料中才有意义。（　　）

22. 在一般情况下,可以用中位数代替算术平均数。（　　）
23. 中位数、众数、算术平均数的关系可用公式表示为：$m_0 = 3m_e - 2\bar{x}$。（　　）
24. 当各组变量值相等时,加权算术平均数就转化为简单算术平均数。（　　）
25. 由组距数列计算算术平均数,其结果不是精确值。（　　）
26. 当次数分布右偏时,算术平均数最小。（　　）
27. 变异指标与平均数代表性大小成反比。（　　）
28. 标准差不能进一步作代数运算。（　　）
29. 变异系数是反映标志值变动范围的绝对指标。（　　）
30. 若同类现象两平均数相等,可用平均差和标准差来比较两个平均数代表性大小。（　　）
31. 同质总体才能计算平均数。（　　）
32. 人均粮食产量是平均数。（　　）
33. 劳动生产率是平均数。（　　）
34. 计算平均工资时,报告期组平均工资或人数增加了,总平均工资一定增加。（　　）

五、问答题

1. 简述时期指标同时点指标的异同。
2. 简述各种相对数的异同。
3. 简述计划完成相对数的计算。
4. 简述位置平均数与算术平均数的关系。
5. 简述变异指标的种类及其计算方法。
6. 简述平均指标的计算。
7. 简述简单算术平均数和加权算术平均数的异同。

六、计算题

1. 某公司所属的三个工业企业某年产值计划完成情况如下：

企业	全年计划产值（万元）	第一季度		第二季度		第三季度		第四季度	
		计划	实际	计划	实际	计划	实际	计划	实际
甲	80	10	8	15	12	30	25	25	
乙	60	8	8	12	12	25	27	15	
丙	40	6	8	10	12	16	20	8	
合　计	180	24	24	37	36	71	72	48	

试计算：(1) 第三季度三个企业和全公司产值计划完成情况。(2) 该公司计划执行进度相对数。

2. 某产品按五年计划规定最后一年的产量应达到 50 万 t,计划执行情况如下：

时段	第一年	第二年	第三年		第四年				第五年			
			上半年	下半年	一季度	二季度	三季度	四季度	一季度	二季度	三季度	四季度
产量（万 t）	44	45	22	24	11	12	12.5	12.5	13	12.5	12.5	13

试问该产品提前多长时间完成了五年计划规定的指标？

3. 现有甲、乙两国钢产量和人口资料如下：

项 目	甲国		乙国	
	基期	报告期	基期	报告期
钢产量（万 t）	3 000	3 300	5 000	5 250
年平均人口数（万人）	6 000	6 600	7 143	7 192

试通过计算动态相对数、强度相对数、比较相对数来分析甲、乙两国钢产量发展情况。

4. 某公司下属 20 家企业第一季度总产值计划完成情况如下：

计划完成(%)	企业数(个)	计划产值(万元)
90～100	3	80
100～110	12	400
110～120	5	120
合计	20	600

试计算该公司平均产值计划完成程度。

5. 甲、乙两组工人按日产量分组资料如下：

甲组		乙组	
日产量（件）	工人人数（人）	日产量（件）	工人人数（人）
20 以下	2	20 以下	3
20～30	4	20～30	4
30～40	5	30～40	5
40～50	6	40～50	6
50 以上	3	50 以上	2
合计	20	—	20

试计算：(1) 甲、乙两组工人平均日产量；(2) 甲、乙两组工人日产量的标准差。

6. 某集团公司所属 22 个企业有关资料如下：

计划完成相对数(%)	企业数(个)	实际完成利润额合计(万元)
90～100	2	100
100～110	10	500
110～120	8	540
120 以上	2	200
合计	22	1 340

试计算该公司所属企业利润额的平均计划完成程度相对数。

7. 某市奶粉厂甲、乙两车间生产阳光牌奶粉,每包标准重量定为 500±5 g。从甲车间随机抽得 100 包,有关资料如下表,又已知乙车间奶粉平均重量为 500.8 g/包,标准差为 5.4 g。

按奶粉重量分组(g/包)	数量(包)
490 以下	3
490～494	8
494～498	18
498～502	40
502～506	17
506～510	10
510 以上	4
合计	100

要求:

(1) 计算甲车间奶粉的平均重量。

(2) 计算甲车间奶粉重量的全距(近似值)。

(3) 计算甲车间奶粉的不合格率。

(4) 试问甲、乙两车间奶粉的平均重量哪一个更接近标准中心值?哪个车间的平均重量更具有代表性?

(5) 计算甲车间奶粉重量的众数和中位数。

(6) 试问甲车间奶粉重量属何种分布状态?

第五章
时间数列分析

Adviced Cases

教学目的和要求
了解时间数列的概念和分类;掌握时间数列水平指标的概念和计算;熟练掌握动态平均指标概念和计算;熟练掌握时间数列的各种预测技术。
关键词
平均发展水平指标　平均发展速度指标　长期发展趋势

第一节　时间数列概述

一、时间数列的概念

社会经济现象都不是静止不变的,它们时时刻刻都在不断发展变化。统计不仅要从静态上研究社会经济现象的数量特征和数量关系,而且要从动态上研究其发展变化过程、发展趋势及其发展规律。统计研究事物发展动态的一种重要方法,就是编制时间数列,并以此为依据,进一步分析现象的变化规律。

所谓时间数列,就是将反映社会经济现象的一系列统计指标的数值,按时间先后顺序加以排列而形成的统计数列,也叫时间序列或动态数列。

例5-1　某地区2013~2017年统计指标如表5.1所示,即是一个典型的时间数列。

表 5.1 某地区 2013~2017 年统计指标

年 份	2013	2014	2015	2016	2017
工农业总产值(亿元)	33 394	42 654	59 297	86 079	110 397
人口年末数(万人)	115 823	117 171	118 517	119 850	121 121
工业总产值占工农业总产值比重(%)	84.6	86.9	88.9	89.3	89.2
居民平均消费水平(元)	896	1 070	1 331	1 781	2 186

从表 5.1 看出,时间数列由两个基本要素组成:一是社会经济现象同一指标所属的时间。时间可长可短,时间长度可按年、半年、季、月、日的顺序将资料加以排列。时间的间隔长度可以相等,也可以不相等。另一个要素是反映社会经济现象统计指标的数值。

时间数列分析是统计中非常重要的动态分析方法之一。研究时间数列有重要的作用:第一,可以描述社会经济现象的发展状态和结果;第二,研究社会经济现象的发展速度、发展趋势,探索事物发展变化规律,并据以进行统计预测;第三,将互相联系的时间数列进行对比,可以研究有关现象的联系程度。

二、时间数列的种类

时间数列根据统计指标的表现形式不同,可以分为绝对数时间数列、相对数时间数列、平均数时间数列三种。其中,绝对数时间数列是基本数列,相对数时间数列和平均数时间数列是由绝对数时间数列派生而形成的数列。

(一) 绝对数时间数列

把一系列同类绝对数指标按时间先后顺序排列起来所形成的时间数列,称为绝对数时间数列。它反映了社会经济现象在不同时期具有的实际规模及所达到的水平。由于绝对数指标可分为时期指标和时点指标,所以绝对数时间数列也相应地分为时期数列和时点数列。

1. 时期数列

时期数列是将时期指标按照时间先后顺序排列而成的数列。数列中的每个时期指标均反映社会经济现象在一段时间内发展过程的总量。表 5.1 中的某地区历年工农业总产值就是一个时期数列。其特点如下。

(1) 可加性。数列中各时间上的同一指标值可以累计相加。相加后的指标值可以用来表明更长一段时间现象发展的总量。如每年的工农业总产值是当年各月工农业产值相加的结果,五年工农业总产值是五年中各年工农业产值的总和。

(2) 指标数值大小随时期长短而变动。时期愈长,指标值愈大;反之,则相反。

(3) 时期指标的取值。一般采用连续登记办法获得。因为时期数列的各指标值是反映现象在一段时间内发展过程的总量,它就必须在这段时间内把所发生的数量逐一登记后进行累计。

2. 时点数列

时点数列是将时点指标按时间的先后顺序排列而成的数列,数列中的每个时点指标数值均反映社会经济现象在某一时点上所达到的水平。表5.1中某地区历年人口年末数就是一个时点数列。其特点如下。

（1）数列中各时点上的同一指标值是不能相加的。因为构成时点数列的某一时点的指标值，绝大部分又被统计到另一时点中去了，所以时点数列中经常出现总体的一些单位或标志值两次或多次被重复计算，使得数列中各时点的指标值加总起来没有任何实际意义。

（2）时点指标数值的大小同时点间隔长短不存在依存关系。因为时点数列的每一指标值只表明现象在某一瞬间上的数量，因而时点间隔长短对指标数字的大小没有直接影响。如按年末排列的人口总数就不一定都比按月末排列的人口总数大。

（3）时点数列指标的取值，一般采用间断登记办法获得。因为时点数列的各指标值都是反映现象在某一时刻上状况的数量，只要在某一时点上进行统计，取得该时点的资料，不必连续进行登记。

（二）相对数时间数列

把一系列性质相同的相对指标按时间先后顺序排列而形成的时间数列，就叫作相对数时间数列。相对数时间数列主要用以表明现象对比关系的发展变化情况，说明社会经济现象的比例关系、结构、速度的发展变化过程。表5.1所列工业总产值占工农业总产值的比重就是一个相对数时间数列。由于相对数时间数列是派生数列，而相对数的分子和分母既可能是时期指标，也可能是时点指标，从而使相对指标时间数列有三种构成形式。

（三）平均数时间数列

把一系列性质相同的平均指标按时间先后顺序排列而形成的时间数列，就叫作平均数时间数列。它表明社会经济现象一般水平的变化过程。表5.1所列的某地区居民平均消费水平就是一个平均数时间数列。

由于相对数时间数列和平均数时间数列的计算基数不同，所以这两种时间数列中各项指标数值不宜直接相加，因其相加的结果没有明确的实际意义。

三、编制时间数列的原则

为了使时间数列正确地反映社会经济现象的发展变化过程，必须遵循时间数列的编制原则。其中心问题就是保持数列中各个指标之间的可比性。可比性主要指以下几点。

1. 时间上要可比

时间数列的每个指标值所包含的时间范围应一致。一般说来，时期数列各个指标数值所属的时期宜相等，时点数列中各个指标之间的时点间隔宜相等。但也不能把这一原则绝对化，有时也要编制时间长短不等的时期数列和时点间隔不等的时点数列，要根据研究问题的目的来确定。

2. 总体范围应一致

指标值的大小与被研究现象所属总体空间范围有直接关系。如果地区的行政区划、部门的范围有变化，那么前后时期各指标数值必须进行适当调整后，才能用来对比。

3. 指标的经济内容应一致

指标名称相同而内容不同的指标不能混合编制成一个时间数列。如不同期的农业总产值,其含义变化较大,在编制时间数列和进行比较时,便需调整。

4. 指标的计算口径应一致

计算口径主要指计算方法、计算价格、计算单位等。如果某种统计指标的计算方法做了重大改变,利用时间数列进行动态比较时,就要统一计算方法。统计指标的计算价格种类很多,同类指标计算价格不同,指标取值就不同,所以时间数列中的指标计算价格要统一,同时要注意指标计量单位要一致。

对时间数列可比性的要求,也不能绝对化,有时由于资料来源所限,只要大体可比,也能用来编制时间数列。

第二节 时间数列水平指标

时间数列水平,也就是现象发展水平。反映现象发展水平的指标有发展水平、平均发展水平、增长量和平均增长量。

一、发展水平

发展水平是指时间数列的每个指标数值。它反映社会经济现象在不同时期所达到的水平。它可以是总量指标、相对指标、平均指标。发展水平是进行动态分析和计算其他动态分析指标的基础,通常以符号 a 表示。

根据发展水平在时间数列中所处的位置,通常把数列中的第一个指标数值叫最初水平,以符号 a_0 表示,最后一个指标数值叫最末水平,以符号 a_n 表示,其余各项指标数值叫中间水平,以符号 $a_1,a_2,\cdots,a_{n-1}$ 表示。在对比两个时间数列的发展水平时,作为对比基础时期的指标值,称为基期发展水平,所要分析时期的指标值,称为报告期发展水平。随着研究目的的变化,发展水平的这些不同名称也随之改变。

二、平均发展水平

平均发展水平是将时间数列各期发展水平加以平均而得的平均数。统计上又称这种平均数为序时平均数或动态平均数。

序时平均数和前面讲的静态平均数(一般平均数)的共同之处是,将现象的个别数量差异抽象化,概括地反映现象的一般水平,但二者又有区别。序时平均数是根据时间数列计算的,它是将现象在不同时间上的数量差异抽象化,说明现象在不同时间上发展变化的趋势。静态平均数是根据变量数列计算的,它是将现象在同一时间上的数量差异抽象化,用以反映现象在具体历史条件下的一般水平。

由于时间数列有不同形式,所以序时平均数有不同的计算方法。

(一) 绝对数时间数列序时平均数的计算

1. 由时期数列计算

时期数列中各个指标具有可加性。因此,一般采用简单算术平均法计算,即将数列中各指标数值相加除以时期数。计算公式为:

$$\bar{a}=\frac{a_1+a_2+\cdots+a_n}{n}=\frac{\sum a}{n} \tag{5-1}$$

式中,$\bar{a}$ 为序时平均数;$a_1,a_2,\cdots,a_n$ 为各时期发展水平;n 为时期数。

例 5-2 试计算表 5.1 中某地区 2013～2017 年工农业总产值的序时平均数。

解
$$\bar{a}=\frac{33\,394+42\,654+59\,297+86\,079+110\,397}{5}=66\,364.2(亿元)$$

2. 由时点数列计算

时点数列中的各项指标反映现象在某一时点上所达到的规模,事实上不可能取得一段时间内某一现象的全部时点资料,两个相邻的时点指标中间总是相隔着一定时间。实际工作中由时点数列计算序时平均数,是在一定条件下推算出的近似值,这一条件就是假定在相邻时点之间现象是均匀变动的。根据时点间隔的不同情况,时点数列分连续性时点数列和间断性时点数列。序时平均数的计算又分以下几种情况。

(1) 连续时点数列。如果时点数列资料是逐日登记又是逐日排列的,统计中将这样的时点数列视为连续时点数列。如果被研究现象每日的指标数值都有变动,称为每日变动的连续时点数列,如果被研究现象不是逐日变动,而是间隔几天变动一次,这样的数列称为间隔变动的连续时点数列。

每日变动的连续时点数列求序时平均数,采用简单算术平均法,其计算公式为:

$$\bar{a}=\frac{a_1+a_2+\cdots a_n}{n}=\frac{\sum a}{n} \tag{5-2}$$

例如,已知某企业一个月内每天的工人人数,要计算该月内每天平均工人数,就可将每天的工人人数相加,除以该月的日历日数。

对间隔变动的连续时点数列求序时平均数,采用加权平均法,其计算公式为:

$$\bar{a}=\frac{\sum af}{\sum f} \tag{5-3}$$

例 5-3 某企业 2018 年 8 月职工人数资料如表 5.2 所示,试计算该企业 2018 年 8 月份平均人数。

表 5.2 某企业 2018 年 8 月职工人数资料

日期	1～9 日	10～20 日	21～25 日	26～31 日
日人数(人)	400	405	402	408

解 该企业 2018 年 8 月份平均人数:

$$\bar{a}=\frac{\sum af}{\sum f}=\frac{400\times 9+405\times 11+402\times 5+408\times 6}{31}=404(人)$$

(2) 间断时点数列。不是每日登记每日排列的时点数列,称为间断性时点数列。间断性时点数列又分间隔相等和间隔不等两种情况。

对于间隔相等的间断时点数列,其序时平均数计算的一般方法是:首末两项水平折半后与中间各项水平值相加,再用项数减 1 去除,即"首末折半法"。其计算公式为:

$$\bar{a}=\frac{\frac{a_1+a_2}{2}+\frac{a_2+a_3}{2}+\cdots+\frac{a_{n-1}+a_n}{2}}{n-1}=\frac{\frac{a_1}{2}+a_2+\cdots+a_{n-1}+\frac{a_n}{2}}{n-1} \qquad (5-4)$$

例 5-4 某企业月末职工人数资料如表 5.3 所示,试计算该企业第二季度平均职工人数。

表 5.3 某企业月末职工人数资料

月　份	3月	4月	5月	6月
职工人数(人)	1 400	1 420	1 430	1 480

解 该企业第二季度平均职工人数为:

$$\bar{a}=\frac{\frac{1\,400}{2}+1\,420+1\,430+\frac{1\,480}{2}}{4-1}=1\,430(人)$$

对于间隔不等的间断时点数列,其序时平均数计算的一般方法是:对相邻两项相加除以 2,再用间隔长度(f)加权进行平均。其计算公式为:

$$\bar{a}=\frac{\frac{(a_1+a_2)}{2}f_1+\frac{(a_2+a_3)}{2}f_2+\cdots+\frac{(a_{n-1}+a_n)}{2}f_{n-1}}{f_1+f_2+\cdots+f_{n-1}} \qquad (5-5)$$

例 5-5 某企业 2017 年特定日期职工人数如表 5.4 所示,试计算该企业全年职工平均人数。

表 5.4 某企业 2017 年职工人数资料

日　期	1月1日	6月30日	10月31日	12月31日
职工人数(人)	1 502	1 524	1 530	1 546

解 全年职工平均人数为:

$$\bar{a}=\frac{\frac{1\,502+1\,524}{2}\times 6+\frac{1\,524+1\,530}{2}\times 4+\frac{1\,530+1\,546}{2}\times 2}{12}=1\,522(人)$$

(二) 相对数时间数列序时平均数的计算

由于相对指标时间数列是由两个有联系的总量指标时间数列相应项对比的结果,因此相对指标时间数列计算序时平均数,不能根据相对数时间数列直接计算,而是先要分别计算出两个互相联系的总量指标时间数列的序时平均数,然后再对比,求出相对数时间数列的序时平均数。用公式表示为:

$$\bar{c}=\frac{\bar{a}}{\bar{b}} \qquad (5-6)$$

式中,c 为相对数时间数列的序时平均数;$\bar{a}$ 为相对数分子数列的序时平均数;$\bar{b}$ 为相对数分母数列的序时平均数。

具体计算又分以下几种情况:

1. 由两个时期数列对比形成的相对数时间数列求序时平均数,采用下列公式:

$$\bar{c} = \frac{\bar{a}}{\bar{b}} = \frac{\sum a}{\sum b} \tag{5-7}$$

由于 $a = bc$,所以

$$\bar{c} = \frac{\bar{a}}{\bar{b}} = \frac{\sum bc}{\sum b} \tag{5-8}$$

由于 $b = a/c$,所以

$$\bar{c} = \frac{\bar{a}}{\bar{b}} = \frac{\sum a}{\sum \frac{a}{c}} \tag{5-9}$$

我们可以根据所掌握的资料,灵活应用上述三个公式。

例 5-6 某企业 2017 年各季度计划与实际产值资料如表 5.5 所示,试计算其 2017 年产值平均计划完成程度。

表 5.5 某企业 2017 年产值资料

季　度	一季度	二季度	三季度	四季度
实际产值(万元)	150	160	170	165
计划产值(万元)	150	155	160	165

解 则 2017 年产值平均计划完成程度:

$$\bar{c} = \frac{\bar{a}}{\bar{b}} = \frac{\sum a}{\sum b} = \frac{150+160+170+165}{150+155+160+165} = 102.38\%$$

2. 由两个时点数列对比形成的相对数时间数列求序时平均数,采用下列公式。

间隔相等的连续时点数列:

$$\bar{c} = \frac{\bar{a}}{\bar{b}} = \frac{\sum a}{\sum b} \tag{5-10}$$

间隔不等的连续时点数列:

$$\bar{c} = \frac{\bar{a}}{\bar{b}} = \frac{\sum af}{\sum bf} \tag{5-11}$$

间隔相等的间断时点数列:

$$\bar{c} = \frac{\bar{a}}{\bar{b}} = \frac{\frac{a_1}{2}+a_2+a_3+\cdots+\frac{a_n}{2}}{\frac{b_1}{2}+b_2+b_3+\cdots+\frac{b_n}{2}} \tag{5-12}$$

间隔不等的间断时点数列:

$$\bar{c} = \frac{\bar{a}}{\bar{b}} = \frac{\frac{a_1+a_2}{2}f_1+\frac{a_2+a_3}{2}f_2+\cdots+\frac{a_n+a_{n-1}}{2}f_n}{\frac{b_1+b_2}{2}f_1+\frac{b_2+b_3}{2}f_2+\cdots+\frac{b_n+b_{n-1}}{2}f_n} \tag{5-13}$$

在计算的时候,根据所掌握的资料,选用适当的公式。

例 5-7 某地区劳动力资源 2011～2017 年分配情况如表 5.6 所示,试计算该地区 2011～2017 年社会劳动者占劳动力资源的平均比重。

表 5.6 某地区劳动力资源分配情况(年底数)

年份	2011	2012	2013	2014	2015	2016	2017
劳动力资源总数(万人)	62 114	64 066	65 607	66 960	68 364	69 732	70 982
社会劳动者(万人)	49 873	51 282	52 783	54 334	55 329	56 740	58 360

解 某地区 2011～2017 年期间社会劳动者占劳动力资源的平均比重为:

$$\bar{c} = \frac{\bar{a}}{\bar{b}} = \frac{\frac{a_1}{2} + a_2 + a_3 + \cdots + \frac{a_n}{2}}{\frac{b_1}{2} + b_2 + b_3 + \cdots + \frac{b_n}{2}}$$

$$= \frac{\frac{49\,873}{2} + 51\,282 + 52\,783 + 54\,334 + 55\,329 + 56\,740 + \frac{58\,360}{2}}{\frac{62\,114}{2} + 64\,066 + 65\,607 + 66\,960 + 68\,364 + 69\,732 + \frac{70\,982}{2}} = 80.89\%$$

3. 由一个时期数列和一个时点数列对比形成的相对数时间数列求序时平均数,有多种组合形式,在计算的时候,根据所掌握的资料,可选用适当的公式,公式(略)。

例 5-8 某企业第四季度工资总额及月末工人数资料如表 5.7 所示,试计算该企业第四季度职工平均工资。

表 5.7 某企业第四季度工资总额及月末工人数资料

月 份	9	10	11	12
工资总额(元)	80 000	105 600	127 400	153 000
月末工人数(人)	100	120	140	150

解 第四季度职工平均工资为:

$$\bar{c} = \frac{\bar{a}}{\bar{b}} = \frac{\sum a}{\frac{b_1}{2} + b_2 + b_3 + \cdots + \frac{b_n}{2}} = \frac{105\,600 + 127\,400 + 153\,000}{\frac{100}{2} + 120 + 140 + \frac{150}{2}} = 1\,000.60(元)$$

实际工作中,如果掌握的资料不全,也可以根据指标之间的联系,由已知数推算未知数。

(三) 平均数时间数列序时平均数的计算

平均数时间数列有静态平均指标时间数列和序时平均指标时间数列两种。

由静态平均数构成的时间数列求序时平均数,可仿照相对数时间数列求序时平均数的方法,先分别求分子数列和分母数列的序时平均数,然后将这两个序时平均数进行对比,即得静态平均数时间数列的序时平均数。

例 5-9 某企业上半年月底职工人数与平均工资有关数据具体如表 5.8 所示:

表 5.8 某企业上半年平均工资与月底职工人数有关数据

月份	1	2	3	4	5	6
平均工资(元)	600	680	650	700	740	720
月底职工人数(人)	320	340	260	280	300	280

又知 1 月份初有职工 280 人。试计算该企业今年上半年全部职工的平均工资。

解 据已知条件,先求各月份的工资总额:

1 月份工资总额 = 1 月份平均工资 × 1 月份平均人数

$$= 600 \times \frac{280+320}{2} = 180\,000(元)$$

同样可求得 2 月、3 月、4 月、5 月、6 月的工资总额分别如下:224 400、195 000、189 000、214 600、208 800 元。各月份工资总额数列是时期指标数列,各月底职工人数数列是时点数列,于是:

$$\bar{c} = \frac{\bar{a}}{\bar{b}}$$

$$= \frac{\sum a}{\frac{b_1}{2} + b_2 + b_3 + \cdots + \frac{b_n}{2}}$$

$$= \frac{180\,000 + 224\,400 + 195\,000 + 189\,000 + 214\,600 + 208\,800}{\frac{280}{2} + 320 + 340 + 260 + 280 + 300 + \frac{280}{2}}$$

$$= 680.787(元)$$

在本例中,如仅有各月的平均工资数列,为了简便起见,常对该数列的值作简单算术平均。

由动态平均数所组成的平均数时间数列的序时平均数的计算方法是:在时期相等时,可直接采用简单算术平均法计算;在时间不相等时,则以时期作为权数,采用加权算术平均法计算。

例 5-10 某企业上半年职工人数如表 5.9 所示,试计算上半年平均每月职工人数。

表 5.9 某企业上半年职工人数表

时间	1 月	2～3 月	2 季度
平均职工人数(人)	800	700	900

解 上半年平均每月职工人数 $= \dfrac{800 + 700 \times 2 + 900 \times 3}{6} = 817(人)$

三、增长量

增长量是时间数列中各报告期发展水平与相比较的基期发展水平之差,反映社会经济现象报告期比基期增加或减少的数量,即:

增长量＝报告期水平－基期水平

根据分析目的而选择的比较期的不同,可将增长量分为三种。

1. 逐期增长量

即时间数列中各期发展水平与相应前期发展水平之差,说明现象逐期增加或减少的数量。用符号表示为:

$$a_1-a_0, a_2-a_1, \cdots, a_{n-1}-a_{n-2}, a_n-a_{n-1}$$

2. 累计增长量

即时间数列中各期发展水平与某一固定基期水平之差,说明现象在一定时期内总的增加或减少的数量。用符号表示为:

$$a_1-a_0, a_2-a_0, \cdots, a_{n-1}-a_0, a_n-a_0$$

累计增长量和逐期增长量的关系是:累计增长量等于逐期增长量之和,即

$$a_n-a_0=(a_1-a_0)+(a_2-a_1)+\cdots+(a_n-a_{n-1})$$

例 5-11 某省 2012~2017 年年末劳动者人数资料以及据此计算的各年逐期与累计增长量如表 5.10 所示。

表 5.10 某省劳动者资料

年　份	2012	2013	2014	2015	2016	2017
年末劳动者(万人)	9 407	9 949	10 147	10 533	11 015	11 742
逐期增长量(万人)	—	542	198	386	482	727
累计增长量(万人)	—	542	740	1 126	1 608	2 335

3. 年距增长量

在实际工作中,某些社会经济现象在发展过程中含有季节性变动,为了消除季节性波动的影响,需计算年距增长量。

年距增长量＝本期发展水平－去年同期发展水平

四、平均增长量

平均增长量是时间数列中各逐期增长量的序时平均数,说明社会经济现象在一段时期内平均增加或减少的数量。计算公式为:

$$平均增长量=\frac{逐期增长量之和}{逐期增长量个数}=\frac{累计增长量}{时间数列项数-1}$$

例 5-12 根据表 5.10 资料计算某省 2012~2017 年劳动者平均增长量。

解 平均增长量＝2 335/5＝467.9(万人)

第三节 时间数列速度指标

一、发展速度

发展速度是报告期水平与基期水平之比的动态相对数。它反映社会经济现象在不同时期的变化程度。计算公式为：

$$发展速度 = \frac{报告期发展水平}{基期发展水平} \times 100\%$$

依据所用的基期不同，发展速度可分为定基发展速度和环比发展速度。

定基发展速度是报告期水平与某一固定期水平（通常是最初水平）之比，表明社会经济现象在一个较长时期内总的变动情况。用符号表示为：$\frac{a_1}{a_0}, \frac{a_2}{a_0}, \frac{a_3}{a_0}, \cdots, \frac{a_n}{a_0}$

环比发展速度是报告期水平与前一期水平之比，用符号表示为

$$\frac{a_1}{a_0}, \frac{a_2}{a_1}, \frac{a_3}{a_2}, \cdots, \frac{a_n}{a_{n-1}}$$

反映社会经济现象逐期的发展变动情况。

定基发展速度和环比发展速度之间的关系表现在以下两个方面：

(1) 定基发展速度等于环比发展速度的连乘积。用符号表示为：

$$\frac{a_n}{a_0} = \frac{a_1}{a_0} \times \frac{a_2}{a_1} \times \frac{a_3}{a_2} \times \cdots \times \frac{a_n}{a_{n-1}}$$

(2) 两个相邻时期的定基发展速度之比，等于相应的环比发展速度。用符号表示为：

$$\frac{\frac{a_n}{a_0}}{\frac{a_{n-1}}{a_0}} = \frac{a_n}{a_{n-1}}$$

此外，在实际工作中还要计算年距发展速度。其计算公式为：

$$年距发展速度 = \frac{报告期发展水平}{上年同期发展水平} \times 100\%$$

二、增长速度

增长速度是增长量与基期发展水平之比的相对数。它表明社会经济现象的增长（降低）程度。其计算公式为：

$$增长速度 = \frac{增长量}{基期水平} = \frac{报告期水平 - 基期水平}{基期水平} = 发展速度 - 1$$

由于对比基期不同，增长速度也可分为定基增长速度和环比增长速度。

定基增长速度，是累计增长量与某固定期水平之比的相对数，反映现象在较长时期内总

的增长或下降的程度。用符号表示为：

$$\frac{a_1-a_0}{a_0},\frac{a_2-a_0}{a_0},\frac{a_3-a_0}{a_0},\cdots,\frac{a_n-a_0}{a_0}$$

所以说，定基增长速度等于定基发展速度减1，即：

$$\frac{a_1}{a_0}-1,\frac{a_2}{a_0}-1,\frac{a_3}{a_0}-1,\cdots,\frac{a_n}{a_0}-1$$

环比增长速度是逐期增长量与前一期发展水平之比的相对数，反映现象逐期增长或下降的程度。用符号表示为：

$$\frac{a_1-a_0}{a_0},\frac{a_2-a_1}{a_1},\frac{a_3-a_2}{a_2},\cdots,\frac{a_n-a_{n-1}}{a_{n-1}}$$

所以说，环比增长速度等于环比发展速度减1，即：

$$\frac{a_1}{a_0}-1,\frac{a_2}{a_1}-1,\frac{a_3}{a_2}-1,\cdots,\frac{a_n}{a_{n-1}}-1$$

可见，增长速度等于发展速度减1，当发展速度大于1时，增长速度为正值，表明现象的增长程度；当发展速度小于1时，增长速度为负值，表明现象的降低程度。

应用增长速度时应注意：

(1) 环比增长速度与定基增长速度不能互相推算。因为环比增长速度连乘不等于定基增长速度。若要换算，则要先将环比增长速度加1，变为环比发展速度，而后再将各环比发展速度连乘得定基发展速度，最后将定基发展速度减1求得定基增长速度。

(2) 增长速度和发展速度说明的问题不同。增长速度说明现象报告期水平比基期水平增长或降低了百分之几，而发展速度则说明某现象报告期水平是基期水平的百分之几。

此外，在实际工作中，为消除季节变动的影响，还须计算年距增长速度。

$$年距增长速度=\frac{报告期某月(季)水平-上年同月(季)水平}{上年同月(季)水平}=年距发展速度-1$$

例5-13 某地区2012~2017年劳动者人数，以及据此计算的发展速度与增长速度，如表5.11所示。

表5.11 某地区劳动者人数资料

年 份		2012	2013	2014	2015	2016	2017
劳动者人数（万人）		9 407	9 949	10 147	10 533	11 015	11 742
发展速度	定基（%）	—	105.76	107.87	111.97	117.09	124.82
	环比（%）	—	105.76	101.99	103.8	104.58	106.60
增长速度	定基（%）	—	5.76	7.87	11.97	17.09	24.82
	环比（%）	—	5.76	1.99	3.80	4.58	6.6

三、平均发展速度和平均增长速度

（一）平均发展速度

平均发展速度是某时期各期环比发展速度的序时平均数，反映社会经济现象在一个较长时期内发展变化的平均程度。

平均发展速度在实践中具有非常重要的作用。它首先是编制和检查计划的重要依据之一;其次它还经常用来对比不同时期、不同国家或地区同类社会经济现象发展变化情况;再次它还可以作为各种推算和预测的依据。

平均发展速度通常采用两种方法计算,即水平法和累计法。这两种方法的理论依据和应用场合各不相同。

1. 水平法又称几何平均法

它的基本出发点是:从最初水平 a_0 出发,以平均发展速度 $\bar{x}$ 代替各环比发展速度 x_1, $x_2,\cdots,x_n$,由此推算出期末计算水平与期末实际水平一致。即:

$$a_0 \times x_1 \times x_2 \times \cdots \times x_n = a_n$$

所以:

$$a_0 \times \bar{x} \times \bar{x} \times \cdots \times \bar{x} = a_n$$

所以:

$$\frac{a_n}{a_0} = \bar{x}^n$$

所以:

$$\bar{x} = \sqrt[n]{\frac{a_n}{a_0}}$$

$\frac{a_n}{a_0}$ 为定基发展速度,根据定基发展速度等于相应各环比发展速度的连乘积的关系,所以上述公式可变为:

$$\bar{x} = \sqrt[n]{\frac{a_n}{a_0}} = \sqrt[n]{x_1 \times x_2 \times \cdots \times x_n} = \sqrt[n]{\prod x} = \sqrt[n]{R}$$

式中,$\bar{x}$ 为平均发展速度,$x_1,x_2,\cdots,x_n$ 分别为各期环比发展速度;$\prod$ 为连乘符号;R 为总速度;n 为环比发展速度个数(n=时间数列项数－1)。

以上计算公式,可根据占有的资料不同分别选用。具体计算方法多采用多功能计算器开多次方根直接求得。

例 5-14 以表 5.11 为例计算某地区 2013～2017 年劳动者人数的平均发展速度。

解
$$\bar{x} = \sqrt[n]{\frac{a_n}{a_0}} = \sqrt[5]{\frac{11\,742}{9\,407}} = 104.53\%$$

$$\bar{x} = \sqrt[n]{x_1 x_2 \cdots x_n}$$
$$= \sqrt[5]{1.057\,6 \times 1.019\,9 \times 1.038 \times 1.045\,8 \times 1.066}$$
$$= 104.53\%$$

$$\bar{x} = \sqrt[n]{\prod x} = \sqrt[n]{R} = \sqrt[5]{1.248} = 104.53\%$$

由上可知,三种计算公式结果是一致的。

2. 累计法又称方程式法

它的基本出发点是:从最初水平 a_0 出发,以 $\bar{x}$ 平均速度替代环比发展速度 $x_1,x_2,\cdots$, x_n,由此推算出各计算水平之和与各期实际水平之和一致。即:

$$a_0 \bar{x} + a_1 \bar{x} + a_2 \bar{x} + \cdots + a_n \bar{x} = a_1 + a_2 + \cdots + a_n = \sum a$$

所以：
$$\bar{x}+\bar{x}^2+\bar{x}^3+\cdots+\bar{x}^n = \frac{\sum a}{a_0}$$

解这个高次方程的正根，就是所求得的平均发展速度。但是求解这个方程式是比较复杂的，在统计工作中，往往利用事先编好的《平均增长速度查对表》来计算。

（二）平均增长速度

平均增长速度是某时期各期环比增长速度的序时平均数，表明现象在一个较长时期内逐期递增或递减的平均程度。

平均增长速度是不能根据各期环比增长速度来直接计算的，因为各期环比增长速度的连乘积不等于总增长速度。因此，计算平均增长速度必须先将总速度加1，变为总发展速度，再用几何平均法计算平均发展速度，并把所得结果减1，即得平均增长速度。即：

平均增长速度＝平均发展速度－1

例 5-15 某地区工业总产值2017年要比2012年增长37.1%。试计算平均每年增长速度。

解 发展速度＝增长速度＋1＝37.%＋1＝137.1%

平均发展速度＝$\sqrt[5]{1.371}$＝106.5%

平均增长速度＝106.5%－1＝6.5%

（三）计算和应用平均速度应注意的问题

1. 水平法和累计法是我国目前计算平均发展速度的基本方法。但两种方法的侧重点不同，前者是从最末水平出发来进行研究；后者是从各期水平累计总和出发来进行研究。因此，它们的应用条件也不同，同一资料，两种方法计算的结果也不相同。所以，在计算平均发展速度时要根据研究现象的性质、目的选择合适的方法。

2. 应用分段平均发展速度补充说明全时期的总平均速度。因为总平均速度仅能笼统地反映现象在较长时间内逐期平均发展的程度，而掩盖了现象在不同时期的波动状况。

3. 还要注意与环比发展速度结合进行分析。因为水平法计算的平均速度只考虑了最末水平和最初水平，中间各期水平无论怎样变化，对平均速度的高低都无影响。如果中间各期水平出现了特殊高低变化或者最初、最末水平受特殊因素的影响，就会降低甚至失去平均速度的意义。

4. 还要注意平均速度指标与原时间数列的发展水平、增长量、平均发展水平等指标结合应用，以便对研究现象做出比较确切和全面的认识。

第四节 时间数列趋势分析

社会经济现象的发展是许多复杂因素共同作用的结果，有些属于基本因素，它对事物的发展起决定性作用，使事物在较长一段时期内的发展变化呈现出一定趋向；有些是属于偶然、非基本因素，它对事物的发展只起局部的非决定性作用，使时间数列各期水平出现短期不规则的波动；还有些属于季节变更、消费或习惯性等因素，使时间数列出现季节性波动和循环变动。总之，影响事物发展变化的因素按性质不同可归纳为四类：长期趋势、季节变动、循环变动和不规则变动。本节重点介绍对长期趋势和季节变动的统计测定方法。

一、长期趋势

长期趋势是指现象在相当长的时期内，持续增长或不断下降的趋势。例如人民生活水平总的趋势是持续增长的，人口的死亡率总的趋势是持续下降的。

分析时间数列的长期趋势，有助于认识现象的变动规律，为预测事物未来的发展情况提供依据，对编制计划、管理国民经济、指导生产和正确决策都具有重要意义。

测定长期趋势的方法很多，常用的有：间隔扩大法、序时平均法、移动平均法、数学方程法。本节将重点介绍常用的间隔扩大法、移动平均法、数学方程法。

（一）间隔扩大法

这是测定长期趋势最原始、最简单的方法。当原始动态数列中各指标数值上下波动，现象变化规律表现不明显时，将动态数列指标值所属的时间单位予以扩大，然后对新时间单位内的指标值进行合并，便得到一个扩大了时距的动态数列。其作用是消除较小时距单位内偶然因素的影响，反映现象发展的基本趋势。

例 5-16 某机器厂 2017 年各月生产机器台数资料如表 5.12 所示。

从表 5.12 中可看出，数列变化并不均匀，即各月之间的机器台数起伏不定，用该动态数列不能清楚地反映该厂生产量变动的趋势。

表 5.12 某机器厂 2017 年各月生产机器台数资料

月份	1	2	3	4	5	6	7	8	9	10	11	12
机器台数（台）	410	420	520	430	450	510	530	400	510	490	560	540

例 5-17 现将月资料整理成为季资料，如表 5.13 所示。

表 5.13 某机器厂各季度生产机器台数

季度	1	2	3	4
机器台数（台）	1 350	1 390	1 440	1 590

间隔扩大后的资料，可以明显地显示出生产的机器台数呈现逐期增长的变化趋势。间隔扩大法可以用间隔扩大总数，也可以用间隔扩大平均数来编制新的动态数列。

例 5-18 把表 5.13 资料改用间隔扩大平均数编制成新的动态数列，如表 5.14 所示。

表 5.14 某机器厂各季度平均生产机器台数

季度	1	2	3	4
平均机器台数（台）	450	463	480	530

由此也可以看出该厂机器生产量呈逐期增长的趋势。

应用间隔扩大法需要注意以下问题：① 这一方法只适用于时期数列，因为只有时期数列的发展水平才具有可加性。② 扩大的时距多大为宜,取决于现象自身的特点。对于呈现周期波动的数列,扩大的时距应该与波动周期相吻合;对于一般的动态数列,则要逐步扩大时距,以能够显示趋势变动方向为宜,时距扩大太多,信息易丢失。③ 扩大的时距要一致,这样相应的发展水平才有可比性。

(二) 移动平均法

移动平均法是将原时间数列的时距扩大,然后采用逐项递推移动的方法,分别计算一系列移动的序时平均数,形成一个新的派生的序时平均数列,在这个新的序时平均数列里,短期的偶然因素引起的变动被削弱了,从而呈现出明显的长期趋势。

例 5-19 某地区 2000~2012 年各年财政收入数据,以及据此计算的三年移动平均数、四年移动平均数如表 5.15 所示。

解 关于移动平均数的计算,以表 5.15 中"三年移动平均"为例,把原数列资料中时期扩大为 3 年,计算序时平均数。1~3 项序时平均数为:$(1\,085.2+1\,089.5+1\,124.0)\div 3=1\,099.57$,代替原来数列的第二项资料;2~4 项序时平均数为 $(1\,089.5+1\,124.0+1\,249.0)\div 3=1\,154.17$,代替原来数列的第三项资料,依次类推。

表 5.15 某地区财政收入移动平均计算表

年份	总收入(亿元)	三年移动平均(亿元)	四年移动平均(亿元)	
			第一次	第二次
2000	1 085.2	—		
2001	1 089.5	1 099.57	—	
2002	1 124.0	1 154.17	1 136.93	1 189.02
2003	1 249.0	1 291.63	1 241.10	1 338.22
2004	1 501.9	1 539.10	1 435.33	1 577.37
2005	1 866.4	1 876.20	1 719.40	1 859.39
2006	2 260.3	2 165.20	1 999.38	2 140.14
2007	2 368.9	2 419.07	2 280.90	2 415.98
2008	2 628.0	2 647.97	2 551.05	2 682.59
2009	2 949.0	2 962.53	2 814.13	2 969.38
2010	3 312.6	3 290.17	3 124.63	3 315.27
2011	3 610.9	3 692.20	3 505.90	—
2012	4 153.1	—		

采用移动平均法分析长期趋势时,应注意以下几点:

(1) 移动长度应视研究现象本身变化特点而定。若数列各期水平存在自然波动周期,就以波动周期长度为移动长度,这样便于消除周期性波动,呈现出数列长期趋势;若数列各期水平无明显的周期波动,用奇数项求移动平均数较简单,但奇数时距长度的选择要合适。

(2) 凡是奇数项移动平均所得的序时平均数,则所平均时期的中间时期的值,即为长期趋势值。若采用偶数项作为移动的时距长度所求得的平均值,则需要再作一次两项移动平均以"正位",才是原数列的长期趋势值。

例5-20 如表5.15四年移动平均时,第一个移动平均数为$(1\,085.2+1\,089.5+1\,124.0+1\,249.0)\div 4=1\,136.93$,第二个移动平均数为$(1\,089.5+1\,124.0+1\,249.0+1\,501.9)\div 4=1\,241.1$,依次类推;"正位"则需取第一个移动平均数和第二个移动平均数的算术平均数作为第三个时期的趋势值,即$(1\,136.93+1\,241.1)\div 2=1\,189.02$,依次类推。

(3) 移动平均法的主要作用在于修匀数列,一般说,移动时距越长,修匀作用就越大,而得出移动平均数项目就越少,原数列信息量损失就越多。所以,不能直接根据修匀后的数列进行预测。

(三) 数学方程法

数学方程法就是根据时间数列发展趋势形态用数学方法配合一个合适的方程式,然后依据此方程式求趋势值来分析长期趋势的方法。

时间数列的变动趋势有直线型和曲线型。对于曲线型现象,就某一段时间区间内的变化情况进行研究,它又具有线性变化的特点。因此,研究长期趋势变动的直线型是研究曲线型的基础。

1. 直线趋势方程

(1) 最小平方法。

最小平方法要求配合的长期趋势的理论值与原数列的实际值的离差平方和为最小,即:

$$\sum(y-y_c)^2 = \sum(y-a-bt)^2 = 最小值$$

其中:
$$y_c = a + bx$$

式中,y_c为时间数列的长期趋势值;x为时间数列中指标所属时间;a、b为待定系数。根据数学分析中的极限原理,用偏微分方法可以得出求a,b的两个标准方程:

令$Q = \sum(y-a-bt)^2$,为使其最小,则对a和b的偏导数应等于0,整理得:

$$\begin{cases} \sum y = na + b\sum x \\ \sum xy = a\sum x + b\sum x^2 \end{cases}$$

解得:
$$\begin{cases} b = \dfrac{n\sum xy - \sum x \sum y}{n\sum x^2 - (\sum x)^2} \\ a = \bar{y} - b\bar{x} \end{cases} \quad (5-14)$$

式中,n为时间数列的项数。

为简化计算,可以原数列中间的时间为原点。具体做法是:当时间数列的项数为奇数时,可取中间一项时间顺序号为0,中间以前的时间序号为$\cdots,-3,-2,-1$;中间以后的时间序号为$1,2,3,\cdots$。当时间数列为偶数项时,中间以前的时间序号为$\cdots,-5,-3,-1$;中间以后的时间序号为$1,3,5,\cdots$。若按上述原则取值,从而使$\sum x = 0$,则得简化公式:

$$\begin{cases} \sum y = na \\ \sum xy = b\sum x^2 \end{cases} \rightarrow \begin{cases} a = \sum y/n = \bar{y} \\ b = \sum xy/\sum x^2 \end{cases}$$

用简化公式计算的趋势值与上述方程基本上是一样的,所得的趋势直线方程实际上代表同一趋势线,不同的只是原点的改换。

此外,对于趋势类型的判别,可绘制散点图,也可根据动态指标来判定。若散点图呈直线趋势形态或时间数列的逐期增长量大体相等时,就可判定基本趋势是直线型的。

例 5-21 某企业 2012~2016 年产量资料如表 5.16 所示,试根据资料配合适当趋势方程。

表 5.16　某企业产量资料表

年　份	产量 y(台)	x	x^2	xy	y_c
2012	200	-2	4	-400	199.4
2013	208	-1	1	-208	207.2
2014	214	0	0	0	215.0
2015	220	1	1	220	222.8
2016	233	2	4	466	230.6
合计	1 075	0	10	78	—

解　该数列的逐期增长量大体相同,宜配合直线趋势方程。根据简化公式:

$$b = \frac{\sum xy}{\sum x^2} = \frac{78}{10} = 7.8$$

$$a = \frac{\sum y}{n} = \frac{1\ 075}{5} = 215$$

则:
$$y_c = a + bx = 215 + 7.8x$$

将 x 取值代入上述方程,即得趋势值,见表 5.16 最后一栏。

(2) 半数平均法。

半数平均法依据的是几何学中两点确定一条直线的原理。它是先将数列分为相等的两部分(如数列为奇数项,可丢掉中间一项),然后由各部分各确定一个点,据此两点确定一条趋势直线,最后根据趋势直线说明现象的长期趋势。

半数平均法适用于现象近似呈线性变化趋势的时间数列。

据前半部分数列确定的点记为 $(\bar{t}_1, \bar{y}_1)$,据后半部分数列确定的点记为 $(\bar{t}_2, \bar{y}_2)$。其中 $\bar{t}_1、\bar{t}_2$ 分别是前半部分和后半部分时间的中间值;$\bar{y}_1、\bar{y}_2$ 分别是前半部分和后半部分指标值的平均值。然后将两点的值代入两点式直线方程:

$$\frac{y - \bar{y}_1}{t - \bar{t}_1} = \frac{\bar{y}_2 - \bar{y}_1}{\bar{t}_2 - \bar{t}_1} \tag{5-15}$$

作代数变形后,将趋势直线方程记为:

$$y_c = a + bt$$

据此趋势直线方程可以说明现象的长期趋势。

在具体计算时,可丢掉中间若干项,以使前后两部分的项数均为奇数,这样可以简化计算。

例 5-22 试根据表 5.17 中的资料,试采用半数平均法确定趋势直线。

表 5.17 某自行车生产企业自行车产量

年份	2009	2010	2011	2012	2013	2014	2015	2016	2017
产量(万辆)	20	26	24	32	30	38	36	40	42

解 为计算简便,将年份 2009～2017 依次编码如下:
$$1,2,3,4,5,6,7,8,9$$

数列为奇数项(9项),丢掉中间一项,则前后各半为偶数项(4项)。为计算简便,再丢掉中间两项,这样前后各半为奇数项,最后据此确定两个点。

据前三项确定的点是 $A(2,23.33)$,据后三项确定的点是 $B(8,39.33)$

于是
$$\frac{y-23.33}{t-2}=\frac{39.33-23.33}{8-2}$$

解得
$$y_c = 17.99 + 2.67t$$

据此直线可知,该企业 2009～2017 年自行车产量呈增长趋势。

2. 曲线趋势方程

(1) 抛物线方程。

如果现象的发展,其逐期增长量的增长量(各期的二级增长量)大体相同,则可考虑曲线趋势——配合抛物线方程。抛物线的一般方程为:
$$y = a + bt + ct^2$$

此抛物线方程的二级增长量是相等的,如表 5.18 所示。

表 5.18 抛物线方程计算表

t	$y=a+bt+ct^2$	逐期增长量	二级增长量
1	$a+b+c$	—	—
2	$a+2b+4c$	$b+3c$	—
3	$a+3b+9c$	$b+5c$	$2c$
4	$a+4b+16c$	$b+7c$	$2c$
5	$a+5b+25c$	$b+9c$	$2c$

从表 5.18 看,各期的二级增长量均为 $2c$。

上述抛物线方程式中,有 a、b、c 三个未定参数,根据最小平方法的要求,同样用求偏导数的方法,导出以下由三个方程组成的联立方程组:

$$\sum y = na + b\sum t + c\sum t^2$$
$$\sum ty = a\sum t + b\sum t^2 + c\sum t^3$$
$$\sum t^2 y = a\sum t^2 + b\sum t^3 + c\sum t^4$$

同样,为了计算方便,我们可以通过假设 t,使 $\sum t = 0$,$\sum t^3 = 0$,则上述联立方程组可简化为:

$$\sum y = na + c\sum t^2$$
$$\sum ty = b\sum t^2$$
$$\sum t^2 y = a\sum t^2 + c\sum t^4$$

例 5-23 某省历年工业产品产量如表 5.19 所示,试据资料配合一个抛物线方程,并求解该省 2019 年工业产品产量。

表 5.19 某工业产品产量 (单位:吨)

年份	产品产量	逐期增长量	二级增长量
2010	988	—	—
2011	1 012	24	—
2012	1 043	31	7
2013	1 080	37	6
2014	1 126	46	9
2015	1 179	53	7
2016	1 239	60	7
2017	1 307	68	8
2018	1 382	75	7

解 据表 5.19 资料初步计算分析,各年二级增长量大体相等,所以,该产品产量发展的基本趋势比较接近于抛物线型,可配合一个抛物线方程。现列表 5.20 说明其计算过程。

表 5.20 工业产品产量计算表

年份	t	y	ty	t^2	$t^2 y$	t^4
2010	−4	988	−3 952	16	15 808	256
2011	−3	1 012	−3 036	9	9 108	81
2012	−2	1 043	−2 086	4	4 172	16
2013	−1	1 080	−1 080	1	1 018	1
2014	0	1 126	0	0	0	0
2015	1	1 179	1 179	1	1 179	1
2016	2	1 239	2 478	4	4 956	16
2017	3	1 307	3 921	9	11 763	81
2018	4	1 382	5 528	16	22 112	256
合计	0	10 356	2 952	60	70 178	708

根据表 5.20 中资料代入简化联立方程组得:
$$10\,356 = 9a + 60c$$
$$2\,952 = 60b$$
$$70\,178 = 60a + 708c$$

用消元法，解得：

$$a = 1\,126.03$$
$$b = 49.2$$
$$c = 3.69$$

将 a、b、c 代入抛物线方程组：

$$y_c = 1\,126.03 + 49.20t + 3.69t^2$$

如果预测 2019 年产品产量，即 $t=5$ 时，

$$y_c = 1\,126.03 + 49.20 \times 5 + 3.69 \times 25 = 1\,464.28(吨)$$

(2) 指数曲线方程。

如果现象的发展，其环比发展速度或环比增长速度大体相同，则可考虑曲线趋势配合指数曲线方程。指数曲线的一般方程为：

$$y_c = ab^t$$

式中，a 为动态数列的基期水平；b 为现象的一般发展水平；t 为动态数列的时间。

进行指数曲线方程求解时，一般是将指数方程通过取对数转化成直线方程，然后按直线方程法确定出参数，然后再对直线方程求得的结果，查反对数表还原。

先对上述方程式两边各取对数，得：

$$\lg y_c = \lg a + t \lg b$$

设 $Y = \lg y_c$，$A = \lg a$，$B = \lg b$，则：

$$Y = A + Bt$$

应用最小平方法求得联立方程组为：

$$\sum Y = nA + B\sum t$$
$$\sum tY = A\sum t + B\sum t^2$$

同样使 $\sum t = 0$，上述联立方程组可简化为：

$$\sum Y = nA$$
$$\sum tY = B\sum t^2$$

例 5-24 某地区历年工业净产值资料如表 5.21 所示，试根据资料配合指数曲线方程，并求解 2019 年该地区工业净产值。

表 5.21 某地区历年工业净产值资料

年份	净产值（千万元）	各年环比增长速度（%）
2013	5.3	—
2014	7.2	36
2015	9.6	33
2016	12.9	34
2017	17.1	33
2018	23.2	36

解 表5.21资料表明,各年环比增长速度大体相同,所以该地区工业净产值发展的基本趋势比较接近指数曲线型,可配合指数曲线方程求解。具体计算过程如表5.22所示。

表5.22 工业净产值指数曲线方程计算表

年份	净产值 y(千万元)	t	lg y	t lg y	t^2
2013	5.3	−5	0.724 3	−3.621 5	25
2014	7.2	−3	0.857 3	−2.571 9	9
2015	9.6	−1	0.982 3	−0.982 3	1
2016	12.9	1	1.110 6	1.110 6	1
2017	17.1	3	1.233 0	3.699 0	9
2018	23.2	5	1.365 5	6.827 5	25
合计	75.3	0	6.273 0	4.461 4	70

根据表5.22中数据代入,联立方程组得:

$$6.273\ 0 = 6A$$
$$4.461\ 4 = 70B$$

解得:

$$A = 1.045\ 5$$
$$B = 0.063\ 73$$

求反对数得:

$$a = 11.104\ 5$$
$$b = 1.158\ 1$$

指数曲线方程式为:

$$y_c = ab^t = 11.104\ 5 \times 1.158\ 1^t$$

如果预测2019年该地区工业产值净值,即 $t=7$ 时,则:

$$y_c = 11.104\ 5 \times 1.158\ 1^7 = 31.025\ 7(千万元)$$

综上所述,我们在分析社会经济现象发展的长期趋势时,应该注意到,不论将哪一种趋势向外延伸来预测未来可能达到的数值,都具有一定的假定性。因此,要做好经济预测工作,除用必要的数学方法来建立数学模型外,还要结合调查研究,具体情况具体分析,只有这样才能得出较为准确的结果。

二、季节变动

季节变动是指某些社会经济现象,由于受自然因素和社会条件的影响,在一年之内,随着季节更换而引起的有规律性的变动。

一年当中季节的更换对社会现象的变动有一定影响,例如夏天汗衫、背心、冷饮的销售量就高于其他季节;铁路客运量以过年前后为最高。在有些情况下,季节变动会引起设备和劳动力使用不平衡,原料供应不足,运输能力不够,给经济活动带来诸多不便。分析季节变动的主要目的是为了取其利避其害,其意义如下:

(1) 分析季节变动,掌握季节变动的规律,有利于指导当前的社会生产和各种经济活动。

(2) 分析季节变动后,可以根据季节变动规律,配合适当的季节模型,结合长期趋势,进行经济预测,规划未来的行动。

(3) 分析季节变动,有利于消除季节变动对时间数列带来的影响,更好地研究长期趋势。

测定季节变动的方法很多,归纳起来为两大类。一类是不考虑长期趋势,即假定不存在长期趋势,用按月(季)平均法;另一类是考虑长期趋势的存在,剔除长期趋势影响后,再求季节变动。

(一) 按月(季)平均法

按月(季)平均法的特点是把不同年份中的同一时期(如同月、同季)的数值相加求算术平均数,以消除不规则变动,求季节变动指数。在计算季节变动时,要用3年或更多年份的资料作为基本数据进行计算分析。这样才能较好地消除偶然因素的影响,使季节变动的规律性更切合实际。

例5-25 某企业2005~2007年各季度平均数,以及据此计算的三年季度平均数、季节比率数据如表5.23所示。

表5.23 某企业2005~2007年季节比率计算表

年份\季度	一季度	二季度	三季度	四季度	合计
2005	1.05	0.85	2.04	1.48	—
2006	1.83	1.7	4.46	3.17	—
2007	3.21	3.85	6.33	4.80	—
季平均	2.03	2.13	4.28	3.15	2.898
季节比率(%)	70.06	73.51	147.71	108.71	400

解 具体计算步骤为:

(1) 计算各年同季(月)的平均数,填入同季平均数栏。如一季度平均数=(1.05+1.83+3.21)÷3=2.03,其他季度类推。

(2) 计算所有各时期的总平均数,把3年共12个季度的资料全部相加求平均数,或使用同季平均数来求总平均数。即:

$$总平均数=(2.03+2.13+4.28+3.15)÷4=2.898$$

将各个时期的同期平均数与总平均数对比,即得出季节比率,即:

$$季节比率=\frac{同期平均数}{总平均数}×100\%$$

如第一季度的季节比率=2.03÷2.898=70.06%。

总平均数季节比率说明各期平均水平和全期平均水平相比高低的程度,也就是各期平均数占总平均数的百分比。如果季节比率等于100%,那么该时期不受季节变动的影响;如果季节比率大于100%,如上例中第三、四季情况,表明销售处于旺季;如果季节比率小于

100%,如上例中一季、二季情况,表明销售处于淡季。

计算季节比率须注意:四个季节比率之和应等于400%,月度资料12个季节比率之和应等于1 200%。上例季节比率之和正好是400%。有时由于其他因素的干扰,季节比率之和不是400%或不是1 200%,就需要加以调整,求出调整系数。

$$调整系数 = \frac{季节比率之和}{400(1\ 200)}$$

以此系数依次乘各季节比率,得到调整的季节比率之和正好是实际季节比率之和的400%(1 200%)。

此法的优点是计算简便,容易理解;缺点是未能消除长期趋势的影响,当数列中存在长期趋势时,所得的季节比率也就不能精确地反映季节变动。所以,对于长期趋势比较明显的动态数列,宜采用长期趋势剔除法来测定其季节变动。

(二) 长期趋势剔除法

长期趋势剔除法是先对时间数列用移动平均法,求出长期趋势值,而后将其趋势值从原时间数列中剔除,再测定季节变动,计算季节比率。具体步骤如下:

(1) 根据原时间数列季(月)的实际资料,用移动平均法求长期趋势值 y_c。

(2) 将原数列实际水平除以趋势值(y/y_c),即得出剔除趋势因素后的新数列,作为季节比率的原始数据。

(3) 将 y/y_c 的计算结果,再仿照按季(月)平均法的步骤计算季节比率。

(4) 各季(月)季节比率之和应为400%,或1 200%。如果大于或小于此数,就需进一步调整,计算调整系数,用调整系数乘上各季(月)季节比率,即为所求季节比率。

例 5-26 某企业2015~2017年各季度产值资料,以及四项移动平均数如表5.24所示,据此计算的季平均及季节比率数据如表5.25所示。

表5.24 某企业产值资料

年份	季度	产值 y(万元)	四项移动平均(万元) 一次	四项移动平均(万元) 二次 y_c	y/y_c(%)
2015	1	140	—	—	
	2	160	—	—	—
	3	27	114.25	116.00	23.28
	4	130	117.75	118.50	109.70
2016	1	154	119.25	119.50	128.87
	2	166	119.75	122.375	135.65
	3	29	125	127.00	22.83
	4	151	129	130.00	116.15
2017	1	170	131	131.50	129.28
	2	174	132	131.125	132.70
	3	33	134.25	—	

表 5.25 该企业季节比率计算表

年份	一季度	二季度	三季度	四季度	合计
2015	—	—	23.28	109.70	—
2016	128.87	135.65	22.83	116.15	—
2017	129.28	132.70	—	—	—
季平均	129.08	134.18	23.06	112.93	99.81
季节比率(%)	129.32	134.43	23.10	113.14	400

这种方法由于先消除了长期趋势,所得的季节比率已不受突然增大数值的影响,测定的季节变动比较精确。

三、循环变动的测定

循环变动各个时期有不同的原因,变动的程度也有自己的特点,这和季节变动基于大体相同的原因和相对稳定的周期形成对照,所以不能用测定季节变动的方法来研究循环变动。通常用剩余法测定循环变动的程度。基本思想是:对各期时间数列资料用长期趋势和季节比率消除趋势变动和季节变动,而得反映循环变动与不规则变动的数列,然后再采用移动平均法消除不规则变动,便可得出反映循环变动程度的各期循环变动系数。

$$Y = TSCI$$

$$\frac{TSCI}{TS} = CI$$

将 CI 数列进行移动平均修匀,则修匀后的数列即为各期循环变动的系数。

测定循环变动的程度,认识经济波动的某些规律,预测下一个循环变动可能产生的各种影响,以便充分利用有利因素,避免不利因素,对于保持国民经济持续稳定的发展有重要的意义。但是循环变动预测和长期趋势预测不同,循环变动主要属于景气预测,在很大程度上要依靠经济分析,仅仅对历史资料的统计处理是不够的。

第五节 动态数列分析中的 EXCEL 的应用

EXCEL 在"数据分析"宏中提供了三种时间数列计算方法,即常用的移动平均法、指数平滑法和回归法,利用这些宏可以计算出估计值、标准差、残差和拟合图。同时,如果配合使用 EXCEL 的"数据分析"某些宏与某些函数可以完成数学曲线拟合法。下面用数学曲线拟合法来分析相关数据。

在 EXCEL 中虽没有提供数学曲线拟合法的直接计算工具,但是通过配合使用某些宏与函数可以完成直线或曲线趋势的数学拟合。

(一) 问题与数据

以某企业 2013~2019 年销售额为例,销售资料见图 5.1。

(二) 操作步骤

利用图形向导和添加趋势线可以完成直线趋势的数学拟合。其具体过程如下:

1. 利用图形向导生成折线图或利用移动平均宏生成折线图。

2. 在对生成的草图进行必要的修饰后,得到时序图。用鼠标左键选择折线,然后点击鼠标右键,选择"添加趋势线"操作,如图 5.1 所示。

3. 在"添加趋势线"操作中,选择"线性"趋势线(如图 5.2 所示),然后点击"选项",在"选项"菜单选择输出"显式公式"和"显示 R 平方值"两项,如图 5.3 所示。然后按"确定",得到如图 5.4 所示趋势线和直线趋势方程及 R 平方值。

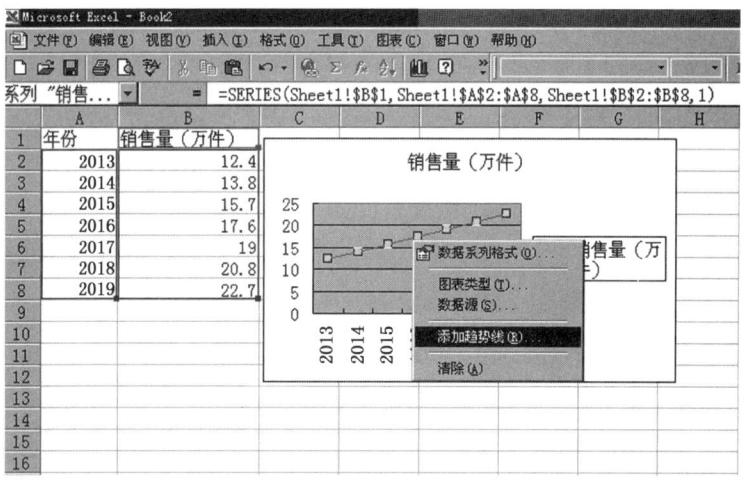

图 5.1 添加趋势线

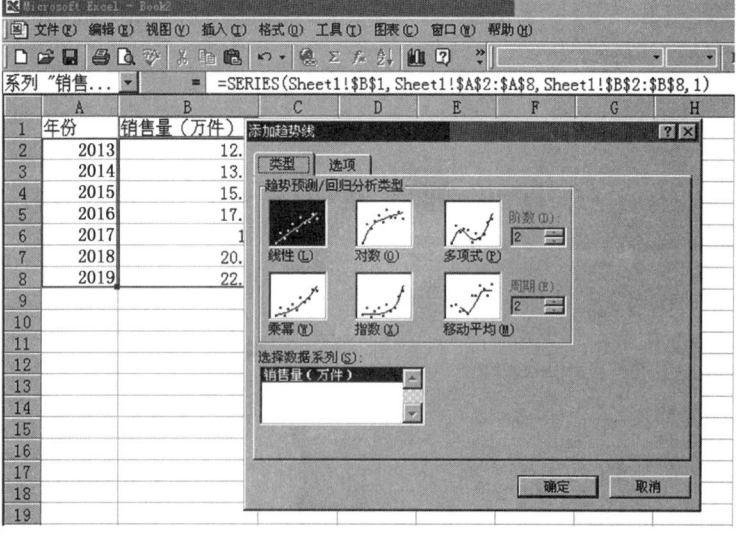

图 5.2 趋势线选项

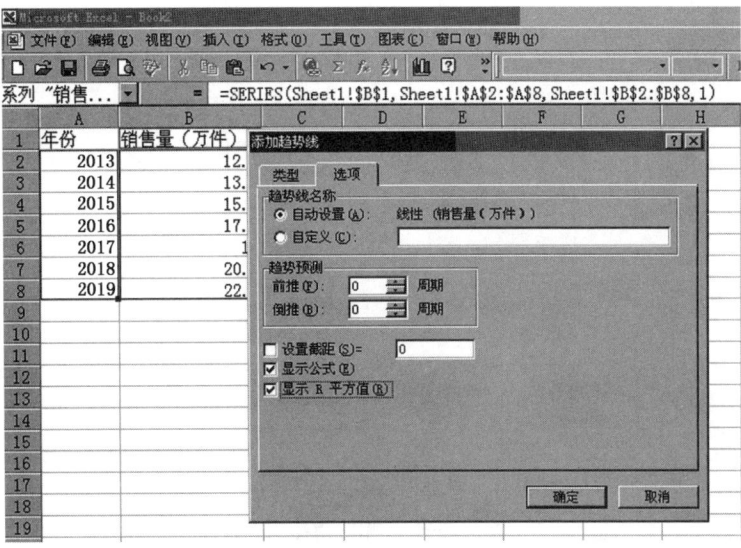

图 5.3　趋势线选项

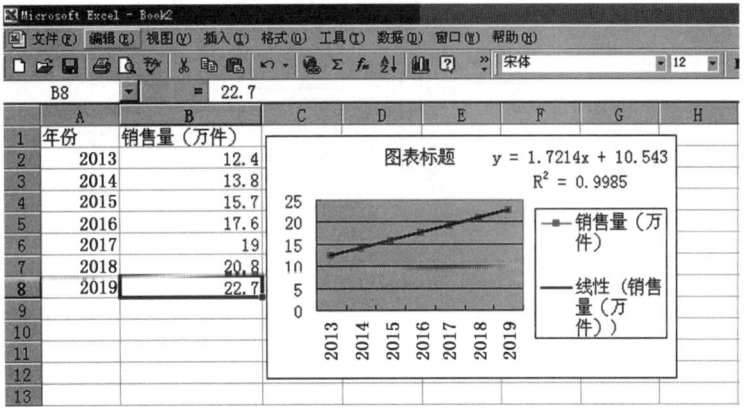

图 5.4　趋势线和趋势线方程

After —— Class

——知识结构图

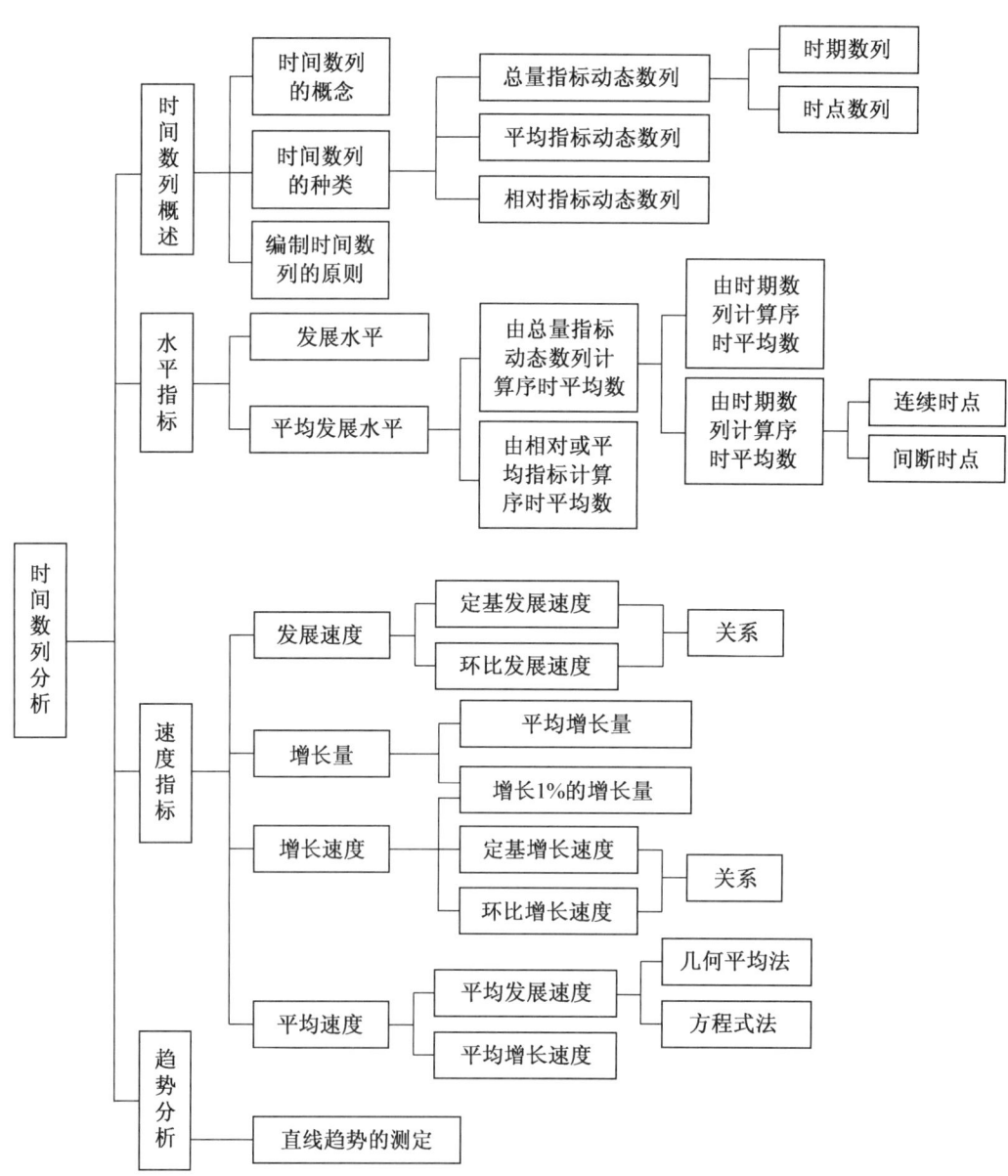

——深度乐享

捷径有时候就是一条弯路　　　格林斯潘

——课后练习

一、填空题

1. 时间数列按指标形式不同可分为_____、_____和_____。
2. 总量指标时间数列可分为_____和_____。
3. 在时点数列中，两个相邻时点之间的距离称为_____。
4. 时间数列水平指标有_____、_____、_____和_____四种，速度指标有_____、_____、_____和_____四种。
5. 处于时间数列中首项的指标叫_____；处于末项的指标叫_____；处于中间各项的指标叫_____。
6. 平均数时间数列是_____，它有_____和_____两种。
7. 增长量是_____，它有_____和_____两种；二者关系是_____。
8. 发展速度是_____，它有_____和_____两种；二者关系是_____。
9. 平均发展速度是_____。
10. 影响时间数列变动因素有_____、_____、_____和_____。
11. 计算平均发展速度方法有_____和_____。
12. 运用最小平方法配合趋势线，必须满足_____这个基本条件。
13. 若发现社会经济现象发展的趋势大体上是按逐期等量增加或减少时，则可以认为这种现象发展趋势属于_____。
14. 移动平均法是_____，移动项数越多，对数列的平滑修匀作用越_____，但得到的移动平均数_____。
15. 季节比率是_____。

二、单项选择题

1. 时间数列中，指标数值是间断登记的有（　　）。
   A. 时期数列　　　　　　　　B. 时点数列

C. 平均数时间数列 D. 相对数时间数列

2. 发展水平就是时间数列中原有的各项统计指标数值，它是由（　　）表现的。
   A. 总量指标和相对指标　　　　B. 总量指标和平均指标
   C. 相对指标和平均指标　　　　D. 总量指标、相对指标和平均指标

3. 平均增长量与累计增长量的关系是（　　）。
   A. 平均增长量乘时期数等于累计增长量
   B. 平均增长量等于累计增长量除以时间数列项数减 1
   C. 平均增长量的连乘积等于累计增长量
   D. 平均增长量乘时间数列项数减去 1 等于累计增长量

4. 动态数列中，平均发展速度是（　　）。
   A. 各时期定基发展速度的序时平均数
   B. 各时期环比发展速度的算术平均数
   C. 各时期环比发展速度的几何平均数
   D. 各时期环比增长速度的几何平均数

5. 由时点数列计算序时平均数所掌握的时点资料不连续但其间隔相等，这时可用（　　）来计算。
   A. $\bar{a} = \dfrac{\sum a}{n}$
   B. $\bar{c} = \dfrac{\bar{a}}{b}$
   C. $\dfrac{\dfrac{a_1}{2}+a_2+a_3+\cdots+\dfrac{a_n}{2}}{n-1}$
   D. $\bar{a} = \dfrac{\sum af}{\sum f}$

6. 用水平法计算平均发展速度实质上只考虑了（　　）。
   A. 最初水平　　　　　　　　　B. 最末水平
   C. 最初水平和最末水平　　　　D. 中间水平

7. 当掌握了总速度时，时期个数为 n，计算平均发展速度应用（　　）来计算。
   A. $\sqrt[n]{\dfrac{a_n}{a_0}}$　　B. $\sqrt[n]{R}$　　C. $\sqrt[n]{\pi x}$　　D. $\sqrt[n-1]{R}$

8. 用方程法计算平均发展速度，其各期计算水平总和与各期实际水平总和的关系是（　　）。
   A. 各期计算水平总和大于各期实际水平总和
   B. 各期计算水平总和小于各期实际水平总和
   C. 各期计算水平总和等于各期实际水平总和
   D. 各期计算水平总和可能大于也可能小于或等于各期实际水平总和

9. 若对建筑面积这类现象求平均发展速度，应采用（　　）。
   A. 水平法　　　　　　　　　　B. 累计法
   C. 算术平均法　　　　　　　　D. 水平法和累计法

10. 若对国民收入这类现象求平均发展速度，应采用（　　）。
    A. 几何平均法　　B. 方程式法　　C. 调和平均法　　D. 算术平均法

11. 在时间数列中若现象本身存在自然周期,则应以( )作为移动平均的项数。
    A. 周期数　　　　B. 奇数　　　　C. 偶数　　　　D. 4项
12. 用最小平方法配合直线趋势,如果 $y=a+bx$ 中 b 为负值,则这种直线呈( )。
    A. 上升趋势　　　B. 不升不降　　C. 下降趋势　　D. 无法确定
13. 若现象的发展趋势大体上逐年按近似相同的增长速度增减变化时,则认为这种现象的基本发展趋势是属于( )。
    A. 直线型　　　　B. 抛物线型　　C. 指数曲线型　D. 双曲线型
14. 在以年资料为单位编制的时间数列中,一般认为不含有( )因素的影响。
    A. 长期趋势　　　B. 季节变动　　C. 循环变动　　D. 不规则变动

三、多项选择题

1. 时间数列具有( )作用。
   A. 表明现象发展变化趋势及规律　　B. 计算各种动态指标
   C. 反映工作进度　　　　　　　　　D. 预测
2. 编制时间数列应遵循下列原则( )。
   A. 总体范围应该保持一致　　　　　B. 时间长短应统一
   C. 指标经济内容应一致　　　　　　D. 指标计算方法、计算单位应一致
   E. 指标计价标准前后要一致
3. 用时距扩大法修匀时间数列的要求是( )。
   A. 时距越大越好
   B. 要按相等的间隔对原时间数列合并
   C. 不能凭主观意志随意加大或缩小时距
   D. 要根据现象的特点来决定时距大小
4. 计算季节比率的步骤是( )。
   A. 消除长期趋势影响
   B. 计算各年同月或同季的平均数
   C. 计算总的月(季)平均数
   D. 把各年同月(季)的平均数除以月(季)总平均数求得季节比率

四、判断题

1. 时期数列具有可加性,时期越长,指标数值越大。　　　　　　　　　　　( )
2. 相对数时间数列有六种形式。　　　　　　　　　　　　　　　　　　　( )
3. 时点数列中指标数值同时点间隔有关联,时点间隔越长,指标数值越大。　( )
4. 发展水平指标在文字叙述上习惯用"增加了"或"降低了"表示。　　　　　( )
5. 年距增长量等于本期发展水平减去年同期发展水平。　　　　　　　　　( )
6. 两个相邻的定基增长速度之比等于相邻的环比增长速度。　　　　　　　( )
7. 平均发展速度等于平均增长速度减100%。　　　　　　　　　　　　　　( )
8. 在时间数列中,若现象本身没有自然周期,一般采用偶数项作为移动平均的项数,只

需一次移动即可成功。 ( )

9. 数学修匀法只测定直线趋势现象。 ( )

五、问答题

1. 简述时间数列同变量数列的异同。
2. 简述时期数列同时点数列的异同。
3. 简述序时平均数同静态平均数的异同。
4. 简述由时点数列计算序时平均数的方法。
5. 已知环比增长速度,如何求总增长速度?
6. 简述用几何平均法和方程式法求平均发展速度的异同。
7. 简述由相对数和平均数时间数列求序时平均数的方法。

六、计算题

1. 某企业职工人数资料如下所示:

月份	1月	2月	3月	4月	5月	6月	7月
月初人数	506	516	518	526			
月平均人数				549	579	588	598

要求:(1) 填空;(2) 计算第一季度、第二季度及上半年职工平均人数。

2. 某零售商店某年第一季度零售额、月初库存额、流通费用资料如下:

月份	1月	2月	3月	4月
零售额(万元)	11.07	11.60	11.50	
月初库存额(万元)	6.80	6.75	6.70	6.50
流通费用额(万元)	1.08	1.02	0.98	

试计算第一季度月平均商品流转次数和商品流通费用率。

3. 某校 2014~2017 年年初女生占全部学生的比重如下:

年份	2014	2015	2016	2017
年初女生人数(人)	2 800	3 000	3 500	3 700
比重(%)	32	33	35	40

试求在此期间女生占全部学生的平均比重。

4. 某地区重点年份的年底人口资料如下:

年份	2011	2012	2013	2014	2015	2016	2017
年底人口总数(万人)	54 167	57 482	64 653	72 538	95 809	99 622	113 368
城镇人口(万人)	5 765	7 163	9 949	10 170	11 994	13 870	29 651

试计算 2011～2017 年城镇人口占总人口数的平均比重。

5. 根据下列资料填空：

年份		2011	2012	2013	2014	2015	2016	2017
发展水平(万元)		288					420	
增减量(万元)	逐期		6					
	累计				35.4			
发展速度(%)	环比							
	定基				120			
增长速度(%)	环比						10.5	
	定基							56.3

6. 试根据上述资料计算 2011～2017 年的平均发展速度，用水平法的三个公式来计算。

7. 某企业 2006～2017 年各年产值资料如下：

年份	2006	2007	2008	2009	2010	2011	2012	2013	2014	2015	2016	2017
产值(万元)	500	700	600	800	850	1 000	950	1 200	1 150	1 205	1 250	1 300

试根据上述资料计算：

(1) 用时距扩大法(时距扩大为三年总产值和平均产值)编制新的时间数列；

(2) 用移动平均法(按三年移动总数和移动平均)编制新的时间数列；

(3) 用平均法分析发展趋势，并预测 2022 年的产值；

(4) 用最小平方法分析发展趋势，并预测 2022 年的产值。

8. 某牛奶场牛奶产量月份变动资料如下：

(单位:万 t)

年份\月份	1	2	3	4	5	6	7	8	9	10	11	12
2015	15	19	27	27	33	33	26	21	22	20	15	15
2016	16	24	34	33	40	40	28	23	25	23	19	18
2017	18	26	32	40	40	46	32	25	27	22	17	15

试根据上述资料求出季节比率。

第六章 统计指数

Adviced Cases

> **教学目的和要求**
> 了解统计指数的概念和分类;掌握各种指数的概念和计算;熟练掌握利用指数体系进行因素分析;掌握常见的各种统计指数。
>
> **关键词**
> 综合指数　平均指数　指数体系

第一节　统计指数概述

一、统计指数的意义和作用

统计指数法是统计研究社会经济现象数量关系综合变动情况的方法。统计指数的概念有广义和狭义之分。从广义上说,指数一词的含义,一切说明社会经济现象变动程度的相对数都叫作指数。如前面讲过的动态相对数(发展速度)也都属于指数的范畴。狭义的指数则只限于广义指数中的一部分,即仅指综合性的总指数。从狭义上说,指数只是用来反映不能直接加总的多因素组成的复杂社会经济现象的综合变动程度的相对数。本章讨论的主要是狭义的指数编制方法,同时,也利用指数法原理对社会经济现象数量变动的因素进行分析。

统计指数的作用就狭义而言,主要有以下几点:

(1) 统计指数可以用来综合反映不可同度量的复杂现象的综合变动的方向和变动程度,这是总指数的主要作用。指数一般是用百分数表示的相对数。这个百分数大于或小于100%,分别表示升降变动的方向。比如,零售物价指数为108%,说明多种商品的价格涨了8%。

(2) 统计指数可以分解分析受多因素影响的复杂社会经济现象的总变动中,各因素的影响方向和影响程度。例如分析工业总产值的变动受产品产量和产品价格的影响,这种影响程度可以从相对数和绝对数两个方面来分析。

（3）统计指数可以分析社会经济现象在长时间内的发展变动趋势。在连续编制的动态指数数列中，可以反映事物的发展变化趋势，也可以用于对比分析有联系而性质不同的时间数列之间的变动关系。

二、统计指数的分类

统计在研究复杂现象总体数量的变动关系中，应用着各种指数。为了研究的需要，可以从不同的角度对指数进行分类。

1. 总指数、组指数和个体指数

按照指数所反映的对象范围不同，可以把指数分为总指数、组指数和个体指数。总指数是综合表明不可同度量的多种事物总体数值变动的相对数。例如综合反映多种产品成本变动程度的成本总指数，综合反映多种商品价格变动程度的价格总指数等。可见，狭义的指数指的就是总指数。指数法的运用要与科学分组法相结合，因而在编制总指数的同时，往往还要编制组指数或类指数。用于反映总体内部各部分现象数量上的变动程度的相对数称为组指数或类指数。如工业总产值指数分为重工业总产值指数和轻工业总产值指数，零售物价指数分为食品类、衣着类、日用品类等物价指数。个体指数是表明个别现象或单一现象数量变动程度的相对数。如某一种产品的产量、价格或成本变动的相对数为个体指数。个体指数的计算公式如下：

$$个体产品产量指数\ K_q = \frac{Q_1}{Q_0} \qquad (6-1)$$

$$个体产品成本指数\ K_z = \frac{Z_1}{Z_0} \qquad (6-2)$$

$$个体物价指数\ K_p = \frac{P_1}{P_0} \qquad (6-3)$$

上述三式中，Q_1、Q_0 分别为某产品报告期和基期的产量；P_1、P_0 分别为某产品报告期和基期的价格；Z_1、Z_0 分别为某产品报告期和基期的单位成本。可见，个体指数就是以单项事物为对象的动态相对数，也是发展速度。

2. 数量指标指数和质量指标指数

按照指数所表示的指标性质和内容的不同，分为数量指标指数和质量指标指数。数量指标指数，是指反映社会经济现象数量多少、规模大小的总量变动的相对数。如反映多种产品产量变动的相对数，反映多种商品销售量变动的相对数。这些产量指数、销售量指数，都是数量指标指数，也称物量指数。

质量指标指数，是指反映质量指标变动的相对数。如说明多种商品物价变动的相对数，说明多种产品单位成本变动的相对数，说明劳动生产率变动的相对数等。这些相对数用以反映经济工作质量的好坏，都称为质量指标指数。

3. 总量指标指数与平均指标指数

按照指标形式不同，分为总量指标指数和平均指标指数。总量指标指数，是利用总量指标的对比来反映现象总量变动的指数。如商品销售量指数、产品产量指数等。

平均指标指数,是指利用平均指标的对比以反映现象的一般水平变化的指数。如劳动生产率指数、平均工资指数等。

在指数方法中,计算个体指数是比较简单的。因此,指数理论主要是研究不能同度量现象综合变动的总指数。编制总指数是指数理论的核心。其编制方法主要有综合指数和平均指标指数两种。下面先分别讨论指数的两种编制方法。

第二节 综合指数

一、综合指数的意义

综合指数是总指数的一种形式。它是由两个总量指标对比形成的指数。凡是一个总量指标可以分解为两个或两个以上的因素指标时,将其中一个或一个以上的因素指标固定下来,仅观察其中另一个因素指标的变动程度,这样的总指数就叫综合指数。在这里,被固定的指标称为同度量因素。也就是说,在编制综合指数时,为了使不能直接相加的那些现象(如不同产品或商品)的数值过渡为能够相加的数值的那个因素称为同度量因素。可见,同度量因素有两种作用:一是使原来不能相加的现象数值过渡到能够相加;二是对各个不同变量值起着权衡轻重的作用,即权数作用。综合指数就是把各种不能直接相加的社会经济现象,通过同度量因素的媒介作用变为综合数值,再进行动态对比的相对指标。例如,各种销售的商品量不能直接相加,乘以同一时期的价格,使不能相加的销售商品量过渡到能够相加的商品销售额,两个不同时期的商品销售额就构成了综合指数的分子和分母,它们的比值,可以综合反映各种商品销售量的变动程度。分子减分母的绝对差额说明由于销售量的变动引起销售额的变动程度,进一步也说明由于销售量变动引起销售额变动的实际经济效果。

分别用 K_P、K_Q 代表价格总指数和销售量总指数:

$$K_P = \frac{\sum P_1 Q_1}{\sum P_0 Q_1} \tag{6-4}$$

$$K_Q = \frac{\sum Q_1 P_0}{\sum Q_0 P_0} \tag{6-5}$$

上两式中,P_1、P_0、Q_1、Q_0 分别表示报告期、基期的价格和销售量。两式的分子和分母都是综合各种商品的不同总量而成的,所以从形式上看都是综合指数。而两式中分别有一个因素 Q_1、P_0 固定不变,即作为同度量因素,使不能直接加总的那些现象的数值过渡到能够相加的数值以进行对比,所以它们都是综合指数。

就上述价格指数 K_P 来看,它是两个销售额指标之比,分子是报告期的实际销售额,分母是一个假定的销售额(用基期价格估计的报告期的销售额)。由于把销售量(Q_1)固定下来了,所以指数反映的只是在一定销售量条件下各种商品价格的综合变动程度。同样,就上述销售量指数 K_Q 来看,它也是两个价值指标(销售额)之比,分子是一个假定的销售额(用基期的价格估计的报告期的销售额),分母是基期的实际销售额。由于把销售价格 P_0 固定下来了,所以指数所反映的只是在一定销售价格条件下各种商品销售量的综合变动程度。

综合指数的特点是:① 原则上分子、分母所包含的研究对象(例如商品)范围必须一致;② 它所研究的多种事物的度量单位不同,不能直接加总;③ 它从现象的联系分析中来确定与研究现象联系的同度量因素,并以其在客观实际过程中是否有现实意义为标准,来选择同度量因素的时期;④ 它可以通过同度量因素将不可同度量的多种商品或产品的数量指标或质量指标以总量指标形式综合起来;⑤ 在由总量指标对比时,要固定同度量因素,以测定指数化指标的平均变动程度;⑥ 它的测定要以全面调查资料为基础,不存在抽样问题。由于综合指数具有这些特点,它既可以综合反映现象的相对变动程度,又可以用分子、分母的差数来表明由于经济现象变动所产生的绝对效果。

二、综合指数的编制方法

综合指数公式可以分别按数量指标指数和质量指标指数两个总指数类别来进行研究。

(一) 数量指标指数编制

反映数量指标变动的综合指数,称为数量指标综合指数。如商品销售量综合指数、产品产量综合指数等。

为了测定三种商品销售量的总变动,以商品价格如基期价格或报告期价格为同度量因素,可得两种不同的计算公式:

$$K_Q = \frac{\sum Q_1 P_0}{\sum Q_0 P_0} \text{(拉斯贝尔物量指数)} \tag{6-6}$$

$$K_Q = \frac{\sum Q_1 P_1}{\sum Q_0 P_1} \text{(派许物量指数)} \tag{6-7}$$

在编制数量指标指数时,常用式(6-6)来编制物量指数。以基期价格为同度量因素编制数量指标指数,目的在于说明在价格水平不变的情况下,销售量的综合变动程度。

例 6-1 试以表 6.1 中的销售量指数的计算为例说明数量指标的编制原理。

表 6.1 某商店商品销售量和价格资料

商品名称	计量单位	销售量		价格(元)		个体指数	
		基期 Q_0	报告期 Q_1	基期 P_0	报告期 P_1	K_Q	K_P
甲	双	2 000	3 000	40	42	1.50	1.05
乙	件	3 500	3 100	50	60	0.86	1.20
丙	顶	2 000	2 500	10	15	1.25	1.50
合计	—	—	—	—	—	—	—

解 将表6.1的资料代入式(6-6)：

$$K_Q = \frac{\sum Q_1 P_0}{\sum Q_0 P_0} = \frac{3\,000 \times 40 + 3\,100 \times 50 + 2\,500 \times 10}{2\,000 \times 40 + 3\,500 \times 50 + 2\,000 \times 10} = 109.1\%$$

$$\sum Q_1 P_0 - \sum Q_0 P_0 = 300\,000 - 275\,000 = 25\,000(元)$$

计算结果表明，三种商品销售量平均上升9.10%，由于销售量增长而增加的销售额为2.5万元。

(二) 质量指标指数编制

质量指标指数，比如在产品成本指数、产品(或商品)价格指数等。现以物价指数为例来说明质量指标指数的基本公式。

物价指数要以商品销售量为同度量因素，或为基期销售量，或为报告期销售量，其计算公式可分为两种：

$$K_P = \frac{\sum P_1 Q_0}{\sum P_0 Q_0} (拉斯贝尔物价指数) \tag{6-8}$$

$$K_P = \frac{\sum P_1 Q_1}{\sum P_0 Q_1} (派许物价指数) \tag{6-9}$$

在编制物价指数时，常用式(6-9)。以报告期销售量为同度量因素的目的在于说明在报告期销售量条件下的价格综合变动程度。

例6-2 下面用表6.1中的资料说明以报告期销售量为同度量因素的物价指数的编制方法。

解 根据表6.1所给资料，按式(6-9)计算的商品销售量固定在报告期的物价指数为：

$$K_P = \frac{\sum P_1 Q_1}{\sum P_0 Q_1} = \frac{42 \times 3\,000 + 60 \times 3\,100 + 15 \times 2\,500}{40 \times 3\,000 + 50 \times 3\,100 + 10 \times 2\,500} = 116.5\%$$

$$\sum P_1 Q_1 - \sum P_0 Q_1 = 349\,500 - 300\,000 = 49\,500(元)$$

计算结果表明，三种商品价格报告期比基期提高16.5%；随着价格的上升，居民在维持报告期生活水准的情况下，在该商店购物需要多支出4.95万元。

第三节 平均数指数

平均数指数，是对个体指数进行加权平均而求得的总指数。平均数指数也是编制总指数的一种重要形式，而且它本身具有独立的意义。我国农副产品收购价格指数和零售商品物价指数等都是采用平均数指数的形式计算的。

平均数指数的基本形式有两种：一种是加权算术平均数指数，另一种是调和平均数指数。

平均数指数与综合指数既有区别又有联系。二者的区别在于计算形式不同,二者的联系在于都是总指数的一种计算形式,在特定权数条件下,二者之间有变形关系,即平均数指数可以看作综合指数的一种变形形式。

一、加权算术平均数指数的编制

算术平均数指数,是计算出各种产品或商品数量指标或质量指标的个体指数后,用加权算术平均法加以综合汇总,即对个体指数进行加权平均计算。用个体物价指数或个体物量指数求加权算术平均数指数公式如下:

$$加权算术平均数指数 = \frac{\sum K_Q P_0 Q_0}{\sum P_0 Q_0} \quad (6-10)$$

上式中,$Q_0 P_0$ 表示基期总值指标,用基期总值加权计算的算术平均数指数是比较常用的算式。

例 6-3 某商店销售资料如表 6.2 所示,试用加权算术平均数分析销售量报告期与基期比较情况。

表6.2 某商店销售情况资料

商品名称	计算单位	基期销售额(元)$P_0 Q_0$	个体销售量指数 K_Q	$K_Q P_0 Q_0$(元)
甲	双	80 000	1.500 0	120 000
乙	件	175 000	0.885 7	155 000
丙	顶	20 000	1.250 0	25 000
合计	—	275 000	—	300 000

解 加权算术平均数的销售量指数 $= \dfrac{\sum K_Q P_0 Q_0}{\sum P_0 Q_0} = \dfrac{30\ 0000}{275\ 000} = 109.1\%$

计算结果表明,三种商品销售量报告期比基期综合提高了 9.1%。

其计算结果与综合销售量指数的计算结果完全一致。这说明以算术平均数指数形式计算数量指标总指数时,在采用基期总值 $Q_0 P_0$ 为权数的特定条件下,其计算结果与物量指数相同。也只有在这种条件下,加权算术平均数指数才是数量指标综合指数的变形形式。因此,当我们掌握了各种数量指标个体指数和基期的总值 $Q_0 P_0$ 时,就可以运用加权算术平均数指数公式来计算数量指标总指数。

二、调和平均数指数的编制

调和平均数指数,是在计算各产品或商品数量指标或质量指标的个体指数的基础上,用加权调和平均法进行平均计算,多以报告期总值指标为权数,也有以基期总值指标为权数的。以报告期总值为权数的调和平均数指数计算公式如下:

统 计 学

$$调和平均数指数 = \frac{\sum P_1 Q_1}{\sum \frac{P_1 Q_1}{K_P}} \tag{6-11}$$

例 6-4 某商店销售资料如表 6.3 所示,试用调和平均指数分析商品价格报告期与基期比较情况。

表 6.3 某商店销售情况资料

商品名称	计量单位	报告期销售额 P_1Q_1(元)	个体价格指数 K_P	$\frac{P_1Q_1}{K_P}$(元)
甲	双	126 000	1.05	120 000
乙	件	186 000	1.20	155 000
丙	顶	37 500	1.50	25 000
合计	—	349 500	—	300 000

解 三种商品加权调和价格指数 $= \dfrac{\sum P_1 Q_1}{\sum \dfrac{P_1 Q_1}{K_P}} = \dfrac{349\ 500}{300\ 000} = 116.5\%$

计算结果表明,三种商品价格报告期比基期上升 16.5%。

从上面可以看出,计算结果与综合价格指数完全一样。这说明,以调和平均数指数形式计算质量指标指数时,在采用报告期总值指标 $Q_1 P_1$ 为权数的特定条件下,它与综合质量指标指数计算结果相同,也只有在这种情况下,加权调和平均数指数才是质量指标综合指数的变形形式。因此,当掌握了各种个体质量指标指数和报告期价值量资料时,就可以运用加权调和平均数指数公式计算质量指标总指数。

三、国内主要指数

(一)消费者价格指数和零售物价指数

1. 消费者价格指数

消费者价格指数,又称生活费用指数,是综合反映各种消费品和生活服务价格的变动程度的重要经济指数,通常简记为 CPI。该指数可以用于分析市场物价的基本动态,调整货币工资以得到实际工资水平等。它是政府制定物价政策和工资政策的重要依据,世界各国都在编制这种指数。

我国的消费者价格指数(居民消费价格指数)是采用固定加权算术平均指数方法来编制的。其主要编制过程和特点如下:首先,将各种居民消费划分为八大类,包括食品、衣着、家庭设备及用品、医疗保健、交通和通信工具、文教娱乐用品、居住项目以及服务项目等,下面再划分为若干个中类和小类;其次,从以上各类中选定 325 种有代表性的商品项目(含服务项目)入编指数,利用有关对比时期的价格资料分别计算个体价格指数;再次,依据有关时期内各种商品的销售额构成确定代表品的比重权数,它不仅包括代表品本身的权数(直接权数),而且还要包括该代表品所属的那一类商品中其他项目所具有的权数(附加权数),以此提高入编项目对于所有消费品的一般代表性程度;最后,按从低到高的顺序,采用固定加权算术平均公式,依次编制各小类、中类的消费价格指数和消费价格总指数:

$$I_q = \frac{\sum i_q \times w}{\sum w} = \frac{\sum i_q \times w}{100}$$

2. 零售物价指数

零售物价指数(Retail Price Index,RPI)指反映一定时期内商品零售价格变动趋势和变动程度的相对数。商品零售价格指数分为食品、饮料烟酒、服装鞋帽、纺织品、中西药品、化妆品、书报杂志、文化体育用品、日用品、家用电器、首饰、燃料、建筑装潢材料、机电产品等14个大类,国家规定304种必报商品。需要予以特别说明的是,从1994年起,国家、各省(区)和县编制的商品零售价格指数不再包括农业生产资料。零售物价的调整变动直接影响到城乡居民的生活支出和国家的财政收入,影响居民购买力和市场供需平衡,影响消费与积累的比例。因此,计算零售价格指数,可以从一个侧面对上述经济活动进行观察和分析。

我国的零售物价指数编制程序与消费者价格指数基本相同,也是采用固定加权算术平均指数公式。我国的零售物价指数主要有:零售商品牌价指数、零售商品议价指数、集市贸易价格指数和全社会零售物价总指数。零售物价指数主要用来观察研究零售物价变动对城乡居民生活的影响,为平衡市场供求、加强市场管理、控制货币发行量提供参考。

(二) 工业生产指数

工业生产指数(Industry Price Index,IPI)是衡量制造业、采掘业、公用电力和天然气工业企业每月产品物量的综合指标。其中2/3反映的是:(1)生产周期性很强的企业设备、耐用消费品和建筑材料的产出;(2)在企业存货和外贸方面容易发生较大波动的钢材、纺织品以及其他工业原料的产出。工业生产指数的其余1/3反映非耐用消费品、军事和空间工业产品的产出以及企业的存货。工业生产指数概括反映一个国家或地区各种工业产品产量的综合变动程度,它是衡量经济增长水平的重要指标之一。世界各国都非常重视工业生产指数的编制,但采用的编制方法却不完全相同。

在我国,工业生产指数是通过计算各种工业产品的不变价格产值来加以编制的。其基本编制过程是:首先,对各种工业产品分别制定相应的不变价格标准(记为 p_c);然后,逐项计算各种产品的不变价格产值,加总起来就得到全部工业产品的不变价格总产值;将不同时期的不变价格总产值加以对比,就得到相应时期的工业生产指数。

记 t 时期的不变价格总产值为 $\sum q_t p_c (t=0,1,2,3,\cdots)$,则该时期的工业生产指数就是固定加权综合指数的形式:

$$I_q = \frac{\sum q_t p_c}{\sum q_0 p_c} \text{ 或 } I_q = \frac{\sum q_t p_c}{\sum q_{t-1} p_c}$$

采用不变价格法编制工业生产指数的特点是,只要具备了完整的不变价格产值资料,就能够很容易地计算出有关的生产指数;而且可以在不同层次上(如各地区、各部门、各企业等)进行编制,满足各方面的分析需要。然而,不变价格的制定和不变价格产值的计算本身却是一项非常浩繁的工作,这项工作又必须连续不断地、全面地展开,其难度可想而知。尤其是在市场经济条件下,要在整个工业生产领域内运用不变价格计算完整的产值资料,面临着很多实际的问题。因此,我国工业生产指数编制方法的改革势在必行。

在实践中,为了简化指数的编制工作,常常以各种工业品的增加值比重作为权数,并且将这种比重权数相对固定起来,连续地编制各个时期的工业生产指数:

$$I_q = \frac{\sum i_q \times w}{\sum w}$$

这里运用了"固定加权算术平均指数"。

(三) 股票价格指数

股票作为一种特殊的金融商品,也有价格。广义的股票价格包括票面价格、发行价格、账面价格、清算价格、内在价格、市场价格等。狭义的股票价格,即通常所说的市场价格,也称股票行市,它完全随股市供求行情变化而涨落。股票价格指数是根据精心选择的那些具有代表性和敏感性强的样本股票某时点平均市场价格计算的动态相对数,用以反映某一股市股票价格总的变动趋势。股价指数的单位习惯上用"点"表示,即以基期为100(或1 000),每上升或下降1个单位称为1点。股价指数计算的方法很多,但一般以发行量为权数进行加权综合。其公式为:

$$I = \sum p_{1i} q_i / \sum p_{0i} q_i$$

式中,p_{1i} 和 p_{0i} 分别为报告期和基期样本股的平均价格;q_i 第 i 种股票的报告期发行量(也有采用基期的)。

股价指数是反映证券市场行情变化的重要指标,其不仅是广大证券投资者进行投资决策分析的依据,而且也被视为一个地区或国家宏观经济态势的"晴雨表"。世界各地的股票市场都有自己的股票价格指数。在一个国家里,同一股市往往有不同的股票价格。

1. 上海证券交易所股价指数

上海证券交易所股价指数是反映上海证券交易所上市股票价格整体水平和变动趋势的指标。包括上证综指、上证50指数、上证180指数、上证380指数,以及上证国债、企业债和上证基金指数为核心的上证指数体系,并衍生出大量行业、主题、风格、策略指数。各类指数的编制方法基本相同,如上证综合指数以上海证券交易所上市的全部股票为样本股,以计算期发行股数为权数,按加权平均计算,以上海证券交易所开业日即1990年12月19日为基期,基期指数定为100点,以所有在上海证券交易所上市的股票为编制范围,采用以股票发行量为权数的综合股价指数。自1991年7月15日起正式发布。计算公式为:

$$上证综合指数 = \frac{报告期市价总值}{基日市价总值} \times 100\%$$

式中,市价总值是股票市价乘发行股数;基日市价总值也称为除数。

当市价总值出现非交易因素(增股、配股、汇率等)变动时,原除数需修正,以维持指数的连续可比。修正公式为:

$$修正后的除数 = \frac{修正后的市价总值}{修正前的市价总值} \times 原除数$$

2. 深圳证券交易所股价指数

深圳证券交易所股价指数是反映深圳证券交易所上市股票价格整体水平和变动趋势的指标。包括深证综合指数、深证成份指数、深证 100 指数、中小板指数、创业板指数、深证 300 价格指数等为核心的深证指数体系，并衍生出大量行业、主题、风格、策略指数。各类指数的编制方法基本相同，如深证综合指数是以在深圳证券交易所上市的所有股票为对象编制的指数，1991 年 4 月 3 日为指数的基日，1991 年 4 月 4 日公布。深证综合指数是以发行量为权数，纳入指数计算范围的股票称为指数股。指数计算基本公式为：

$$指数 = \frac{现时指数股总市值}{基日指数股总市值} \times 100\%$$

若遇股市结构有所变动，其修正是用"连锁"方法计算得到的指数溯源于原有基期，以维持指数的连续性。每日连锁方法的计算公式为：

$$今日即时指数 = \frac{今日即时指数股总市值}{经调整的上日指数股收市总市值}$$

深证成份股指数是以 1994 年 7 月 20 日为基日，基日指数定为 1 000，于 1995 年 1 月 23 日开始发布。深证成份股指数采用流通量为权数，计算公式同深证综合指数。深证成份股指数是从上市公司中挑选出 40 家具有代表性的成份股计算，成份股选择的一般原则是：① 有一定上市交易日期；② 有一定上市规模；③ 交易活跃。此外，结合考虑公司股份的市盈率，公司的行业代表性，地区、板块代表性，公司的财务状况及管理素质等。

第四节 指数体系和因素分析法

一、指数体系的概念

指数体系是指三个或三个以上的有联系的经济指数之间如能构成一定的数量对等关系，就可以把这种经济上有联系、数量上保持一定关系的三个或三个以上的指数之间的客观联系称为指数体系。研究两因素指数要用三个指数，研究多因素指数要用三个以上的指数所形成的指数体系。指数体系一般保持两个对等关系，即总变动指数等于若干个因素的连乘积；实际发生的总差额等于若干因素影响差额之和。

就综合指数而言，三个指数之间形成的指数体系可以用公式表示如下：

总产值指数＝出厂价格指数×产品产量指数

$$\frac{\sum P_1 Q_1}{\sum P_0 Q_0} = \frac{\sum P_1 Q_1}{\sum P_0 Q_1} \times \frac{\sum P_0 Q_1}{\sum P_0 Q_0} \qquad (6-12)$$

三个指数体系内部不仅存在上述指数变动的对等关系，而且各个指数所代表的绝对数额变动之间也存在一定的数量对等关系。分别表示如下：

总产值增加额＝由于出厂价格变动产生的增加额＋由于产品产量变动产生的增加额

$$(\sum P_1Q_1 - \sum P_0Q_0) = (\sum P_1Q_1 - \sum P_0Q_1) + (\sum P_0Q_1 - \sum P_0Q_0)$$

上述各式的增加额是代数增加额,可以为正,也可以为负。

四个指数所形成的指数体系,要按合理的顺序排列。一般是数量指标在前,质量指标在后;主要指标在前,次要指标在后。即要根据现象各因素之间的内在联系加以确定。在多因素分析中,为了测定某一因素的影响,要把其他因素加以固定。

例如　　原材料支出总指数＝产量指数×单耗指数×原材料单价指数

用符号表示为:

$$\frac{\sum Q_1 M_1 P_1}{\sum Q_0 M_0 P_0} = \frac{\sum Q_1 M_0 P_0}{\sum Q_0 M_0 P_0} \times \frac{\sum Q_1 M_1 P_0}{\sum Q_1 M_0 P_0} \times \frac{\sum Q_1 M_1 P_1}{\sum Q_1 M_1 P_0} \qquad (6-13)$$

上式中,Q、M、P 分别为产量、单耗、单价;原材料支出额为 QMP。

而绝对数额增减变动存在的数量对等关系用符号表示为:

$$\sum Q_1 M_1 P_1 - \sum Q_0 M_0 P_0 = (\sum Q_1 M_0 P_0 - \sum Q_0 M_0 P_0) + (\sum Q_1 M_1 P_0 - \sum Q_1 M_0 P_0) + (\sum Q_1 M_1 P_1 - \sum Q_1 M_1 P_0) \qquad (6-14)$$

即:

原材料支出增加额＝由于产量变动所产生的增加额＋由于单耗变动所产生的增加额＋由于原材料单价变动所产生的增加额

在统计实践中,应用指数体系可以对社会经济现象的变动情况进行因素分析。

二、因素分析法

因素分析法是根据指数体系分析受多因素影响的社会经济现象的总变动中,各因素的影响方向和影响程度的方法。在总指数的编制中,某些社会经济现象客观上可以分解为两个或两个以上因素的组合,如产品产量、价格是产值的两个组成因素,产量、单耗、原材料单价是原材料费用支出总额的三个组成因素。因此,产值的变动受产量和价格变动两个因素的影响,而原材料费用支出总额受产量、单耗和原材料单价三个因素的影响。分析时,要固定其中一个或几个因素,观察另一个因素变动的程度,从而揭示出现象动态中的具体情况和变动原因。这种方法就是因素分析法。

指数因素分析法按经济现象分解因素的多少,分为两因素分析法和多因素分析法,而两因素分析法是因素分析中最常用和最基本的方法。

(一) 总量指标变动两因素分析

利用指数体系进行总量指标变动两因素分析时,要保持指数间的对等关系。在采用假定方法计算时,各因素指数的同度量因素必须配套,即在同度量因素选择的时间上要相互交叉。在我国统计实践中,一般采用如下公式:

$$\frac{\sum P_1Q_1}{\sum P_0Q_0} = \frac{\sum P_1Q_1}{\sum P_0Q_1} \times \frac{\sum P_0Q_1}{\sum P_0Q_0} \qquad (6-15)$$

$$\sum P_1Q_1 - \sum P_0Q_0 = \left(\sum P_1Q_1 - \sum P_0Q_1\right) + \left(\sum P_0Q_1 - \sum P_0Q_0\right) \quad (6-16)$$

即数量指标指数要采用基期的质量指标作为同度量因素,而质量指标指数采用报告期的数量指标作为同度量因素,从而使指数体系成立。

例 6-5 某商店商品数量、价格及销售额如表 6.4 所示,试根据资料对总量指标进行两因素分析。

表 6.4 某商店商品数量、价格及销售额

商品名称	计量单位	数量		价格(元)		销售额(元)		
		Q_0	Q_1	P_0	P_1	P_0Q_0	P_1Q_1	P_0Q_1
甲	匹	1 000	1 150	100	100	100 000	115 000	115 000
乙	吨	2 000	2 200	50	55	100 000	121 000	110 000
丙	件	3 000	3 150	20	25	60 000	78 750	63 000
合计	—	—	—	—	—	260 000	314 750	288 000

解 (1) 总量指标指数:

$$\frac{\sum P_1Q_1}{\sum P_0Q_0} = \frac{314\,750}{260\,000} = 121.06\%$$

$$\sum P_1Q_1 - \sum P_0Q_0 = 314\,750 - 260\,000 = 54\,750(\text{元}) = 5.475(\text{万元})$$

(2) 数量指标指数:

$$\frac{\sum P_0Q_1}{\sum P_0Q_0} = \frac{288\,000}{260\,000} = 110.77\%$$

$$\sum P_0Q_1 - \sum P_0Q_0 = 288\,000 - 260\,000 = 28\,000(\text{元}) = 2.8(\text{万元})$$

(3) 质量指标指数:

$$\frac{\sum P_1Q_1}{\sum P_0Q_1} = \frac{314\,750}{288\,000} = 109.29\%$$

$$\sum P_1Q_1 - \sum P_0Q_1 = 314\,750 - 288\,000 = 26\,750(\text{元}) = 2.765(\text{万元})$$

三个指数之间的关系如下:

相对数关系   121.06% = 110.77% × 109.29%

绝对数关系   5.475(万元) = 2.8(万元) + 2.675(万元)

计算结果表明,该商店三种商品的销售额报告期比基期增长 21.06%,是由于销售量增长 10.77%、商品价格上升 9.29% 共同影响的结果。商品销售额增加 5.475 万元,是由于销

售量变动使之增加 2.8 万元,价格变动使之增加 2.675 万元共同影响的结果。

(二) 总量指标变动多因素分析

总量指标变动多因素分析,是指用多因素现象的指数体系进行分析。就其分析的对象和目的来说,与总量指标两因素分析是相同的,所不同的是,现象变动受三个或三个以上因素的影响。

在对多因素现象的变动进行因素分析时,同样要保持多因素指数体系中的配套和数量对等关系。现以工业产品原材料支出总额分解为三个因素的资料为例来说明总量指标变动多因素分析法。

例 6-6 某企业原材料支出情况如表 6.5 所示,试对原材料支出总额的变动及变动影响进行多因素分析。

解
$$\frac{\sum Q_1 M_1 P_1}{\sum Q_0 M_0 P_0} = \frac{\sum Q_1 M_0 P_0}{\sum Q_0 M_0 P_0} \times \frac{\sum Q_1 M_1 P_0}{\sum Q_1 M_0 P_0} \times \frac{\sum Q_1 M_1 P_1}{\sum Q_1 M_1 P_0}$$

原材料支出总额指数 $= \dfrac{\sum Q_1 M_1 P_1}{\sum Q_0 M_0 P_0} = \dfrac{249.8}{230.4} = 108.42\%$

该企业生产两种产品所支付的原材料总额的变动绝对额为:

$$\sum Q_1 M_1 P_1 - \sum Q_0 M_0 P_0 = 249.80 - 230.40 = 19.40(万元)$$

表 6.5 某企业原材料支出情况资料

产品	产量(件)		原材料单位产品消耗量(kg/件)		原材料单价(元/kg)		原材料支出总额(万元)			
	基期 Q_0	报告期 Q_1	基期 M_0	报告期 M_1	基期 P_0	报告期 P_1	$Q_0 M_0 P_0$	$Q_1 M_0 P_0$	$Q_1 M_1 P_0$	$Q_1 M_1 P_1$
甲	800	840	36	33	30	31	86.40	90.70	83.16	85.93
乙	1 200	1 440	30	28	30	31	108.00	129.60	120.96	124.99
丙	1 200	1 440	12	10	25	27	36.00	43.20	36.00	38.88
合计	—	—	—	—	—	—	230.40	263.52	240.12	249.80

分解计算三个因素指数:

产量指数 $= \dfrac{\sum Q_1 M_0 P_0}{\sum Q_0 M_0 P_0} = \dfrac{263.52}{230.4} = 114.38\%$

产量变动影响原材料总额的变动绝对额:

$$\sum Q_1 M_0 P_0 - \sum Q_0 M_0 P_0 = 263.52 - 230.4 = 33.12(万元)$$

单耗指数 $= \dfrac{\sum Q_1 M_1 P_0}{\sum Q_1 M_0 P_0} = \dfrac{240.12}{263.52} = 91.12\%$

单耗变动影响原材料总额的变动绝对额:

$$\sum Q_1 M_1 P_0 - \sum Q_1 M_0 P_0 = 240.12 - 263.52 = -23.4(万元)$$

$$原材料价格指数 = \frac{\sum Q_1 M_1 P_1}{\sum Q_1 M_1 P_0} = \frac{249.8}{240.12} = 104.03\%$$

原材料价格变动影响原材料总额的变动绝对额:

$$\sum Q_1 M_1 P_1 - \sum Q_1 M_1 P_0 = 249.8 - 240.12 = 9.68(万元)$$

以上三个因素指数所组成的指数体系,反映它们的变动方向和程度,对企业原材料支出总额的变动影响关系如下:

$$108.42\% = 114.38\% \times 91.12\% \times 104.03\%$$

三个因素影响绝对值的变动对原材料支出总额变动关系如下:

$$19.40(万元) = 33.12(万元) + (-23.40 万元) + 9.68(万元)$$

第五节 平均指标指数

一、平均指标指数的意义

平均指标指数,是用两个不同时期的同一经济量的平均指标值对比而形成的指数,以反映某种经济量的变动程度。这种由两个平均指标值对比形成的指数称为平均数指数。它的一般公式可以表示如下:

$$平均指标指数 = K = \frac{\bar{x}_1}{\bar{x}_0} \tag{6-17}$$

式中,$\bar{x}_1$ 为报告期某一经济量的平均数;$\bar{x}_0$ 为基期某一经济量的平均数。

常见的平均指标指数有平均单位成本指数、平均工资指数、平均劳动生产率指数等。以平均工资指数为例,对平均指标指数的特点进行考察。

平均工资指数公式如下:

$$平均工资指标指数 = \frac{\bar{x}_1}{\bar{x}_0} = \frac{\dfrac{\sum x_1 f_1}{\sum f_1}}{\dfrac{\sum x_0 f_0}{\sum f_0}} = \frac{\sum x_1 \dfrac{f_1}{\sum f_1}}{\sum x_0 \dfrac{f_0}{\sum f_0}} \tag{6-18}$$

$$结构变动指数 = \frac{\sum x_0 \dfrac{f_1}{\sum f_1}}{\sum x_0 \dfrac{f_0}{\sum f_0}}$$

式中,$\bar{x}_1$ 为报告期平均工资;$\bar{x}_0$ 为基期平均工资;$\sum x_1 f_1$ 为报告期工资总额,即报告期各级平均工资乘各级工人数之和;$\sum f_1$ 为报告期各级工人数之和;$\sum x_0 f_0$ 为基期工资总额,即基期各级平均工资乘各级工人数之和;$\sum f_0$ 为基期各级工人之和。

从上述公式可以看出,平均工资指标指数是两个不同时期平均工资之比。在分组条件下,平均工资指数反映两个因素的变动的影响,即各级工人工资水平变动的影响和各级工人数在全部工人总数中所占比重变动的影响。因此,考察两个因素对平均指标变动的影响方向和影响程度,就可以采用平均指标指数两因素分析法。

二、平均指标指数两因素分析

应该强调,平均指标变动的因素分析,必须与科学的分组方案密切配合,只有依据分析的任务要求,正确地选择分组标志对现象总体进行分组,分析结构变动的影响才有现实意义。

平均指标指数两因素分析要计算可变组成指数、固定组成指数和结构影响指数。

(一) 可变组成指数

可变组成指数又称可变构成指数,简称可变指数。统计中把反映平均指标变动程度的指数叫作可变组成指数。这种指数既反映总体各单位或各组水平的变动,也反映总体结构变动的影响。总之,这个总平均指数是两个时期平均指标对比关系的指数。如工人平均工资可变组成指数,其计算公式如下:

$$\text{平均工资可变指数} = \frac{\bar{x}_1}{\bar{x}_0} = \frac{\dfrac{\sum x_1 f_1}{\sum f_1}}{\dfrac{\sum x_0 f_0}{\sum f_0}} = \frac{\sum x_1 \dfrac{f_1}{\sum f_1}}{\sum x_0 \dfrac{f_0}{\sum f_0}} \quad (6-19)$$

上式中,$\dfrac{f_1}{\sum f_1}$、$\dfrac{f_0}{\sum f_0}$ 分别为报告期和基期各组人员占总体人员比重,即人员结构。可变指数分子与分母的差 $\sum x_1 \dfrac{f_1}{\sum f_1} - \sum x_0 \dfrac{f_0}{\sum f_0}$ 表示总体平均数增减变动的绝对差额。

(二) 固定组成指数

固定组成指数又叫固定结构指数。固定组成指数是将总体组成结构固定在报告期,以消除总体结构变动的影响,只反映各组变量值或各级水平变动的影响,这种总体结构固定的总平均指数称为固定组成指数。如平均工资固定组成指数,其计算公式如下:

$$\text{平均工资固定组成指数} = \frac{\sum x_1 \dfrac{f_1}{\sum f_1}}{\sum x_0 \dfrac{f_1}{\sum f_1}} \quad (6-20)$$

显然,固定组成指数是在可变指数的基础上,把作为权数的总体结构固定在报告期,表明在没有结构变动影响的条件下,总体内各标志值或各组水平的变动方向和变动程度,以及对总平均数的影响。两个平均数的差数 $\sum x_1 \dfrac{f_1}{\sum f_1} - \sum x_0 \dfrac{f_1}{\sum f_1}$,即对总平均数变动的实际影响额。

(三) 结构影响指数

结构影响指数,就是结构变动影响指数。结构影响指数是在总体平均水平的变动中将各组水平固定在基期上,只反映总体结构影响的总平均指数,称为结构影响指数。其计算公式如下:

$$\text{平均工资结构变动指数} = \frac{\sum x_0 \frac{f_1}{\sum f_1}}{\sum x_0 \frac{f_0}{\sum f_0}} \tag{6-21}$$

这个指数表明,当各组水平固定在基期时,由于总体结构的变动,对总体平均数变动的影响方向和影响程度。两个平均数的差数 $\sum x_0 \frac{f_1}{\sum f_1} - \sum x_0 \frac{f_0}{\sum f_0}$ 是对总平均数变动的实际影响额。

(四) 三个指数关系

平均指标的可变组成指数＝平均指标的固定组成指数×平均指标的结构影响指数

三个指数的关系用字母表示为:

$$\frac{\sum x_1 \frac{f_1}{\sum f_1}}{\sum x_0 \frac{f_0}{\sum f_0}} = \frac{\sum x_1 \frac{f_1}{\sum f_1}}{\sum x_0 \frac{f_1}{\sum f_1}} \times \frac{\sum x_0 \frac{f_1}{\sum f_1}}{\sum x_0 \frac{f_0}{\sum f_0}}$$

三个指数的绝对数关系用字母表示为:

$$\bar{x}_1 - \bar{x}_0 = \left(\sum x_1 \frac{f_1}{\sum f_1} - \sum x_0 \frac{f_1}{\sum f_1}\right) + \left(\sum x_0 \frac{f_1}{\sum f_1} - \sum x_0 \frac{f_0}{\sum f_0}\right)$$

上面三个指数的关系称为平均指数体系。

例 6-7 下面以平均工资指数为例,说明平均指标指数两因素分析(见表6.6)。

表6.6 某企业工人数及月工资资料

工人分组	工人数(人)		月工资水平(元/人)		工资总额(元)		
	f_0	f_1	x_0	x_1	$x_0 f_0$	$x_1 f_1$	$x_0 f_1$
技术工	400	700	600	650	240 000	455 000	420 000
辅助工	300	320	500	550	150 000	176 000	160 000
合计	700	1 020	557.14	631	390 000	631 000	580 000

解 (1) 平均工资可变指数 $= \dfrac{\dfrac{\sum x_1 f_1}{\sum f_1}}{\dfrac{\sum x_0 f_0}{\sum f_0}} = \dfrac{631\,000 \div 1\,020}{390\,000 \div 700} = 111\%$

月平均工资增加额＝618.6－557.1＝61.5(元/人)

计算结果表明,该企业工人总平均工资报告期比基期提高了11%,平均每人月工资增加61.5元/人。

(2) 平均工资固定组成指数 $= \dfrac{\dfrac{\sum x_1 f_1}{\sum f_1}}{\dfrac{\sum x_0 f_1}{\sum f_1}} = \dfrac{631\,000 \div 1\,020}{580\,000 \div 1\,020} = 108.79\%$

计算结果表明,各组平均工资提高了8.79%。由于各组工人平均工资提高,使企业总平均工资增加的绝对额为=618.6－568.6=50(元/人)。

(3) 平均工资结构变动指数 $= \dfrac{\dfrac{\sum x_0 f_1}{\sum f_1}}{\dfrac{\sum x_0 f_0}{\sum f_0}} = \dfrac{58\,000 \div 1\,020}{390\,000 \div 700} = 102\%$

计算结果表明,由于工人数结构变动使平均工资上升2%,由于工人结构变动使企业总平均工资增加的绝对额为=568.6－557.1=11.5(元/人)。

三个指数之间的联系为:
$$111\% = 108.79\% \times 102\%$$

绝对数之间的联系为:
$$61.5(元/人) = 50(元/人) + 11.5(元/人)$$

(4) 在全部计算完之后,进行综合分析。

计算结果表明,该厂工人的总平均工资报告期比基期提高了11%,这是由于各组平均工资提高8.79%和工人数结构变动使平均工资提高2%综合影响的结果。从绝对数看,总平均工资增加61.5元,是由于组平均工资变动使之增加50元,工人结构变动使之增加11.5元共同影响的结果。

After ——
Class

——知识结构图

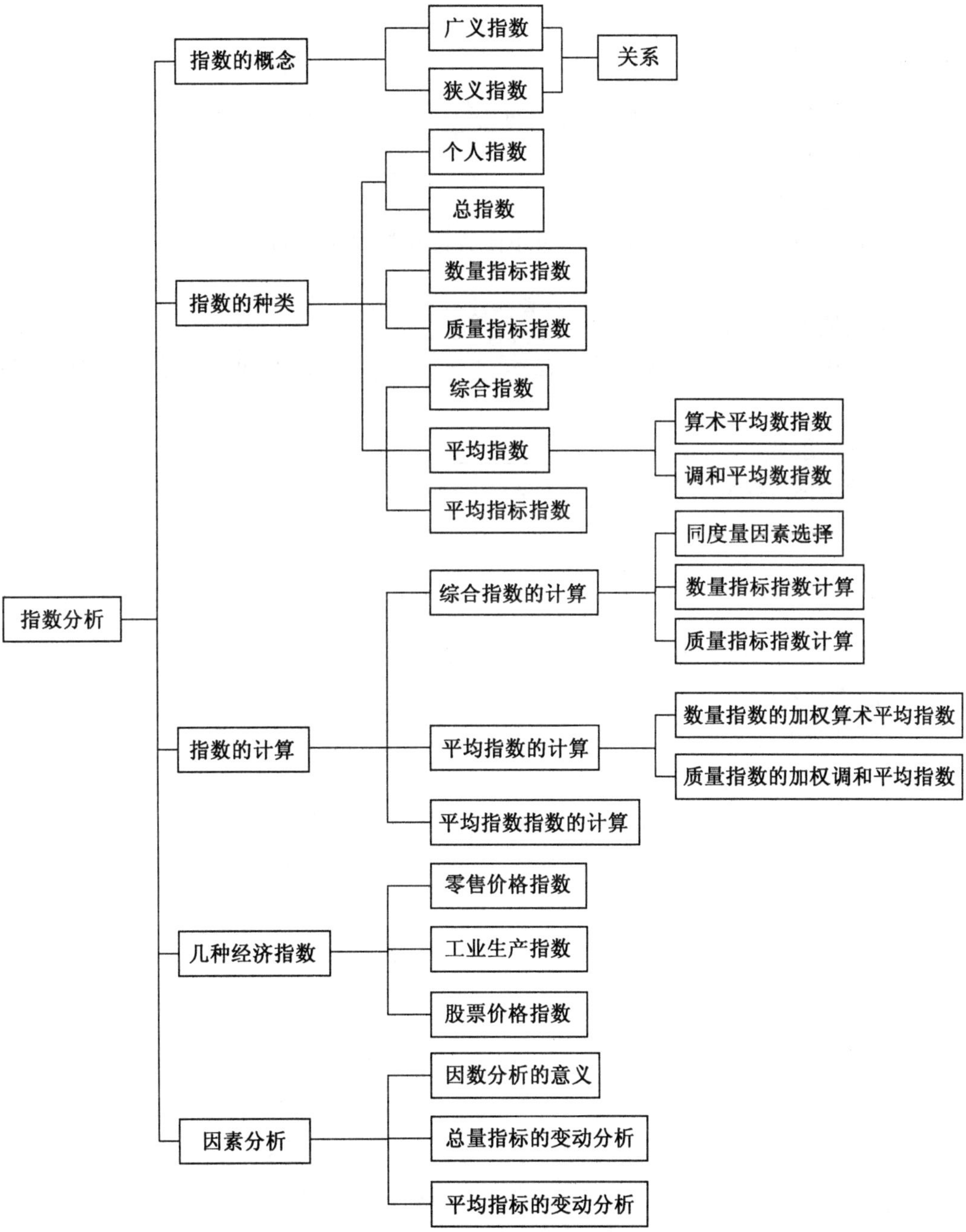

```
                                    ┌─ 广义指数 ─┐
                    ┌─ 指数的概念 ──┤            ├─ 关系
                    │                └─ 狭义指数 ─┘
                    │
                    │                ┌─ 个人指数
                    │                ├─ 总指数
                    │                │
                    │                ├─ 数量指标指数
                    ├─ 指数的种类 ──┤
                    │                ├─ 质量指标指数
                    │                │
                    │                ├─ 综合指数
                    │                │              ┌─ 算术平均数指数
                    │                ├─ 平均指数 ──┤
                    │                │              └─ 调和平均数指数
                    │                └─ 平均指标指数
         指数分析 ──┤
                    │                              ┌─ 同度量因素选择
                    │                ┌─ 综合指数的计算 ─┼─ 数量指标指数计算
                    │                │              └─ 质量指标指数计算
                    │                │
                    │                │              ┌─ 数量指数的加权算术平均指数
                    ├─ 指数的计算 ──┼─ 平均指数的计算 ─┤
                    │                │              └─ 质量指数的加权调和平均指数
                    │                │
                    │                └─ 平均指数指数的计算
                    │
                    │                ┌─ 零售价格指数
                    ├─ 几种经济指数 ─┼─ 工业生产指数
                    │                └─ 股票价格指数
                    │
                    │                ┌─ 因数分析的意义
                    └─ 因素分析 ────┼─ 总量指标的变动分析
                                     └─ 平均指标的变动分析
```

——深度乐享

分析报告之父——查尔斯·道的故事　　　股神——巴菲特

——课后练习

一、填空题

1. 根据指数包括的范围不同,指数可分为_____和_____。
2. 总指数是_____。
3. 统计指数的主要作用是_____。
4. 计算总指数时为了解决现象的量不能直接相加而使用的一个媒介因素是_____。
5. 同度量因素的作用是_____和_____。
6. 拉氏指数的同度量因素均固定在_____,派氏指数的同度量因素均固定在_____。
7. 指数体系是_____。
8. 平均指标指数是_____,它可分解为_____和_____。

二、单项选择题

1. 由两个总量指标对比形成的指数一般情况是(　　)。
   A. 个体指数　　　　　　　　B. 综合指数
   C. 可变指数　　　　　　　　D. 平均数指数
2. 由两个平均指标对比形成的指数一般情况是(　　)。
   A. 个体指数　　　　　　　　B. 综合指数
   C. 可变指数　　　　　　　　D. 平均数指数
3. 下列指数中,属于数量指数的是(　　)。
   A. 物价指数　　　　　　　　B. 产量指数
   C. 单位成本指数　　　　　　D. 劳动生产率指数
4. 综合指数是一种(　　)。
   A. 个体指数　　　　　　　　B. 平均数指数
   C. 简单指数　　　　　　　　D. 加权指数
5. 加权算术平均数指数可变形为综合指数所用的特定权数是(　　)。
   A. 基期总额　　　　　　　　B. 报告期总额

C. 固定权数   D. 假定期总额

6. 由三个指数组成的指数体系中,两个因素指数的同度量因素通常( )。
   A. 均固定在基期   B. 均固定在报告期
   C. 固定在报告期和基期的中间时点   D. 一个固定在基期,一个固定在报告期

7. 若企业产值增长50%,价格增长25%,则产量增长( )。
   A. 25%   B. 2%   C. 75%   D. 20%

8. 某地区居民,以同样多的人民币,2017年比2016年少购买15%的商品,则该地的物价( )。
   A. 上涨了15%   B. 下降了15%   C. 上涨了17.6%   D. 上涨了66.7%

9. 若职工平均工资增长10.4%,固定构成工资指数增长15%,则职工人数结构影响指数为( )。
   A. 96%   B. 126.96%   C. 101.56%   D. 125.4%

三、多项选择题

1. 下列属于质量指数的有( )。
   A. 农产品产量指数   B. 农产品价格指数
   C. 商品批发价格指数   D. 单位成本指数

2. 如果用P表示商品价格,用Q表示商品零售量,则公式$\sum P_1 Q_1 - \sum P_0 Q_1$的意义是( )。
   A. 综合反映价格变动和销售量变动的绝对额
   B. 综合反映多种商品价格变动而增减的销售额
   C. 综合反映多种商品销售量变动的绝对额
   D. 综合反映由于价格变动而使消费者增减的货币支出额

3. 下列属于拉氏指数的有( )。
   A. $\dfrac{\sum P_1 Q_0}{\sum P_0 Q_0}$ B. $\dfrac{\sum P_1 Q_1}{\sum P_0 Q_1}$ C. $\dfrac{\sum P_1 Q_1}{\sum P_1 Q_0}$ D. $\dfrac{\sum P_0 Q_1}{\sum P_0 Q_0}$

4. 将综合指数$\dfrac{\sum P_1 Q_1}{\sum P_0 Q_1}$变为加权调和平均数指数时,必须掌握的资料是( )。
   A. 综合指数的分子   B. 综合指数的分母
   C. 个体指数   D. $\sum P_1 Q_0$

5. 平均数指数是( )。
   A. 个体指数的加权平均数   B. 类指数的加权平均数
   C. 由两个平均数对比的指数   D. 在一定权数下是综合指数的变形公式

6. 反映平均指标变动的指数是( )。
   A. 可变组成指数   B. 固定组成指数
   C. 调和平均指数   D. 算术平均指数

四、判断题

1. 综合指数是由两个综合指标对比形成的。（   ）
2. 广义的指数是指反映事物变动的各种相对数。（   ）
3. 平均数指数计算所用的资料，既可以是全面调查资料，也可以是由非全面调查得到的资料。（   ）
4. 某地区的物价指数为 112%，表明用同样多的人民币比上年综合少购买 12% 的商品。（   ）

五、简答题

1. 简述统计指数种类。
2. 简述综合指数的编制原则。
3. 简述平均数指数和综合指数的关系。
4. 指数体系中指数之间的数量对等关系表现在哪两个方面？
5. 采用可变指数体系分析平均工资变动时，采用的三个平均指标指数各有什么含义？

六、计算题

1. 某地三种商品的价格和销售量资料如下：

商品名称	计量单位	价格（元）		销售量	
		基期	报告期	基期	报告期
甲	双	36	40	450	500
乙	个	57	52	500	600
丙	件	18	18	200	400

要求：

（1）计算该地区三种商品的价格指数；
（2）计算该地区三种商品的销售量指数；
（3）对该地区三种商品的销售额的变动进行因素分析。

2. 某商店三种商品的销售资料如下：

商品名称	销售额（万元）		今年销售量比去年增长（%）
	去年	今年	
甲	150	180	8
乙	200	240	5
丙	400	450	15

要求：

(1) 计算该商店三种商品销售量指数；

(2) 计算该商店三种商品销售额和价格指数；

(3) 对销售额的变动进行因素分析。

3. 三种商品报告期价格分别比基期上涨了5%、10%、2%，报告期三种商品销售额分别为300元、400元、250元。试计算三种商品的综合物价指数。

4. 甲、乙两企业生产同一品种的产品，其成本资料如下：

企业	单位成本(元)		产量比重(%)	
	基期	报告期	基期	报告期
甲	10	4.5	40	60
乙	5	9.5	60	40

试分析不同企业产量结构和单位成本水平的变动对两企业总平均单位成本变动的影响情况。

5. 某企业全员劳动生产率资料如下：

车间	平均职工人数(人)		全员劳动生产率(元/人)	
	一季度	二季度	一季度	二季度
甲	900	600	1 588	2 000
乙	1 000	1 400	2 909	3 429

试从相对数和绝对数两方面分析该企业全员劳动生产率二季度较之一季度变动所受的因素影响。

第七章

抽样调查

教学目的和要求
了解抽样调查的概念和作用；掌握各种抽样调查方法的概念和计算；熟练掌握抽样调查的区间估计方法；掌握样本容量的计算。
关键词
样本　等距抽样　简单纯随机抽样

第一节　抽样调查概述

一、抽样调查的概念

抽样调查是一种非全面调查，它是调查总体中的一部分单位，用这一部分单位的指标数值推断总体的指标数值的一种方法。

从总体中抽选一部分单位进行调查，可以有两种方法。一种是有意识地抽选，即调查者根据自己对总体情况的了解和判断，有意识地选择若干个有代表性的单位进行调查。另一种是随机抽选，即在抽选具体单位时，不掺杂调查者的主观判断，而是使总体中的每个单位都有同等的机会被抽到，这个抽选原则通常被称为"随机原则"。在我国，只将按随机原则抽选单位的调查叫作抽样调查。

二、抽样调查的特点

1. 只抽取总体中的一部分单位进行调查。这是和全面调查的区别，全面调查要调查总体中所有的单位。

2. 用一部分单位的指标数值去推断总体的指标数值。这是和重点调查的区别,重点调查也是非全面调查,但是它的调查结果不用来推断总体的指标数值。

3. 抽选部分单位时要遵守随机原则。这是和典型调查的主要区别,典型调查的结果也可以用来推断总体的情况,但它不按照随机原则选择单位。

4. 抽样调查会产生抽样误差,抽样误差可以计算,并且可以加以控制。

三、抽样调查的作用

抽样调查是一种用途广泛、使用得很普遍的一种非全面调查方法,其作用是:① 对于无限总体只能进行抽样调查,不可能进行全面调查。② 有些事物在测量或试验时有破坏性,不可能进行全面调查。例如灯泡耐用时间试验、电视机抗震能力试验、罐头食品的卫生检查、人体白细胞数量的化验等,都是有破坏性的,都不可能进行全面调查,而只能使用抽样调查。③ 有些总体从理论上讲可以进行全面调查,但实际上办不到。例如,了解某森林区有多少棵树、职工家庭生活状况如何等。从理论上讲,这些是有限总体,可以进行全面调查,但实际上办不到,也不必要。对这类情况的了解要采用抽样调查方法。④ 部分抽样调查资料不经推断可以代替全面资料。例如,物价指数、城乡人民生活水平调查等。⑤ 和全面调查相比较,抽样调查能节省人力、费用和时间,而且比较灵活。

抽样调查的调查单位比全面调查少得多,因而既能节约又能比较快地得到调查的结果,这对许多工作都是很有利的。例如,农产量全面调查的统计数字要等收割完毕以后一段时间才能得到,而抽样调查的统计数字在收获的同时就可以得到,一般能早得到两个月左右,这对于安排农产品的收购、储存、运输,对安排生产、进出口等都是很有利的。

由于调查单位少,有时可以增加调查内容。因此,有的国家在人口普查的同时也进行人口抽样调查,一般项目通过普查取得资料,另一些项目则通过抽样调查取得资料。这样既可以节省调查费用和时间,又丰富了调查内容。

利用抽样推断的方法,可以对某种总体的假设进行检验,来判断这种假设的真伪,以决定取舍。例如,新教学法的采用,新工艺、新技术的改革,新医疗方法的使用等是否收到明显效果,需要对未知的或不完全知道的总体做出一些假设,然后利用抽样调查的方法,根据实验材料对所作假设进行检验,做出判断。

随着抽样理论的发展,抽样技术的进步,抽样方法的完善和统计队伍业务水平的提高,抽样调查方法将在社会经济生活中得到愈加广泛的运用。

第二节 抽样调查基本理论

一、全及总体和抽样总体

在抽样调查中,有两种不同的总体即全及总体和抽样总体。

1. 全及总体(简称总体)

全及总体是指所要认识对象的全体。总体是由具有某种共同性质的许多单位组成的,因此总体也就是具有同一性质的许多单位的集合体。例如,我们要研究某城市职工的生活水平,则该城市全部职工即构成全及总体;要研究某乡粮食单产水平,则该乡的全部粮食播种面积即是全及总体。

通常全及总体的单位数用大写的英文字母 N 来表示。作为全及总体,单位数 N 即使有限,也总是很大,大到几千、几万、几十万、几百万。例如人口总体、棉花纤维总体、粮食产量总体等。对无限总体的认识只能采用抽样的方法,而对于有限总体的认识,理论上虽可以应用全面调查来收集资料,但实际上往往由于不可能或不经济而借助抽样的方法以求得对有限总体的认识。

2. 抽样总体(简称样本)

抽样总体是从全及总体中随机抽取出来,代表全及总体部分单位的集合体。抽样总体的单位数通常用小写英文字母 n 表示,对于全及总体单位数 N 来说,n 是个很小的数,它可以是 N 的几十分之一、几百分之一、几千分之一、几万分之一。一般说来,样本单位数达到或超过 30 个称为大样本,而在 30 个以下称为小样本。社会经济现象的抽样调查多取大样本,而自然实验观察则多取小样本。以很小的样本来推断很大的总体,这是抽样调查的一个特点。

如果说全及总体是唯一确定的,那么抽样样本就完全不是这样。一个全及总体可能抽取很多个抽样总体,全部样本的可能数目和每一样本的容量有关,也和随机抽样的方法有关。不同的样本容量和取样方法,样本的可能数目有很大的差别。抽样本身是一种手段,目的在于对总体做出判断。因此,样本容量要多大,要怎样取样,样本的数目可能有多少,它们的分布又怎样,这些都关系到对总体判断的准确程度,都需要加以认真研究。

二、全及指标和抽样指标

(一) 全及指标

根据全及总体各个单位的标志值或标志特征计算的、反映总体某种属性的综合指标,称为全及指标。由于全及总体是唯一确定的,根据全及总体计算的全及指标也是唯一确定的。

不同性质的总体,需要计算不同的全及指标。对于变量总体,由于各单位的标志可以用数量来表示,所以可以计算总体平均数。

$$\overline{X} = \frac{\sum X}{N} \tag{7-1}$$

对于属性总体,由于各单位的标志不可能用数量来表示,只能用一定的文字加以描述,所以就应该计算结构相对指标,称为总体成数,用大写英文字母 P 表示。它说明总体中具有某种标志的单位数在总体中所占的比重。变量总体也可以计算成数,即总体单位数在所规定的某变量值以上或以下的比重,视同具有或不具有某种属性的单位数比重。

设总体 N 个单位中,有 N_1 个单位具有某种属性,N_0 个单位不具有某种属性,$N_1 + N_0 = N$,P 为总体中具有某种属性的单位数所占的比重,Q 为不具有某种属性的单位数所占的比重,则总体成数为:

$$P = \frac{N_1}{N} \tag{7-2}$$

$$Q = \frac{N_0}{N} = \frac{N - N_1}{N} = 1 - P \tag{7-3}$$

此外,全及指标还有总体标准差 σ 和总体方差 σ^2,它们都是测度总体标志值分散程度的指标。

$$\sigma^2 = \frac{\sum (X - \overline{X})^2}{N} \text{ 或}$$

$$\sigma = \sqrt{\frac{\sum (X - \overline{X})^2}{N}} \tag{7-4}$$

(二) 抽样指标

由抽样总体各个标志值或标志特征计算的综合指标称为抽样指标。与全及指标相对应,还有抽样平均数 $\bar{x}$、抽样成数 p、样本标准差 σ_i 和样本方差 σ_i^2 等。$\bar{x}$ 和 p 用小写英文字母表示,以示区别。

$$\bar{x} = \frac{\sum x}{n} \tag{7-5}$$

设样本 n 个单位中有 n_1 个单位具有某种属性,n_0 个单位不具有某种属性,$n_1 + n_0 = n$,p 为样本中具有某种属性的单位数所占的比重,q 为不具有某种属性的单位数所占的比重,则抽样成数为:

$$p = \frac{n_1}{n}, q = \frac{n_0}{n} = \frac{n - n_1}{n} = 1 - p \tag{7-6}$$

样本的方差和样本标准差分别为:

$$S^2 = \frac{\sum (x - \bar{x})^2}{n} \text{ 或}$$

$$S = \sqrt{\frac{\sum (x - \bar{x})^2}{n}} \tag{7-7}$$

由于一个全及总体可以抽取许多个样本,样本不同,抽样指标的数值也就不同,所以抽样指标的数值不是唯一确定的。实际上抽样指标是样本变量的函数,它本身也是随机变量。

(三) 抽样方法和样本可能数目

样本的可能数目既和每个样本的容量有关,又和抽样的方法有关。当样本容量为既定时,则样本的可能数目便决定于抽样的方法。抽样方法不同又可以从取样方式不同和对样本的要求不同等方面来研究。

根据取样的方式不同,抽样方式可分为重复抽样和不重复抽样两种。

重复抽样的方法是这样来安排的:从总体 N 个单位中要随机抽取一个容量为 n 个的样本,每次从总体中抽取一个,把它看作一次试验,连续进行 n 次试验构成一个样本。每次抽出一个单位把结果登记下来又放回,重新参加下一次的抽选。因此,重复抽样的样本是由 n 次相互独立的连续试验所组成的。每次试验是在完全相同的条件下进行的。每个单位中选或不中选机会在每次都完全一样。

不重复抽样的方法是这样安排的:从总体 N 个单位中要抽取一个容量为 n 个的样本,每次从总体中抽取一个,连续进行 n 次抽选,构成一个样本。但每次抽选一个单位就不再放回参加下一次的抽选,因此不重复抽样有这些特点:样本由 n 次连续抽选的结果组成,实质上等于一次同时从总体中抽 n 个组成一个样本。连续 n 次抽选的结果不是相互独立的,第一次抽选的结果影响下一次抽样,每抽一次总体的单位数就少一个,因此每个单位的中选或不中选机会在各次是不同的。

根据对样本的要求不同,抽样方法又有考虑顺序抽样和不考虑顺序抽样两种。

考虑顺序抽样,即从总体 N 个单位中抽取 n 个单位构成样本,不但要考虑样本各单位的不同性质,而且还考虑不同性质各单位的中选顺序。相同构成成分的单位,由于顺序不同,也作为不同样本。例如,从 1、2、3 三个数码中取两个数码排成一个两位数,显然十位数取 1、个位数取 2,与十位数取 2、个位数取 1 是完全不同的。因为前者构成 12,而后者构成 21,有完全不同的意义,应该视为两种不同的样本。

不考虑顺序抽样,即从总体 N 个单位中抽取 n 个单位构成样本。只考虑样本各单位的组成成分如何,而不问单位的抽选顺序。如果样本的成分相同,不论顺序有什么不同,都作为一种样本。例如从三个产品中抽取两个进行质量检验,第 1 个选 1 号产品、第 2 个选 2 号产品组成一组,和第 1 个选 2 号产品、第 2 个选 1 号产品组成一组是没有什么差别的。

以上抽样方法两种分类还存在交叉情况,因而有考虑顺序的不重复抽样数目、考虑顺序的重复抽样数目、不考虑顺序的不重复抽样数目和不考虑顺序的重复抽样数目等四种。其中,考虑顺序需排列,不考虑顺序只用组合。

(1) 考虑顺序的不重复抽样数目,即通常所说的不重复排列数。一般地说,从总体 N 个不同单位每次抽取 n 个不重复的排列。

(2) 考虑顺序的重复抽样数目,即通常所说的可重复排列数。一般地说,从总体 N 个不同单位每次抽取 n 个允许重复的排列。

(3) 不考虑顺序的不重复抽样数目,即通常所说的不重复组合数。一般地说,从总体 N 个不同单位每次抽取 n 个不重复的组合。

(4) 不考虑顺序的重复抽样数目,即通常所说的可重复组合数。一般地说,从 N 个不同单位抽取 n 个允许重复的组合。它等于 $N+n-1$ 个不同单位每次抽取 n 个不重复组合。

应用以上形式,首先应该注意分析样本的要求,采用恰当的抽样方法,针对提出的问题确定样本的数目,有时还需要多种方法结合起来应用。

三、抽样推断的理论基础

就数量关系来说,抽样推断是建立在概率论的大数法则基础上,大数法则的一系列定理为抽样推断提供了数学依据。

大数法则是关于大量的随机现象具有稳定性质的法则。它说明如果被研究的总体是由大量的相互独立的随机因素所构成,而且每个因素对总体的影响都相对较小,那么对这些大量因素加以综合平均的结果,因素的个别影响将相互抵消,而显现出它们共同作用的倾向,使总体具有稳定的性质。

具体地说,大数法则的意义可以归纳为如下几个方面:

(1) 现象的某种总体规律性,只有当具有这种现象的足够多数的单位综合汇总在一起的时候,才能显示出来。因此,只有从大量现象的总体中,才能研究这些现象的规律性。

(2) 现象的总体性规律,通常是以平均数的形式表现出来。

(3) 当所研究的现象总体包含的单位越多,平均数也就越能够正确地反映出这些现象的规律性。

(4) 各单位的共同倾向(这些表现为主要的基本的因素)决定着平均数的水平,而各单位对平均数的离差(这些表现为次要的、偶然的因素)则会由于足够多数单位的综合汇总的结果,而相互抵消,趋于消失。

联系到抽样推断来看,大数法则证明:如果随机变量总体存在着有限的平均数和方差,则对于充分大的抽样单位数 n,可以趋近于 1 的概率,来期望抽样平均数与总体平均数的绝对离差为任意小,即对于任意的正数 α 有:

$$\lim_{n\to\infty}P\left(\left|\frac{\sum x_i}{n}-a<\varepsilon\right|\right)=1 \tag{7-8}$$

该定律的含义是:当 n 很大,服从同一分布的随机变量 $x_1,x_2,\cdots,x_n$ 的算术平均数 $\frac{\sum x_i}{n}$ 将依概率接近于这些随机变量的数学期望。将该定律应用于抽样调查,就会有如下结论:随着样本容量 n 的增加,样本平均数将接近于总体平均数,从而为统计推断中依据样本平均数估计总体平均数提供了理论依据。

$$\lim_{n\to\infty}P\left(\left|\frac{u_n}{n}-p<\varepsilon\right|\right)=1 \tag{7-9}$$

其含义是:当 n 足够大时,事件 A 出现的频率将接近于其发生的概率,即频率的稳定性。在抽样调查中,用样本成数去估计总体成数,其理论依据即在于此。

大数法则论证了抽样平均数趋近于总体平均数和样本成数趋近于估计总体成数的趋

势,这为抽样推断提供了重要的依据。但是,抽样平均数和总体平均数的离差,以及样本成数和总体成数的离差究竟有多大?离差不超过一定范围的概率究竟有多大?这个离差的分布怎样?大数法则并没有给出什么信息。这个问题要利用另一重要定理,即中心极限定理来研究。中心极限定理是研究变量和的分布序列的极限原理。其论证为:如果总体变量存在有限的平均数和方差,那么不论这个总体变量的分布如何,随着抽样单位数 n 的增加,抽样平均数的分布便趋近于正态分布。在抽样调查中,不论总体服从什么分布,只要 n 充分大,那么频率就近似服从正态分布。这个结论对于抽样推断是十分重要的,为抽样误差的概率估计提供了一个极为有效而且方便的条件。

第三节 抽样平均误差

一、抽样误差的概念

抽样误差是指样本指标和总体指标之间数量上的差别,以数学符号表示:抽样平均数与总体平均数之差($\bar{x}-\bar{X}$),抽样成数与总体成数之差($p-P$)。

抽样调查是用样本指标推断总体指标的一种调查方法,而推断的根据就是抽样误差。因此,怎样计算、使用和控制抽样误差是抽样调查的重要问题。理解抽样误差可以从以下两方面着手。

第一,抽样误差是指由于抽样的随机性而产生的那一部分代表性误差,不包括登记误差,也不包括可能发生的偏差。

代表性误差有两种:一种是偏差,是指破坏了抽样的随机原则而产生的误差,如抽选到一个单位后,调查者认为它偏低或偏高,把它剔除掉产生的偏差。这种偏差在进行抽样调查时应该设法避免,它不包括在抽样误差这个概念之内。另一种是指遵守了随机原则但可能抽到各种不同的样本而产生的误差。这种误差是必然会产生的,但可以对它进行计算,并设法加以控制,抽样误差就是指这种随机误差。

第二,随机误差有两种:实际误差和抽样平均误差。实际误差是一个样本指标与总体指标之间的差别,这是无法知道的误差。抽样平均误差是指所有可能出现的样本指标的标准差,也可以说是所有可能出现的样本指标和总体指标的平均离差。抽样实际误差是无法知道的,而抽样平均误差是可以计算的。在讨论抽样误差时指的是抽样平均误差。

二、影响抽样平均误差的因素

为了计算和控制抽样平均误差,需要分析影响抽样平均误差的因素。抽样平均误差大小主要受以下三个因素的影响。

1. 全及总体标志的变动程度。全及总体标志的变动程度越大,抽样平均误差就越大;

全及总体标志的变动程度越小,则抽样平均误差越小。两者成正比例关系。例如,总体各单位标志值都相等,即标准差为零时,那么抽样指标就等于全及指标,抽样平均误差也就不存在了。这时每个单位都可作代表,平均指标也不需要计算了。

2. 抽样单位数的多少。在其他条件不变的情况下,抽取的单位数越多,抽样平均误差越小;样本单位数越少,抽样平均误差越大。抽样平均误差的大小和样本单位数成反比例关系。这是因为抽样单位数越多,样本单位数在全及总体中的比例越高,抽样总体会愈接近全及总体的基本特征,总体特征就愈能在抽样总体中得到真实反映。假定抽样单位数扩大到与总体单位数相等时,抽样调查就变成全面调查,抽样指标等于全及指标,实际上就不存在抽样误差。

3. 受抽样组织方式的不同影响。抽样平均误差除了受上述两个因素影响外,还受不同的抽样组织方式的影响。这部分将在以后章节讨论。

三、抽样平均误差的意义和计算方法

抽样平均误差就是抽样平均数(或抽样成数)的标准差。它反映抽样平均数(或抽样成数)与全及平均数(或全及成数)的平均误差程度。由于样本是按随机原则抽取的,从同一总体抽取同样单位数的样本可以有多种不同的取法。每个样本都有自己的抽样平均数和抽样成数,一系列的抽样平均数和一系列的抽样成数就可以计算抽样平均数(或抽样成数)的标准差。

下面分别讨论抽样平均数的平均误差和抽样成数的平均误差的计算问题。

(一) 抽样平均数的抽样平均误差

1. 重复抽样抽样平均数的抽样平均误差

以 $S_{\bar{x}}$ 表示抽样平均数的平均误差,σ 为总体标准差,根据数理统计推导出:

$$S_{\bar{x}} = \frac{\sigma}{\sqrt{n}} \tag{7-10}$$

上式表明,抽样平均数的平均误差仅为全及总体标准差 $\frac{1}{\sqrt{n}}$ 的。例如,当样本单位数为 100 时,则平均误差仅为总体标准差的 1/10。这说明,一个总体的某一标志的变动度可能很大,但抽取若干单位加以平均之后,抽样平均数的标准差比总体的标准差大大地缩小了,所以,抽样平均数作为估计量是更有效的。从上式还可以看出,抽样平均误差和总体标志变动度的大小成正比,而和样本单位数的平方根成反比。例如,抽样平均误差要减少 1/2,则样本单位数必须增大到 4 倍;要减少为原来的 1/3,则样本单位数就要扩大到 9 倍等。

例 7-1 有 4 个工人,每人每月产量分别是 40、50、70、80 件,现在随机从中抽取 2 人,并求平均加工零件数,用以代表 4 人总体的平均产量水平。如果采取重复抽样方法,则所有可能样本以及平均产量资料如表 7.1、表 7.2 所示。试求样本平均数的平均数及重复抽样误差。

表 7.1 全及指标方差计算表(一)

序号	样本变量 x	样本平均数 $\bar{x}$	平均数离差 $[\bar{x}-E(\bar{X})]$	离差平方 $[\bar{x}-E(\bar{X})]^2$
1	40,40	40	−20	400
2	40,50	45	−15	225
3	40,70	55	−5	25
4	40,80	60	0	0
5	50,40	45	−15	225
6	50,50	50	−10	100
7	50,70	60	0	0
8	50,80	65	5	25
9	70,40	55	−5	25
10	70,50	60	0	0
11	70,70	70	10	100
12	70,80	75	15	225
13	80,40	60	0	0
14	80,50	65	5	25
15	80,70	75	15	225
16	80,80	80	20	400
合计	—	960	—	2 000

表 7.2 全及指标方差计算表(二)

序号	产量 X	产量离差 $(X-\bar{X})$	离差平方 $(X-\bar{X})^2$
1	40	−20	400
2	50	−10	100
3	70	10	100
4	80	20	400
合计	240	—	1 000

解
$$E(\bar{X}) = \frac{\sum \bar{x}}{n} = \frac{960}{16} = 60(件)$$

$$S_{\bar{x}} = \sqrt{\frac{\sum[\bar{x}-E(\bar{X})]^2}{n}} = \sqrt{\frac{2\,000}{16}} = 11.18(件)$$

现在我们直接从 4 人月产量总体求总平均产量和产量标准差:

总平均产量 $$\bar{X} = \frac{\sum X}{N} = \frac{240}{4} = 60(件)$$

标准差 $\sigma = \sqrt{\dfrac{\sum(X-\overline{X})^2}{N}} = \sqrt{\dfrac{1\,000}{4}} = 15.81(件)$

抽样平均误差 $S_{\bar{x}} = \dfrac{\sigma}{\sqrt{n}} = \dfrac{15.81}{\sqrt{2}} = 11.18(件)$

上例计算表明：

(1) 抽样平均数的平均数等于全及平均数，上例两者都等于 60 件。

(2) 抽样平均误差，即抽样平均数的标准差等于总体标准差的 $\dfrac{1}{\sqrt{n}}$，上例两者计算的结果都等于 11.18 件。

2. 不重复抽样抽样平均数的抽样平均误差

根据数理统计推导出： $S_p = \sqrt{\dfrac{\sigma^2}{n}\left(\dfrac{N-n}{N-1}\right)}$ （7-11）

在总体单位数 N 很大的情况下，可以近似地表示为：

$$S_p = \sqrt{\dfrac{\sigma^2}{n}\left(1-\dfrac{n}{N}\right)} \quad (7-12)$$

从式(7-12)可以看出，不重复抽样平均方差等于重复抽样平均方差乘以校正因子 $\left(1-\dfrac{n}{N}\right)$，$\left(1-\dfrac{n}{N}\right)$ 一定是大于 0、小于 1 的正数，乘上这个小于 1 的正数，必然小于原来的数。所以，不重复抽样平均误差的数值一定小于重复抽样的抽样平均误差。在一般情况下，总体单位数很大，抽样比例 $\dfrac{n}{N}$ 很小，则 $\left(1-\dfrac{n}{N}\right)$ 接近于 1。因此，实际工作中，在没有掌握总体单位数的情况下，或者总体单位数 N 很大时，一般均用重复抽样平均误差公式来计算不重复抽样的平均误差。

例 7-2 我们仍以 4 个工人为例，月产量分别为 40、50、70、80 件。现用不重复抽样的方法，随机抽取 2 个工人，并求平均产量，所有可能样本以及样本平均数如表 7.3 所示。试求样本平均数的平均数及不重复抽样误差。

解 $E(\bar{x}) = \dfrac{\sum \bar{x}}{n} = \dfrac{720}{12} = 60(件)$

$\mu_{\bar{x}} = \sqrt{\dfrac{\sum[\bar{x}-E(\overline{X})]^2}{n}} = \sqrt{\dfrac{1\,000}{12}} = 9.13(件)$

表 7.3 不重复抽样方差计算表

序号	样本变量 x	样本平均数 $\bar{x}$	平均数离差 $[\bar{x}-E(\overline{X})]$	离差平方 $[\bar{x}-E(\overline{X})]^2$
1	40,50	45	−15	225
2	40,70	55	−5	25
3	40,80	60	0	0
4	50,40	45	−15	225
5	50,70	60	0	0
6	50,80	65	5	25

(续表)

序号	样本变量 x	样本平均数 $\bar{x}$	平均数离差 $[\bar{x}-E(\bar{X})]$	离差平方 $[\bar{x}-E(\bar{X})]^2$
7	70,40	55	−5	25
8	70,50	60	0	0
9	70,80	75	15	225
10	80,40	60	0	0
11	80,50	65	5	25
12	80,70	75	15	225
合计	—	720	—	1 000

根据已经计算的总体平均数 $\bar{X}=60$ 件,总体标准差 $\sigma=15.81$ 件,也就可以计算不重复抽样的平均误差为:

$$S_{\bar{x}}=\sqrt{\frac{\sigma^2}{n}\left(\frac{N-n}{N-1}\right)}=\sqrt{\frac{15.81\times15.81}{2}\times\left(\frac{4-2}{4-1}\right)}=9.13(件)$$

由此可见,不重复抽样的平均误差 9.13 件小于重复抽样的平均误差 11.18 件。

(二) 抽样成数的抽样平均误差

在掌握抽样平均数的平均误差公式的基础上,再来探求抽样成数的平均误差公式是比较简便的。只需将全及成数的标准差平方代替公式中的全及平均数的标准差的平方,就可以得到抽样成数的平均误差公式。

在本章第二节我们已经介绍了成数的概念,成数是表示具有所研究标志的单位数在总体中所占的比重。在总体中一部分单位具有某一标志,以 $X=1$ 来表示;另一部分单位不具有这一标志,以 $X=0$ 来表示。

$$P=\frac{n_1}{N}, Q=\frac{n_0}{N}=\frac{n-n_1}{N}=1-P$$

根据这些条件,成数的平均数和标准差平方可以计算如下。

成数的平均数:

$$\bar{x}_p=\frac{1\times n_1+0\times n_0}{N}=P$$

成数的标准差平方:

$$\sigma_p^2=\frac{\sum[(1-P)^2 n_1+(0-P)^2 n_0]}{N}$$
$$=(1-P)^2 P+P^2(1-P)$$
$$=(1-P)P[(1-P)+P]=P(1-P)$$

可见,成数的平均数就是成数本身;成数的标准差平方就是 $P(1-P)$。根据抽样平均误差与总体标准差平方之间的关系,抽样成数的平均误差计算公式如下。

重复抽样抽样成数的平均误差:

$$S_p = \frac{\sigma}{\sqrt{n}} = \sqrt{\frac{P(1-P)}{n}} \tag{7-13}$$

不重复抽样抽样成数的平均误差：

$$S_p = \sqrt{\frac{\sigma^2}{n}\left(\frac{N-n}{N-1}\right)} = \sqrt{\frac{P(1-P)}{n}\left(\frac{N-n}{N-1}\right)} \tag{7-14}$$

当总体单位数 N 很大时，可近似地写成：

$$S_p = \sqrt{\frac{P(1-P)}{n}\left(1-\frac{n}{N}\right)} \tag{7-15}$$

从上面计算抽样平均误差的转化公式里，无论是平均数的标准差 σ，还是交替标志①的方差 $P(1-P)$，都是指全及总体而言。但是在抽样调查的实践中，这两个指标一般都是未知的，因此通常可以采用以下几种方法解决。

(1) 用估计的材料。

例如，在农产量抽样调查中，根据农产量预计估产的材料计算出总体方差。

(2) 用过去调查所得到的材料。

可以用全面调查的材料，也可以用抽样调查的材料。如果有 n 个不同的总体方差的材料，则应该用数值较大的。

(3) 用样本方差的材料代替总体方差。

概率论的研究从理论上做了证明，样本方差可以相当接近于总体方差。这是实际工作中经常使用的一种方法，但它只能在调查之后才能计算。

(4) 用小规模调查资料。

如果既没有过去的材料，又需要在调查之前就估计出抽样误差，实在不得已时，可以在大规模调查之前，组织一次小规模的试验性调查。

(三) 抽样平均误差计算实例

例 7-3 某灯泡厂对 10 000 个产品进行使用寿命检验，随机抽取 2% 样本进行测试，所得资料见表 7.4。试求灯泡使用时间及合格率的抽样平均误差。

表 7.4 抽样产品使用寿命资料表

使用时间(小时)	抽样检查电灯泡数(个)	使用时间(小时)	抽样检查电灯泡数(个)
900 以下	2	1 100～1 150	18
900～950	4	1 150～1 200	7
950～1 000	11	1 200 以上	3
1 000～1 050	71	合计	200
1 050～1 100	84		

解 按照质量规定，电灯泡使用寿命在 1 000 小时以上为合格品，可按以上资料计算抽样平均误差。电灯泡平均使用时间是 1 057 小时，电灯泡合格率 $P=91.5\%$，电灯泡平均使

---

① 在统计研究中，有时把被研究社会经济现象的全部单位，按是否具有某一标志分为两组。当标志按"是否"或"有无"表示时，称为"交替标志"。

用时间标准差 $\sigma=53.63$ 小时,则灯泡使用时间抽样平均误差为：

重复抽样 $\qquad S_{\bar{x}}=\dfrac{\sigma}{\sqrt{n}}=\dfrac{53.63}{\sqrt{200}}=3.792$（小时）

不重复抽样 $S_{\bar{x}}=\sqrt{\dfrac{\sigma^2}{n}\left(\dfrac{N-n}{N-1}\right)}=\sqrt{\dfrac{53.63\times 53.63}{200}\left(\dfrac{10\,000-200}{10\,000-1}\right)}=3.754$（小时）

灯泡合格率的抽样平均误差为：

重复抽样 $\qquad S_p=\dfrac{\sigma}{\sqrt{n}}=\sqrt{\dfrac{P(1-P)}{n}}=\sqrt{\dfrac{0.915\times 0.085}{200}}=1.971\%$

不重复抽样

$$S_p=\sqrt{\dfrac{P(1-P)}{n}\left(1-\dfrac{n}{N}\right)}=\sqrt{\dfrac{0.915\times 0.085}{200}\left(1-\dfrac{200}{10\,000}\right)}=0.019\,52=1.952\%$$

第四节 全及指标的推断

抽样调查的目的是用样本指标去推断总体指标,由于存在抽样平均误差,这种推断不可能是很精确的,问题在于对这个误差的大小要有一个科学的判断。在参数估计中,如果只得出一个估计值而不进一步对这个估计值的误差大小做出说明,那么这样的估计值便没有什么意义。但同时也要看到,要确切地指出某一个抽样指标究竟误差有多大,几乎是不可能的。因为抽样指标是随机变量的函数,它本身也是随机变量,而抽样误差又是抽样指标的函数,它本身还是随机变量。抽样误差是随着不同的样本而变化的,我们只能把抽样误差控制在一定的范围内,这就需要研究抽样极限误差问题。

一、抽样极限误差

由于未知的全及指标是一个确定的量,而抽样指标会随各个可能样本的不同而变动,它是围绕着全及指标上下随机出现的变量。它与全及指标可能产生正离差,也可能产生负离差,这样抽样指标与全及指标之间就有个误差范围的问题。抽样误差范围指变动的抽样指标与确定的全及指标之间离差的可能范围。根据概率理论,以一定的可靠程度保证抽样误差不超过某一给定的范围,统计上把这个给定的抽样误差范围叫作抽样极限误差,也称置信区间。

设 $\Delta_{\bar{x}}$ 与 Δ_p 分别表示抽样平均数与抽样成数的抽样极限误差,则有：

$$|\bar{x}-\overline{X}|=\Delta_{\bar{x}}$$
$$|p-P|=\Delta_p$$

以上不等式表示,抽样平均数是以全及平均数为中心,在 $\overline{X}\pm\Delta_{\bar{x}}$ 之间变动;抽样成数 p 是以全及成数 P 为中心,在 $P\pm\Delta_p$ 之间变动。抽样误差范围是以 $\overline{X}$ 或 P 为中心的两个 Δ

的距离。这是抽样误差范围的原意。但是,由于全及指标是个未知的数值,而抽样指标通过实测是可以求得的。因此,抽样误差范围的实际意义是要求被估计的全及指标$\overline{X}$或P,落在抽样指标一定范围内,即落在$\bar{x}\pm\Delta_{\bar{x}}$或$p\pm\Delta_p$的范围内。所以,将前面的不等式进行移项变换,所以,全及指标$\overline{X}$、P的范围估计(或称区间估计)可以按下列公式计算:

$$\overline{X}=\bar{x}\pm\Delta_{\bar{x}} \tag{7-16}$$

$$P=p\pm\Delta_p \tag{7-17}$$

二、可信程度

抽样平均误差μ表明了抽样估计的准确度。抽样误差范围即极限抽样误差Δ是表明抽样估计准确程度的范围。在给定的准确程度范围内的抽样估计,还要研究其估计的可靠程度,即可信程度。

例如,大学生的平均体重58 kg,抽样误差1 kg时,大学生的平均体重在57 kg到59 kg之间,判断的可靠程度为0.682 7。如果将抽样误差扩大一倍,即2 kg,也就是说推断全体大学生平均体重在56 kg到60 kg的范围之内,判断的可靠程度为0.954 5。如果抽样误差扩大到1 kg的3倍,那么大学生的平均体重在55 kg到61 kg的范围之内,可靠程度为0.997 3,可信程度接近100%。

上例说明,抽样误差范围Δ与抽样平均误差μ的关系,即:Δ是用一定倍数的S表示的抽样指标与全及指标之间的绝对离差。这里的倍数通常用t[①]来表示。它是指以抽样平均误差S为尺度来衡量的相对误差范围,在数理统计中叫作概率度。公式表示即:

$$\Delta_{\bar{x}}=|\bar{x}-\overline{X}|=tS_{\bar{x}}$$
$$\Delta_p=|p-P|=tS_p$$

这两个公式的意义在于,在一定S的条件下,当概率度t越大,则抽样误差范围越大,可能样本落在误差范围内的概率越大,从而抽样估计的可信程度也就越高;反之,当t越小,则Δ越小,可能样本落在误差范围内的概率越小,从而抽样估计的可信程度也就越低。

怎样求得样本指标落在一定误差范围内的概率和确定抽样估计的可靠程度呢?数理统计证明,概率度和概率之间保持一定的函数关系,即概率是概率度的函数。用P表示概率,以说明抽样估计的可靠程度,其函数关系可表示为:

$$P=F(t)\text{[②]}$$

在正态分布的情况下,从总体中随机抽取一个样本加以观察,则该样本抽样指标落在某一范围$(\bar{x}-\Delta_x,\bar{x}+\Delta_x)$或$(p-\Delta_p,p+\Delta_p)$内的概率,是用占正态曲线面积的大小表示的。即:

$$P(|\bar{x}-\overline{X}|\leqslant tS_{\bar{x}}|)=F(t)$$
$$P(|p-P\leqslant tS_p|)=F(t)$$

---

① 这里的t不是指t统计量。t统计量后文将介绍。

② 注意,在实际中,通常根据以往经验,指定一个概率水平,用α表示,是指不包括在置信区间的水平,$1-\alpha$则为显著水平,即估计的可靠程度。

应用标准正态分布概率表,可以得出抽样指标落在置信区间内的置信度。

$$F(1)=P\{|\bar{x}-\overline{X}|\leqslant 1S_{\bar{x}}\}=68.27\%$$
$$F(2)=P\{|\bar{x}-\overline{X}|\leqslant 2S_{\bar{x}}\}=95.45\%$$
$$F(3)=P\{|\bar{x}-\overline{X}|\leqslant 3S_{\bar{x}}\}=99.73\%$$

正态分布曲线与横轴围成的面积等于1。用正态分布曲线说明抽样指标出现的概率,就是当以全及平均数$\overline{X}$为中心加减一个平均误差$S_{\bar{x}}$为范围时所包括的面积为68.27%,表明落在此范围内的各个抽样指标占总体所有可能样本抽样指标的68.27%,或者说从总体中随机抽取一个样本的抽样指标落在这个范围内的概率为68.27%。而当以$\bar{x}\pm 2S_{\bar{x}}$为范围时所包括的曲线面积为95.45%,表明落在此范围的各个抽样指标占总体所有可能样本抽样指标的95.45%,或者说从总体中任取一个样本的抽样指标落在这个范围内的概率为95.45%等。由此可见,随着概率度t不断增大,概率P的数值也随着增大,并逐渐接近于1,使抽样推断达到完全可靠程度。正态分布及其曲线下的面积见图7.1。

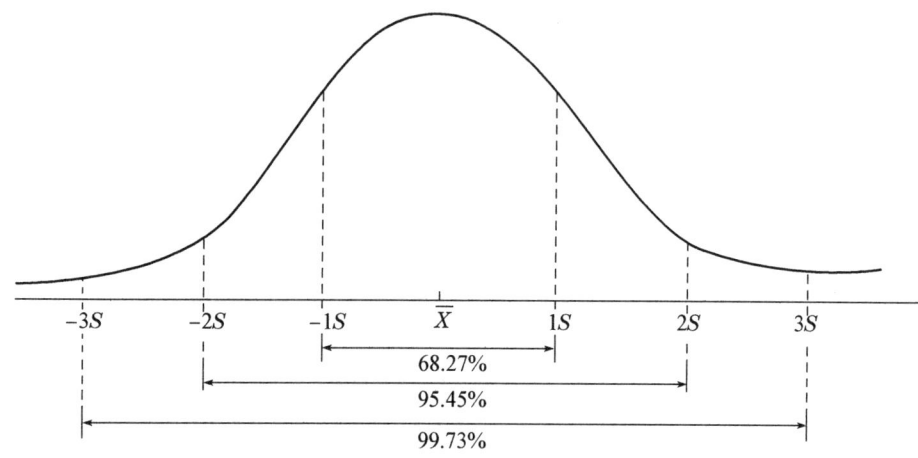

图7.1 正态分布及其曲线下的面积图

应用正态分布曲线,把概率度t和抽样误差范围Δ联系起来,便可得到抽样推断全及指标在一定范围内的概率保证程度。在统计抽样推断中,常用的正态分布概率度和抽样误差范围见表7.5。实际工作中,已按不同概率度(显著性水平)和相应的概率编制了常用统计分布及临界值表。除了标准正态分布表外,常用到的还有t分布临界值表、χ^2分布临界值表、F分布临界值表以及符号检验界域表等。

表7.5 正态分布概率度与抽样误差范围

概率度 t	误差范围 Δ	概率 $F(t)$
0.5	0.50S	0.382
1.00	1.00S	0.682
1.50	1.50S	0.866
1.96	1.96S	0.950
2.00	2.00S	0.954
3.00	3.00S	0.997

仍以上述灯泡使用时间的检验为例,概括说明抽样推断的思想与方法。

例 7-4 例 7-3 中计算灯泡样本平均使用时间为 1 057 小时,合格率为 91.5%,重复抽样下,灯泡的使用时间抽样平均误差 $\Delta_{\bar{x}} = 3.79$ 小时,合格率的平均误差 Δ_p 为 1.972%。在不同概率保证下,平均数和成数的抽样极限误差如下。

解 (1)当 $t=1$ 时,概率保证为 68.27%:

$$\Delta_{\bar{x}} = 1 \times 3.79 = 3.79 (小时)$$

则
$$1\ 053.21(小时) \leqslant \bar{X} \leqslant 1\ 060.79(小时)$$

$$\Delta_p = 1 \times 0.197\ 2 = 1.972\%$$

则
$$89.53\% \leqslant P \leqslant 93.47\%$$

(2) 当 $t=2$ 时,概率保证为 95.45%:

$$\Delta_{\bar{x}} = 2 \times 3.792\ 2 = 7.58(小时)$$

则
$$1\ 049.42(小时) \leqslant \bar{X} \leqslant 1\ 064.58(小时)$$

$$\Delta_p = 2 \times 0.019\ 72 = 3.944\%$$

则
$$87.56\% \leqslant P \leqslant 95.44\%$$

(3) 当 $t=3$ 时,概率保证为 99.73%:

$$\Delta_{\bar{x}} = 3 \times 3.792\ 2 = 11.38(小时)$$

则
$$1\ 045.62(小时) \leqslant \bar{X} \leqslant 1\ 068.38(小时)$$

$$\Delta_p = 3 \times 0.019\ 72 = 5.916\%$$

则
$$85.58\% \leqslant P \leqslant 97.42\%$$

三、参数估计

通过抽样极限误差和可信程度(也称为置信区间)的介绍,我们基本了解了参数估计的思想与方法。在参数的推断与估计中,统计量的选择及其置信区间的构建至关重要,常用的统计分布有 Z 分布、t 分布、χ^2 分布与 F 分布,对应的统计量即 Z、t、χ^2 与 F。Z 分布就是正态分布,由它演变而来的另外三个分布——χ^2 分布、t 分布与 F 分布,在统计学中有很广泛的用途。

(一) 常用统计分布

1. 正态分布

正态分布(Normal Distribution)是抽样推断的理论基础,是统计学中最重要的一个概率分布。如前所述,概率是概率密度的一个函数,若随机变量 X 服从一个位置参数为 μ、尺度参数为 σ 的概率分布,且其概率密度函数为:

$$f(x) = \frac{1}{\sqrt{2\pi}\sigma} \exp\left(-\frac{(x-\mu)^2}{2\sigma^2}\right)$$

则称 X 服从正态分布,记作 $X \sim N(\mu, \sigma^2)$。

如图 7.2 所示,正态分布的期望值 μ 决定了其位置,标准差 σ 决定了分布的幅度。正态曲线呈钟形,两头低,中间高,左右相对于 $x=\mu$ 对称,并在 $x=\mu$ 达到最大值 $f(\mu)=\dfrac{1}{\sqrt{2\pi}\sigma}$。

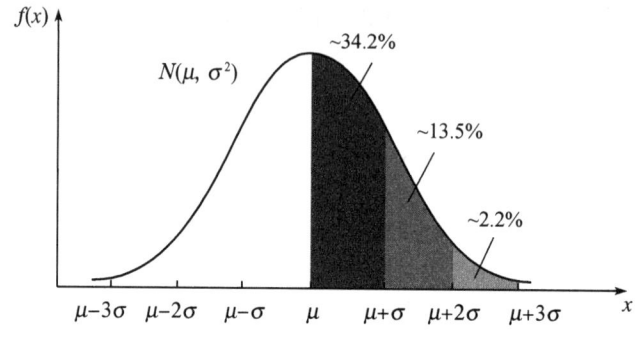

图 7.2 概率密度正态分布示意图

特别的是,当 $\mu=0,\sigma=1$ 时,有 $f(x)=\dfrac{1}{\sqrt{2\pi}}e^{-\frac{x^2}{2}}$,此时的正态分布称为标准正态分布,记作 $X\sim N(0,1)$。任何一个正态分布都可以通过线性变化转化为标准正态分布:

设 $X\sim N(\mu,\sigma^2)$,则 $\dfrac{X-\mu}{\sigma}\sim N(0,1)$。

从图 7.2 中可以看出服从正态分布的随机变量的概率规律为:取与 μ 邻近的值的概率越大,面积越大,而距离 μ 越远的值的概率越小,面积越小;σ 越小,分布越集中在 μ 附近,σ 越大,分布越分散。曲线与横轴间的面积总等于 1。

实际工作中,正态曲线下横轴上一定区间的面积反映该区间的例数占总例数的百分比,或变量值落在该区间的概率(概率分布)。不同范围内正态曲线下的面积可用公式计算。其中,横轴区间 $(\mu-\sigma,\mu+\sigma)$ 内的面积为 68.268 949%,横轴区间 $(\mu-1.96\sigma,\mu+1.96\sigma)$ 内的面积为 95.449 974%,横轴区间 $(\mu-2.58\sigma,\mu+2.58\sigma)$ 内的面积为 99.730 020%。曲线与横轴间的面积总等于 1。

正态分布有如下特性:(1) 集中性。正态曲线的高峰位于正中央,即均数所在的位置。(2) 对称性。正态曲线以均数为中心,左右对称,曲线两端永远不与横轴相交(横轴为 X 变量的分布数据,对称轴为 X 变量的期望值 μ)。(3) 均匀变动性。正态曲线由均数所在处开始,分别向左右两侧逐渐均匀下降。均数 μ 决定正态曲线的中心位置;标准差 σ 决定正态曲线的陡峭或扁平程度。σ 越小,曲线越陡峭;σ 越大,曲线越扁平。(4) μ 变换。为了便于描述和应用,常将正态变量作数据转换。μ 是正态分布的位置参数,描述正态分布的集中趋势位置。

根据中心极限定理,不论总体服从什么分布,只要总体均值 μ、总体方差 σ^2 有限,样本数量 n 比较大($n\geqslant 30$),那么样本均值(或者成数)的分布就近似服从正态分布(总体为正态分布,样本均值必然服从正态分布),记作:

$$\overline{X}\sim N\left(\mu,\dfrac{\sigma^2}{n}\right)$$

$\overline{X}$ 的数学期望为总体均值 μ,方差为总体方差 σ^2 的 $\dfrac{1}{n}$。转化为标准正态分布,即

$$Z = \frac{\overline{X} - \mu}{\sigma/\sqrt{n}} \sim N(0,1)$$

这就是抽样统计中广泛用的 Z 统计量,下文将有具体介绍。

正态分布与中心极限定理为统计推断与假设检验提供了基本的逻辑思想。

2. χ^2 分布

设 $X_1, X_2, \cdots, X_n$ 是来自总体 $N(0,1)$ 的样本,则称统计量

$$\chi^2 = X_1^2 + X_2^2 + \cdots + X_n^2$$

服从自由度为 n 的 χ^2 分布(读作"卡方分布"),记为 $\chi^2 \sim \chi^2(n)$,χ^2 分布如图 7.3 所示。

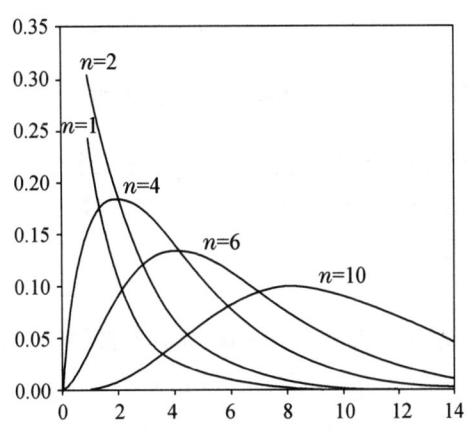

图 7.3 不同自由度的 χ^2 分布

如图 7.3 所示,χ^2 分布随自由度 n 的不同而不同,当 n 趋于 $+\infty$ 时,χ^2 分布趋于正态分布。

χ^2 分布的性质:

(1) 设 $\chi^2 \sim \chi^2(n)$,则 $E\chi^2 = n, D\chi^2 = 2n$。

(2) 设 $Y_1 \sim \chi^2(n_1), Y_2 \sim \chi^2(n_2)$,且 Y_1, Y_2 相互独立,则有

$$Y_1 + Y_2 \sim \chi^2(n_1 + n_2)$$

3. t 分布

设 $X \sim N(0,1), Y \sim \chi^2(n)$,并且 X 和 Y 互相独立,则称随机变量

$$t = \frac{X}{\sqrt{Y/n}}$$

服从自由度为 n 的 t 分布,记为 $t \sim t(n)$。t 分布如图 7.4 所示。

t 分布的性质如下:

(1) $n = 1$ 时,t 分布称为柯西分布;当 $n \geq 2$ 时,t 分布的数学期望 $E(t) = 0$;当 $n \geq 3$ 时,t 分布的方差 $D(t) = \frac{n}{n-2}$。

(2) t 分布为对称分布,关于 $t = 0$ 对称,只有一个峰,峰值在 $t = 0$ 处,与标准正态分布曲线相比,t 分布曲线顶部略低,两尾部稍高而平。

(3) t 分布曲线受自由度影响,自由度越小,离散程度越大。

(4) t 分布的极限是正态分布,自由度越大,越接近标准正态分布。

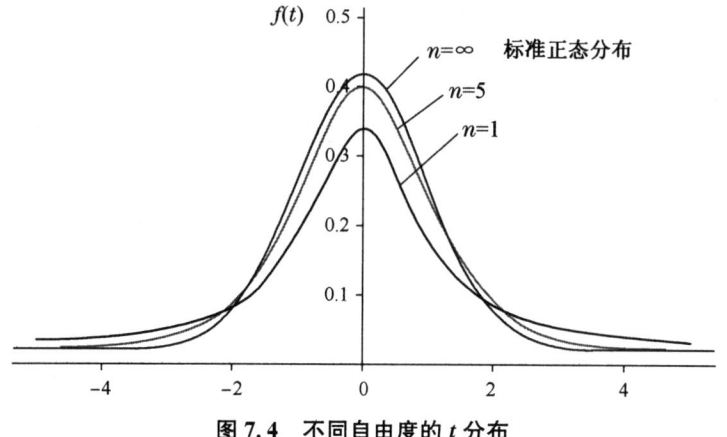

图 7.4 不同自由度的 t 分布

(5) 当 $n>30$ 时，t 分布与标准正态分布的区别较小；当 $n>100$ 时，t 分布与标准正态分布基本一致；n 接近无穷时，t 分布与标准正态分布完全一致。

(6) t 分布适用于 n 小于 30 的场景。

4. F 分布

设 $X \sim \chi^2(n_1)$，$Y \sim \chi^2(n_2)$，且 X 和 Y 互相独立，则称随机变量

$$F=(X/n_1)/(Y/n_2)$$

服从自由度为 (n_1, n_2) 的 F 分布，记为 $F \sim F(n_1, n_2)$，F 分布如图 7.5 所示。

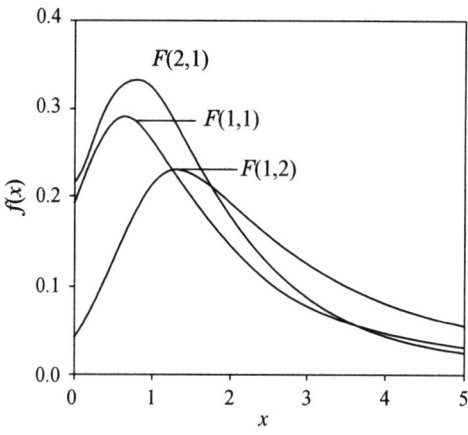

图 7.5 不同自由度的 F 分布

F 分布的性质如下：

(1) 当 $n>2$ 时，$E(F)=\dfrac{n}{n-2}$；$D(F)=\dfrac{2n^2(m+n-2)}{m(n-2)(n-4)}$。

(2) 由定义可知，若 $F \sim F(m, n)$，则 $\dfrac{1}{F} \sim F(n, m)$。对于指定分位数（概率水平）$\alpha$，则 $F_{1-\alpha}(m, n)=\dfrac{1}{F_\alpha(n, m)}$。

(3) 如果随机变量 X 服从 $t(n)$ 分布，则 X^2 服从 $F(1, n)$ 的 F 分布。

(二) 常用统计量及置信区间的构建

在总体参数的估计中,常用到的统计量有 Z、t、χ^2 与 F。统计量不同,对应的统计分布不同,因而总体参数(全及指标)估计的置信区间也不同。Z 统计量服从标准正态分布、t 统计量服从 t 分布、χ^2 统计量服从 χ^2 分布、F 统计量服从 F 分布。

1. Z 统计量

总体指标分布是正态分布,无论样本大小,抽样指标都服从正态分布;在总体非正态分布情况下,大样本(通常 $n \geqslant 30$)的抽样指标也服从正态分布。参数估计中,样本指标经过标准化后服从标准正态分布(Z 分布)的情况主要归纳如下。

(1) 抽样样本均值 $\bar{x}$ 服从正态分布的情形有:① 正态总体,方差 σ^2 已知,无论样本大小;② 正态总体(方差 σ^2 未知)或非正态总体,要求大样本(通常 $n \geqslant 30$)。

此时,$\bar{x}$ 分布的数学期望为总体均值 μ,方差为 σ^2/n。$\bar{x}$ 经过标准化以后的随机变量即 Z 统计量,Z 服从标准正态分布:

$$Z = \frac{\bar{x} - \mu}{\frac{\sigma}{\sqrt{n}}} \sim N(0,1)$$

对于①情形,总体均值 μ 在 $1-\alpha$ 置信水平下的置信区间为:

$$\mu = \bar{x} \pm Z_{\frac{\alpha}{2}} \frac{\sigma}{\sqrt{n}}$$

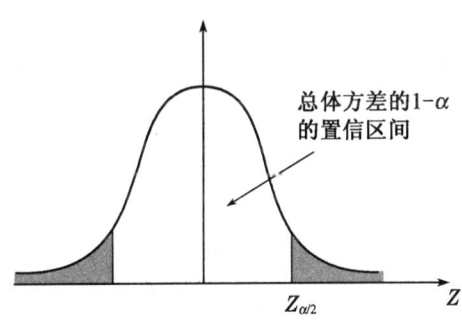

图 7.6 标准正态分布

$Z_{\frac{\alpha}{2}}$ 是标准正态分布右侧面积为 $\alpha/2$ 时的 Z 值,可以通过 Z 分布临界值表得到。

对于②情形,用样本方差 s 代替总体方差,总体均值 μ 在 $1-\alpha$ 置信水平下的置信区间为:

$$\mu = \bar{x} \pm Z_{\frac{\alpha}{2}} \frac{s}{\sqrt{n}}$$

(2) 从二项分布①总体抽取大样本($np \geqslant 5$ 和 $n(1-p) \geqslant 5$),样本比例 p 分布近似正态

---

① 前面已经介绍过成数 P 概念,总体单位(随机事件 X)要么具有某种属性($X=1$,其数量占总体比例为 P),要么不具有某种属性($X=0$,其数量占总体比例为 $1-P=Q$),则称 X 服从 0—1 分布。

从上述总体中独立重复抽取 n 单位 X,则 $X=1$ 的数量 Y 服从二项分布,其参数为 n, P,记作 $Y \sim B(n,P)$。二项分布的期望值和方差分别为:$E(Y) = nP, D(Y) = nPQ$。

将上述试验重复 k 次,则 $X=1$ 的数量 Y_k 服从泊松分布。泊松分布的期望值和方差分别为:$E(Y_k) = \lambda, D(Y_k) = \lambda$。($\lambda$ 为 Y_k 的平均值)

二项分布与泊松分布为统计学中最重要的两个离散型随机变量概率分布。

分布，p 分布的数学期望为总体比例 P，方差为 $P(1-P)/n$，即 PQ/n。样本比例 p 经过标准化后的随机变量 Z 服从标准正态分布：

$$Z=\frac{p-P}{\sqrt{PQ/n}} \sim N(0,1)$$

此时，总体比例 P 在 $1-\alpha$ 置信水平下的置信区间为：

$$P = p \pm Z_{\frac{\alpha}{2}}\sqrt{\frac{PQ}{n}}$$

（3）两个独立样本[①]均值之差服从正态分布的情形有：① 两个抽样之总体均为正态分布，方差已知，无论样本大小；② 均为正态总体，但方差未知，或非正态总体，要求大样本（通常 $n \geqslant 30$）。

此时，独立样本均值之差 $(\bar{x}_1 - \bar{x}_2)$，服从期望值为 $(\mu_1 - \mu_2)$、方差为 $\left(\frac{\sigma_1^2}{n_1}+\frac{\sigma_2^2}{n_2}\right)$ 的正态分布，经过标准化后的均值之差服从标准正态分布，即：

$$Z=\frac{(\bar{x}_1-\bar{x}_2)-(\mu_1-\mu_2)}{\sqrt{\frac{\sigma_1^2}{n_1}+\frac{\sigma_2^2}{n_2}}} \sim N(0,1)$$

对于①情形，总体均值 $(\mu_1-\mu_2)$ 在 $1-\alpha$ 置信水平下的置信区间为：

$$(\mu_1-\mu_2) = (\bar{x}_1-\bar{x}_2) \pm Z_{\frac{\alpha}{2}}\sqrt{\frac{\sigma_1^2}{n_1}+\frac{\sigma_2^2}{n_2}}$$

对于②情形，用样本方差代替总体方差，总体均值 $(\mu_1-\mu_2)$ 在 $1-\alpha$ 置信水平下的置信区间为：

$$(\mu_1-\mu_2) = (\bar{x}_1-\bar{x}_2) \pm Z_{\frac{\alpha}{2}}\sqrt{\frac{s_1^2}{n_1}+\frac{s_2^2}{n_2}}$$

（4）两个匹配样本[②]均值之差 $\bar{d}$ 在大样本（$n \geqslant 30$）情形下服从期望为 $(\mu_1-\mu_2)$、方差为 σ_d^2/n 的正态分布。总体均值之差 $(\mu_1-\mu_2)$ 在 $1-\alpha$ 置信水平下的置信区间为：

$$(\mu_1-\mu_2) = \bar{d} \pm Z_{\frac{\alpha}{2}} \frac{\sigma_d}{\sqrt{n}}$$

（5）从两个二项分布中抽取两个独立样本，样本比例之差 (p_1-p_2) 服从期望为 (P_1-P_2)、方差为 $\left(\frac{P_1Q_1}{n_1}+\frac{P_2Q_2}{n_2}\right)$ 的正态分布，经过标准化后服从标准正态分布。总体比例之差 (P_1-P_2) 在 $1-\alpha$ 置信水平下的置信区间为：

$$(P_1-P_2) = (p_1-p_2) \pm Z_{\frac{\alpha}{2}}\sqrt{\frac{P_1Q_1}{n_1}+\frac{P_2Q_2}{n_2}}$$

2. t 统计量

总体分布是正态分布，样本指标服从正态分布，在总体方差未知的情况下，如果样本数量小于 30 即小样本，需用 t 分布构建总体参数的置信区间。具体有以下几种。

---

① 独立样本是指一个样本中的元素与另一样本中的元素相互独立。
② 匹配样本是指一个样本中的数据与另一样本中的数据相对应。

(1) 正态总体,总体方差 σ^2 未知,且是小样本($n<30$),样本均值 $\bar{x}$ 经过标准化后服从自由度为 $(n-1)$ 的 t 分布,即:

$$t=\frac{\bar{x}-\mu}{\frac{s}{\sqrt{n}}}\sim t(n-1)^{①}$$

总体方差 σ^2 未知,所以上式用样本方差 s 代替 σ。此时,总体均值 μ 在 $1-\alpha$ 置信水平下的置信区间为:

$$\mu=\bar{x}\pm t_{\frac{\alpha}{2}}(n-1)\frac{s}{\sqrt{n}}$$

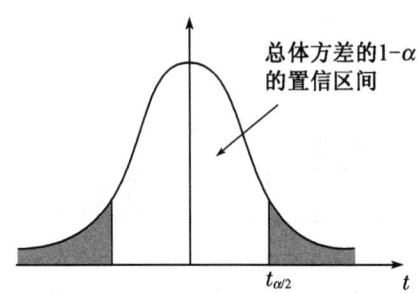

图 7.7 自由度为 $(n-1)$ 的 t 分布

$t_{\frac{\alpha}{2}}$ 是自由度为 $(n-1)$ 时,t 分布右侧面积为 $\alpha/2$ 时的 t 值,可以通过 t 分布临界值表查到。

(2) 两个正态总体,各自独立抽取小样本($n<30$),样本均值之差 $(\bar{x}_1-\bar{x}_2)$ 服从正态分布,如果两总体方差已知,可用 z 分布来构建总体均值之差 $(\mu_1-\mu_2)$ 的置信区间;在两总体方差未知的情况下,需用 t 分布来构建 $(\mu_1-\mu_2)$ 的置信区间。具体算法较为复杂,不做具体介绍。

(3) 如果两个总体观察值配对差 $(\mu_1-\mu_2)$ 服从正态分布,且其方差 σ_d 未知,在小样本情况下,用 t 分布构建总体差值的置信区间。$(\mu_1-\mu_2)$ 在 $1-\alpha$ 置信水平下的置信区间为:

$$(\mu_1-\mu_2)=(x_1-x_2)\pm t_{\frac{\alpha}{2}}(n-1)\frac{s_d}{\sqrt{n}}$$

3. 卡方统计量

凡是涉及总体方差 σ^2 的估计,就会用到卡方统计量 χ^2。从正态分布总体中抽取样本 $\{x_1,x_2,\cdots,x_n\}$,则:

$$\bar{x}=\frac{1}{n}\sum_{1}^{n}x_i$$

$$s^2=\frac{1}{n-1}\sum_{1}^{n}(\bar{x}-x_i)^2$$

由 χ^2 分布定义可知,上式稍变换标准化后,服从自由度为 $(n-1)$ 的 χ^2 分布,即:

---

① 推导过程如下:$\frac{\bar{x}-\mu}{\sigma/\sqrt{n}}\sim N(0,1)$,$\frac{(n-1)s^2}{\sigma^2}\sim\chi^2_{(n-1)}$,由 t 分布定义可知 $t=\frac{\bar{x}-\mu}{s/\sqrt{n}}\sim t(n-1)$。

$$\frac{(n-1)s^2}{\sigma^2} \sim \chi^2(n-1)$$

从而，

$$\chi^2_{1-\alpha/2} \leqslant \frac{(n-1)s^2}{\sigma^2} \leqslant \chi^2_{\alpha/2}$$

由此，构建总体方差 σ^2 在 $1-\alpha$ 置信水平下的置信区间：

$$\frac{(n-1)s^2}{\chi^2_{\alpha/2}} \leqslant \sigma^2 \leqslant \frac{(n-1)s^2}{\chi^2_{1-\alpha/2}}$$

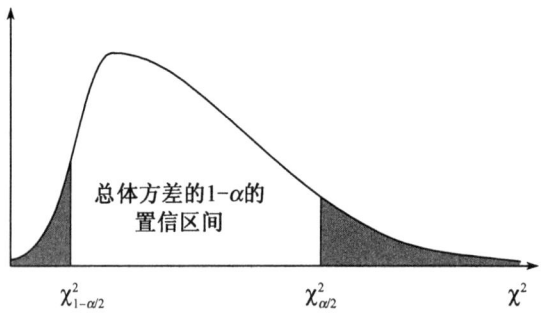

图 7.8 自由度为 $n-1$ 的 χ^2 分布

$\chi^2_{\alpha/2}$ 是自由度为 $(n-1)$ 时，χ^2 分布右侧面积为 $\alpha/2$ 时的 χ^2 值；$\chi^2_{1-\frac{\alpha}{2}}$ 为 χ^2 分布左侧面积为 $1-\alpha/2$ 时的 χ^2 值。该二值可以通过 χ^2 分布临界值表得到。

4. F 统计量

凡是涉及两个总体方差比较问题，就会用到 F 统计量。从两个正态分布总体中独立抽取样本：$\{x_1, x_2, \cdots, x_n\}, \{y_1, y_2, \cdots, y_m\}$，则：

$$\overline{x} = \frac{1}{n}\sum_{i=1}^{n} x_i$$

$$\overline{y} = \frac{1}{m}\sum_{i=1}^{n} y_i$$

$$s_x^2 = \frac{1}{n-1}\sum_{i=1}^{n}(x_i - \overline{x})^2$$

$$s_y^2 = \frac{1}{m-1}\sum_{i=1}^{n}(y_i - \overline{y})^2$$

由 χ^2 分布定义可知，$\frac{(n-1)s_x^2}{\sigma_x^2}$ 服从自由度为 $(n-1)$ 的 χ^2 分布，$\frac{(m-1)s_y^2}{\sigma_y^2}$ 服从自由度为 $(m-1)$ 的 χ^2 分布。由 F 分布的定义可知：

$$\frac{s_x^2 \sigma_y^2}{s_y^2 \sigma_x^2} \sim F(n-1, m-1)$$

则，$F_{1-\alpha/2} \leqslant \dfrac{s_x^2 \sigma_y^2}{s_y^2 \sigma_x^2} \leqslant F_{\alpha/2}$

由此，可以构建总体方差比 $\dfrac{\sigma_x^2}{\sigma_y^2}$ 在 $1-\alpha$ 置信水平下的置信区间：

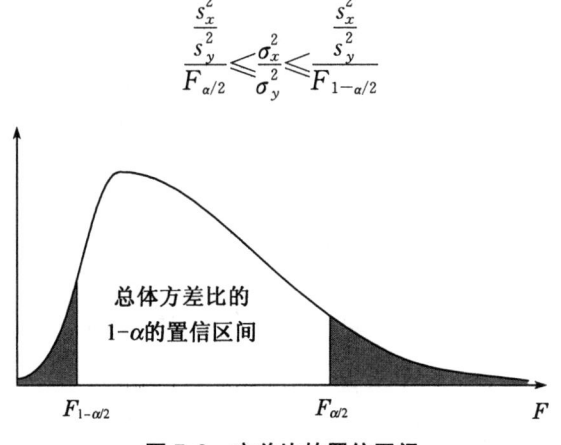

图 7.9 方差比的置信区间

$F_{\alpha/2}$ 是自由度为 $(n-1, m-1)$ 时，F 分布右侧面积为 $\alpha/2$ 时的 F 值；$F_{1-\alpha/2}$ 为 F 分布左侧面积为 $1-\alpha/2$ 时的 F 值。该二值可以通过 F 分布临界值表得到。

(三) 参数估计类型及实例

从统计量的定义公式中，可知该统计量用来构建何种总体参数的置信区间，以及对应的应用条件，上述内容已经做了详细介绍。下面从参数估计的角度，对现实常见的参数估计类型及其置信区间的构建做一个总结。具体如表：

表 7.6 参数估计类型及其置信区间[①]

一个总体参数的区间估计

参数	点估计量(值)	标准误差	$(1-\alpha)$ 的置信区间	假定条件
μ 总体均值	$\bar{x}$	$\dfrac{\sigma}{\sqrt{n}}$	$\bar{x} \pm z_{\alpha/2} \dfrac{\sigma}{\sqrt{n}}$	(1) σ 已知 (2) 大样本 $(n \geq 30)$
	$\bar{x}$	$\dfrac{\sigma}{\sqrt{n}}$	$\bar{x} \pm z_{\alpha/2} \dfrac{s}{\sqrt{n}}$	(1) σ 未知 (2) 大样本 $(n \geq 30)$
	$\bar{x}$	$\dfrac{\sigma}{\sqrt{n}}$	$\bar{x} \pm t_{\alpha/2} \dfrac{s}{\sqrt{n}}$	(1) 正态总体 (2) σ 未知 (3) 小样本 $(n < 30)$
P 总体比例	p	$\sqrt{\dfrac{P(1-P)}{n}}$	$p \pm z_{\alpha/2} \sqrt{\dfrac{P(1-P)}{n}}$	(1) 二项总体 (2) 大样本 $(np \geq 5, n(1-p) \geq 5)$
σ^2 总体方差	s^2	不要求	$\dfrac{(n-1)s^2}{\chi^2_{\alpha/2}} \leq \sigma^2 \leq \dfrac{(n-1)s^2}{\chi^2_{1-\alpha/2}}$	正态总体

[①] 表格内容引用自贾俊平、何晓群、金勇进主编《统计学（第 7 版）》（中国人民大学出版社，2018 年）。

统计学

两个总体参数的区间估计

参数	点估计量（值）	标准误差	$(1-\alpha)$ 的置信区间	假定条件
$\mu_1-\mu_2$ 两个总体均值之差	$\bar{x}_1-\bar{x}_2$	$\sqrt{\dfrac{\sigma_1^2}{n_1}+\dfrac{\sigma_2^2}{n_2}}$	$(\bar{x}_1-\bar{x}_2)\pm z_{\alpha/2}\sqrt{\dfrac{\sigma_1^2}{n_1}+\dfrac{\sigma_2^2}{n_2}}$	(1) 独立大样本 $(n_1\geqslant 30, n_2\geqslant 30)$ (2) σ_1,σ_2 已知
	$\bar{x}_1-\bar{x}_2$	$\sqrt{\dfrac{\sigma_1^2}{n_1}+\dfrac{\sigma_2^2}{n_2}}$	$(\bar{x}_1-\bar{x}_2)\pm z_{\alpha/2}\sqrt{\dfrac{s_1^2}{n_1}+\dfrac{s_2^2}{n_2}}$	(1) 独立大样本 $(n_1\geqslant 30, n_2\geqslant 30)$ (2) σ_1,σ_2 未知
	$\bar{x}_1-\bar{x}_2$	$\sqrt{\dfrac{\sigma_1^2}{n_1}+\dfrac{\sigma_2^2}{n_2}}$	$(\bar{x}_1-\bar{x}_2)\pm t_{\alpha/2}(n_1+n_2-2)\sqrt{s_p^2\left(\dfrac{1}{n_1}+\dfrac{1}{n_2}\right)}$	(1) 两个正态总体 (2) 独立小样本 $(n_1<30, n_2<30)$ (3) σ_1,σ_2 未知但相等
	$\bar{x}_1-\bar{x}_2$	$\sqrt{\dfrac{\sigma_1^2}{n_1}+\dfrac{\sigma_2^2}{n_2}}$	$(\bar{x}_1-\bar{x}_2)\pm t_{\alpha/2}(v)\sqrt{\dfrac{s_1^2}{n_1}+\dfrac{s_2^2}{n_2}}$	(1) 两个正态总体 (2) 独立小样本 $(n_1<30, n_2<30)$ (3) σ_1,σ_2 未知且不相等
$\mu_d=\mu_1-\mu_2$ 两个总体均值之差	$\bar{d}$	$\dfrac{\sigma_d}{\sqrt{n}}$	$\bar{d}\pm z_{\alpha/2}\dfrac{\sigma_d}{\sqrt{n}}$	匹配大样本 $(n_1\geqslant 30, n_2\geqslant 30)$
	$\bar{d}$	$\dfrac{\sigma_d}{\sqrt{n}}$	$\bar{d}\pm t_{\alpha/2}(n-1)\dfrac{s_d}{\sqrt{n}}$	(1) 两个正态总体 (2) 匹配小样本 $(n_1<30, n_2<30)$
P_1-P_2 两个总体比例之差	p_1-p_2	$\sqrt{\dfrac{P_1(1-P_1)}{n_1}+\dfrac{P_2(1-P_2)}{n_2}}$	$(p_1-p_2)\pm z_{\alpha/2}\sqrt{\dfrac{p_1(1-p_1)}{n_1}+\dfrac{p_2(1-p_2)}{n_2}}$	(1) 两个二项总体 (2) 大样本 $(n_1p_1\geqslant 5, n_1(1-p_1)\geqslant 5;$ $n_2p_2\geqslant 5, n_2(1-p_2)\geqslant 5)$
σ_1^2/σ_2^2 两个总体方差比	s_1^2/s_2^2	（不要求）	$\dfrac{s_1^2/s_2^2}{F_{\alpha/2}}\leqslant\dfrac{\sigma_1^2}{\sigma_2^2}\leqslant\dfrac{s_1^2/s_2^2}{F_{1-\alpha/2}}$	两个正态总体

例 7-5 某大学为了解学生每月消费情况,在全校 5 000 名学生中采取重复抽样方法随机抽取 36 人,调查其每月消费金额,数据如下:

表 7.7 参与调查学生每月消费水平 单位:元

600	650	800	850	700	760	810	660	720
900	700	680	660	730	770	690	660	750
880	820	830	700	600	670	750	800	900
680	780	700	800	880	710	730	690	920

求该校大学生平均每月消费金额的置信区间,置信水平为 95%。

分析 该样本为大样本,因此不管学生总体消费水平服从何种分布,均可用 z 统计量来构建总体平均消费水平的置信区间。因总体方差未知,在大样本情形下可用样本方差来替代。

解 通过表中数据计算得出:$\bar{x}=748.06, s=84.55, n=36, 1-\alpha=95\%$,查标准正态分布表得$Z_{\frac{\alpha}{2}}=1.96$。

总体均值μ在$1-\alpha$置信水平下的置信区间为:

$$\mu = \bar{x} \pm Z_{\frac{\alpha}{2}} \frac{s}{\sqrt{n}} = 748.06 \pm 1.96 \times \frac{84.55}{\sqrt{36}}$$

即置信区间为(720.42,775.70),该校学生平均消费水平95%的置信区间为720.42~775.70元。

例7-6 在一项电脑市场调查中,随机抽取200个用户,调查他们是否拥有某一品牌的电脑,其中拥有的占30%。请给出置信水平为95%时总体比例的置信区间。

分析 因$np \geq 5$和$n(1-p) \geq 5$,所以样本为大样本,用z统计量来构建总体平均消费水平的置信区间。因总体方差未知,在大样本情形下用样本方差来替代。

解 根据资料,$p=30\%, n=200, 1-\alpha=95\%$,查标准正态分布表得$Z_{\frac{\alpha}{2}}=1.96$。

总体比例P在95%置信水平下的置信区间为:

$$P = p \pm Z_{\frac{\alpha}{2}} \sqrt{\frac{PQ}{n}} = 30\% \pm 1.96 \sqrt{\frac{30\% \times (1-30\%)}{200}}$$

计算得出置信区间为(26.76%,33.24%),用户选择该品牌95%置信水平下总体比例置信区间为26.76%~33.24%。

例7-7 随机抽取10名工人进行两种不同工艺下的生产效率测试,得到每人每小时产量分别如下:

表7.8 两种工艺下工人生产效率 单位:件/小时

人员编号	工艺1	工艺2	差值$\bar{d}$
1	75	71	4
2	66	58	8
3	59	58	1
4	68	65	3
5	66	65	1
6	75	77	-2
7	77	80	-3
8	82	79	3
9	84	80	4
10	78	76	2

构建两种工艺下工人生产效率之差$(\mu_1 - \mu_2)$在95%置信水平下的置信区间。

分析 假定两种工艺生产效率之差服从正态分布,数据样本为小样本,且总体差值的标准差未知,所以用 t 统计量来构建总体差值的置信区间。总体差值的标准差未知,用样本差值的标准差代替。

解 计算表中数据得出 $\bar{d}=2.1$, $s_d=2.982$; $1-\alpha=95\%$,自由度 $n-1=9$,查 t 分布表得 $t_{\frac{0.05}{2}}(9)=2.2622$。

总体均值之差 $(\mu_1-\mu_2)$ 在 95% 置信水平下的置信区间为:

$$(\mu_1-\mu_2)=\bar{d}\pm t_{\frac{\alpha}{2}}(n-1)\frac{s_d}{\sqrt{n}}$$

计算得总体均值之差 $(\mu_1-\mu_2)$ 的置信区间为 $(-0.033,4.233)$,工人在两种工艺下生产效率之差 95% 的置信区间为 $-0.033\sim4.233$ 件/小时。

例 7-8 某市进行全民核酸检测,现场试验比较两种排队方式等候时间:第一种排两队分别在两个检测口等候;第二种只排一列等候。各随机抽取 10 位市民,其检测等候时间如下:

表 7.9 两种排队方式等候时间样本　　　　　　　　　　　　　　　　单位:分钟

方式1	3.2	4.4	4.8	5.2	6.7	6.7	6.7	7.5	8.3	8.0
方式2	5.5	5.6	5.7	5.8	6.1	6.3	6.4	6.7	6.7	6.7

请构建两种排队方式等候时间标准差的 95% 置信区间,并比较哪种排队方式更好。

分析 可以假定排队等候时间近似服从正态分布,则其样本方差服从自由度为 $n-1$ 的 χ^2 分布,因此可用 χ^2 统计量构建排队方式等候时间的总体方差的置信区间。

解 通过表中数据计算得出 $s_1^2=2.9865$, $s_2^2=0.2045$,自由度 $n-1=9$,查 χ^2 分布表得 $\chi^2_{\frac{0.05}{2}}(9)=19.0228$, $\chi^2_{1-\frac{0.05}{2}}(9)=2.70039$。

总体方差 σ^2 在 95% 置信水平下的置信区间为:

$$\frac{(n-1)s^2}{\chi^2_{\alpha/2}}\leqslant\sigma^2\leqslant\frac{(n-1)s^2}{\chi^2_{1-\alpha/2}}$$

分别代入两样本数据,计算得出:σ_1^2 的置信区间为 $(1.412,9.954)$,从而,σ_1 的置信区间为 $(1.069,3.155)$;σ_2^2 的置信区间为 $(0.097,0.682)$,从而,σ_2 的置信区间为 $(0.311,0.826)$。可以看出,第二种排队方式等候时间的标准差小很多,市民排队等候的时间间隔小,因此第二种排队方式较好。

例 7-9 生产咖啡工序上两部机器的产量抽样数据如表,请构建两个总体方差比的 95% 置信区间。

表 7.10 两部机器的产量抽样数据

机器 1			机器 2		
3.45	3.22	3.9	3.22	3.28	3.35
3.2	2.98	3.7	3.38	3.19	3.3
3.22	3.75	3.28	3.3	3.2	3.05

(续表)

机器1			机器2		
3.5	3.38	3.35	3.3	3.29	3.33
2.95	3.45	3.2	3.34	3.35	3.27
3.16	3.48	3.12	3.28	3.16	3.28
3.2	3.18	3.25	3.3	3.34	3.25

分析 同一机器产量总是围绕其平均产量上下波动,两个总体均服从正态分布,因此可用 F 统计量构建两个总体方差比的置信区间。

解 通过表中数据计算得出 $s_1^2=0.055\,595$, $s_2^2=0.005\,567$, 自由度 $(20,20)$, 查 F 分布表得 $F_{\frac{0.05}{2}}(20,20)=2.46$, $F_{1-\frac{0.05}{2}}(20,20)=\frac{1}{2.46}$。

总体方差比 $\dfrac{\sigma_1^2}{\sigma_2^2}$ 在 $1-\alpha$ 置信水平下的置信区间:

$$\frac{\frac{s_1^2}{s_2^2}}{F_{\alpha/2}} \leqslant \frac{\sigma_1^2}{\sigma_2^2} \leqslant \frac{\frac{s_1^2}{s_2^2}}{F_{1-\alpha/2}}$$

代入两样本数据,计算得出 $\dfrac{\sigma_1^2}{\sigma_2^2}$ 的 95% 置信区间为 $(4.06, 24.57)$。

四、必要抽样数目的确定

根据大数定律,抽样单位数越多,抽样总体的代表性越大,抽样误差越小,抽样推断越可靠。然而,抽取单位数过多,就失去应用抽样调查的意义;抽取单位数过少,抽样误差太大,便降低抽样推断的价值。因此,根据抽样调查原理,在调查之前,要科学地确定必要抽样单位数;在抽样调查之后,要运用抽样资料科学地推算全及总体指标。

(一) 确定抽样数目的必要性和影响因素

怎样在调查前确定必要的抽样数目,这是在设计抽样调查方案时首先必须考虑的一个重要问题。为了确定必要的抽样数目,需要知道抽样数目,受什么因素的影响。影响抽样数目的因素有以下几点:

(1) 总体单位的标志变异的程度,即 σ^2 和 $P(1-P)$ 的大小。方差数值大,需要多抽一些;方差数值小,可以少抽一些。

(2) 允许误差,即 Δ 的数值。允许误差大可以少抽些样本单位,允许误差小则要多抽一些。调查之前,根据调查对象的性质、调查的目的和调查力量的多少来规定允许误差。实际上,允许误差这个名称就是这样来的,即在进行推断时允许有多大范围的误差。

(3) 把握程度,即概率度的数值。t 值大,要求把握程度高,则要多抽;t 值小,要求把握程度低,则可少抽。把握程度也是调查之前根据目的和要求规定的。

(4) 抽样方法。在同样的条件下,重复抽样需要多抽一些,不重复抽样可以少抽一些。
(5) 此外,抽样数目的多少还和抽样样本单位的组织方式有关。

(二) 必要抽样数目的计算公式

1. 重复抽样的计算公式

(1) 平均数的必要抽样数目

$$\Delta_{\bar{x}} = tS_{\bar{x}} = \frac{t\sigma}{\sqrt{n}}$$

两边乘方得:

$$\Delta_{\bar{x}}^2 = \frac{t^2\sigma^2}{n}$$

移项得:

$$n = \frac{t^2\sigma^2}{\Delta_{\bar{x}}^2} \tag{7-16}$$

(2) 成数的必要抽样数目

由于

$$\Delta_p = tS_p = t\sqrt{\frac{PQ}{n}}$$

两边乘方得:

$$\Delta_p^2 = \frac{t^2 PQ}{n}$$

移项得:

$$n = \frac{t^2 PQ}{\Delta_p^2} \tag{7-17}$$

2. 不重复抽样的计算公式

(1) 平均数的必要抽样数目

根据同样的推导过程,可得:

$$n = \frac{t^2\sigma^2 N}{\Delta_{\bar{x}}^2 N + t^2\sigma^2} \tag{7-19}$$

(2) 成数的必要抽样数目

根据同样的推导过程,可得:

$$n = \frac{t^2 PQN}{\Delta_p^2 N + t^2 PQ} \tag{7-20}$$

不重复抽样的计算公式要复杂一些。在实际工作中,由于抽样比例一般很小,在计算必要抽样数目时也可以不使用修正系数。就是说,虽然实行的是不重复抽样,但可以按照重复抽样的公式计算必要抽样数目。

(三) 例题

例 7-10 某食品厂要检验本月生产的 10 000 袋某产品的重量,根据以往的资料,这种产品每袋重量的标准差为 25 克。如果要求在 95.45% 的置信度下,平均每袋重量的误差不超过 5 克,应抽查多少袋产品?

解 由题意可知 $N=10\,000$,$\sigma=25$ 克,$\Delta_{\bar{x}}=5$ 克,根据置信度 95.45%,有 $t=2$。在重复抽样的条件下:

$$n = \frac{t^2\sigma^2}{\Delta_{\bar{x}}^2} = \frac{2 \times 2 \times 25 \times 25}{5 \times 5} = 100(袋)$$

在不重复抽样条件下：

$$n=\frac{t^2\sigma^2 N}{\Delta_{\bar{x}}^2 N+t^2\sigma^2}=\frac{2\times 2\times 25\times 25\times 10\ 000}{5\times 5\times 10\ 000+2\times 2\times 25\times 25}=99(袋)$$

由计算结果可知，在其他条件相同的情况下，重复抽样所需要的样本容量大于不重复抽样所需要的样本容量。

例7-11 为了检查某企业生产的10 000个显像管的合格率，需要确定样本的容量。根据以往经验合格率为90%、91.7%。如果要求估计的允许误差不超过0.0275，置信水平为95.45%。应该取多少只显像管？

解 根据资料，我们应该选择$P=0.9$计算样本容量，根据置信水平0.9545，有$t=2$，$\Delta_p=0.027\ 5$。在重复抽样条件下，样本容量：

$$n=\frac{t^2 PQ}{\Delta_p^2}=\frac{2\times 2\times 0.9\times 0.1}{0.027\ 5\times 0.027\ 5}=477(只)$$

在不重复抽样条件下，样本容量：

$$n=\frac{t^2 PQN}{\Delta_p^2 N+t^2 PQ}=\frac{2\times 2\times 0.9\times 0.1\times 10\ 000}{0.027\ 5\times 0.027\ 5\times 10\ 000+2\times 2\times 0.9\times 0.1}=455(只)$$

从计算的结果可以看出，重复抽样应该抽477只检验，而不重复抽样应该抽455只。可见，在相同条件下，重复抽样需要的样本容量更大。

第五节 抽样方案的设计

一、抽样方案设计的基本原则

如何科学地组织抽样调查是抽样推断中一个重要的问题，在抽样调查之前首先要有一个抽样方案的设计。抽样方案的设计和施工的蓝图一样是抽样调查的一个总体规划，应包括如何从总体中抽取样本，调查要取得哪些项目的资料，用什么方法去取得这些资料，以及要求资料的精确程度和确定必要的样本单位数目等。完整的抽样方案还应该包括一些必要的附件，如调查人员的培训计划、调查的问卷或调查表的设计、调查项目的编码以及汇总表的格式等。搞好抽样设计必须掌握以下两个基本原则。

1. 保证实现抽样随机性的原则

因为随机原则是概率抽样的基础，只有排除了人们有意识地抽选样本，保证每个样本都有一个已知的概率被抽中，才能应用概率论的原理对总体做出正确的判断。若不遵守随机原则或者虽然按随机原则抽选，但抽选后未按规定进行调查，破坏了随机性的原则就容易产生偏误。

在抽样中有一种常见的破坏随机原则现象，就是在按规定抽选样本后，表面看有些样本单位似乎与总体的平均水平相差很远，便故意把它们抛弃或更换。例如，农产量调查中一些基层单位抽取地块时抽到一些丰产田或低产田,就故意把这些田块剔除而更换样本。实际上抽样调查的代表性是要以样本作为一个整体来代表,并不是要求每一单位均有代表性。人为替换就会缩小样本方差,从而无法正确计算抽样误差,给抽样的推断带来不利后果。又如,在抽样调查中,有些单位由于地理位置比较偏僻,在抽样时把这样的单位排除在外,也就不符合随机原则从而带来偏误。因而在抽样设计时一定要保证随机抽选,而且还应考虑到由于种种原因中选单位未能取得资料而需要替补的方法。若不按随机原则临时更换也容易产生偏误。例如,在抽选住户进行调查时,若该住户不在就用邻居户代替。我们知道双职工住户不在家的机会较多,而有孩子、老人的住户在家机会较多,这样更换的结果就会使双职工住户的比重下降而产生偏误。因此,随机原则是抽样调查的一个重要原则。

2. 保证实现最大的抽样效果原则

抽样调查和其他工作一样,也有一个经济效益问题,就是如何以较小的费用支出取得一定准确程度的数据。因为任何一项抽样调查都是在一定费用的限制条件下进行的,抽样方案设计应该力求调查费用最省。在通常情况下,提高精度的要求和节省费用的要求往往有矛盾,因为要求抽样误差小,就要增加抽样单位数目,相应地要增加调查费用。但实际工作中并非抽样误差最小的方案就是最好的方案,因为不同的调查项目对于精度的要求往往是不同的。

二、简单随机抽样

简单随机抽样又称纯随机抽样。它是对总体不做任何处理,不进行分类也不排序,而是从总体的全部单位中随机抽选样本单位。具体有几种不同的做法。

1. 直接抽选法

从调查对象中直接抽选样本。如从仓库中存放的所有同类产品中随机指定若干箱产品进行质量检验,从粮食仓库中不同的地点取出若干粮食样本进行含杂量、含水量的检验等。

2. 抽签法

先给每个单位编上序号,将号码写在纸片上,掺和均匀后,从中抽选,抽到哪一个就调查哪个单位,直到抽够预先规定的数量为止。这种方法看起来简单易行,总体单位数目不多时也可以使用。

3. 随机数码表法

随机数码表见表7.11。表上数字的出现及其排列也是随机形成的,从 0,1,2,…,9 共 10 个数字,大体上各占 1/10。而且由表上数字组成的多位数(两位数,三位数等)也有大体相同的出现机会。随机数码表有各种不同的形式,表 7.6 是其中的一种。使用随机数码表时也要遵守随机原则。

首先要将全及总体中所有的单位加以编号,根据编号的位数确定选用若干栏数字。然后从任意一栏、任意一行的数字开始数,可以向任何方向数过去,碰上属于编号范围内的数字号码就定下来作为样本单位。如果是不重复抽样,则碰上重复的数字时就排除,直到抽够预定的数量为止。

表 7.11 是从随机数码表中摘取一部分组成的表。下面举个简单例子说明抽选过程。

假如要从 30 个总体单位中抽取 5 个单位,首先要将总体单位按 1~30 编号。编号最多是两位数,因此从随机数字上取两列作为计算单位。假定从表 7.11 随机数字表中第 3 列开始数,即从 43 开始,顺次序向下数。第二个数字 24 在编号范围内,这算一个。下边的 62、85、56、77 超出了范围,全不用。17 是在编号范围之内的,因此 17 号作为样本单位,依次还可取出 12、07、28 作为样本单位。

表 7.11 随机数码表

03	47	43	73	86	36	96	47	36	61
97	74	24	67	62	42	81	14	57	20
16	76	62	27	66	56	50	26	71	07
12	56	85	99	26	96	96	68	27	31
55	59	56	35	64	38	54	82	46	22
16	22	77	94	39	49	54	43	54	82
84	42	17	53	31	57	24	55	06	88
63	01	63	78	59	16	95	55	67	19
33	21	12	34	29	78	64	56	07	82
57	60	86	32	44	09	47	27	96	54
18	18	07	92	45	44	17	16	58	09
26	62	38	97	75	84	16	07	44	99
23	42	40	64	74	82	97	77	77	81
52	36	28	19	95	50	92	26	11	97
37	85	94	35	12	83	39	50	08	30

这种办法虽要编号,但免除了做签及掺匀的工作,比较简单。如果总体单位数很多,只要把数字栏数放宽就可以了。例如从 4 000 个单位中抽选 50 个单位,则从随机数字表中任取 4 列数字作为计算单位顺序数下去,只要碰到 4 000 以内的数字号码就作为样本单位,超过 4 000 的不要,重复的不要,直到取够 50 个单位为止。

三、类型抽样

类型抽样又称分类抽样,它的特点是先对总体各单位按一定标志加以分类(层),然后再从各类(层)中按随机的原则抽取样本,由各类(层)内的样本组成一个总的样本。类型抽样的作用主要表现在以下几个方面:

(1) 利用已知的信息提高抽样效率。前面曾经提到过抽样误差的大小主要取决于总体内部的差异大小和抽取的样本单位数这两个因素。而实际的抽样调查工作中,总体的差异是客观存在的,要使误差减少,就要增加样本单位数,这样就会使调查的人力和费用增加。为了解决这一矛盾,分类(层)抽样是一种理想的方法。如果人们事先对研究的客观总体有一定的了解,利用这种已知的信息,把总体中性质相同的单位,也即研究的标志值比较接近的单位归并一起形成若干类(层),这样各类(层)的差异就可以大大缩小,各类(层)能以较小的样本单位数达到预期精确度的要求。从整个样本来说,由于这些样本单位对各类(层)均有较高的代表性,而且由于分类(层)后抽取的样本单位在总体中分布得更均匀,大大地降低了出现极端数值(所有的样本都是高的或所有的样本都是低的)的风险,这样构成的样本对总体也有较高的代表性。

(2) 抽样的组织工作比较方便。因为分类(层)也可以按行政隶属和系统来划分,或按地理的区域来划分,这种分类(层)虽然并不一定能提高抽样效率,但常常给工作带来很大的方便。如果各个行政系统之间差别较大,行政系统内部的差别比较小,那么这种分类(层)可以收到既方便又能提高抽样效率的双重效果。

(3) 掌握总体中各个子总体的情况。总体中若干性质相近单位的集合称作子总体。有时抽样调查不仅需要了解总体的有关信息,而且也要了解子总体的情况,这时可以按不同的子总体分类(层)。

对总体划分各个类型组之后,如何确定各组的抽样单位数,一般有两种方法:一是根据抽样误差大小与标志差异程度、抽样单位数等的关系来确定。凡是标志差异大的组多抽一些,标志差异小的组可以少抽一些。以此确定各组应抽取的样本单位数,可以缩小抽样误差。这种方法称为类型适宜抽样。二是不考虑各组标志差异程度,而是根据统一的比例来确定各组要抽取的单位数。即通常用各类型组的单位数占全及总体单位数的比例,来确定各组抽取的样本单位数。这种方法称为类型比例抽样。

四、机械抽样

机械抽样又称等距抽样或系统抽样。它是对研究的总体按一定的顺序排列,每隔一定的间隔抽取一个或若干个单位,并把这些抽取的单位组成样本进行观察的一种抽样方法。

设总体有 N 个单位,现需要抽取一个容量为 n 的样本。抽选方法是先将 N 个总体单位按一定顺序进行排列,令 $k=N/n$,k 称为抽样间隔或抽样距离。这样实际上把总体单位分成 n 段,每段中的 k 个单位,然后在 $1\sim k$ 中随机地抽取一个随机数,设为 i,则 n 个单位为抽中单位以后每隔 k 个单位为一抽中单位,即第 $i+k, i+2k, \cdots, i+(n-1)k$,直到抽满 n 个单位为止。可用图示,见图 7.10。

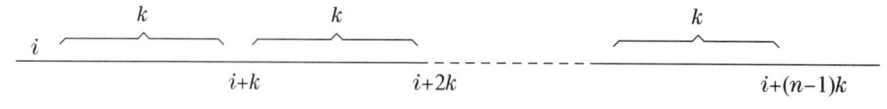

图 7.10 机械抽样示意图

机械抽样具有以下作用:

(1) 简便易行。就简单随机抽样来说,在抽样之前需要对每一个单位加以编号,然后才能利用随机数码表等方法抽选样本,当总体单位很多时,编号与抽选也都比较麻烦。而等距抽样只要确定了抽样的间隔和起点,整个样本的所有单位也随之自然确定。它可以利用现成的各种排列,如某市的工业企业可以按照有关系统和部门的习惯顺序排列,抽样时就可以直接利用这些顺序进行等距抽样。这种抽样方法也便于推广,为不熟悉抽样调查的人员所掌握,也适合某些基层现场的抽样调查。例如,在森林调查中,常常很难在林地中划分抽样单位,然后随机抽选,而机械抽样就比较方便。

(2) 机械抽样的误差大小与总体单位的顺序有关,因此当对总体的结构有一定了解时,可利用已有的信息对总体进行排列后采用机械抽样,就能提高抽样效率。在一般情况下,等距抽样使样本单位在总体中散布比较均匀,其抽样平均误差要小于简单随机抽样。

因此,这是大规模抽样调查中一种比较常用的抽样方法。

五、整群抽样

整群抽样是将总体划分为由总体单位所组成的若干群,然后以群为抽样单位,从总体中抽取若干个群作为样本,而对中选群内的所有单位进行全面调查的抽样方式。例如,若欲调查某个大学的学生身高,组成总体的基本单位是每个学生,但抽样单位可以是由学生组成的班或系等,对中选的班级或系的全部学生进行观察。整群抽样的必要性如下。

(1) 当总体缺乏包括全部总体单位的抽样框而无法进行抽选时,需要采用整群抽样。在抽样调查之前总需要有一个抽样框,它是包括所有总体单位的名单或地图,这样才能编上号码,利用随机数码表或其他方式抽取所需要的样本。然而,有时候总体很大且没有现成的名单,而要编制一个抽样框也十分费时费力,甚至是不可能的。

例如,我们欲调查某市中学生近视眼学生比例有多大,就需要全市中学生的名单,然后按顺序编号后才能进行抽选。显然这是一项十分繁重的工作。如果我们以中学为抽样单位,那么从该市教育局拿一张中学的名单,对中学进行抽样,对抽中学校所包括的学生全部进行调查,就要方便多了。

(2) 比较方便和节约费用。有时即使具备必要的抽样框,但由于总体单位很多,分布很广,若采用简单随机抽样势必使样本的分布十分分散,调查时所需的人力和费用也比较大。在上例中,假如我们具有全市中学生名单,要从数十万中学生中抽取几百人或几千人调查,其抽样的过程也相当麻烦,抽中的样本单位可能遍布在全市的各个中学,调查起来也很费时、费力。若能抽取几个中学,对抽中学校的全部学生进行调查,这样样本单位比较集中,调查就方便很多,也可以大大节省费用。

整群抽样也有局限性,由于抽取的样本单位比较集中,在一个群内各单位之间的差异往往比较小,不同群之间则差异比较大。因此,在抽取同样多的基本单位数目时,整群抽样的误差常常大于简单随机抽样。为了达到规定的精确度要求,就要多抽一些群。然而群抽得多了,就会大大增加抽取的基本单位数,这样又不符合整群抽样要节约人力、物力的目的,因此需要根据具体情况来确定是否采取整群抽样。

第六节 抽样调查中的 EXCEL 的应用

一、实验一：使用 EXCEL 中的概率分布函数进行参数估计

(一) 问题与数据

某厂用某机床加工某种零件，假设零件长度服从正态分布。现从一批该种零件中随机抽取 10 件，测得其长度如下(单位：cm)：

6.1　5.7　6.5　6.0　6.3　5.8　6.3　6.1　5.9　6.4

以 95% 的可靠性程度估计该零件的长度。

(二) 操作步骤(如图 7.11 所示)

(1) 输入样本数据。
(2) 绘制计算表。
(3) 在计算表中用各种公式和函数计算。

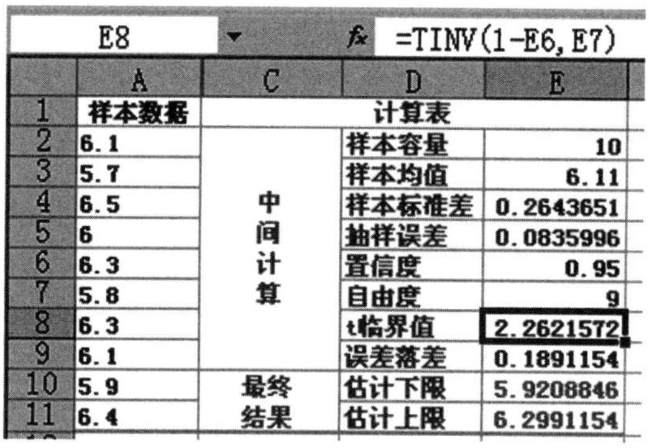

	E8		f_x	=TINV(1-E6,E7)
	A	C	D	E
1	样本数据		计算表	
2	6.1		样本容量	10
3	5.7		样本均值	6.11
4	6.5	中	样本标准差	0.2643651
5	6	间	抽样误差	0.0835996
6	6.3	计	置信度	0.95
7	5.8	算	自由度	9
8	6.3		t临界值	2.2621572
9	6.1		误差落差	0.1891154
10	5.9	最终	估计下限	5.9208846
11	6.4	结果	估计上限	6.2991154

图 7.11　区间估计

图 7.11 中 E 列各单元格由以下各公式计算：

样本容量 COUNT(A2：A11)

样本均值 AVERAGE(A2：A11)

样本标准差 STDEV(A2：A11)

抽样误差 E4/SQRT(E2)

置信度 0.95

自由度 E2－1

t 临界值 TINV((1－E6),E7)

误差落差 E8＊E5

估计下限 E3－E9

估计上限 E3＋E9

二、实验二:CONFIDENCE(置信区间)函数

(一) 问题与数据

某厂对一批产品的质量进行抽样检验,抽样数据和要求如下:采用重复抽样抽取样品200只,样本优质品率为85%,试计算当把握程度为90%时优质品率的允许误差。

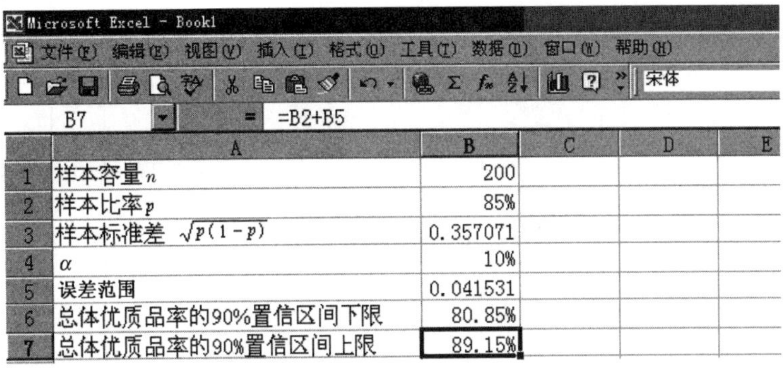

图 7.12 总体优质品率的区间估计

(二) 操作步骤

我们可以在 EXCEL 中分别:
(1) 在 B1 单元格中输入样本容量 200;
(2) 在 B2 单元格中输入样本比率 85%;
(3) 在 B3 单元格中输入计算样本比率的标准差公式,即 SQRT(B2×(1−B2));
(4) 在 B4 单元格输入 α 为 10%;
(5) 在 B5 单元格中输入表达式,即 CONFIDENCE(B4,B3,B1),得到 4.15%。
CONFIDENCE 函数的应用如图 7.13 所示。

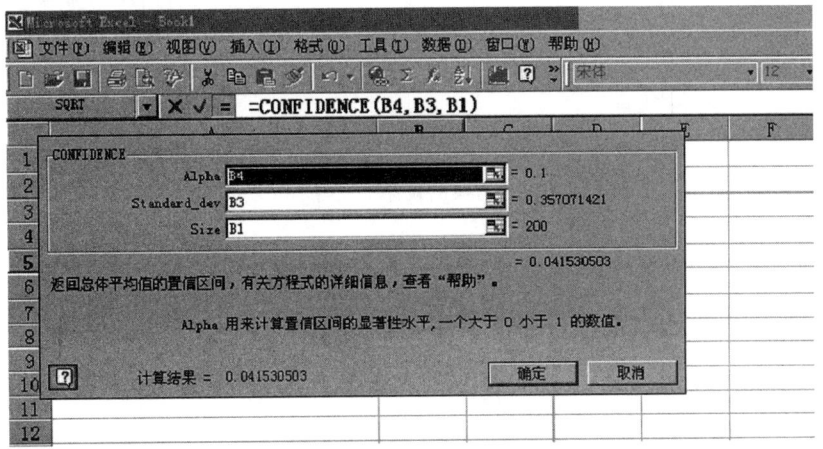

图 7.13 CONFIDENCE 函数应用

After —— Class

——知识结构图

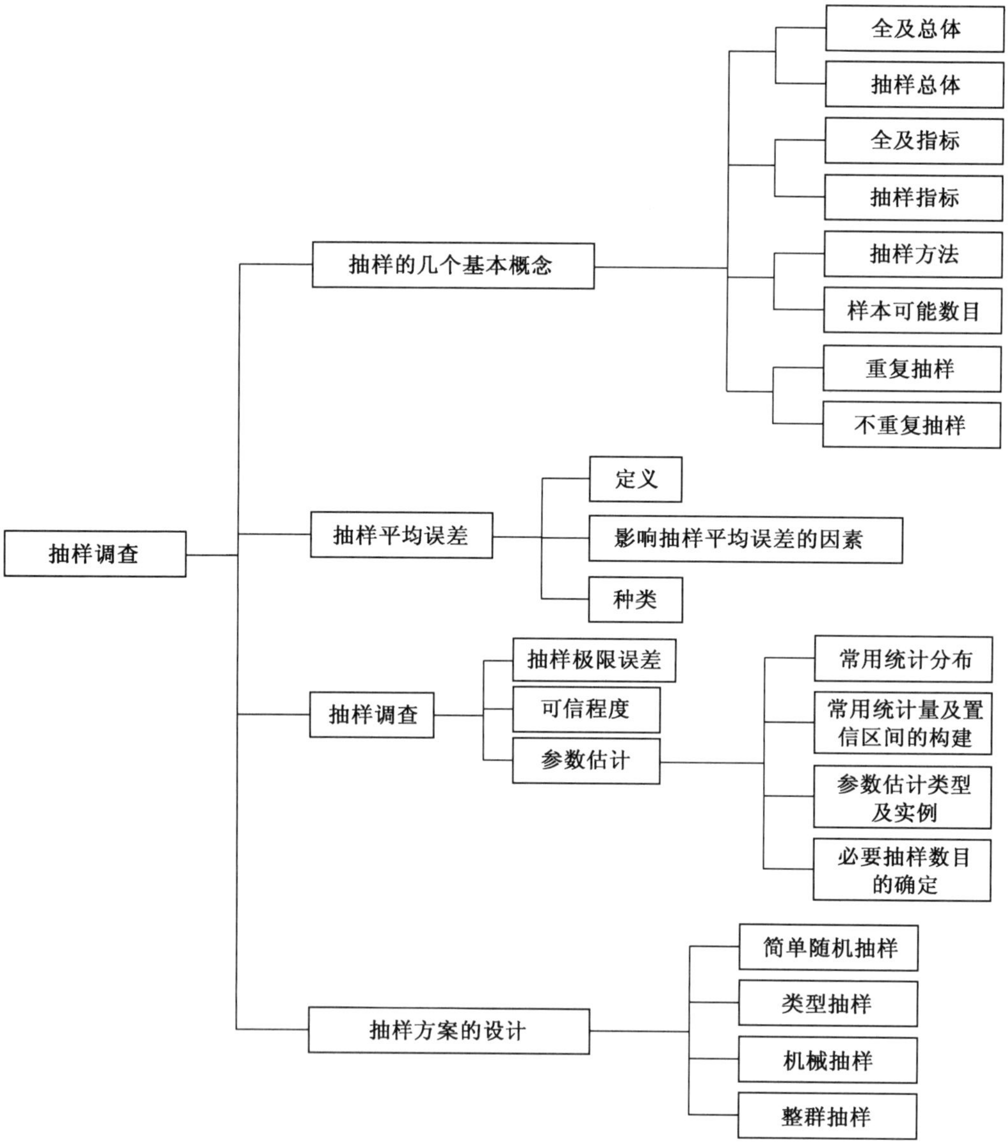

```
抽样调查
├── 抽样的几个基本概念
│   ├── 全及总体
│   ├── 抽样总体
│   ├── 全及指标
│   ├── 抽样指标
│   ├── 抽样方法
│   ├── 样本可能数目
│   ├── 重复抽样
│   └── 不重复抽样
├── 抽样平均误差
│   ├── 定义
│   ├── 影响抽样平均误差的因素
│   └── 种类
├── 抽样调查
│   ├── 抽样极限误差
│   ├── 可信程度
│   └── 参数估计
│       ├── 常用统计分布
│       ├── 常用统计量及置信区间的构建
│       ├── 参数估计类型及实例
│       └── 必要抽样数目的确定
└── 抽样方案的设计
    ├── 简单随机抽样
    ├── 类型抽样
    ├── 机械抽样
    └── 整群抽样
```

——深度乐享

推断统计之父——贝叶斯

正态分布创立者——高斯

一、课后练习

一、填空题

1. 抽样调查是_____。
2. 抽样误差是_____。
3. 统计误差主要有_____和_____两种。
4. 对于简单随机重复抽样,欲使抽样平均误差缩小 2/3,则样本容量应增加_____倍。
5. 若极限误差为 3 倍的抽样平均误差,则总体指标落在置信区间之外的可能性为_____。

二、单项选择题

1. 抽样调查中应遵循的原则是(　　)。
   A. 随机原则　　　　　　　　B. 同质性原则
   C. 可比性原则　　　　　　　D. 系统性原则
2. 重复抽样误差和不重复抽样误差相比(　　)。
   A. 两者相等　　　　　　　　B. 两者不等
   C. 前者小于后者　　　　　　D. 前者大于后者
3. 在抽样调查中,无法避免的误差是(　　)。
   A. 登记性误差　　　　　　　B. 允许误差
   C. 系统偏差　　　　　　　　D. 抽样误差
4. 抽样估计中,要概率保证程度为 95%,则相应的概率度为(　　)。
   A. 2　　　　　B. 3　　　　　C. 1.96　　　　　D. 1.8
5. 抽样估计的可靠性和精确度(　　)。
   A. 是一致的　　　　　　　　B. 是矛盾的
   C. 成正比　　　　　　　　　D. 成反比
6. 样本是指(　　)。
   A. 任何一个总体单位　　　　　　B. 任何一个被抽中的调查单位
   C. 由被抽中的调查单位所形成的总体　　D. 抽样单元
7. 为确定某地航空信件所占的比重,组织一次单位随机抽样,若要使抽样误差不超过 2%,概率保证程度为 0.954 5,以往经验占比为 10%,则至少应抽的信件数是(　　)。
   A. 900　　　　　B. 1 000　　　　　C. 800　　　　　D. 1 500

三、多项选择题

1. 抽样调查的特点是(　　)。
   A. 了解总体基本情况　　　　B. 以部分推断总体
   C. 可以控制抽样误差　　　　D. 按随机原则抽样

2. 抽样调查适用于( )。
   A. 具有破坏性的调查 B. 产品的质量控制
   C. 大规模总体和无限总体的调查 D. 检查和补充全面调查资料的不足
3. 重复抽样与不重复抽样相比( )。
   A. 都是随机抽样
   B. 二者的可能样本数目不同
   C. 二者都能使总体中每个单位被抽中的机会相等
   D. 总体中每个单位进入同一样本的可能次数不等
4. 影响抽样平均误差的主要因素有( )。
   A. 总体的变异程度 B. 样本容量
   C. 抽样方法 D. 抽样组织形式
5. 极限误差是( )。
   A. 衡量估计精确程度的尺度
   B. 大于抽样平均误差的确定数值
   C. 满足一定可靠程度性要求的最大抽样误差绝对值
   D. 最大抽样误差
6. 影响必要样本容量的因素主要有( )。
   A. 总体的标志变异程度 B. 抽样方法
   C. 抽样极限误差 D. 估计的可靠程度

四、判断题

1. 抽样误差的产生是由于破坏了随机性形成的。 ( )
2. 重复抽样误差一定大于不重复抽样误差。 ( )
3. 一个全及总体可能抽取很多个样本总体。 ( )
4. 抽样平均误差是样本平均数的标准差。 ( )
5. 成数的抽样误差一定小于0.5。 ( )
6. 必要抽样数目与概率保证程度成反比。 ( )
7. 某企业在调查产品质量时,有意将管理较差的某车间的产品不算在内。这种做法必将产生系统偏差。 ( )
8. 重复抽样的估计精度总是低于同等条件下不重复抽样的。 ( )

五、简答题

1. 为什么抽样调查是非全面调查中比较科学的调查方法?
2. 简述抽样极限误差和抽样误差、概率度之间的关系。
3. 常用的抽样组织形式有哪些?有什么特点?
4. 如何理解区间估计?
5. 样本与总体有何区别和联系?

六、计算题

1. 某高校随机抽选百分之一的大学生进行抽样调查,测得他们的身高资料如下:

按身高分组(cm)	学生人数(人)
150~160	20
160~170	60
170~180	16
180 以上	4

试以 95.45% 的概率保证估计:
(1) 该校全部大学生的平均身高范围;
(2) 该校全部大学生身高在 170 cm 以上的人数范围。

2. 假定根据类型抽样求得下表数字,试用 95.45% 的概率估计总体平均数范围。

区域	抽取单位	标志平均数	标准差
甲	600	32	2
乙	300	36	3

3. 若对总体的 1 000 个单位进行 5% 的等距抽样,试问:
(1) 要对总体划分为几个部分?
(2) 每部分的单位数为多少?
(3) 中选的样本单位的间隔距离是多少?
(4) 若在第一部分抽到 2 号总体单位,那么其他中选的单位号码各是什么?

4. 某烟厂 24 小时连续生产,为掌握产品质量,在全月连续生产中,每隔 24 小时抽取 1 个小时的产品进行全面调查,一级品率为 80%,群间方差为 8%。试计算抽样平均误差。

5. 某砖瓦厂对所生产的砖的质量进行抽样检查,要求概率保证程度为 68.27%,抽样误差范围不超过 1.5%,并知过去进行几次同样调查,产品的不合格率分别为 1.25%、1.83%、2%。试问:
(1) 必要的抽样单位数目为多少?
(2) 假定其他条件不变,现在要求抽样误差范围不超过 3%,即比原来的范围扩大一倍,则必要的抽样单位数是多少?

第八章
相关分析

Adviced Cases

> **教学目的和要求**
> 了解相关分析和回归分析的概念和作用;掌握相关系数的概念和计算;熟练掌握一元线性回归分析方法;了解曲线回归分析方法。
> **关键词**
> 相关系数　相关分析　回归分析

第一节　相关分析的意义和任务

一、相关关系的概念

自然界和社会中的许多事物或现象,彼此之间都有机地相互联系,相互依赖,相互制约。在社会经济领域中,一种现象的变化往往依存于其他现象的变化,所有各种现象之间的相互联系,都可以通过数量关系反映出来。

现象之间的相互联系可以区分为两种不同的类型。

1. 函数关系

函数关系反映着现象之间存在着严格的依存关系,在这种关系中,对于某一变量的每一数值,都有另一个变量的确定的值与之相对应,并且这种关系可以用一个数学表达式反映出来。例如 $S=\pi R^2$,这里,圆的面积是随半径大小而变动的。自然界中,广泛存在着函数关系。

2. 相关关系

相关关系反映现象之间确实存在的、关系数值不固定的相互依存关系。理解相关关系要把握两个要点:

(1)相关关系是指现象之间确实存在数量上的相互依存关系。

两个现象之间,一个现象发生数量上的变化,另一个现象也会相应地发生数量上的变化。例如,身高高的人一般讲也要重一点;劳动生产率提高相应地会使成本降低、利润增加等。在具有相互依存关系的两个变量中,作为根据的变量叫作自变量,发生对应变化的变量叫作因变量。自变量一般用 x 代表,因变量用 y 代表。

(2) 现象之间数量依存关系的具体关系值不是固定的。

在相关关系中,对于某项标志的每一数值,可以有另外标志的若干个数值与之相适应,在这些数值之间表现出一定的波动性,但又总是围绕着它们的平均数并遵循一定的规律而变化。例如,每亩耕地的施肥量与亩产量之间存在着一定的依存关系。在一般条件下,施肥量适当增加,亩产量便相应地提高,但在亩产量的增长与施肥量增长的数值之间,并不存在严格的依存关系。因为对每亩耕地的产量来说,除了施肥量多少这一因素外,还受种子、土壤、降雨量等其他因素的影响,即使在施肥量相同的条件下,其亩产量也并不完全相等。但它们之间的确存在着一定的规律性,即在一定范围内,随施肥量的增加,亩产量便相应地有所提高。

3. 相关关系与函数关系的联系

相关关系与函数关系有区别,但是它们之间也有联系。由于有观察或测量误差等原因,函数关系在实际中往往通过相关关系表现出来。在研究相关关系时,常常要使用函数关系的形式来表现,以便找到相关关系的一般数量表现形式。

二、相关关系的种类

现象之间的相互关系是很复杂的,它们各以不同的方向、不同的程度相互作用着,并表现出不同的类型和形态。

1. 单相关和复相关

从相关关系涉及的因素多少来划分,可分为单相关和复相关。两个因素之间的相关关系叫作单相关,即研究时只涉及一个自变量和一个因变量。三个或三个以上因素的相关关系叫作复相关,即研究涉及两个或两个以上的自变量和因变量。

2. 直线相关和曲线相关

从相关关系的表现形态来划分,可分为直线相关和曲线相关。相关关系是一种数量上不严格的相互依存关系。如果这种关系近似地表现为一条直线则称为直线相关。如果这种关系近似地表现为一条曲线则称为曲线相关。曲线相关也有不同的种类,如抛物线、指数曲线、双曲线等。

研究现象的相关关系,究竟取哪种形态,要对现象的性质做理论分析,并根据实际经验,才能求得较好的解决方法。

3. 正相关和负相关

从直线相关变化的方向来划分,有正相关和负相关。自变量(x)的数值增加,因变量(y)的数值也相应地增加,叫作正相关。例如施肥量增加,亩产量也增加。自变量数值增加,因变量数值相应减少;或者自变量数值减少,因变量数值相应增加,叫作负相关。例如产品生产越多,生产成本越低;商品价格降低,商品销售量增多。

4. 完全相关、不完全相关和无相关

按相关的程度来划分,可分为完全相关、不完全相关和无相关。两种现象中一个现象的数量变化,随另一现象的数量变化所确定,这两种现象间的依存关系,就称为完全相关,如 $S=\pi R^2$。在这种情况下,相关关系就是函数关系。两种现象的数量各自独立,互不影响,称为无相关,如企业生产成本与工人年龄之间,一般是无相关的。两个现象之间的关系,介于完全相关与无相关之间,称为不完全相关。通常相关分析主要是不完全相关分析。以上相关关系种类,如图 8.1 所示。

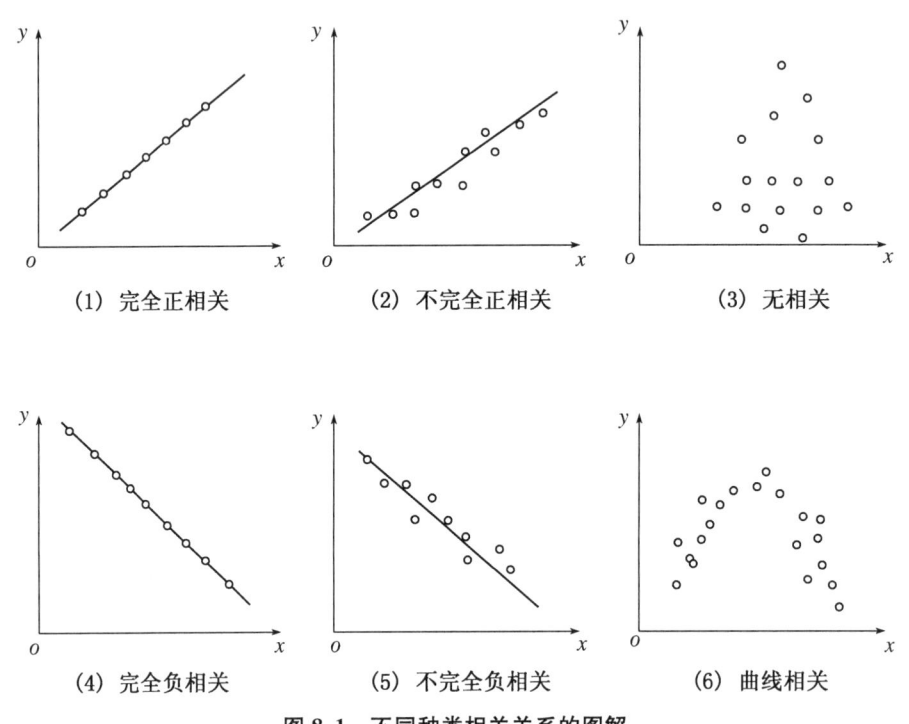

图 8.1 不同种类相关关系的图解

三、相关分析的主要内容

相关分析是用以分析社会经济现象间的依存关系,其目的就是从现象的复杂关系中消除非本质的偶然影响,从而找出现象间相互依存的形式和密切程度,以及依存关系变动的规律性。这在实际工作中运用得非常广泛。相关分析的主要内容如下:

(1) 确定现象之间有无关系,以及相关关系的表现形式。这是相关分析的出发点。有相互依存关系才能用相关方法进行分析,没有关系而当做有关系会使认识发生错误。关系表现为什么样的形式就需要使用什么样的方法,把曲线相关当做直线相关来进行分析,也会使认识发生偏差。

(2) 确定相关关系的密切程度。相关分析的目的之一,就是从不严格的关系中判断其关系的密切程度。判断的主要方法就是将自变量和因变量的数据资料编制成散布图或相关表,由此判断相关的密切程度,进而计算出相关系数。

(3) 选择合适的数学模型。确定了现象间的相关关系及密切程度，就要选择合适的数学模型，对变量之间的联系给以近似的描述。如果现象之间的关系表现为直线相关，则采用配合直线的方法；如果现象之间的关系表现为各种曲线，则用配合曲线的方法。使用这种方法能使我们找到现象之间相互依存关系的数量上的规律性。这是进行判断、推算、预测的根据。

(4) 测定变量估计值的可靠程度。配合直线或配合曲线后，可反映现象间的变化关系，也就是说，自变量有变化时，因变量有变化。根据这个数量关系，可测定因变量的估计值。把估计值与实际值对比，如果它们的差别小，说明估计得较准确；反之就不够准确。这种因变量估计值的准确程度，通常用估计标准误差来衡量。

(5) 对计算出的相关系数进行显著检验。在对实际现象进行分析时，往往是利用样本数据计算相关系数作为总体相关系数的估计值，但由于样本相关系数具有一定的随机性，它能否说明总体的相关程度往往同样本容量有一定关系。当样本容量很小时，计算出的不一定能反映总体的真实相关关系，而且，当总体不相关时，利用样本数据计算出的也不一定等于零，有时还可能较大，这就会产生虚假相关现象。因此，要判断样本与我们对总体所做的假设之间的差异是纯属机会变异，还是由我们所做的假设与总体真实情况之间不一致所引起的。显著性检验事先对总体（随机变量）的参数或总体分布形式做出一个假设，然后利用样本信息来判断这个假设（备择假设）是否合理，即判断总体的真实情况与原假设是否有显著性差异。显著性检验将在第九章"假设性检验"中具体阐述。

对现象之间变量关系的研究，统计是从两方面进行的：一方面研究变量之间关系的紧密程度，这种研究称相关分析；另一方面对自变量和因变量之间的变动关系，用数学方程式表达，称作回归分析。相关与回归既有区别，又有密切联系。本节所论述的有关相关关系的种种问题，是把相关和回归合在一起讨论的。下面分开叙述。

第二节 线性相关分析

一、散布图和相关表

判断现象间的相关关系，一般先做定性分析，然后做定量分析。定性分析就是根据经济理论、有关专业知识和实际工作经验，进行科学的分析研究，初步确定现象间有无关系。如确有关系，进一步编制相关图和相关表，可以直接判断现象之间大致上呈现何种关系形式，以此计算相关系数。定量分析反映相关关系的方向和程度。以下先介绍线性相关，即自变量与因变量之间呈直线相关趋势；非线性相关将在第四节中介绍。

(一) 绘制散布图

例 8-1 有 8 家企业生产某种产品，月产量和生产费用的资料如表 8.1 所示，散布图见图 8.2。

表 8.1 8家企业月产量和生产费用资料

企业编号	1	2	3	4	5	6	7	8
月产量 x(千 t)	1.2	2.0	3.1	3.8	5.0	6.1	7.2	8.0
生产费用 y(万元)	62	86	80	110	115	132	135	160

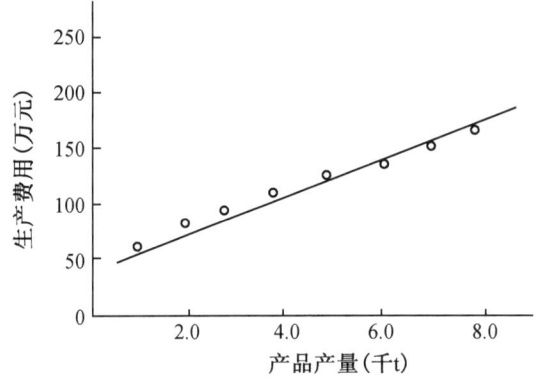

图 8.2 8家企业月产量和生产费用的散布图

从图 8.2 可以看出,8家企业月产量和生产费用间有依存关系,各个点虽不完全在一条直线上,但有形成一条直线的趋向,可判断月产量和生产费用直线相关。

(二) 相关表

根据总体单位的原始资料还可以编制相关表。

例 8-2 例 8-1 中产品产量和生产费用相关关系如表 8.2 所示。

表 8.2 产品产量和生产费用相关表

序号	产品产量 x(千 t)	生产费用 y(万元)
1	1.2	62
2	2.0	86
3	3.1	80
4	3.8	110
5	5.0	115
6	6.1	132
7	7.2	135
8	8.0	160
合计	36.4	880

从表 8.2 可以看出,产品生产产量和生产费用之间关系虽然不十分严格,但有直线相关的趋势,而且大致可以看出关系比较密切。

如果和某个现象相关的因素不止一个,可以分别绘制许多相关图。从许多相关图的对比中,大致可以看出该现象与各个因素的密切程度,从中判断出哪个是主要因素,哪个是次要因素。

二、协方差及协方差矩阵

散布图和相关表都清晰表示了两组数据间的相关关系,优点是对相关关系的展现清晰,缺点是无法对相关关系进行准确的度量,缺乏说服力。并且当数据超过两组时也无法完成各组数据间的相关分析。若要通过具体数字来度量两组或两组以上数据间的相关关系,需要使用协方差。

协方差用来衡量两个变量的总体误差,如果两个变量的变化趋势一致,协方差就是正值,说明两个变量正相关。如果两个变量的变化趋势相反,协方差就是负值,说明两个变量负相关。如果两个变量相互独立,那么协方差就是 0,说明两个变量不相关。以下是协方差的计算公式:

$$\text{cov}(x,y) = \frac{\sum_{i=1}^{n}(x_i - \bar{x})(y_i - \bar{y})}{n-1} = \sigma_{xy}$$

协方差只能对两组数据进行相关性分析,当有两组以上数据时就需要使用协方差矩阵。下面是三组数据 x,y,z 的协方差矩阵计算公式。

$$C = \begin{pmatrix} \text{cov}(x,x) & \text{cov}(x,y) & \text{cov}(x,z) \\ \text{cov}(y,x) & \text{cov}(y,y) & \text{cov}(y,z) \\ \text{cov}(z,x) & \text{cov}(z,y) & \text{cov}(z,z) \end{pmatrix}$$

三、相关系数的测定与应用

协方差及协方差矩阵通过数字衡量变量间的相关性,但无法对相关的密切程度进行度量。为了说明现象之间相关关系的密切程度,可以计算相关系数。

这里只介绍两个变量的相关系数 r 的计算方法,公式如下。多个变量间的相关系数即多重相关系数,其算法将在多元线性回归分析的多重判定系数中介绍。

$$r = \frac{\sigma_{xy}^2}{\sigma_x \sigma_y} = \frac{\sigma_{xy}}{\sqrt{\sigma_x \sigma_y}} \tag{8-1}$$

式中,r 为相关系数;σ_{xy}^2 为自变量数列、因变量数列的协方差;σ_x 为自变量数列的标准差;σ_y 为因变量数列的标准差。根据相应公式,推导可得:

$$r = \frac{n\sum xy - \sum x \sum y}{\sqrt{n\sum x^2 - (\sum x)^2} \sqrt{n\sum y^2 - (\sum y)^2}}$$

例 8-3 某企业广告投入费用与月均销售额数据如表 8.3 所示,试计算两者间的相关系数。

表 8.3 相关系数计算表

序号	广告投入 x(万元)	月均销售额 y(万元)	x^2	y^2	xy
1	12.5	21.2	156.25	449.44	265.00
2	15.3	23.9	234.09	571.21	365.67
3	23.2	32.9	538.24	1 082.41	763.28
4	26.4	34.1	696.96	1 162.81	900.24
5	33.5	42.5	1 122.25	1 806.25	1 423.75
6	34.4	43.2	1 183.36	1 866.24	1 486.08
7	39.4	49.0	1 552.36	2 401.00	1 930.60
8	45.2	52.8	2 043.04	2 787.84	2 386.56
9	55.4	59.4	3 069.16	3 528.36	3 290.76
10	60.9	63.5	3 708.81	4 032.25	3 867.15
合计	346.2	422.5	14 304.52	19 687.81	16 679.09

解
$$r = \frac{n\sum xy - \sum x \sum y}{\sqrt{n\sum x^2 - (\sum x)^2}\sqrt{n\sum y^2 - (\sum y)^2}}$$
$$= \frac{10 \times 16\,679.09 - 346.2 \times 422.5}{\sqrt{10 \times 14\,304.52 - 346.2^2}\sqrt{10 \times 19\,687.81 - 422.5^2}}$$
$$= 0.994$$

相关系数为 0.994 大于 0,说明广告投入费与月平均销售额之间有高度的线性正相关关系;同时 0.994 非常接近于 1,说明两个变量间高度相关。在实际工作中,可以在 EXCEL 的数据分析模块中选择相关系数功能,设置 x,y 变量后可以自动求得相关系数的值。

相关系数的数值,在 -1 和 $+1$ 之间,即 $-1 \leqslant r \leqslant 1$。计算结果带有负号表示负相关,带有正号表示正相关。r 的数值绝对值越接近于 1($+1$ 或 -1)表示相关关系越强,越接近于 0 表示相关关系越弱。

为了判断时有个标准,有人提出了相关关系密切程度的等级,相关系数在 0.3 以下算无相关,0.3 以上算有相关;0.3~0.5 是低度相关,0.5~0.8 是显著相关,0.8 以上是高度相关。

按照上述划分标准来进行判断,计算相关系数的原始根据要比较多,例如在 50 个以上。计算时根据的资料多,计算结果的可信度就高,如果资料太少,则计算结果的可信度就低,也就是说,判断有相关关系的起点值要相应提高,如以 0.4 或 0.5 为起点。

另外,需要说明的是,相关系数 r 是根据样本资料计算的,r 是否能代表总体相关系数,代表的可靠程度有多大,需要对 r 进行显著性的假设检验。假设检验的思想与方法将在下章进行介绍。对 r 的显著性进行假设检验,需用到 t 统计量。

第三节 线性回归分析

一、回归分析的概念

为了说明变量之间的相关关系,可以用相关系数来加以反映。但是,相关系数仅能说明相关关系的方向和紧密程度,而不能说明变量之间的因果数量关系。当给自变量某一数值时,不能根据相关系数来估计或预测因变量可能发生的数值。回归分析就是对具有相关关系的变量之间数量变化的一般关系进行测定,确定一个相关的数学表达式,即进行估计或预测的统计方法。

线性回归又分为一元线性回归和多元线性回归。如果回归分析只包括一个自变量和一个因变量,且二者的关系可用一条直线近似表示,这种回归分析称为一元线性回归分析;如果回归分析中包括两个或两个以上的自变量,且因变量和自变量之间是线性关系,则称为多元线性回归分析。

回归这个统计术语,最早采用者是英国遗传学家高尔登。他把这种统计分析方法应用于研究生物学的遗传问题,指出生物后代有回复或回归到其上代原有特性的倾向。高尔登的学生皮尔逊继续研究,把回归的概念和数学方法联系起来,把代表现象之间一般数量关系的直线或曲线称为回归直线或回归曲线。

二、一元线性回归分析

(一) 一元线性回归分析的特点

1. 在两个变量之间,进行回归分析时,必须根据研究目的,具体确定哪个是自变量,哪个是因变量。

2. 在两个现象互为根据的情况下,可以有两个回归方程——y 倚 x 回归方程和 x 倚 y 回归方程。

3. 回归方程的主要作用在于给出自变量的数值来估计因变量的可能值。一个回归方程只能进行一种推算。推算的结果表明变量之间的具体的变动关系。

(二) 一元线性回归方程的确定

1. 基本方法

简单线性回归方程又称一元一次回归方程,其基本形式如下:

(1) y 倚 x 回归方程:$y_c = a + bx + \varepsilon$

(2) x 倚 y 回归方程:$x_c = c + dy + \varepsilon$

式中,a 和 c 是两条直线的截距,b 和 d 是两条直线的回归系数。a、b、c、d 都是待定参数。ε 为残差,影响因变量的其他因素都包含在 ε 中。为简化起见,认定 ε 大致服从均值为 0 的正态分布。因此,上两式可简化为:$y_c=a+bx, x_c=c+dy$。

估计这些参数有不同的方法,统计中使用最多的是最小平方法,用这种方法求出的回归线是原资料的最合适线。就 y 倚 x 回归线来讲:

$$\sum(y-y_c)^2 = 最小值 \tag{8-2}$$

这里讨论的最小平方法与"时间数列"一章中长期趋势测定的最小平方法是同一方法。实际上,长期趋势测定也是回归法的一种,就是把时间作为自变量,动态指标作为因变量计算的。因此,时间数列讲的有关公式,这里都适用,只要把时间变量的符号 t 改为自变量 x 或自变量 y 即可。

两个标准方程式写成:
$$\sum y = na + b\sum x$$
$$\sum xy = a\sum x + b\sum x^2$$

从以上一对联立方程中解出 a 和 b:

$$b = \frac{n\sum xy - \sum x \sum y}{n\sum x^2 - (\sum x)^2}$$

$$a = \bar{y} - b\bar{x}$$

我们可以利用这两个公式算出 a 和 b,从而得出 y 倚 x 的回归方程 $y_c=a+bx$。

2. 一元线性回归方程的计算

例 8-4 沿用例 8-1 资料,8 家企业月产量与生产费用数据,计算如表 8.4 所示。试拟出两者间的直线回归方程,并给出直线回归方程图。

表 8.4 直线回归方程计算表

序 号	月产量 x（千 t）	生产费用 y（万元）	x^2	y^2	xy	y_c	$(y-y_c)^2$
1	1.2	62	1.44	3 844	74.4	66.798 43	23.024 89
2	2.0	86	4.00	7 396	172	77.115 22	78.939 33
3	3.1	80	9.61	6 400	248	91.300 81	127.708 3
4	3.8	110	14.44	12 100	418	100.328	93.547 47
5	5.0	115	25.00	13 225	575	115.803 2	0.645 125
6	6.1	132	37.21	17 424	805.2	129.988 8	4.044 973
7	7.2	135	51.84	18 225	972	144.174 4	84.169 24
8	8.0	160	64.00	25 600	1 280	154.491 2	30.347 17
合 计	36.4	880	207.54	104 214	4 544.6	880	442.426 5

解
$$b = \frac{n\sum xy - \sum x \sum y}{n\sum x^2 - (\sum x)^2}$$

$$= \frac{8 \times 4\,544.6 - 36.4 \times 880}{8 \times 207.54 - 36.4 \times 36.4} = 12.895$$

$$a = \bar{y} - b\bar{x} = \frac{880}{8} - 12.895 \times \frac{36.4}{8} = 51.323$$

把 b 和 a 值代入回归方程 $y_c = a + bx$，则：

$$y_c = 51.323 + 12.896x$$

把 x 各值代入上式，即可求得相应的 y_c 值。并可看出：$\sum y_c = 880$；$\sum (y - y_c) = 0$；$\sum (y - y_c)^2 = 442.4265$ 为最小值。在 y_c 各值中，任取两值相连，即得回归直线，见图 8.3。

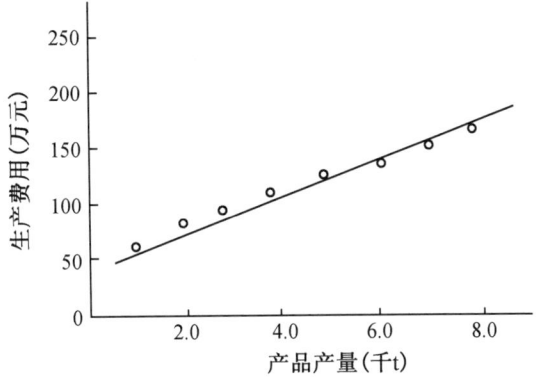

图 8.3　8 家企业月产量和生产费用的直线回归方程图

3. 判定系数

实际工作中，不需要进行上述烦琐的计算，直接在 EXCEL 中使用数据分析中的回归功能，输入自变量和因变量的范围后可以自动获得回归参数 a 和 b。获得这个方程还有一个更简单的方法，就是在 EXCEL 中对自变量和因变量生成散点图，然后选择添加趋势线，在添加趋势线的菜单中选中显示公式和显示 R^2 值即可（具体步骤参考本章第六节 EXCEL 应用）。

对线性回归方程，需要用判定系数 R^2 来评价其拟合程度。判定系数 R^2 定义如下：

$$R^2 = \frac{SS_B}{SS_T} = 1 - \frac{SS_E}{SS_T} \tag{8-3}$$

式中，SS_B 是"预测值与真实值的均值"之差的平方和，即回归平方和；SS_T 是"真实值与真实值均值"之差的平方和，即总平方和；SS_E 是"真实值与预测值"之差的平方和，即残差平方和。

从式(8-3)可以看出，R^2 最大值为 1，越接近 1，表示回归直线对观测值的拟合程度越好，回归方程越有意义，自变量对因变量的解释度越高。

4. 估计标准误差

估计标准误差即度量回归方程推算数值与实际数值之差的指标，用来说明回归方程推算结果的准确程度。具体来说，估计标准差是误差项 ε 的标准差的一个估计值，计算公式如下：

$$MS_E = \sqrt{\frac{\sum (y - \hat{y})^2}{n - 2}} = \sqrt{\frac{SS_E}{n - 2}} \tag{8-4}$$

式中，MS_E 为估计标准误差；y 为因变量数列的实际值；$\hat{y}$ 为根据回归方程推算出来的估计值;n 为因变量的项数。

$y-\hat{y}$ 是因变量实际值和估计值的估计误差,如果将估计误差总和相加,结果是 $\sum(y-\hat{y})=0$。由于在 $\sum(y-\hat{y})^2=\sum(y-a-bx)^2$ 中,参数 a 和 b 是由实际资料计算的,从而丧失了两个自由度。

S_e 数值大,就表明估计值的代表性小,也就是相关点的离散程度大。这个数值小则说明估计值的代表性大,也就是相关点的离散程度小。如果 $S_e=0$,就是 y 和 $\hat{y}$ 没有差异,从相关图上看,则表明所有的相关点全在 $\hat{y}$ 这条直线上,说明估计值完全准确。由回归方程的确定方法——最小平方法可知,回归直线是对 n 项观测数据拟合的所有直线中,估计标准差最小的一条直线。

例 8-5 根据表 8.4 的资料计算可得:

$$MS_E = \sqrt{\frac{\sum(y-\hat{y})^2}{n-2}} = 8.587(万元)$$

从计算结果看,估计标准误差为 8.587 万元。

上述计算估计标准误差方法是用平均误差来表现的。但是计算比较麻烦,需要计算出所有的估计值。如果已知直线回归方程的参数值,有一个比较简便的计算方法。计算公式如下(推导过程略):

$$MS_E = \sqrt{\frac{\sum y^2 - a\sum y - b\sum xy}{n-2}} \tag{8-5}$$

例 8-6 根据表 8.4 资料计算可得:

$$MS_E = \sqrt{\frac{\sum y^2 - a\sum y - b\sum xy}{n-2}}$$
$$= \sqrt{\frac{104\,214 - 51.323 \times 880 - 12.896 \times 4\,544.6}{6}}$$
$$= 8.587(万元)$$

5. 相关系数和估计标准误差、判定系数的关系

这两个指标在数量上具有如下关系:

$$r = \sqrt{1-\frac{MS_E^2}{\sigma_y^2}} \approx \sqrt{1-\frac{SS_E}{SS_T}} = \sqrt{R^2} \tag{8-6}$$

式中,σ_y 为因变量实际值的标准差,即 $\sqrt{\frac{SS_T}{n-1}}$。从式(8-6)也可以看出 r 与 R^2 的关系,即在一元线性回归中,r 为 R^2 的平方根。

例 8-7 仍用表 8.4 资料来验证。根据计算资料得:

$$\sigma_y^2 = \frac{\sum(y-\bar{y})^2}{8} = \frac{7\,414}{8} = 926.75$$

$$s_e^2 = 8.5^2 = 72.25$$

$$r=\sqrt{1-\frac{MS_E^2}{\sigma_y^2}}=\sqrt{1-\frac{72.25}{926.75}}\approx 0.96$$

虽然这也是相关系数 r 的一种计算方法,但是这种计算方法一般并不使用,因为它要求先配合回归直线,解出直线回归方程,计算出估计标准误差,然后才能进行这种推算。而从认识的一般程序来讲,首先要知道现象间关系是否密切。如果关系不密切,回归直线价值不大,就不去进行下一步计算了。只有证明了相关关系比较密切,回归直线有实用价值,才去配合回归直线,用它来进行估计或预测,而且这样计算出的 r 不能判明是正相关或负相关。

所以,实际工作中常常采用另一种推算方法,即根据相关系数 r 去推算估计标准误差 S_e,推算公式可以从上述关系公式推算出来。

由于
$$r=\sqrt{1-\frac{MS_E^2}{\sigma_y^2}}$$

所以
$$MS_E=\sigma_y\sqrt{(1-r^2)} \tag{8-7}$$

例 8-8 仍用上例:
$$MS_E^2=\sigma_y^2(1-r^2)=926.75\times(1-0.96^2)=72.25$$

则
$$MS_E=8.5(万元)$$

相关系数和估计标准误差在数值的大小上表现为相反的关系。具体如下:

(1) r 值越大,MS_E 越小。

r 值越大,说明相关程度越密切,这时 MS_E 值越小,也就是说,相关点距离回归直线比较近。当 r 值大到 $r=\pm 1$ 时,即完全相关时,则 $MS_E=\sigma_y\sqrt{1-r^2}=\sigma_y\times 0=0$,即估计标准误差等于 0。从相关图上看,就是说所有的相关点全在回归直线 y_c 上,这也就是完全相关。

(2) r 值越小,MS_E 越大。

r 值越小,说明相关程度越不密切,这时 MS_E 值越大。从相关图上看,也就是相关点距离回归直线比较远。当 r 值小到 $r=0$ 时,即不相关时,则 $MS_E=\sigma_y\sqrt{1-r^2}=\sigma_y\times\sqrt{1-0}=\sigma_y$,即估计标准误差等于 y 数列的标准差。这说明相关点与回归直线的距离,与相关点同 y 数列的平均线的距离一样,也就是说,回归直线和 y 数列的平均线是同一条直线。在这种情况下,相关点的 x 值不管怎样变化,y_c 的值始终不变,永远等于 y 数列的平均值,这当然就是不相关了。

相关系数和估计标准误差可以从不同角度说明相关关系密切与否。由于相关系数表明关系程度比较明确,而且能直接辨别出是正相关或是负相关,所以一般情况下相关系数用得多。

三、多元线性回归分析

(一) 多元线性回归方程拟定

多元线性回归方程的参数估计与一元线性回归类似,其仍然要用最小平方法,最后求得总体参数。在多元回归中对回归系数的解释有所不同。例如变量 x_1 的回归系数(也叫偏回归系数)应解释为:当 $x_2,x_3,\cdots,x_p$ 不变时,x_1 每变动一个单位因变量 y 的平均变动量。以下通过实例予以说明。

例 8-9 已知某地区 1995~2012 年交通运输业产值以及工业总产值、农业总产值和固定资产投资数据,如表 8.5 所示。试通过线性回归法确定该地区交通运输业产值与工业总产值、农业总产值和固定资产投资的关系,并进行预测。

解 (1) 建立模型。设工业产值为,农业产值为 x_2,固定资产投资为 x_3,运输业产值 y。为了便于分析 y 与 x_1,x_2 和 x_3 的关系。

(2) 作数据关系图。利用表 8.5 的数据做出 y 与 x_1,x_2 和 x_3 的关系图。如图 8.4、图 8.5、图 8.6 所示。

表 8.5　某地区 1995~2012 年交通运输业及其相关产业的产值资料

序号	年份	工业总产值 x_1(万元)	农业总产值 x_2(万元)	固定资产投资 x_3(万元)	运输业产值 y(万元)
1	1995	5 782	2 705	1 454	309
2	1996	5 805	2 889	1 683	340
3	1997	5 915	3 302	1 226	388
4	1998	6 383	3 523	1 287	390
5	1999	6 536	2 494	1 165	322
6	2000	6 726	3 295	1 287	376
7	2001	6 692	3 035	1 080	359
8	2002	6 779	3 870	1 093	403
9	2003	7 565	4 799	1 471	434
10	2004	8 057	5 418	1 756	465
11	2005	7 902	5 873	2 032	478
12	2006	8 052	5 985	1 867	504
13	2007	8 688	6 457	2 534	559
14	2008	9 548	7 097	2 506	601
15	2009	10 971	8 154	2 969	703
16	2010	12 650	9 401	4 386	1 003
17	2011	13 889	10 323	4 890	1 083
18	2012	16 056	11 938	6 098	1 290

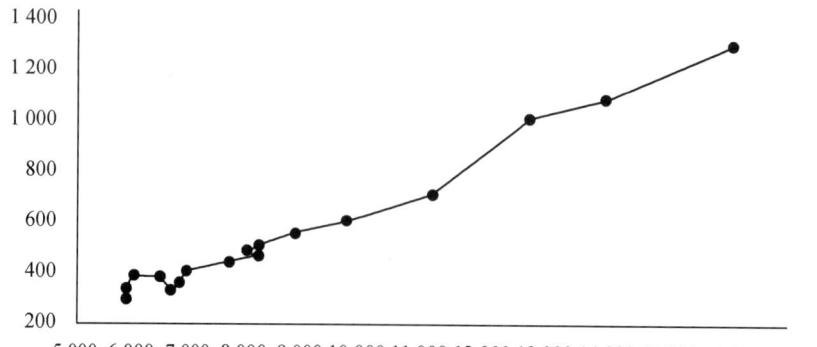

图 8.4　运输业产值 y 与工业产值 x_1 间的关系

从图 8.4 可以看出，二者间存在近似的线性关系。

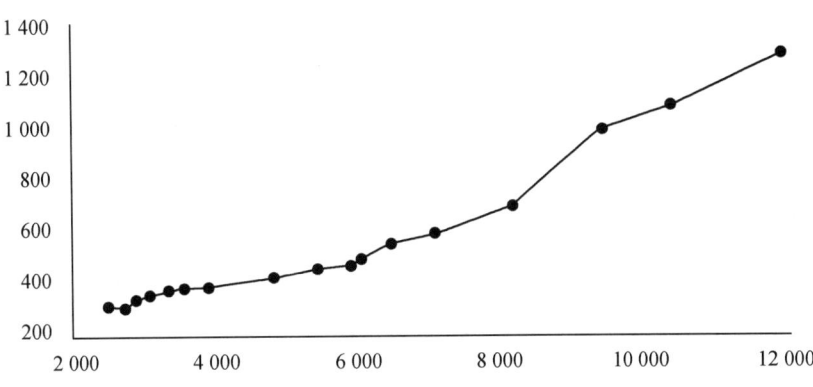

图 8.5 运输业产值 y 与农业产值 x_2 间的关系

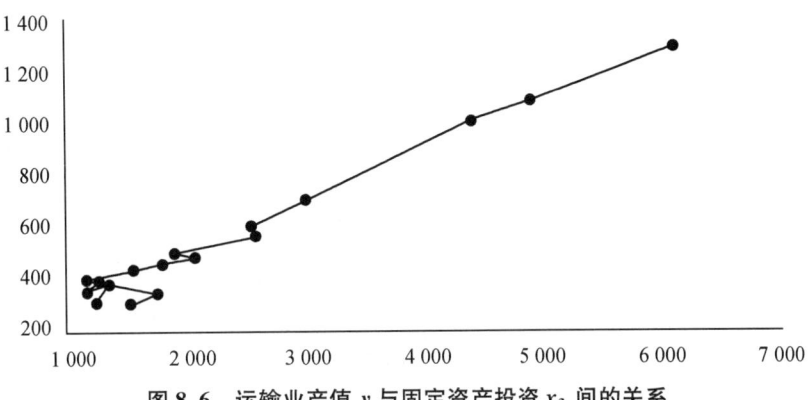

图 8.6 运输业产值 y 与固定资产投资 x_3 间的关系

同样可以看出，y 与农业产值 x_2、固定资产投资 x_3 也存在近似的线性关系。

从图 8.4 可见，随着 x_1 的增大，y 值有线性增长的趋势，因此用线性模型 $y=\beta_0+\beta_1 x_1+\varepsilon$ 表示，同理，图 8.5 和图 8.6 也可用类似的方程表示。

(3) 模拟方程式和建立数据间关系式。为简化起见，可以用一个综合性公式来表示：
$$\hat{y}=\beta_0+\beta_1 x_1+\beta_2 x_2+\beta_3 x_3+\varepsilon \tag{8-8}$$

其中 x_1, x_2 和 x_3 称为回归变量（自变量），$\beta_0+\beta_1 x_1+\beta_2 x_2+\beta_3 x_3$ 是给定工业产值 x_1，农业产值 x_2 和固定资产投资 x_3 时，运输业产值 y 的平均值，其中的参数 $\beta_0, \beta_1, \beta_2, \beta_3$ 称为回归系数。由表 8.5 的数据估计，影响的其他因素作用都包含在残差 ε 中，且大致服从均值为 0 的正态分布。运用最小平方法：

即令
$$Q(\beta_0,\beta_1,\beta_2,\beta_3)=\sum_{i=1}^{n}(y_i-\hat{y})^2$$
$$=\sum_{i=1}^{n}[y_i-(\beta_0+\beta_1 x_{1i}+\beta_2 x_{2i}+\beta_3 x_{3i})]^2$$

欲使上式最小化，

必须使
$$\begin{cases} \dfrac{\partial Q}{\partial \beta_0}=0 \\ \dfrac{\partial Q}{\partial \beta_1}=0 \\ \dfrac{\partial Q}{\partial \beta_2}=0 \\ \dfrac{\partial Q}{\partial \beta_3}=0 \end{cases}$$

(4) 代入数据求解参数(求解过程略),解得 $\beta_0,\beta_1,\beta_2,\beta_3$ 的估计值分别为 -1.0045, 0.0553, -0.0040, 0.0907,回归变量 x_2 对因变量 y 的影响不显著,甚至可以不予考虑。经过调整后,$\hat{y}$ 与其他自变量的关系式可表示为:

$$\hat{y}=-1.0045+0.0553x_1+0.0907x_3$$

上述计算很复杂,但用 EXCEL 容易得到计算结果。

(二) 多重判定系数与复相关系数

与一元线性回归类似,多元线性回归方程也有拟合优度判定问题,需用多重判定系数 R^2 来评价因变量 y 的变差中被拟定的回归方程所解释的比例,其公式同一元回归:

$$R^2=\frac{SS_R}{SS_T}=1-\frac{SS_E}{SS_T} \tag{8-9}$$

与一元回归不同的是,在多元回归分析中,自变量数量的增加会影响到因变量的变差中被拟合的回归方程解释的比例。当增加一个自变量,即使这个自变量在统计上并不显著,R^2 也会变大。因此,为避免增加自变量而高估 R^2,统计学家提出用样本量 n 和自变量个数 k 去调整,称为调整的多重判定系数。公式如下:

$$R_a^2=1-(1-R^2)\frac{n-1}{n-k-1} \tag{8-10}$$

从式(8-10)可以看出,R_a^2 的值永远小于 R^2,且不会因自变量增加而越来越接近 1。

R^2 的平方根称为多重相关系数,即复相关系数,该指标度量了因变量同 k 个自变量的相关程度。

(三) 估计标准误差

多元回归的估计标准误差 MS_E 同一元线性回归估计标准误差 S_e 类似,只不过自变量数量由 1 变为 k。公式如下:

$$MS_E=\sqrt{\frac{\sum(y_i-\hat{y}_i)^2}{n-k-1}}=\sqrt{\frac{SS_E}{n-k-1}}=\sqrt{MS_E} \tag{8-11}$$

从式(8-11)可以看出,MS_E 是预测误差的标准差,即残差 ε 的标准差的一个估计值,衡量了自变量 $x_1,x_2,\cdots,x_k$ 预测因变量 y 时的平均预测误差。

(四) 多重共线性与回归分析的显著性检验

当用两个及以上变量来解释同一个因变量时,存在多个自变量之间相互影响的情况,从而影响多元线性回归方程对因变量的解释效应,当自变量之间高度相关时,会将回归分析引入歧途。这种现象称为多元线性回归的多重共线性。

判断自变量之间是否多重线性相关,需对 y 因变量与 k 个自变量之间的总体相关性、因变量与各自变量一一之间的线性关系、各自变量之间相关性,进行显著性检验,涉及假设检验。

进行多元线性回归分析,出现以下情况,可判断该多元回归存在多重共线性问题:当各自变量之间显著相关;回归方程线性相关显著,而回归系数对因变量的线性相关不显著;回归系数的正负号与预期相反。其中,对回归方程的线性关系做 F 统计量方差齐性检验;对各回归系数与因变量一一之间的相关性,以及各变量之间的相关性,进行 t 统计量显著性检验。在此不做详细介绍。

多重共线性问题的存在,使得在做多元线性回归分析时,需进行自变量的筛选。具体筛选方式有向前选择、向后剔除,或者两种方法结合适用。

第四节　非线性相关与非线性回归分析

一、非线性相关概述

1. 非线性相关

非线性(non-linear)相关关系,即自变量与因变量之间的数学关系,不是直线而是曲线、曲面或不确定的属性的相关关系。非线性相关是自然界复杂性的典型性质之一;与线性关系相比,非线性关系更接近客观事物性质本身,是量化研究认识复杂现象的重要方法。在自变量与因变量之间,凡是能用非线性描述的关系,统称非线性相关关系,简称非线性相关。

2. 非线性相关的判定

非线性相关关系无法通过相关系数来判定,其主要判定的方法为作图观摩法。即通过在直角坐标(或者立体坐标等)上做散点图来观察其大致的关系。如符合某一曲线函数关系,就可以判定二者具有非线性相关关系。非线性相关关系所涉及的曲线形式主要包括:双曲线、二次曲线、对数、指数、三角函数、幂函数、罗吉斯曲线和修正指数增长曲线等。

3. 判定方法举例

例 8-10　某种设备平均单价为 y(万元)与批量 x(件)之间的关系,如表 8.6 所示,试依据这些数据判定其相关关系。

表 8.6　某种设备平均售价 y(万元)与销售量 x(件)数据

x	20	25	30	35	40	50	60	65	70	75	80	90
y	1.81	1.70	1.65	1.55	1.48	1.40	1.30	1.26	1.24	1.21	1.20	1.18

解　先作散点图,如图 8.7 所示,可大概判断平均单价 y 与批量 x 间存在二次曲线关系,这种关系属于一种非直线相关关系。

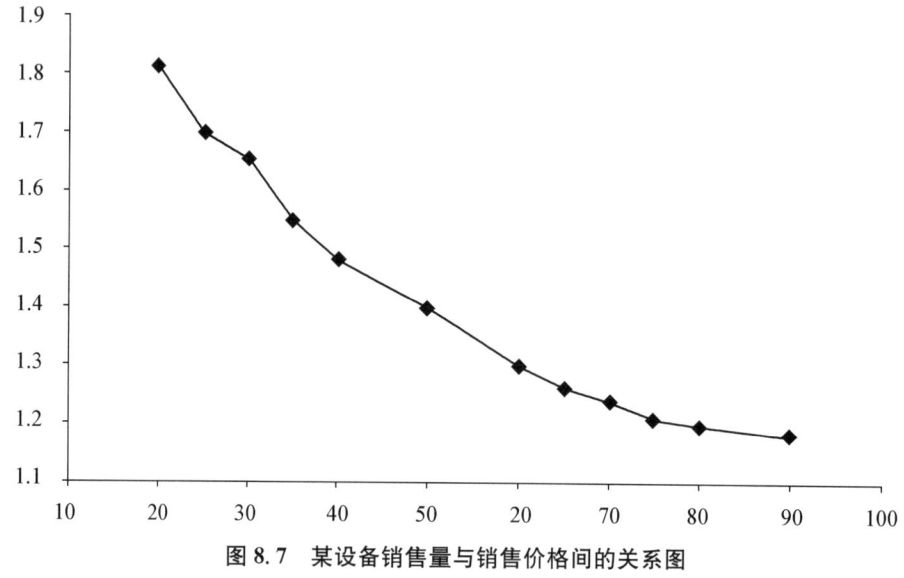

图 8.7 某设备销售量与销售价格间的关系图

二、非线性回归分析

非线性回归与线性回归方法有点类似,在确定自变量和因变量间存在非线性相关关系后,通过建立模型关系,用最小平方法和现有的数据把自变量和因变量间的关系式找出来,并用一个明确的非线性函数关系表示出来。

(一) 常用的非线性回归模型

常见的非线性回归模型有下列几种:

(1) 双曲线模型

$$y_i = a + \frac{b}{x_i} + \varepsilon_i$$

(2) 二次曲线模型

$$y_i = a + bx_i + cx_i^2 + \varepsilon_i$$

(3) 对数模型

$$y_i = a + b\ln x_i + \varepsilon_i$$

(4) 指数模型

$$y_i = ab^{x_i} + \varepsilon_i$$

(5) 三角函数模型

$$y_i = a + b\sin x_i + \varepsilon_i$$

(6) 幂函数模型

$$y_i = ax_i^b + \varepsilon_i$$

(7) 罗吉斯曲线

$$y_i = \frac{e^{a+bx_i}}{1+e^{a+bx_i}} + \varepsilon_i$$

(8) 修正指数增长曲线

$$y_i = a + br^{x_i} + \varepsilon_i$$

根据非线性回归模型线性化的不同性质,上述模型一般可细分成三种类型。

第一类:直接换元型。这类非线性回归模型通过简单的变量换元可直接化为线性回归模型,如双曲线、二次函数、对数和三角函数模式。由于这类模型的因变量没有变形,所以可以直接采用最小平方方法估计回归系数并进行检验和预测。

第二类:间接代换型。这类非线性回归模型经常通过对数变形的代换间接地化为线性回归模型,如指数、幂函数模式。由于这类模型在对数变形代换过程中改变了因变量的形态,使得变形后模型的最小平方估计失去了原模型的残差平方和为最小的意义,从而无法估计原模型的最佳回归系数,造成回归模型与原数列之间的较大偏差。

第三类:非线性型。这类非线性回归模型属于不可线性化的非线性回归模型,如罗吉斯曲线和修正指数增长曲线。第一类和第二类非线性回归模型相对于第三类,又称为可线性化的非线性回归模型。

(二) 可线性化的非线性回归模型的模型变换及参数估计

换元过程和参数估计方法如表 8.7 所示

表 8.7 换元过程和参数估计方法

原模型类型	模型代换	代换后模型	参数估计法
$y_i = a + \dfrac{b}{x_i} + \varepsilon_i$	$x'_i = \dfrac{1}{x_i}$	$y_i = a + bx'_i + \varepsilon_i$	一元线性回归
$y_i = a + bx_i + cx_i^2 + \varepsilon_i$	$x_{1i} = x_i$ $x_{2i} = x_i^2$	$y_i = a + bx_{1i} + cx_{2i} + \varepsilon_i$	多元线性回归
$y_i = a + b\ln x_i + \varepsilon_i$	$x'_i = \ln x_i$	$y_i = a + bx'_i + \varepsilon_i$	一元线性回归
$y_i = a + b\sin x_i + \varepsilon_i$	$x'_i = \sin x_i$	$y_i = a + bx'_i + \varepsilon_i$	一元线性回归
$y_i = ab^{x_i} + \varepsilon_i$	$y'_i = \log y_i = \log a + x_i \log b$ $A = \log a$ $B = \log b$	$y'_i = A + Bx_i$	高斯-牛顿迭代法
$y_i = ax_i^b + \varepsilon_i$	$y'_i = \log y_i = \log a + b\log x_i$ $a' = \log a$ $x'_i = \log x_i$	$y'_i = a' + bx'_i$	高斯-牛顿迭代法

现重点介绍上述直接换元型和间接代换型两种方法。举例如下。

例 8 - 11 仍以上例销售量与售价数据来建立回归模型。

为简便起见我们选取模型:
$$Y = b_0 + b_1 x + b_2 x^2 + \varepsilon \quad \varepsilon \sim N(0, \sigma^2)$$

再令 $x_1 = x, x_2 = x^2$,则上述模型就变成一个二元线性回归曲线模型:
$$Y = b_0 + b_1 x_1 + b_2 x_2 + \varepsilon \quad \varepsilon \sim N(0, \sigma^2)$$

原始数据变为下表所示：

表8.8 销售量与销售价格变更后模拟数据

n	1	2	3	4	5	6	7	8	9	10	11	12
x_1	20	25	30	35	40	50	60	65	70	75	80	90
x_2	400	625	900	1 225	1 600	2 500	3 600	4 225	4 900	5 625	6 400	8 100
Y	1.81	1.70	1.65	1.55	1.48	1.40	1.30	1.26	1.24	1.21	1.20	1.18

令

$$Y=\begin{pmatrix} y_1 \\ y_2 \\ \vdots \\ y_n \end{pmatrix}, B=\begin{pmatrix} b_0 \\ b_1 \\ b_2 \end{pmatrix}, \varepsilon=\begin{pmatrix} \varepsilon_1 \\ \varepsilon_2 \\ \vdots \\ \varepsilon_n \end{pmatrix}, X=\begin{pmatrix} 1 & x_{11} & x_{12} \\ 1 & x_{21} & x_{22} \\ \vdots & \vdots & \vdots \\ 1 & x_{n1} & x_{n2} \end{pmatrix}$$

显然有：

$$Y=XB+\varepsilon$$

依据最小平方法准则变换，有如下关系（推导过程从略）：

$$B=(X'X)^{-1}X'Y$$

（上式中，X'是X的转置矩阵，$(X'X)^{-1}$是$X'X$的逆矩阵）

具体到例8-6中，

$$X=\begin{pmatrix} 1 & 20 & 400 \\ 1 & 25 & 625 \\ \vdots & \vdots & \vdots \\ 1 & 900 & 8\ 100 \end{pmatrix}, Y=\begin{pmatrix} 1.81 \\ 1.70 \\ \vdots \\ 1.18 \end{pmatrix}, 经运算得到：$$

$$X'X=\begin{pmatrix} 12 & 640 & 40\ 100 \\ 640 & 40\ 100 & 277\ 900 \\ 40\ 100 & 277\ 900 & 204\ 702\ 500 \end{pmatrix}$$

$$(X'X)^{-1}=\frac{1}{\Delta}\begin{pmatrix} 4.857\ 292\ 5\times 10^{11} & -1.957\ 17\times 10^{10} & 170\ 550\ 000 \\ -1.957\ 17\times 10^{10} & 848\ 420\ 000 & -7\ 684\ 000 \\ 170\ 550\ 000 & -7\ 684\ 000 & 71\ 600 \end{pmatrix}$$

其中，

$$\Delta=1.419\ 18\times 10^{11}, \quad X'Y=\begin{pmatrix} 16.98 \\ 851.3 \\ 51\ 162 \end{pmatrix}$$

最后运算得：

$$B=\begin{pmatrix} 2.198\ 266 \\ -0.022\ 522 \\ 0.000\ 125 \end{pmatrix}$$

还原到原始模型，可得：

$$Y = 2.19827 - 0.02252x + 0.00013x^2$$

例 8-12 某私营企业 2009~2017 年的销售额数据（单位百万元）如表 8.9，来建立回归模型。

表 8.9 某企业 2009~2017 年的销售额数据 （单位：百万元）

年份	2009	2010	2011	2012	2013	2014	2015	2016	2017
销售额	15.810	17.618	20.824	22.342	25.014	35.721	44.068	63.920	75.763

解 先做出该数据的散点图，如图 8.8 所示。该企业销售额与年份间存在指数关系。其公式可以模拟为：

$$y = ab^x$$

$$\log y = \log a + x \log b$$

可以依照直线关系运用最小二乘法，求其参数：

$$\log a = \frac{\sum_{i=1}^{n} \log y_i}{n}$$

$$\log b = \frac{\sum_{i=1}^{n} x \log y_i}{\sum_{i=1}^{n} x^2}$$

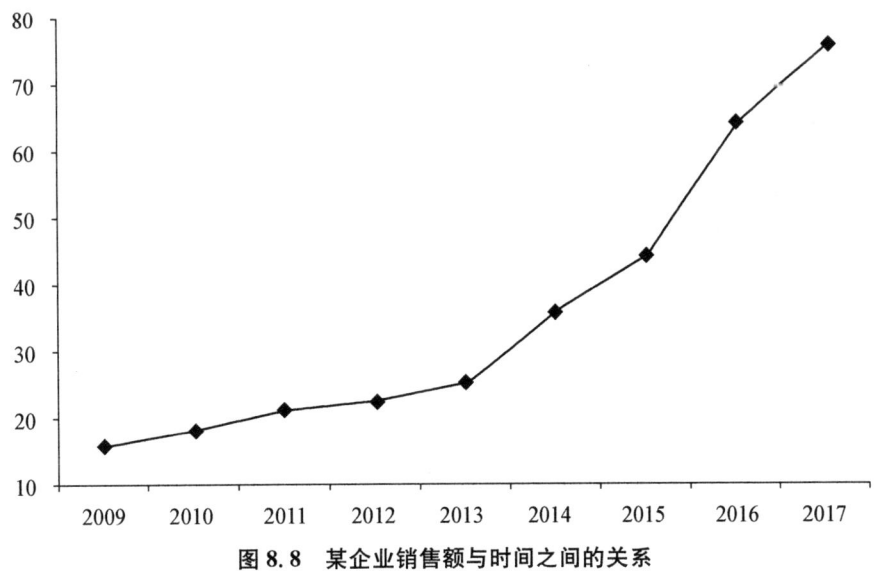

图 8.8 某企业销售额与时间之间的关系

为便于理解，可将上述数据表进一步运算得到表 8.10。

表 8.10 企业销售额与年份之间的回归数据

年份(n)	销售额 y_i	$\log y_i$	x	$x\log y_i$	x^2
2009	15.81	1.198 932	−4	−4.795 73	16
2010	17.618	1.245 957	−3	−3.737 87	9
2011	20.824	1.318 564	−2	−2.637 13	4
2012	22.342	1.349 122	−1	−1.349 12	1
2013	25.014	1.398 183	0	0	0
2014	35.721	1.552 924	1	1.552 924	1
2015	44.068	1.644 123	2	3.288 247	4
2016	63.92	1.805 637	3	5.416 91	9
2017	75.763	1.879 457	4	7.517 829	16
合计	321.08	13.392 9	0	5.256 062	60

$$\log a = \frac{\sum_{i=1}^{n} \log y_i}{n} = \frac{13.392\ 9}{9} = 1.488\ 1$$

$$\log b = \frac{\sum_{i=1}^{n} x\log y_i}{\sum_{i=1}^{n} x^2} = \frac{5.256\ 062}{60} = 0.087\ 601$$

故 $\qquad \log y = 1.488\ 1 + 0.087\ 6x$

查反对数表可得,$a = 30.768, b = 1.223$。

该企业的销售额与年份之间的关系为 $y = 30.768 \times 1.223^x$。

第五节 相关与回归分析中的 EXCEL 的应用

在 EXCEL 数据分析宏中,EXCEL 专门提供了计算相关系数宏过程。利用此宏过程,可以计算多个变量之间的相关矩阵。

(一) 问题与数据

现以"某企业广告投入与销售额"的关系资料为例,见图 8.9。

(二) 操作步骤

利用相关系数宏计算相关系数矩阵的步骤如下:

(1) 点击 EXCEL"工具"菜单,选择"数据分析"过程;

(2) 在"数据分析"宏过程中,选择"相关系数"过程,如图 8.10 所示。

(3) 在"输入区域"中输入两个变量所在区域 A2:B11,数据以列排列,输出区域选择在同一工作表中的 D1:E5 区域里。计算结果如图 8.11 所示。

第八章 相关分析

图8.9 某企业广告投入与销售额

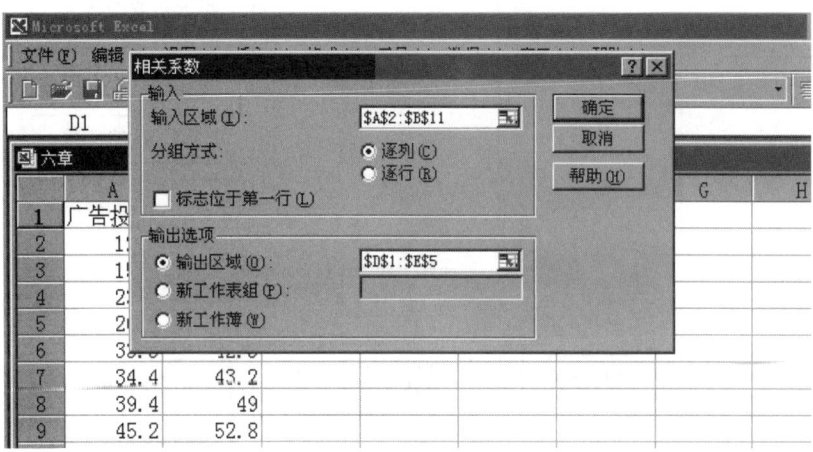

图8.10 相关系数宏

图8.11 利用相关系数宏计算的相关系数矩阵

After —— Class

——知识结构图

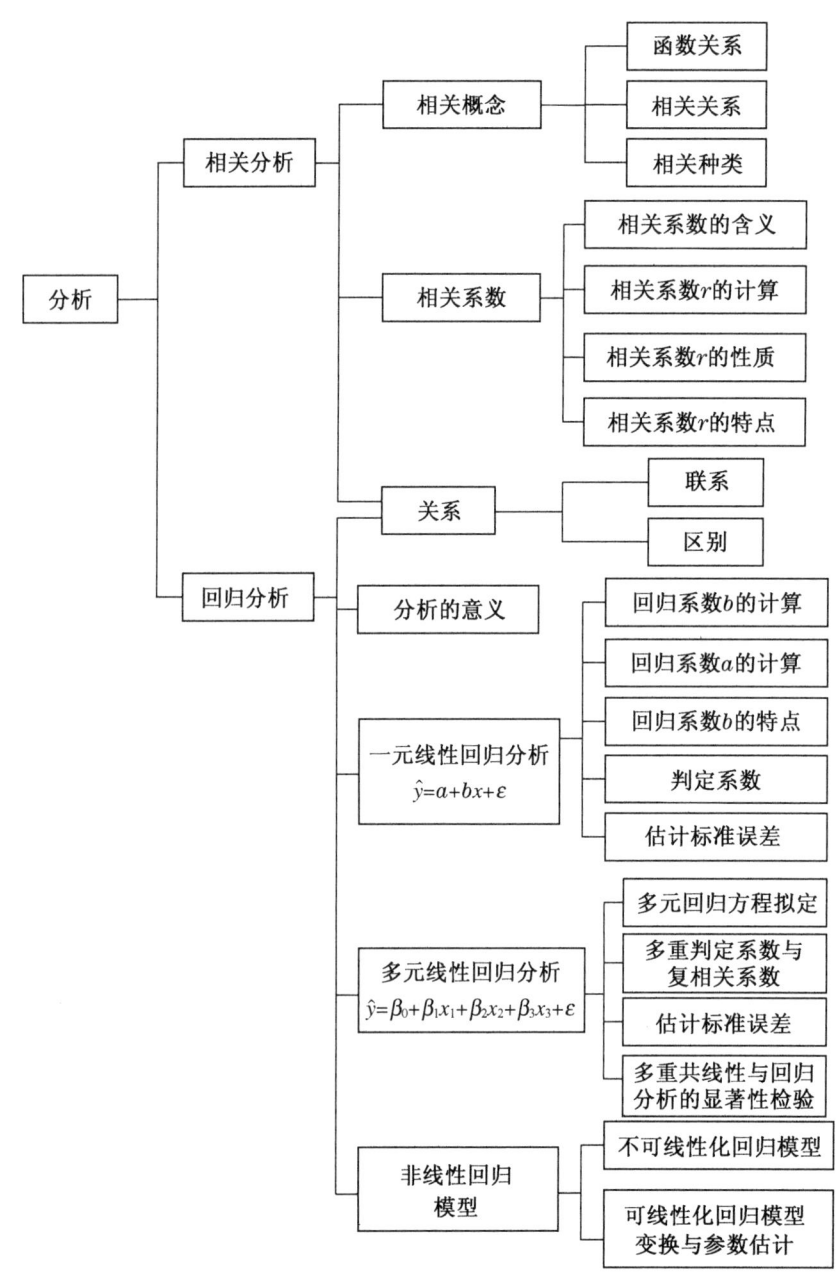

——深度乐享

回归分析创立者——高尔顿　　　　现代统计学的创立者——皮尔逊

——课后练习

一、填空题

1. 现象之间的相互联系可分为＿＿＿＿＿和＿＿＿＿＿。
2. 完全相关的关系即＿＿＿＿＿关系，其相关系数＿＿＿＿＿。
3. 相关系数的绝对值在＿＿＿＿＿和＿＿＿＿＿这个闭区间内变化；其绝对值越趋近于＿＿＿＿，两个变量之间的相关程度越高；越趋近于＿＿＿＿，两个变量之间的相关程度越低。
4. 进行简单直线回归分析时，要求＿＿＿＿是随机的，＿＿＿＿不是随机的，是给定的数值。
5. 若利润额(万元)对销售额(万元)的回归方程 $y_c=31.6+0.18x$，则表明销售额每增加 1 万元，利润额平均增加＿＿＿＿万元。
6. 根据非线性回归模型线性化的不同性质，数量关系模型一般可划分以下可解的＿＿＿＿＿、＿＿＿＿＿、＿＿＿＿＿三种类型。

二、单项选择题

1. 确定回归方程时，对相关的两个变量要求（　　）。
   A. 都是随机变量
   B. 都不是随机变量
   C. 只需因变量是随机变量
   D. 只需自变量是随机变量
2. 用最小平方法配合的趋势线，必须满足的一个基本条件是（　　）。
   A. $\sum(y-y_c)^2 = $ 最小值
   B. $\sum(y-y_c) = $ 最小值
   C. $\sum(y-y_c)^2 = $ 最大值
   D. $\sum(y-y_c) = $ 最大值
3. 合理施肥量与农作物亩产量之间的关系是（　　）。
   A. 函数关系
   B. 单向因果关系
   C. 互为因果关系
   D. 严格的依存关系
4. 相关关系是指（　　）。
   A. 变量之间严格的关系
   B. 变量之间不严格的关系
   C. 任意两个变量之间的关系
   D. 变量之间有内在的但不严格的数量依存关系

5. 在用一个回归方程进行估计推算时( )。
   A. 只能用因变量推算自变量
   B. 只能用自变量推算因变量
   C. 既可用因变量推算自变量,也可用自变量推算因变量
   D. 不需考虑因变量和自变量问题

三、多项选择题

1. 下述关系中存在负相关关系的是( )。
   A. 在合理限度内,农业中施肥量和平均亩产量之间的关系
   B. 工业企业中生产用固定资产平均价值和产品总产量之间的关系
   C. 单位产品成本和单位产品原材料消耗量之间的关系
   D. 商业企业的劳动效率和流通费率之间的关系
   E. 工业产品产量和单位产品成本之间的关系
2. 简单直线回归方程中的回归系数 b 可以表示( )。
   A. 两个变量之间的变动数量关系   B. 两个变量的相关方向
   C. 两个变量之间的计量单位   D. 两个变量之间的密切程度
   E. 自变量增减一个单位,则因变量平均增减多少
3. 下列数据关系中哪些非线性回归模型通过简单变量换元可直接化为线性回归模型( )。
   A. 双曲线   B. 幂函数   C. 二次函数   D. 对数
   E. 三角函数模式

四、判断题

1. 计算相关系数 r 时,首先要确定自变量和因变量。   ( )
2. 若直线回归方程 $y_c = -8 + 2x$,则变量 x 与 y_c 之间属于正相关。   ( )
3. 当回归系数大于零时,则正相关,当回归系数小于零时,则负相关。   ( )
4. 一种回归线只能进行一种推算,不能反过来进行另一种推算。   ( )
5. 回归系数的绝对值小于1。   ( )

五、问答题

1. 相关关系与函数关系有何异同?
2. 相关分析与回归分析有何联系与区别?
3. 相关系数与回归系数有何联系?
4. 什么是估计标准误差?它有哪些作用?

六、计算题

1. 某汽车厂要分析汽车货运量与汽车拥有量之间的关系,选择部分地区进行调查,资料如下表。

年　份	汽车货运量 x(亿 t/km)	汽车拥有量 y(万辆)
2008	4.1	0.27
2009	4.5	0.31
2010	5.6	0.35
2011	6.0	0.40
2012	6.4	0.52
2013	6.8	0.55
2014	7.5	0.58
2015	8.5	0.60
2016	9.8	0.65
2017	11.0	0.73

要求：(1) 根据资料作散布图；(2) 求相关系数；(3) 求简单线性回归方程。

2. 某市电子工业公司有 15 个所属企业，其中 14 个企业 2017 年的设备能力和劳动生产率统计数据如下表。

企业编号	设备能力 x(kW/h)	劳动生产率 y(万元/人)
1	2.8	0.67
2	2.8	0.69
3	3.0	0.72
4	2.9	0.73
5	3.4	0.84
6	3.9	0.88
7	4.0	0.91
8	4.8	0.98
9	4.9	1.06
10	5.2	1.07
11	5.4	1.11
12	5.5	1.18
13	6.2	1.21
14	7.0	1.24

要求：

(1) 绘出散布图，并且建立直线回归方程；

(2) 计算估计标准误差；

(3) 当某一企业的年设备能力达到 8.0 kW/h，试预测其劳动生产率。

3. 某地区 2010~2016 年期间的房地产销售额（百万元）数据如下表，试建立时间数列分析模型，并预测 2017 年该地区房地产销售额。

年份	2010	2011	2012	2013	2014	2015	2016
销售额	629.10	716.41	949.72	919.89	1 210.06	1 485.73	1 510.66

4. 已知鱼的体重 y 与身长 x 存在幂函数关系,即 $y=ax^\beta$,现测得尼罗河罗非鱼的生长数据如下表所示,求罗非鱼体重 Y 和身长 X 间关系的经验公式。

体重(g)	0.5	34	75	122.5	170	192	195
身长(cm)	2.9	6	12.4	15.5	17	18.5	19

第九章
假设检验

Adviced Cases

教学目的和要求
掌握假设检验的基本原理,单总体和双总体均值、成数、方差等参数假设检验的一般原理,以及非参数检验的基本知识;有效地运用参数与非参数假设检验知识以解决现实生活与经济建设工作之统计问题。

关键词
假设检验　显著性水平　两类错误　检验统计量　参数假设检验
非参数假设检验

第一节　假设检验概述

一、假设检验逻辑

假设检验的基本逻辑即小概率事件的反证法。一般认为,小概率事件($p<0.01$ 或 $p<0.05$)在一次试验中基本上不会发生。在反证法逻辑下,先提出原假设,基于原假设和已知信息,用适当的方法确定原假设成立的可能性,如可能性小,则认为原假设不成立;如可能性大,则没有理由否定原假设,要注意的是没有充分理由否定原假设,并不意味着能证明原假设是真的。

具体来说,假设检验先提出原假设,然后根据抽样资料的特点,计算相应的统计量,来判断原假设是否成立,如果成立的可能性是一个小概率,就拒绝该假设。所以,假设检验的关键是看能否通过计算得到的概率(P)去推翻原假设。

例9-1　假设有一袋豆子,袋子里有红豆,也有黑豆,想知道红豆和黑豆是不是一样多。于是从袋子里拿了一把豆子,看看这把红豆多还是黑豆多。用这把豆子作为样本,去推断这袋豆子。既然是用样本推断总体,就有抽样误差的可能性。不管袋子里红豆多还是黑豆多,都不一定能真实反映这袋豆子,此时就要用到假设检验了。

提出原假设:袋子里红豆和黑豆是一样多的,如果观察到红豆黑豆不一样多完全是由抽样造成的。

① 袋子里有 100 个豆子,假定 50 个红豆,50 个黑豆。现拿的这把豆子有 3 个红豆,7 个黑豆。在原假设成立的前提下,也就是说红豆黑豆一样多的基础上,能拿到 3 个红豆、7 个黑豆的概率为:

$$C(50,3) \times C(50,7)/C(100,10) = 0.113$$

说明在红豆和黑豆一样多的假设下,拿到 3 个红豆 7 个黑豆的可能性为 0.11,是很常见的,说明所做的假设是可以成立的,还没有理由能拒绝原假设。

② 袋子里有 100 个豆子,假定 50 个红豆,50 个黑豆。现拿的这把豆子有 1 个红豆,9 个黑豆。在原假设成立的前提下,能拿到 1 个红豆、9 个黑豆的概率为:

$$C(50,1) \times C(50,9)/C(100,10) = 0.007$$

在红豆和黑豆一样多的假设下,拿到 1 个红豆 9 个黑豆的可能性为 $0.007 < 0.05$,为小概率事件,在一次试验中是不应该发生的,而现在发生了,可能是所做的假设有问题,有理由拒绝原假设。

二、假设检验基本概念

(一) 原假设与备择假设

原假设也称零假设,用 H_0 表示,是在假设检验中被用来检验的假设,一般是我们希望拒绝的假设。通常会将原假设描述成变量之间不存在某种差异,或不存在某种关联。备择假设用 H_1 表示,它与零假设相互对立,拒绝零假设就自然接受备择假设。

若果 H_0 可以通过有限实际参数来描述,则称为参数假设,否则为非参数假设。参数假设检验包括均值检验、成数检验和方差检验。非参数检验一般包括 χ^2 拟合优度检验、符号检验等。

(二) 单尾检验与双尾检验

单尾检验即拒绝域落在可能的数据集的一侧;双尾检验即拒绝域落在可能的数据集的两侧。使用单尾检验还是双尾检验取决于备择假设的形式,如表 9.1 所示:

表 9.1 单尾检验、双尾检验及其应用情形

拒绝域的位置	原假设	备择假设
双尾	$H_0: \theta = \theta_0$	$H_1: \theta \neq \theta_0$
左单尾	$H_0: \theta \geq \theta_0$	$H_1: \theta < \theta_0$
右单尾	$H_0: \theta \leq \theta_0$	$H_1: \theta > \theta_0$

实际检验中,选择左侧还是右侧单尾检验,有时会做出截然相反的判断。究其原因,历史表现的不同,会影响人们做出的原假设:历史表现好,人们会做出乐观的原假设,从而对抽

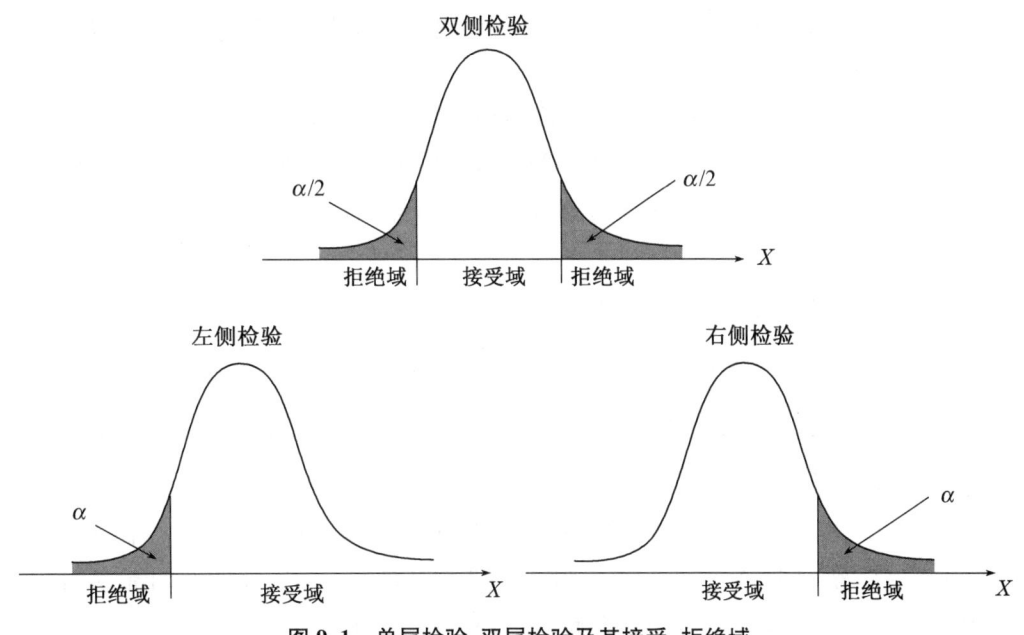

图 9.1　单尾检验、双尾检验及其接受、拒绝域

样要求较低,否定乐观的原假设的拒绝域较小;历史表现差,人们会做出悲观的原假设,从而对抽样要求高,否定悲观的原假设拒绝域也较小。

(三) 两类错误

假设检验是根据样本提供的信息进行推断的,因此也就有犯错的可能。

第一类错误是原假设 H_0 实际成立,但判断拒绝 H_0,犯了"以真为假"的错误,即"弃真"错误。原因为偶然因素,比如人为因素,专门挑刺;或者抽取样本不符合随机原则,出现"坏事扎堆"。

第二类错误为原假设 H_0 实际不成立,但没有拒绝它,犯了以假为真的错误,即"纳伪"错误。原因比如故意弄虚作假,只展示好的一面应付上级检查;或抽取样本不符合随机原则,出现好事扎堆。

具体如表 9.2 所示:

表 9.2　误判情形及其原因分析

评定结论	真实情况		错判的原因	
	H_0 成立	H_1 成立	第一类错误	第二类错误
接受 H_0	正确	第二类错误	偶然因素导致样本统计量落入拒绝域	偶然因素导致样本统计量未落入拒绝域
拒绝 H_0	第一类错误	正确		

(四) 显著性水平

不管如何选择拒绝域,都不可能完全避免第一类错误或第二类错误,也不能同时将犯两类错误的危险压缩到最小。对于任何一个检验而言,第一类错误的危险越小,第二类错误的概率就越大;反之亦然。

因此,奈曼—皮尔逊(Neyman Pearson)提出一个原则,即在控制犯第一类错误不超过指定概率的条件下,尽量使犯第二类错误概率小。按这种法则做出的检验称为"显著性检验",指定的概率称为显著性水平或检验水平,用 α 表示。显著性水平与置信度相对应,显著性水平为 α,则置信度则为 $1-\alpha$。

实际工作中,通常人为规定一个数字,表示原假设实际上成立的最小允许概率,一般取 0.05 或 0.01。通过比较 p 值与 α 值,来判断是否拒绝原假设。具体如图表 9.3 所示:

表 9.3 p 值与 α 值的比较与判断

p 值	碰巧的概率	对原假设 H_0	统计学意义
$p>0.05$	碰巧出现的可能性大于 5%	不能否定原假设 H_0	两组差别无显著意义
$p<0.05$	碰巧出现的可能性小于 5%	可以否定原假设 H_0	两组差别有显著意义
$p<0.01$	碰巧出现的可能性小于 1%	可以否定原假设 H_0	两组差别有非常显著的意义

(五) 常用检验统计量

在统计学中,检验统计量是用于检验假设的参数是否正确的统计量,检验统计量服从一个给定的概率分布。同参数估计一样,常用的检验统计量有 t 统计量、Z 统计量、χ^2 统计量和 F 统计量,相应的分布即 Z 分布、t 分布、χ^2 分布与 F 分布。

在假设检验中,根据显著性水平来确认检验统计量的拒绝域的临界点。统计决策所依据的规则如下:

(1) 给定显著性水平 α,查表得出相应的临界值;

(2) 将检验统计量的值与 α 水平的临界值进行比较;

(3) 如果检验统计量取拒绝域中的值,则拒绝原假设。

简单来说,检验统计量实际上是把估计值与我们的假设值之间的差异(p 值与 α 值)进行的标准化,简化成 Z、t、F、χ^2 值的比较,而方便我们来评估总体参数之间的差值是否大,差值越大,代表差异越大。关于各统计量的特性及临界值表参见抽样调查一章全及指标推断一节。

(六) 检验步骤

以参数假设检验为例说明使用临界法处理参数的假设检验问题,步骤如下。

(1) 根据实际问题的要求,提出原假设 H_0 和备择假设 H_1;

(2) 给定显著性水平 α 以及样本容量 n;

(3) 确定检验统计量的形式:构造检验统计量,收集样本数据,计算检验统计量的样本观察值;

(4) 确定拒绝域的形式:按 $p\{当 H_0 为真,拒绝 H_0\} \leqslant \alpha$ 求出拒绝域;

(5) 根据样本观测值做出决策,是接受 H_0 还是拒绝 H_0。

(七) 假设检验类型及其统计量应用

假设检验的类型及其判定标准,以及统计量的计算总结如表 9.4 所示:

表 9.4 假设检验主要类型及其判定标准

序号	假设检验类型	原假设 H_0	备择假设 H_1	统计量	拒绝域
1	正态总体均值检验(σ^2 已知)	$\mu=u_0$ $\mu\geq u_0$ $\mu\leq u_0$	$\mu\neq u_0$ $\mu<u_0$ $\mu>u_0$	$Z=\dfrac{\overline{X}-\mu_0}{\sigma/\sqrt{n}}$	$\|Z\|>Z_{\alpha/2}$ $Z<-Z_\alpha$ $Z>Z_\alpha$
2	正态总体小样本均值检验(σ^2 未知)	$\mu=u_0$ $\mu\geq u_0$ $\mu\leq u_0$	$\mu\neq u_0$ $\mu<u_0$ $\mu>u_0$	$t=\dfrac{\overline{X}-\mu_0}{S/\sqrt{n}}$	$\|t\|>t_{\frac{\alpha}{2}}(n-1)$ $t<-t_\alpha(n-1)$ $t>t_\alpha(n-1)$
3	大样本成数均值检验	$P=P_0$ $P\geq P_0$ $P\leq P_0$	$P\neq P_0$ $P<P_0$ $P>P_0$	$Z=\dfrac{p-P_0}{\sqrt{PQ/n}}$	$\|Z\|>Z_{\alpha/2}$ $Z<-Z_\alpha$ $Z>Z_\alpha$
4	大样本两个总体均值之差检验(σ_1^2,σ_2^2 已知)	$\mu_1-\mu_2=\delta$ $\mu_1-\mu_2\geq\delta$ $\mu_1-\mu_2\leq\delta$	$\mu_1-\mu_2\neq\delta$ $\mu_1-\mu_2<\delta$ $\mu_1-\mu_2>\delta$	$Z=\dfrac{\overline{X}-\overline{Y}-\delta}{\sqrt{\dfrac{\sigma_1^2}{n_1}+\dfrac{\sigma_2^2}{n_2}}}$	$\|Z\|>Z_{\alpha/2}$ $Z<-Z_\alpha$ $Z>Z_\alpha$
5	大样本两个总体成数之差检验	$H_0:p_1-p_2=D_0$ $H_0:p_1-p_2\geq D_0$ $H_0:p_1-p_2\leq D_0$	$H_1:p_1-p_2\neq D_0$ $H_1:p_1-p_2<D_0$ $H_1:p_1-p_2>D_0$	$z=\dfrac{(\overline{p_1}-\overline{p_2})-D_0}{\sqrt{\dfrac{p_1(1-p_1)}{n_1}+\dfrac{p_2(1-p_2)}{n_2}}}$	$\|Z\|>Z_{\alpha/2}$ $Z<-Z_\alpha$ $Z>Z_\alpha$
6	小样本正态分布两个总体均值之差检验($\sigma_1^2=\sigma_2^2$ 未知)	$\mu_1-\mu_2=\delta$ $\mu_1-\mu_2\geq\delta$ $\mu_1-\mu_2\leq\delta$	$\mu_1-\mu_2\neq\delta$ $\mu_1-\mu_2<\delta$ $\mu_1-\mu_2>\delta$	$t=\dfrac{\overline{X}-\overline{Y}-\delta}{S_\omega\sqrt{\dfrac{1}{n_1}+\dfrac{1}{n_2}}}$ $S_\omega^2=\dfrac{(n_1-1)S_1^2+(n_2-1)S_2^2}{n_1+n_2-2}$	$\|t\|>t_{\alpha/2}(n_1+n_2-2)$ $t<-t_\alpha(n_1+n_2-2)$ $t>t_\alpha(n_1+n_2-2)$
7	正态总体均值未知时的方差检验(μ 未知)	$\sigma^2=\sigma_0^2$ $\sigma^2\geq\sigma_0^2$ $\sigma^2\leq\sigma_0^2$	$\sigma^2\neq\sigma_0^2$ $\sigma^2<\sigma_0^2$ $\sigma^2>\sigma_0^2$	$\chi^2=\dfrac{(n-1)S^2}{\sigma_0^2}$	$\chi^2>\chi_{\alpha/2}^2(n-1)$或 $\chi^2<\chi_{1-\alpha/2}^2(n-1)$ $\chi^2<\chi_{1-\alpha}^2(n-1)$ $\chi^2>\chi_\alpha^2(n-1)$
8	小样本两个总体方差之比的检验(μ_1,μ_2 已知)	$\sigma_1^2=\sigma_2^2$ $\sigma_1^2\geq\sigma_2^2$ $\sigma_1^2\leq\sigma_2^2$	$\sigma_1^2\neq\sigma_2^2$ $\sigma_1^2<\sigma_2^2$ $\sigma_1^2>\sigma_2^2$	$F=\dfrac{S_1^2}{S_2^2}$	$F>F_{\alpha/2}(n_1-1,n_2-1)$或 $F<F_{1-\alpha/2}(n_1-1,n_2-1)$ $F<F_{1-\alpha}(n_1-1,n_2-1)$ $F>F_\alpha(n_1-1,n_2-1)$
9	样本配对检验（成对数据）	$\mu_D=0$ $\mu_D\geq 0$ $\mu_D\leq 0$	$\mu_D\neq 0$ $\mu_D<0$ $\mu_D>0$	$t=\dfrac{\overline{D}-0}{S_D/\sqrt{n}}$	$\|t\|>t_{\alpha/2}(n_1+n_2-1)$ $t<-t_\alpha(n_1+n_2-1)$ $t>t_\alpha(n_1+n_2-1)$

第二节 单总体均值假设检验

一、大样本均值检验

(一) σ 已知大样本均值检验

这种情形完全依照正态分布来检验,通过将样本数据转换为标准正态分布,然后计算 Z 值,再依照所设定的备选假设类型,查找 Z_α 或 $Z_{\alpha/2}$ 值,并比较二者,若落入拒绝域,原假设不成立,备择假设成立;否则,原假设成立。

该类假设检验的检验统计量:

$$Z=\frac{\overline{X}-\mu}{\sigma/\sqrt{n}}\sim N(0,1) \tag{9-1}$$

例 9-2 一位研究者试图检验某一社会调查所运用的抽样程序,该项调查是由一些缺乏经验的访问员进行的。研究者怀疑属于干部和知识分子的家庭抽得过多。过去的统计资料表明,该街区的家庭收入是 7 500 元,标准差是 1 500 元;此次调查共抽取 100 个家庭,样本平均收入是 7 900 元。该研究人员是否有理由怀疑该样本低估?($\alpha=0.05$)

解 根据题意,可做如下假设,并做单侧检验。

$$H_0:\mu\leqslant 7\ 500, H_1:\mu> 7\ 500$$

因 $\alpha=0.05$,查表得 $Z_{0.05}=1.65$,故否定域为:

$$Z>1.65$$

根据中心极限定理,检验统计量:

$$Z=\frac{\overline{X}-7\ 500}{1\ 500/\sqrt{100}}\sim N(0,1)$$

计算得:

$$Z=\frac{7\ 900-7\ 500}{1\ 500/\sqrt{100}}=2.67>1.65$$

检验统计量 Z 的计算表明,样本均值比总体均值大 2.67 个标准差,超过了显著性水平规定的临界值,调查者应该否定"随机抽样"的原假设。也就是说,由于抽样在程序上不合要求,这项社会调查有必要重新组织。

(二) σ 未知大样本均值检验

当 σ 未知时,只要样本量很大,就可用 S 来代替 σ。依据中心极限定理,样本足够大时,样本的均值也服从于正态分布,其分布函数为 $N\left(\mu,\dfrac{\sigma^2}{n}\right)$。由于 σ 未知,可用 S 代替。因此,该类检验的统计量为:

$$Z = \frac{\overline{X}-\mu}{\sigma/\sqrt{n}} \approx \frac{\overline{X}-\mu}{\frac{S}{\sqrt{n}}} \sim N(0,1) \quad (9-2)$$

其检验的方法、步骤与上述内容相同,这里不再赘述。

例 9-3 某单位统计报表显示,人均月收入为 2 330 元,为了验证该统计报表的正确性,做了共 81 人的抽样调查,样本人均月收入为 2 350 元,标准差为 150 元。调查结果能否说明该统计报表显示的人均收入的数字有误($\alpha=0.05$)?

解 根据题意,可作如下的假设,并做双侧检验。
$$H_0: \mu = 2\,330 \text{ 元}, H_1: \mu \neq 2\,330 \text{ 元}$$

因 $\alpha=0.05$,查正态分布表得 $Z_{\alpha/2}=1.96$,故否定域:
$$|Z|>1.96$$

计算检验统计量:
$$Z = \frac{\overline{X}-\mu}{\sigma/\sqrt{n}} \approx \frac{\overline{X}-\mu}{\frac{S}{\sqrt{n}}} \sim N(0,1)$$

$$= \frac{2\,350 - 2\,330}{150/\sqrt{81}}$$

$$= 1.20 < 1.96$$

所以,不能认为该单位人均月收入不是 2 330 元,即不能认为该统计报表有误。

二、小样本均值检验

(一) 已知 σ 的正态分布检验

若总体为正态分布,已知 σ 时,检验的步骤为:

(1) 先做出假设。
$$H_0: \mu = \mu_0, H_1: \mu \neq \mu_0 (\mu > \mu_0 \text{ 或 } \mu < \mu_0)$$

(2) 计算统计量。
$$Z = \frac{\overline{X}-\mu_0}{\sigma/\sqrt{n}} \sim N(0,1) \quad (9-3)$$

(3) 依据 α 值和检验的种类,确定临界值。若是双边检验,查正态分布表中的 $Z_{\alpha/2}$;单边检验时,查正态分布表中的 Z_α 值。

(4) 依据统计量和临界值,判定假设是否成立。若是双边检验,$|Z|>Z_{\alpha/2}$,拒绝原假设,即备选假设成立;若是右侧检验,备选假设为 $\mu>\mu_0$,$Z>Z_\alpha$,则拒绝原假设,即备选假设成立;若是左侧检验,备选假设为 $\mu<\mu_0$,$Z<-Z_\alpha$,则拒绝原假设,即备选假设成立。否则,原假设成立。

例 9-4 某厂生产的产品的使用寿命服从正态分布 $N(1\,020, 100^2)$,先从最近一批产品中随机抽取 16 件,测得样本的平均寿命为 1 080 小时。试在 0.05 的显著水平下判断该批产品的使用寿命是否有显著提高?

解 根据题意,提出假设。

$$H_0: \mu \leqslant 1\,020, H_1: \mu > 1\,020$$

检验统计量

$$Z = \frac{\overline{X} - \mu_0}{\sigma/\sqrt{n}} = \frac{1\,080 - 1\,020}{100/\sqrt{16}} = 2.4$$

由于 $\alpha = 0.05$,查正态分布表,$Z_\alpha = Z_{0.05} = 1.645$。

显然,$Z > Z_\alpha$,应拒绝原假设,接受备选假设,即该批产品使用寿命有显著提高。

(二) σ 未知的正态分布检验

若总体为正态分布,σ 未知时,检验的步骤与上述情况类似,不过此时的数据分布是依照 t 分布去计算的。

检验统计量 t:

$$t = \frac{\overline{X} - \mu}{S/\sqrt{n}} \sim t(n-1) \tag{9-4}$$

算出结果后,再与 t_α 或 $t_{\alpha/2}$ 值(可以通过查 t 值表获得)比较,依据是单边或者双边检验的判定原则来检验(其方法如已知 σ 时的假设检验)。如果进入否定域,原假设 H_0 不成立,则备择假设 H_1 成立;否则,H_0 成立。

例 9-5 已知初婚年龄服从正态分布。根据 9 人的调查有 $\overline{X} = 23.5$ 岁,$S = 3$ 岁,是否可以认为该地区的平均初婚年龄已超过 20 岁?($\alpha = 0.01$)

解 $H_0: \mu \leqslant 20, H_1: \mu > 20$

因为 n 较小,又不知 σ 值,因此用 t 检验,再计算检验统计量。

$$t = \frac{\overline{X} - \mu}{S/\sqrt{n}} = \frac{23.5 - 20}{3/\sqrt{9}} = 3.5$$

显著性水平 0.01,自由度为 8(9-1),查表知否定域为 t 值等于或大于 2.896 5。显然,$t > t_{0.01}$,应拒绝原假设,接受备选假设,即可以认为该地区的平均初婚年龄已超过 20 岁。

第三节 单总体成数和方差假设检验

一、单总体成数的假设检验

有时,需要对总体中具有某种特征的单位在总体中所占的比例 P(总体成数)做显著性检验,如人口中的失业率、学龄儿童中的失学率等。成数检验与二项检验的联系是不言而喻的。因为在二项检验中,随机变量是样本的"成功"次数 x。而在成数检验中,随机变量是样本的"成功"比例(样本成数),这样在 n 一定的情况下,显然有既然是一个随机变量,那么把具体概率赋予样本成数的每一个取值,我们就得到了样本成数的抽样分布。根据中心极限定理,当 n 足够大时,样本成数的抽样分布也服从正态分布。由于数学上很容易证明其方差为 $\frac{PQ}{n} = \frac{P(1-P)}{n}$,这样一来,对于大样本($n \geqslant 30, nP \geqslant 5$),成数的检验统计量 Z 可表示为:

$$Z=\frac{p-P}{\sqrt{PQ/n}}\sim N(0,1) \tag{9-5}$$

例9-6 某地区成年男性中吸烟者占64%,经过戒烟宣传后进行抽样调查,发现100名被调查者中,有55人是吸烟者,戒烟宣传是否有成效?($\alpha=0.05$)

解 已知$n=100>30$,$nP=100\times0.64=64>5$,故可使用正态分布检验。又知$p=0.55$,$P=0.64$,$Q=0.36$,则:

$$H_0:P\geqslant 0.64,H_1:P<0.64$$

据题意,选择单侧检验,因$\alpha=0.05$,查正态分布表$Z_{0.05}=1.65$,其否定域为$Z<-1.65$。再计算检验统计量,将其数据代入式(9-8)得:

$$Z=\frac{p-P}{\sqrt{PQ/n}}=\frac{0.55-0.64}{\sqrt{0.64\times 0.36/100}}=-1.88<-1.65$$

因此,否定原假设,即认为戒烟宣传收到了显著成效。

由于二项分布在小样本难以找到对应的统计分布,在此不讨论小样本的成数的假设检验问题。

二、单总体方差的假设检验

$X_1,X_2,\cdots,X_n$为来自正态总体$N(\mu,\sigma^2)$的样本,μ和σ^2皆未知。给定显著性水平α,且设σ_0^2为给定的常数。

如果我们要检验:

$$H_0:\sigma^2=\sigma_0^2,H_1:\sigma^2\neq\sigma_0^2$$

$$S^2=\frac{1}{n-1}\sum_{i=1}^n(X_i-\overline{X})^2 \text{①}$$

我们知道样本方差S^2是σ^2的一个无偏估计,于是,当原假设成立时,$S^2/\sigma_0^2\approx 1$。因此,这个比值过大或过小都是我们拒绝原假设的理由。根据有关定理$\dfrac{\sum_{i=1}^n(X_i-\overline{X})^2}{\sigma^2}$服从于自由度$k=n-1$的$\chi^2$分布,因此,在原假设成立之下,必然有如下关系式:

$$\frac{(n-1)S^2}{\sigma_0^2}\sim\chi_\alpha^2(n-1)$$

取它为检验统计量,一个直观上合理的检验是当存在下列关系时,拒绝原假设:

$$\chi^2=\frac{(n-1)S^2}{\sigma_0^2}<c_1 \text{ 或 } \chi^2=\frac{(n-1)S^2}{\sigma_0^2}>c_2 \tag{9-6}$$

这里c_1和c_2由显著性水平α来确定。为简单计,可取:

$$c_1=\chi_{1-\alpha/2}^2(n-1),c_2=\chi_{\alpha/2}^2(n-1)$$

于是,检验的拒绝域为:

---

① 注意:样本方差与抽样误差的计算差了一个自由度,抽样误差的计算公式为:$\dfrac{1}{n}\sum_{i=1}^n(X_i-\overline{X})^2$。

$$\chi^2 = \frac{(n-1)S^2}{\sigma_0^2} < \chi_{1-\alpha/2}^2(n-1) \text{ 或 } \chi^2 = \frac{(n-1)S^2}{\sigma_0^2} > \chi_{\alpha/2}^2(n-1) \tag{9-7}$$

如果我们要检验假设：

$$H_0: \sigma^2 \leqslant \sigma_0^2, H_1: \sigma^2 > \sigma_0^2$$

那么，当原假设成立时，$S^2/\sigma_0^2 \leqslant 1$，因此，$S^2/\sigma_0^2$ 也倾向于不过分小于1，根据式(9-6)，一个直观上正确的检验应当是，当存在下列关系时，拒绝原假设：

$$\chi^2 = \frac{(n-1)S^2}{\sigma_0^2} > c = \chi_{\alpha/2}^2(n-1)$$

于是对给定的显著性水平 α，其检验的拒绝域为：

$$\chi^2 = \frac{(n-1)S^2}{\sigma_0^2} > \chi_{\alpha/2}^2(n-1) \tag{9-8}$$

类似地，对给定的显著性水平 α，我们可得到检验假设（$H_0: \sigma^2 \geqslant \sigma_0^2, H_1: \sigma^2 < \sigma_0^2$）的拒绝域为：

$$\chi^2 = \frac{(n-1)S^2}{\sigma_0^2} < \chi_{1-\alpha/2}^2(n-1) \tag{9-9}$$

以上三个检验都用到了 χ^2 分布，我们习惯把这类检验通称为 χ^2 检验。

例 9-7 某公司生产的发动机部件的直径服从正态分布。其标准差为 $\sigma = 0.048$ cm，现随机抽取 5 个部件，测得它们的直径为 1.32、1.55、1.36、1.40、1.44（cm），假设 $\alpha = 0.05$。试问：我们能否认为该公司生产的发动机部件的直径的标准差确实为 $\sigma = 0.048$ cm 吗？我们能否认为 $\sigma^2 \leqslant 0.048^2$？

解 (1) 由于本题为小样本，且为正态分布，在 $\alpha = 0.05$ 下，提出如下检验假设：

$$H_0: \sigma^2 = 0.048^2, H_1: \sigma^2 \neq 0.048^2$$

根据已知数据计算得到 $S^2 = 0.007\,78$，而 $n = 5$，再将它们代入到式(9-10)中，

$$\frac{(n-1)S^2}{\sigma_0^2} = \frac{(5-1) \times 0.007\,78}{0.048^2} = 13.51$$

而 $\chi_{1-\alpha/2}^2(n-1) = \chi_{0.975}^2(4) = 0.484$，$\chi_{\alpha/2}^2(n-1) = \chi_{0.025}^2(4) = 11.143$（查 χ^2 分布临界值表得到该数值）。由于 $13.51 > 11.143$，由式(9-7)知：我们应该拒绝 H_0，即认为发动机部件的直径标准差不是 0.048 cm。

(2) 依照本题要求，在显著性水平 $\alpha = 0.05$ 下，该检验为单侧检验，特提出如下检验假设：

$$H_0: \sigma^2 \leqslant 0.048^2, H_1: \sigma^2 > 0.048^2$$

查 χ^2 分布临界值表可知：

$$\chi_\alpha^2(n-1) = \chi_{0.05}^2(4) = 9.49$$

由于上述第一问已计算出统计量，现只需比较即可：

$$\frac{(n-1)S^2}{\sigma_0^2} = 13.51 > 9.49$$

于是，依据式(9-8)知，我们应该拒绝原假设，即认为发动机原部件的直径标准差超过了 0.048。

第四节 两个总体假设检验

一、两个总体检验的基本思想

两个总体检验实质是把一个总体的检验原理和做法扩大到两个总体,以比较两个总体的均值、成数与方差间的关系,仍然要借助于假设检验的一般原理。同时要借助于中心极限定律,在大样本下,两个样本平均数或成数之差仍服从于正态分布;小样本正态分布时,以其参数和 t 分布或 F 分布等的关系来建立关系式。其步骤与单总体假设检验相类似。

二、两个总体大样本检验

(一) 大样本总体均值差检验

1. 理论基础

如果从 $N(\mu_1, \sigma_1^2)$ 和 $N(\mu_2, \sigma_2^2)$ 两个总体中分别抽取容量为 n_1 和 n_2 的独立随机样本,那么两个样本的均值差 $(\overline{X_1} - \overline{X_2})$ 的抽样分布就是 $N(\mu_1 - \mu_2, \frac{\sigma_1^2}{n_1} + \frac{\sigma_2^2}{n_2})$。当样本的容量 $n \geq 30$ 时,不管总体为何种分布,其样本的均值均服从于正态分布,其两个样本的均值之差的抽样分布就如同上式。

也即

$$Z = \frac{(\overline{X_1} - \overline{X_2}) - (\mu_1 - \mu_2)}{\sqrt{\frac{\sigma_1^2}{n_1} + \frac{\sigma_2^2}{n_2}}} \sim N(0, 1)$$

2. 大样本均值差检验步骤

(1) 原假设。

$$H_0 : \mu_1 - \mu_2 = D_0$$

(2) 备择假设。

双侧 $\qquad H_1 : \mu_1 - \mu_2 \neq D_0$

单侧 $\qquad H_1 : \mu_1 - \mu_2 > D_0$ 或 $H_1 : \mu_1 - \mu_2 < D_0$

(3) 计算统计量。

$$Z = \frac{(\overline{X_1} - \overline{X_2}) - D_0}{\sqrt{\frac{\sigma_1^2}{n_1} + \frac{\sigma_2^2}{n_2}}} \tag{9-10}$$

(4) 否定域。

双侧 $\qquad Z > Z_{\alpha/2}$ 或 $Z < -Z_{\alpha/2}$ $\qquad$ (9-11)

单侧 $\qquad Z > Z_\alpha [H_1 : (\mu_1 - \mu_2) > D_0]$ 或 $Z < Z_\alpha [H_1 : (\mu_1 - \mu_2) < D_0]$ $\qquad$ (9-12)

(5) 比较判定。

若未在否定域中,原假设成立,即:

$$H_0: \mu_1 - \mu_2 = D_0$$

否则,备择假设成立,即:

双侧 $\qquad H_1: \mu_1 - \mu_2 \neq D_0$

单侧 $\qquad H_1: \mu_1 - \mu_2 > D_0$ 或 $H_1: \mu_1 - \mu_2 < D_0$

3. 举例

例 9-7 为了比较已婚妇女对婚后生活的态度是否因婚龄而有所差别,将已婚妇女按对婚后生活的态度分为"满意"和"不满意"两组。从满意组中随机抽取 600 名妇女,其平均婚龄为 8.5 年,标准差为 2.3 年;从不满意组抽出 500 名妇女,其平均婚龄为 9.2 年,标准差 2.8 年。试问:在 $\alpha=0.05$ 显著性水平上,两组是否存在显著性差异?

解 由于该题两个样本均为大样本,且"满意"总体和"不满意"总体为不同的总体。

在"满意"总体中的样本数据为 $n_1=600, \overline{X_1}=8.5, S_1=2.3$;在"不满意"总体中的样本数据为 $n_2=500, \overline{X_2}=9.2, S_2=2.8$。

提出原假设 $H_0: \mu_1-\mu_2=0$,备择假设 $H_1: \mu_1-\mu_2 \neq 0$。

计算检验统计量
$$Z = \frac{(\overline{X_1}-\overline{X_2})-D_0}{\sqrt{\frac{\sigma_1^2}{n_1}+\frac{\sigma_2^2}{n_2}}}$$

$$= \frac{(8.5-9.2)-(0)}{\sqrt{\frac{2.3^2}{600}+\frac{2.8^2}{500}}}$$

$$= -4.47$$

显然,$Z < Z_{0.05/2} = -1.96$,拒绝原假设,即备择假设成立。$\alpha=0.05$ 显著性水平上两组存在显著性差异,也即接受 $H_1: \mu_1-\mu_2 \neq 0$,可以认为妇女婚龄长短影响婚后生活的满意度。

(二) 大样本总体成数差检验

由于大样本成数服从于 $N(P, PQ/N)(P=X/N)$,故两个总体中的样本成数之差 (P_1-P_2) 也服从于正态分布。设其中一样本数为 n_1,成数为 p_1,其方差 $p_1(1-p_1)$;另一样本数为 n_2,成数为 p_2,其方差 $p_2(1-p_2)$。则 $p_1-p_2 \sim N\left[P_1-P_2, \frac{P_1(1-P_1)}{n_1}+\frac{P_2(1-P_2)}{n_2}\right]$。其中 $p_1=\frac{x_1}{n_1}, p_2=\frac{x_2}{n_2}$,即样本的成数。

故其成数差检验的步骤为:

(1) 原假设。

$$H_0: P_1-P_2 = D_0$$

(2) 备择假设。

双侧 $\qquad H_1: P_1-P_2 \neq D_0$

单侧 $\qquad H_1: P_1-P_2 > D_0$ 或 $H_1: P_1-P_2 < D_0$

(3) 计算统计量。

$$Z=\frac{(p_1-p_2)-D_0}{\sqrt{\dfrac{P_1(1-P_1)}{n_1}+\dfrac{P_2(1-P_2)}{n_2}}} \tag{9-13}$$

当 P_1 和 P_2 未知,须用样本成数 p_1 和 p_2 进行估算时,分以下两种情况讨论。

① 若原假设中两总体成数的关系为 $P_1-P_2=0$,这时两总体可看作成数相同的总体,它的点估计为:

$$P_\mu=\frac{x_1+x_2}{n_1+n_2}=\frac{n_1 p_1+n_2 p_2}{n_1+n_2}$$

此时上式中检验统计量 Z 可简化为:

$$Z=\frac{(p_1-p_2)-0}{\sqrt{\dfrac{P_\mu Q_\mu}{n_1}+\dfrac{P_\mu Q_\mu}{n_2}}}=\frac{p_1-p_2}{\sqrt{P_\mu Q_\mu}\sqrt{\dfrac{n_1+n_2}{n_1 n_2}}} \tag{9-14}$$

② 若原假设中两总体成数 $P_1 \neq P_2$,那么它们的点估计值有:

$$P_{\mu_1} \approx p_1, P_{\mu_2} \approx p_2$$

此时上式中检验统计量 Z 为:

$$Z=\frac{(p_1-p_2)-D_0}{\sqrt{\dfrac{p_1(1-p_1)}{n_1}+\dfrac{p_2(1-p_2)}{n_2}}} \tag{9-15}$$

(4) 否定域。

双侧 $\qquad Z>Z_{\alpha/2}$ 或 $Z<-Z_{\alpha/2}$ \hfill (9-16)

单侧 $\quad Z>Z_\alpha [H_1:(P_1-P_2)>D_0]$ 或者 $Z<Z_\alpha [H_1:(P_1-P_2)<D_0]$ \hfill (9-17)

(5) 比较判定。

若未在否定域中,原假设成立,即:

$$H_0:P_1-P_2=D_0$$

否则,备择假设成立,即:

双侧 $\qquad H_1:P_1-P_2 \neq D_0$

单侧 $\qquad H_1:P_1-P_2>D_0$ 或 $H_1:P_1-P_2<D_0$

例 9-8 有一个大学生的随机样本,按照性格"外向"和"内向",把他们分成两类。结果发现,新生中有 73% 属于"外向"类,四年级学生中有 58% 属于"外向"类。样本中新生有 171 名,四年级学生有 117 名。试问:在 0.01 水平上,两类学生有无显著性差异?

解 据题意新生组的抽样结果为:

$$p_1=0.73, p_2=0.58, n_1=171, n_2=117$$

提出假设:

$$H_0:P_1-P_2=D_0=0, H_1:P_1-P_2=D_0 \neq 0$$

计算检验统计量:

$$P_\mu=\frac{x_1+x_2}{n_1+n_2}=\frac{171 \times 0.73+117 \times 0.58}{171+117}=0.669$$

$$Z = \frac{p_1 - p_2}{\sqrt{P_\mu Q_\mu}\sqrt{\frac{n_1+n_2}{n_1 n_2}}} = \frac{0.73-0.58}{\sqrt{0.669\times 0.331}\sqrt{\frac{171+117}{171\times 117}}} = 2.66$$

因为 $\alpha=0.01$，其否定域为 $Z > Z_{\alpha/2} = Z_{0.005} = 2.58$，或者 $Z < -Z_{\alpha/2} = -Z_{0.005} = -2.58$。而 $2.66 > 2.58$，因而否定原假设，即可以认为在 0.01 显著性水平上，两类学生在性格上是有差异的。

三、两个总体小样本检验

与对单总体小样本假设检验一样，我们对两总体小样本假设检验只讨论总体满足正态分布的情况。

(一) 小样本均值差检验

1. 当 σ_1^2 和 σ_2^2 已知时，小样本均值差检验

$$\overline{X_1} \sim N\left(\mu_1, \frac{\sigma_1^2}{n_1}\right), \overline{X_2} \sim N\left(\mu_2, \frac{\sigma_2^2}{n_2}\right)$$

依据正态分布的线性组合仍服从于正态分布，则有如下关系：

$$\overline{X_1} - \overline{X_2} \sim \left[(\mu_1 - \mu_2), \frac{\sigma_1^2}{n_1} + \frac{\sigma_2^2}{n_2}\right]$$

$$Z = \frac{(\overline{X_1} - \overline{X_2}) - (\mu_1 - \mu_2)}{\sqrt{\frac{\sigma_1^2}{n_1} + \frac{\sigma_2^2}{n_2}}} \sim N(0,1) \quad (9-18)$$

其检验与上一节所述大样本总体均值差检验完全相同，这里不再赘述。

2. 当 σ_1^2 和 σ_2^2 未知，但 $\sigma_1 = \sigma_2$，小样本均值差检验

此时，可以用两个样本的方差的加权平均数 $S_{\overline{X_1}-\overline{X_2}}^2$ 代替 $\sigma_{\mu_1-\mu_2}^2$：

$$\sigma_{\mu_1-\mu_2}^2 \approx S_{\overline{X_1}-\overline{X_2}}^2 = \frac{(n_1-1)S_1^2}{(n_1-1)+(n_2-1)} + \frac{(n_2-1)S_2^2}{(n_1-1)+(n_2-1)}$$

这里与总体情形类似，下式 t 服从于自由度为 $n_1 + n_2 - 2$ 的 t 分布：

$$t = \frac{(\overline{X_1} - \overline{X_2}) - (\mu_1 - \mu_2)}{S_{\overline{X_1}-\overline{X_2}}\sqrt{\frac{1}{n_1} + \frac{1}{n_2}}} \sim t(n_1 + n_2 - 2)$$

其均值差的检验步骤如下。

(1) 原假设。

$$H_0: \mu_1 - \mu_2 = D_0$$

(2) 备择假设。

双侧 $\quad H_1: \mu_1 - \mu_2 \neq D_0$

单侧 $\quad H_1: \mu_1 - \mu_2 > D_0$ 或 $H_1: \mu_1 - \mu_2 < D_0$

(3) 否定域。

双侧 $\quad t > t_{\alpha/2}(n_1 + n_2 - 2)$ 或 $t < -t_{\alpha/2}(n_1 + n_2 - 2) \quad (9-19)$

单侧 $t > t_\alpha [H_1: (\mu_1 - \mu_2) > D_0]$ 或 $t < -t_\alpha [H_1: (\mu_1 - \mu_2) < D_0]$ (9-20)

(4) 检验统计量。

$$t = \frac{\overline{X}_1 - \overline{X}_2 - D_0}{\sigma_{\mu_1 - \mu_2}} = \frac{(\overline{X}_1 - \overline{X}_2) - D_0}{\sqrt{\frac{(n_1-1)S_1^2 + (n_2-2)S_2^2}{n_1 + n_2 - 2}} \sqrt{\frac{n_1 + n_2}{n_1 n_2}}} \quad (9-21)$$

(5) 比较判定。

计算出 t 值后查看其是否在否定域中,若在,原假设不成立,备择假设成立;否则,原假设成立。

例 9-9 某市对儿童体重情况进行调查,抽查 8 岁的女孩 20 人,平均体重 22.2 千克,标准差 2.46 千克;抽查 8 岁的男孩 18 人,平均体重 21.3 千克,标准差 1.82 千克。若男女儿童体重的总体方差相等,试问:在显著性水平 5% 上,该年龄男女儿童之体重有无显著差异?

解 据题意,设女孩组为第一组:

$$\overline{X}_1 = 22.2(千克), S_1 = 2.46(千克), n_1 = 20(人)$$

男孩组为第二组:

$$\overline{X}_2 = 21.3(千克), S_2 = 1.82(千克), n_2 = 18(人)$$

原假设:

$$H_0: \mu_1 - \mu_2 = D_0 = 0$$

备择假设:

$$H_1: \mu_1 - \mu_2 \neq D_0 = 0$$

计算检验统计量:

$$t = \frac{(\overline{X}_1 - \overline{X}_2) - 0}{\sqrt{\frac{(n_1-1)S_1^2 + (n_2-2)S_2^2}{n_1 + n_2 - 2}} \sqrt{\frac{n_1 + n_2}{n_1 n_2}}}$$

$$= \frac{22.2 - 21.3}{\sqrt{\frac{19 \times 2.46^2 + 17 \times 1.82^2}{20 + 18 - 2}} \times \sqrt{\frac{20 + 18}{20 \times 18}}}$$

$$= 1.26$$

因 $\alpha = 0.05$,因而有 $t_{0.025}(36) = 2.028 > 1.26$。故不能否定 H_0,即可认为男女儿童平均体重无显著性差异。

3. 当 σ_1^2 和 σ_2^2 未知,但 $\sigma_1 \neq \sigma_2$,小样本均值差检验

因为不能假定 $\sigma_1 = \sigma_2$,那么就不能引进共同的 $\sigma_{(\mu_1 - \mu_2)}$。简单的做法是用 $S_1^2/(n_1-1)$ 估计 σ_1^2/n_1,用 $S_2^2/(n_2-1)$ 估计 σ_2^2/n_2,于是有:

$$\sigma_{(\mu_1 - \mu_2)} = \sqrt{\frac{S_1^2}{n_1 - 1} + \frac{S_2^2}{n_2 - 1}} \quad (9-22)$$

例 9-10 如上题,若不能确定男女儿童体重的总体方差相等,试问:在显著性水平 5% 上,该年龄男女儿童之体重有无显著差异?

重新代入上式：

$$t = \frac{\overline{X_1} - \overline{X_2}}{\sqrt{\frac{S_1^2}{n_1-1} + \frac{S_2^2}{n_2-1}}} \quad (9-23)$$

$$= \frac{22.2 - 21.3}{\sqrt{\frac{2.46^2}{20-1} + \frac{1.82^2}{18-1}}}$$

$$= 1.256$$

显然，用上述两种式子，得出的结果差别不大。

(二) 小样本方差比检验

在实际研究中，除了要比较两个总体的均值外，有时还需要比较两个总体的方差。例如对农村家庭和城镇家庭进行比较，除了平均收入的比较外，还要用方差比较收入的不平均情况。此外，刚刚在小样本均值差的检验中曾谈到，当方差未知时，往往还假设两总体方差相等。因此，在总体方差未知情况下，先进行方差比检验，对于均值差检验也具有一定意义。

设有两个正态总体 $N(\mu_1, \sigma_1^2)$ 和 $N(\mu_2, \sigma_2^2)$，现从这两个总体中分别独立地各抽取一个随机样本 $(X_1, X_2, \cdots, X_m)$ 和 $(Y_1, Y_2, \cdots, Y_n)$，其方差分别为 S_1^2, S_2^2。

我们欲检验，

$$H_0: \sigma_1^2 = \sigma_2^2, H_1: \sigma_1^2 \neq \sigma_2^2$$

由单总体的方差检验情形分析可知：

$$\frac{(m-1)S_1^2}{\sigma_1^2} \sim \chi_\alpha^2(m-1)$$

$$\frac{(n-1)S_2^2}{\sigma_2^2} \sim \chi_\alpha^2(n-1)$$

它们相互独立，于是：

$$\frac{S_1^2/\sigma_1^2}{S_2^2/\sigma_2^2} \sim F(m-1, n-1)$$

显然，当原假设成立时，必然有 $\sigma_1^2 = \sigma_2^2$，于是有：

$$\frac{S_1^2}{S_2^2} \sim F(m-1, n-1) \quad (9-24)$$

据此，在给定显著性水平 α 下，两个方差是否相等的双边检验拒绝域为：

$$\frac{S_1^2}{S_2^2} < F_{1-\alpha/2}(m-1, n-1) \text{ 或 } \frac{S_1^2}{S_2^2} > F_{\alpha/2}(m-1, n-1) \quad (9-25)$$

对于单边检验问题，原假设和备择假设分别为：

$$H_0: \sigma_1^2 \leqslant \sigma_2^2, H_1: \sigma_1^2 > \sigma_2^2; H_0: \sigma_1^2 \geqslant \sigma_2^2, H_1: \sigma_1^2 < \sigma_2^2$$

在显著性水平为 α 下两个方差关系检验的拒绝域为：

$$\frac{S_1^2}{S_2^2} > F_\alpha(m-1, n-1); \frac{S_1^2}{S_2^2} < F_{1-\alpha}(m-1, n-1) \qquad (9-26)$$

由于上述这两个检验都用到了 F 分布,文献中把它以及类似的检验通称为 F 检验。

例 9-11 甲、乙两厂生产同一种电阻,现从甲乙两厂的产品中分别随机抽取 12 个和 10 个样品,测得它们的电阻值后,计算出样本方差分别为 $S_1^2 = 1.40, S_2^2 = 5.38$。假设电阻值服从正态分布,在显著性水平 $\alpha = 0.05$ 下,我们是否可以认为两厂生产的电阻阻值的方差存在如下关系:(1) $\sigma_1^2 = \sigma_2^2$;(2) $\sigma_1^2 \leqslant \sigma_2^2$?

解 (1) 该问题即双边检验假设:

$$H_0: \sigma_1^2 = \sigma_2^2, H_1: \sigma_1^2 \neq \sigma_2^2$$

因为 $m = 12, n = 10$,从上述式(9-25)可知,我们需要获得 $F_{(11,9)}(0.975)$ 值,但一般 F 分布表中查不到这个值。我们需要利用 F 分布的性质 $F_{1-\alpha/2}(m-1, n-1) = \dfrac{1}{F_{\alpha/2}(n-1, m-1)}$ 来间接地获取,因此:

$$F_{1-0.025}(12-1, 10-1) = \frac{1}{F_{0.025}(10-1, 12-1)}$$

$$= \frac{1}{3.59} = 0.28$$

而 $\dfrac{S_1^2}{S_2^2} = \dfrac{1.40}{5.38} = 0.26 < 0.28 = F_{0.975}(11, 9)$

因此,式(9-25)的第一个不等式成立,所以,我们拒绝原假设,即认为两厂生产的电阻阻值的方差不同。

(2) 该问题属于单侧检验,必须获得 $F_\alpha(m-1, n-1) = F_{0.05}(11, 9)$ 的值,但是在普通的 F 分布表中,没有第一个自由度为 11 的,相邻的仅有 10 和 12。因此,可以用 $F_{0.05}(10, 9)$ 和 $F_{0.05}(12, 9)$ 的平均值作为它的近似值:

$$F_{0.05}(11, 9) = \frac{1}{2} \times [F_{0.05}(10, 9) + F_{0.05}(12, 9)]$$

$$= \frac{1}{2} \times (3.14 + 3.07)$$

$$= 3.105$$

由于 $\dfrac{S_1^2}{S_2^2} = \dfrac{1.40}{5.38} = 0.26 < 3.105$,没有落入式(9-26)的拒绝域中。于是,我们接受原假设,即认为甲厂生产的电阻的阻值的方差(波动性)较小。

第五节 非参数假设检验

一、概念及特点

非参数检验(Nonparametric Tests)也称为与总体分布无关的检验(Distribution Free Tests)。与参数检验相比,在非参数检验中不需要对总体分布的具体形式做出严格假设,或者只需要很弱的假设。大部分非参数检验都是针对总体的分布进行的检验,但也可以对总体的某些参数进行检验。

非参数检验特点主要如下:① 非参数检验不需要严格假设条件,因而比参数检验有更广泛的适用面。② 非参数检验几乎可以处理包括定类数据和定序数据在内的所有类型的数据,而参数检验通常只能用于定量数据的分析。③ 在参数检验和非参数检验都可以使用的情况下,非参数检验的功效(Power)要低于参数检验方法。

非参数检验的适用范围包括:① 参数检验中的假设条件不满足,从而无法应用。例如总体分布为偏态或分布形式未知,且样本为小样本时。② 检验中涉及的数据为定类或定序数据。③ 所涉及的问题中并不包含参数,如判断某样本是否为随机样本,判断某样本是否来自正态分布等。④ 对各种资料的初步分析。

非参数检验的方法如下:① 用于单个样本的 χ^2 拟合优度检验、K-S 拟合优度检验、中位数的符号检验。② 用于两个匹配样本的 Wilcoxon 符号秩检验。③ 用于两个独立样本的 Wlicoxon 秩和检验。④ 用于多个独立样本的 Kruskal-Wallis 检验。

二、χ^2 拟合优度检验和 K-S 拟合优度检验

单样本 χ^2 检验和单样本 K-S 检验都属于拟合优度检验,都采用实际频数和期望频数之差进行检验。χ^2 检验(卡方检验)要求数据为定类测量或定序测量(分类数据);K-S 检验要求数据为定距测量或定比测量(连续数据)。

单样本 K-S 检验是利用样本数据推断总体是否服从某一理论分布的方法,适用于探索连续型随机变量的分布形态。[①] χ^2 拟合优度检验则是用 χ^2 统计量衡量观察值与理论推断值的偏离程度,χ^2 值越大,观察值与理论推断值偏差越大;反之,二者偏差越小。

χ^2 统计量是进行显著性统计的重要内容之一,用来检验分类变量的相关性是否显著,例 9-12 具体演示了 χ^2 拟合优度检验的思想、具体步骤及公式。

例 9-12 一种饮料的容器材料可以选择玻璃、塑料或者金属。为了比较消费者对包

---

① 两样本 K-S 检验由于对两样本的经验分布函数的位置和形状参数的差异都敏感,是比较两样本分布的常规的非参数方法。

装材料的偏好,抽样调查了 120 名消费者发现,最喜欢玻璃、塑料和金属容器的分别有 55、25 和 40 人。根据调查结果,能否认为消费者对 3 种材料的偏好程度是无差异的($\alpha=0.05$)?

解 如果消费者对 3 种材料的偏好程度是无差异的,也就是说消费者对材料的偏好服从均匀分布,则理论上来说,调查 120 名消费者,偏好每种材料的人数应该是相等的,也就是 40 人。各组观测到的人数与理论人数(期望值)之间的差异应该都是由于抽样的随机性造成的,因此不应该太大。如果二者之间的差异特别大,则说明我们所做的假设(消费者对 3 种材料的偏好程度是无差异的)很可能不成立。

可以借用如下统计量来测试:

$$\chi^2 = \sum_{i=1}^{k} \frac{(X_i - E_i)^2}{E_i} \qquad (9-27)$$

上式中 k 是样本分类的个数,X_i 表示实际观察到的频数,E_i 表示理论频数。观察频数与期望频数越接近,则 χ^2 值越小。根据皮尔逊定理,当 n 充分大时,χ^2 统计量渐近服从于 $k-1$ 个自由度的 χ^2 分布。给定 α,查卡方分布表,找到 $\chi^2_\alpha(k-1)$ 值,若 $\chi^2 > \chi^2_\alpha(k-1)$,则拒绝原假设,即几种情况没有差别;否则,接受原假设。[①]

可以将上例的数据代入式(9-36)中,显然:

$$\chi^2 = \frac{(55-40)^2}{40} + \frac{(25-40)^2}{40} + \frac{(40-40)^2}{40} = 11.25$$

由于 $\chi^2_{0.05}(2) = 10.597$,拒绝原假设,认为消费者对 3 种材料的偏好程度是有差异的。

三、符号检验

对于差值序列中正数的个数和负数的个数,可以按照符号检验的方法进行假设检验。比如,某单位对职工不按操作规程的有害性进行宣传教育,测得宣传前与宣传后存在差别,观察宣传能否确实对职工的规范操作有积极的影响;再如,不同性别对十种职业声望的评价,检测不同性别对职业声望的评价是否存在显著性差异。这两种情况就可以运用符号检验来判定。一般地,在数据呈偏态分布的情况下,我们可能对总体的中位数更感兴趣,希望对总体的中位数做出推断,这时可以使用符号检验(Sign Test)的方法;在非正态总体小样本的情况下,如果要对总体分布的位置进行推断,由于 t 检验不适用,也可使用符号检验的方法。

(一) 符号检验的思想及假设

将样本每个数据都减去零假设中的中位数,或者计算两组样本每对数据之差:

$$d = x - y$$

记录其差值的符号,计算正、负符号的个数(差值为 0 的不计算在任何一组中)。正号个

[①] 拟合优度检验是对一个分类变量的检验,例如例 9-12 中,只有一个分类变量——包装材料,此时样本分类个数 k 即变量个数,自由度为变量个数减 1,也即 $k-1$。如果对两个分类变量进行检验,可以通过列联表进行分析,此时变量个数等于分类数 k 乘以每类变量个数 m,自由度为 $(k-1)(m-1)$。

数记作 S_+,负号个数记作 S_-,$n=S_++S_-$。

若样本数据关于中位数对称,或者两组数据差距不显著,正负个数应该很接近;若两者相差太远,则反之。据此,提出符号检验的原假设和备择假设。

(1) 原假设 H_0:差值总体的中位数$=0$;$P(+)=P(-)$。P 为二项分布的概率,规定显著性水平为 α。

(2) 备择假设:差值总体的中位数$\neq 0$。具体分三种情况:

① 若备择假设 $H_1:P_+>P_-$。若 $P_+>\alpha$,则接受原假设 H_0,否则接受备择假设 H_1。

② 若备择假设 $H_1:P_+<P_-$。若 $P_->\alpha$,则接受原假设 H_0,否则接受备择假设 H_1。

③ 若备择假设 $H_1:P_+\neq P_-$。若 $P_+>\alpha/2$ 且 $P_->\alpha/2$,则接受原假设;否则即 $P_+<\alpha/2$ 或 $P_-<\alpha/2$,接受备择假设。

(二) 检验统计量

实际计算 P_+ 或 P_- 较麻烦,可直接用检验统计量 S 来判定:

$$S=\min(S_+,S_-) \qquad (9-28)$$

1. $n<25$

当样本为小样本,即 $n=S_++S_-\leqslant 25$ 时,在原假设成立的条件下,检验统计量 S 服从二项分布。

此时,可用符号检验临界值表比较即可。若 $S>S_\alpha$,就接受原假设,否则接受备择假设(注意:双侧检验时,应用 $S_{\alpha/2}$ 比较)。

2. $n\geqslant 25$

当样本为大样本,即 $n=S_++S_->25$ 时,检验统计量 S 近似服从正态分布:$\mu=np=\dfrac{n}{2}$,$\sigma^2=npq=\dfrac{n}{4}$。(注意:$p=q=0.5$)

此时,可用 Z 检验:

$$Z=\frac{S'-\mu}{\sigma}=\frac{S'-\dfrac{n}{2}}{\dfrac{1}{2}\sqrt{n}}\sim N(0,1) \qquad (9-29)$$

$$S'=\begin{cases} S+0.5 & \text{当 } S<\dfrac{n}{2} \\ S-0.5 & \text{当 } S>\dfrac{n}{2} \end{cases}$$

右端 ± 0.5 是为了把离散性的变量 x 变作连续性变量 Z 的修正值。若 $|Z|>|Z_{\frac{\alpha}{2}}|$,拒绝原假设,接受备择假设。

(三) 例题

例 9-13 不同职业对于十种职业声望的评分情况如下表,问性别与职业声望之间是否有显著性差异?($\alpha=0.01$)

表9.5 男女对十种不同职业的认可程度评分调查数据资料

性别＼职业	1	2	3	4	5	6	7	8	9	10
男	63	74	74	83	70	75	93	56	69	45
女	63	71	73	80	75	73	91	62	64	41
d的符号	0	＋	＋	＋	－	＋	＋	－	＋	＋

解 依据上述表可见，$S_+ = 7, S_- = 2, n = 7+2 = 9$
$S = \text{Min}(S_+, S_-) = (7,2) = 2$，又 $\alpha = 0.01$，查表可得 $S_\alpha = 0$，显然，$S > S_\alpha$。故接受原假设。即男女具有相同的职业声望。

例9-14 若 $n \geq 25$ 时，可用正态分布来取代二项分布。比如将上述举例中的数据变更为 $n = 36, S_+ = 10, S_- = 26, \alpha = 0.05$。

解
$$Z = \frac{S_+ + 0.5 - 0.5n}{0.5\sqrt{n}} = \frac{10 + 0.5 - 0.5 \times 36}{0.5\sqrt{36}} = -2.5$$

$$Z = \frac{S_- - 0.5 - 0.5n}{0.5\sqrt{n}} = \frac{26 - 0.5 - 0.5 \times 36}{0.5\sqrt{36}} = 2.5$$

而 $Z_{0.025} = 1.96$，显然 $|Z| > |Z_{\frac{\alpha}{2}}|$，可以认为性别与职业声望之间存在显著性差异。

四、Wilcoxon 符号秩检验

符号检验利用了观测值和原假设的中位数之差的符号进行检验，但是它并没有利用这些差的大小（体现于差的绝对值大小）所包含的信息。因此，在符号检验中，每个观测值点相应的正号或负号仅仅代表了该点在中心位置的哪一边，而并没有表明该点距离中心的远近。如果把各观测值距离中心远近的信息考虑进去，自然比仅仅利用符号要更有效。这也是引进 Wilcoxon 符号秩检验的宗旨。

该检验需要假定样本点 $X_1, X_2, \cdots, X_n$ 来自连续对称总体分布（符号检验不需要这个假设），在这个假定下，总体中位数等于均值。

（一）Wilcoxon 符号秩检验的概念

符号秩检验中，秩即观测值与中位数之差的数值按照升序排列之后，该数值的位置。

例9-14 某学校二级单位参加该学校的一项比赛，获得的名次 X_i 和秩 R_i 对应情况，如表9.6所示：

表9.6 某校二级单位在学校比赛名次与秩的对应关系[①]

X_i	15	9	18	3	17	8	5	13	7	19
R_i	7	5	9	1	8	4	2	6	3	10

---

① 表9.4中下面一行 R_i 就是上面一行数据 X_i 的秩。

若观测值 X_i 中有相同的数值,称为结。结中数字的秩为它们所占位置的平均值。如将表 9.6 中观测值 17 改为 18,则对应 R_i 如表 9.7 所示。

表 9.7

X_i	15	9	18	3	18	8	5	13	7	19
R_i	7	5	8.5	1	8.5	4	2	6	3	10

(二) Wilcoxon 符号秩检验的基本原理及检验统计量

分别计算出差值序列中正数的秩和 S_+ 以及负数的秩和 S_-。显然,如果差异不显著,S_+ 与 S_- 应该比较接近,此时接受原假设;反之,则说明差异显著,拒绝原假设。将正数的秩和或者负数的秩和作为检验统计量,根据其统计分布计算 P 值,从而可以得出检验的结论。

同符号检验一样,实际中计算 P 值较麻烦,当 $n<25$ 可直接用检验统计量 S 判定:

$$S = \min(S_+, |S_-|) \tag{9-30}$$

若 $S > S_\alpha$,则不应拒绝原假设 H_0,否则拒绝原假设。

当 $n \geqslant 25$ 时,S 近似服从于正态分布,可用 Z 检验:

$$Z = \frac{S - \mu_S}{\sigma_S} \sim N(0,1)$$

$$\mu_S = \frac{n(n+1)}{4}$$

$$\sigma_S^2 = \frac{n(n+1)(2n+1)}{24}$$

$$Z = \frac{S - \mu_S}{\sigma_S} = \frac{S - \dfrac{n(n+1)}{4}}{\sqrt{\dfrac{n(n+1)(2n+1)}{24}}} \tag{9-31}$$

(三) Wilcoxon 符号秩检验的步骤

1. 根据差值 $D = |x_i - y_i|$ 从小到大排列(等于零的不列入),并给予顺序号,该顺序号即秩,若有两组以上的差额相等,则其秩应当均分之。
2. 依据 $x_i - y_i$ 的正负号,正数秩取"+",负数秩取"−"。
3. 分别计算正秩和 S_+ 与负秩和 S_-。
4. 选取统计量 $S = \min(S_+, |S_-|)$。
5. 给出显著性水平 α,查符号秩和检验表,表中给出了检验的临界值 S_α(若是双侧检验,则应查 $S_{\alpha/2}$)。
6. 若 $S > S_\alpha$ 则不应拒绝原假设 H_0。

例 9-15 某公司进行工资和用人制度改革,其前后生产效率存在差异,使用符号秩检验($\alpha = 0.05$)。如表 9.8 所示。

表 9.8　某公司改革前后生产效率与符号秩比较

车间	"改前"(x)	"改后"(y)	$D=x_i-y_i$	符号秩
1	47.6	56.9	−9.3	−3
2	47.2	46.4	0.8	+1
3	44.1	54.8	−10.7	−4
4	45.9	56.7	−10.8	−5
5	47.7	58.6	−10.9	−6
6	42.9	49.8	−6.9	−2
7	33.6	50.3	−16.7	−7.5
8	41.7	58.4	−16.7	−7.5

解　由于车间 7 和 8 的 D 值相同,因此它们的秩相同,其秩为 $-(7+8)/2=-7.5$
$$S_+ = +1$$
$$S_- = (-3-4-5-6-2-7.5-7.5) = -35$$
$$S = \min(S_+, |S_-|) = 1$$

$n=8$,查 Wilcoxon 带符号的秩和检验临界值(T 值)表得到 $S_{\alpha/2}=3$,因为 $S=1 < S_{\alpha/2}=3$,拒绝原假设,可认为"改前"和"改后"有变化。

如果用单边检验,$\alpha=0.05$,则 $S_\alpha=5$,仍然得出同样结论,而且生产效率不但有变化,还是增加的。

五、两个独立样本的 Wlicoxon 秩和检验

在两个独立样本的 t 检验不适用时,Wlicoxon 秩和检验可以作为一种替代的非参数检验方法使用。这一检验可以用来对两个总体的中位数进行检验。

(一) 基本原理

如果两个总体具有相似的分布形状,并且中位数相同,那么由 n_1 个 x、n_2 个 y 组成的 $n_1+n_2=N$ 个观察值可以被看作来自同一总体的一个随机样本。

将全部 x 和 y 从小到大排序确定每个数值的秩,然后计算 n_1 个 x 的秩和、n_2 个 y 的秩和。

由于抽样的随机性,x、y 应较均匀地分布在混合排列的样本中。如果原假设成立,在样本量相同的情况下两个秩和应该比较接近;样本量不同的情况下平均秩和的平均秩应该比较接近。否则就说明两个总体的中位数是不相等的。

(二) 检验统计量

由于对称性,两个秩和都可以用作 Wilcoxon 符号秩检验的检验统计量。S 是平均秩较小的一组的秩和。统计量 S' 的统计分布可以精确推导出来。具体判定标准见例 9-16。

在样本量较大时(n_1 和 n_2 都不小于 15)可以用正态分布来近似推导。

此时
$$\mu_S = n_1(n_1+n_2+1)/2$$

$$\sigma_S^2 = n_1 n_2 (n_1 + n_2 + 1)/12$$

$$Z = \frac{S - \mu_S}{\sigma_S} = \frac{S - \dfrac{n_1(n_1+n_2+1)}{2}}{\sqrt{\dfrac{n_1 n_2 (n_1+n_2+1)}{12}}} \sim N(0,1) \qquad (9-32)$$

得到 Z 值之后,再通过比较 Z 值和 $Z_{\alpha/2}$ 的大小得出结论。

(三) 特别说明

(1) 由于 Wilcoxon 符号秩检验与 Mann 和 Whitney 提出的 U 检验完全等价,因此这种方法也被称为 Wlicoxon-Mann-Whitney 检验,或者 Mann-Whitney U 检验。

(2) 在样本量较小时,应当使用精确检验的结果。

(3) 严格来说用 Wilcoxon 符号秩检验对中位数进行假设检验,需要假定两个总体分布有类似的形状才能得出可靠的结论。

例 9-16 为了比较公司规模与信息传递间的关系,对九个公司信息传递效率抽样,抽样结果如表 9.9 所示。

表 9.9 九个公司信息传递效率排序

大公司	11	13	10	15	—
小公司	16	16	8	16	14

解 提出假设:

H_0:公司规模与信息传递无关,H_1:公司规模与信息传递有关。

再依照秩和检验法计算混合样本的秩:

混合样本的排序　　　8　10　11　13　14　15　16　16　16
秩　　　　　　　　　1　[2]　[3]　[4]　5　[6]　8　8　8

带 [ ] 者表示大公司的名次。

大公司的秩和　　　　$S_大 = 2+3+4+6 = 15$
小公司的秩和　　　　$S_小 = 1+5+8+8+8 = 30$

显然二者相比,大公司的平均秩较小,应作为比较的基础:$S = S_大$

查秩和临界值检验表,$n_1 = 4, n_2 = 5$,其临界值为:

$$S_{n_1} = 13, S_{n_2} = 27$$

由于 $S_{n_1} < S = 15 < S_{n_2}$,故不能拒绝原假设,即公司规模与信息传递无关。

例 9-17 表 9.10 是 33 个不同规模的企业由于生产任务不足所损失工时的情况统计,试问:损失工时与企业规模是否有关?($\alpha = 0.05$)

表9.10　33个不同企业规模的企业停工损失工时数统计表

小企业		大企业		
0.61	0.36	1.84	1.07	0.59
0.15	0.82	0.73	1.36	0.49
0.00	0.28	1.53	1.27	1.41
0.89	0.08	0.37	1.17	0.66
1.21	0.10	0.42	0.41	0.21
1.24	1.09	0.95	0.71	0.60
0.97	0.84	0.74		

解　现将这些企业改做混合样本,并赋予其秩,如表9.11所示。

表9.11　33个不同企业规模的企业停工损失混合按秩重新排列

小企业		大企业		
14	7	33	24	12
4	19	17	30	11
1	6	32	29	31
21	2	8	26	15
27	3	10	9	6
28	25	22	16	13
23	20	18		

小企业的秩和:
$$S_{小}=(14+4+\cdots+23)+(7+19+\cdots+20)=200$$

大企业的秩和:
$$S_{大}=(33+17+\cdots+18)+(24+30+\cdots+16)+(12+11+\cdots+13)=362$$

$$S=S_{小}=200$$

$$\mu_S=n_1(n_1+n_2+1)/2=14(14+19+1)/2=238$$

$$\sigma_S^2=n_1 n_2(n_1+n_2+1)/12=14\times 19(14+19+1)/12=753.667$$

$$\sigma_S=27.453$$

$$Z=\frac{S-\mu_S}{\sigma_S}=\frac{200-238}{27.453}=-1.38$$

显然,$|Z|<Z_{\alpha/2}=1.96$,故不能拒绝原假设,不能判断企业规模对两组数据的影响是有差异的。

六、累计检验

当评价一个定类变量和一个定序变量间是否具有相关关系时,由于定类变量与定序变量都不具备完备的运算性能,无法对总体分布做出假设,无法选择合适的统计量,所以其相关程度的检验,只能采用非参数检验。而非参数检验就是不需要对总体分布做任何假定的检验,包括对已知分布类型的总体进行的参数检验之外的所有检验方法。此时,采用累计频次检验法,可用来评价两个定类变量反映的被评价对象的特征。对于两个未知独立总体,随机各抽取 1 个样本:

$$\{x_1, x_2, x_3, \cdots, x_{n1}\}, \{y_1, y_2, y_3, \cdots, y_{n_2}\}, n_1 \leqslant n_2$$

根据 n 个等级进行频次统计。对于第一个总体的样本来说,可以将其等级的累计频次列表如 9.12 所示,另一个总体的样本累计频次列表如 9.13 所示。

表 9.12 样本 $\{x_1, x_2, x_3, \cdots, x_{n_1}\}$ 等级累计频次分布

等级	频次	频率(%)	累计频率
1	f_{11}	f_{11}/n_1	f_{11}/n_1
2	f_{12}	f_{12}/n_1	$(f_{11}+f_{12})/n_1$
$\vdots$	$\vdots$	$\vdots$	$\vdots$
k	f_{1k}	f_{1k}/n_1	1
合计	n_1	100	—

表 9.13 样本 $\{y_1, y_2, y_3, \cdots, y_{n_2}\}$ 等级累计频次分布

等级	频次	频率(%)	累计频率
1	f_{21}	f_{21}/n_2	f_{21}/n_2
2	f_{22}	f_{22}/n_2	$(f_{21}+f_{22})/n_2$
$\vdots$	$\vdots$	$\vdots$	$\vdots$
k	f_{2k}	f_{2k}/n_2	1
合计	n_2	100	—

计算两个样本的同等级累计频次之差 D_i:

$$D_i = \left| \frac{\sum_{i=1}^{k} f_{1i}}{n_1} - \frac{\sum_{i=1}^{k} f_{2i}}{n_2} \right|, i = 1, 2, \cdots, k \tag{9-33}$$

式(9-33)中,要求 $n_1 > 40, n_2 > 40, k$ 为等级数。若两个总体具有相同分布,则 $D_1, D_2, \cdots, D_k$ 应大致相同,故可以做如下假设。

原假设 H_0:两个总体具有相同分布;备择假设 H_1:两个总体不具有相同分布。

(1) 若采用双边检验,则 D_α(临界值)可以通过表 9.14 计算获得。

表 9.14 D_α(临界值)($n_1>40, n_2>40$)

α	D_α
0.10	$1.22\sqrt{\dfrac{n_1+n_2}{n_1 \times n_2}}$
0.05	$1.36\sqrt{\dfrac{n_1+n_2}{n_1 \times n_2}}$
0.01	$1.63\sqrt{\dfrac{n_1+n_2}{n_1 \times n_2}}$
0.001	$1.95\sqrt{\dfrac{n_1+n_2}{n_1 \times n_2}}$

令 $D=\text{Max}(D_1,D_2,\cdots,D_k)$ 为检验的统计量，若 $D>D_\alpha$，则应拒绝原假设，接受备择假设，即两个总体不具有相同的分布；否则，接受原假设，也即两个总体具有相同的分布。

(2) 若做单边检验，此时仍要求 $n_1>40, n_2>40$。则统计量为：

$$\chi^2 = 4D^2\left(\frac{n_1 \times n_2}{n_1+n_2}\right) \sim \chi^2(2) \tag{9-34}$$

对于给定的 α，可以查 χ^2 表找到对应的 $\chi_\alpha^2(2)$ 值。

若 $\chi^2 > \chi_\alpha^2(2)$，则拒绝原假设，接受备择假设，即两个总体不具有相同的分布；否则，接受原假设，也即两个总体具有相同的分布。

例 9-18 某理工高校针对学生学习高数的期末学习成绩进行抽查，按照文理生分别抽取 150 和 100 名学生，按照不及格、及格、中等、良好、优秀五个等级进行分类。其分布情况如 9.15 所示。若 $\alpha=0.05$，试问：该校学生中理科生与文科生在学习高数方面是否存在显著性差异？（从双侧和单侧检验两方面来分析）

表 9.15 某理工高校学生高数期末成绩抽查数据分布

成绩等级	频数	
	文科生(n_1)	理科生(n_2)
不及格	10	0
及格	27	7
中等	43	17
良好	38	30
优秀	32	46
合计	$n_1=150$	$n_2=100$

解 由于样本均大于 40，根据上述数据计算 $D_1, D_2, \cdots, D_k$ 值列表如 9.16 所示。

表 9.16　两个样本累计频数与 $D_1, D_2, \cdots, D_n$ 数据

学生成绩	文科生			理科生			累计频率之差(D_i)
	n_{1i}	累计频数	累计频率	n_{2i}	累计频数	累计频率	
不及格	10	10	0.067	0	0	0.000	0.067
及格	27	37	0.247	7	7	0.070	0.177
中等	43	80	0.533	17	24	0.240	0.293
良好	38	118	0.787	30	54	0.540	0.247
优秀	32	150	1.000	46	100	1.000	0.000
合计	$n_1=150$	—	—	$n_2=100$	—	—	—

显然　　　　　　　　$D = \text{Max}(D_1, D_2, \cdots, D_k) = 0.293$

而　　　　　$D_\alpha = 1.36\sqrt{\dfrac{n_1+n_2}{n_1 \times n_2}} = 1.36 \times \sqrt{\dfrac{150+100}{150 \times 100}} = 0.1753$

$D > D_\alpha$,故拒绝原假设,接受备择假设。即两个总体不具有相同的分布,也即文理科生在学习高数方面存在明显的差异。

若用单边检验 $\chi^2 = 4D^2\left(\dfrac{n_1 \times n_2}{n_1+n_2}\right) = 4 \times 0.293^2 \times \dfrac{150 \times 100}{150+100} = 20.604$

而　　　　　　　　　　　$\chi^2_{0.05}(2) = 5.991$

$\chi^2 > \chi^2_\alpha(2)$,同样会得出拒绝原假设,接受备择假设,即两个总体不具有相同的分布的结论。

After —— Class

—知识结构图

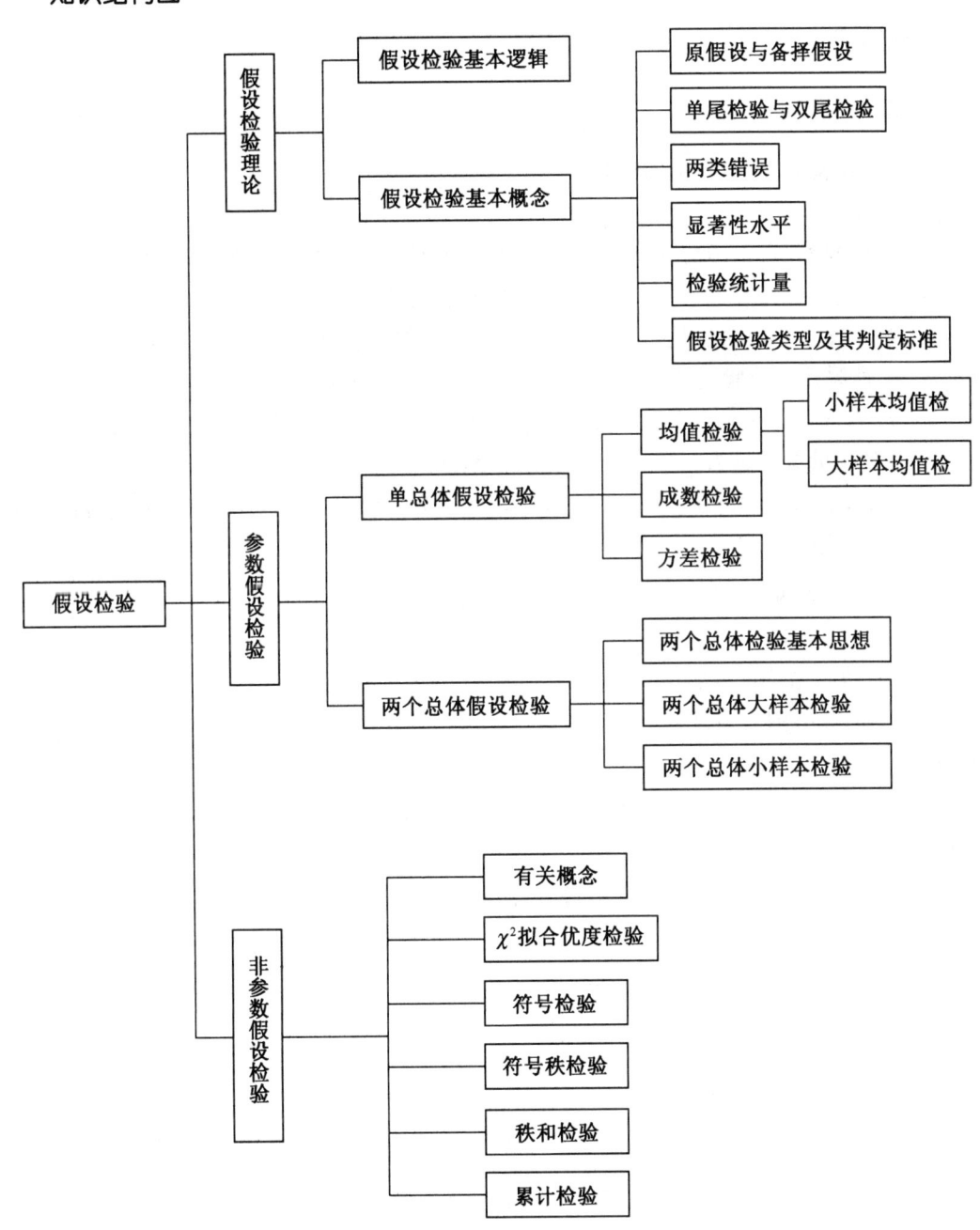

——深度乐享

衡量统计真实性的"黄金标准"——P值，
并非众多科学家想象的那样可靠

——课后练习

一、填空题

1. 在假设检验中，第一类错误是_____，第二类错误是_____。

2. 在假设检验中，α、β分别为犯第一类错误和第二类错误的概率，当样本容量n固定时，α增大，β_____；当n增大时，α、β_____。

3. 设$x_1,x_2,x_3,\cdots,x_n$是来自总体$N(\mu,\sigma^2)$的样本，其中σ^2未知，$n<30$，则对于假设$H_0:\mu\geq\mu_0$，所采用的检验统计量为_____，拒绝域为_____。

4. 设$x_1,x_2,x_3,\cdots,x_n$是来自总体$N(\mu,\sigma^2)$的样本，其中σ^2已知，则对于假设$H_0::\mu\neq\mu_0$，所采用的检验统计量为_____，拒绝域为_____。

5. 设$x_1,x_2,x_3,\cdots,x_n$是来自总体$N(\mu,\sigma^2)$的样本，其中μ未知，则对于假设：$H_0:\sigma^2=\sigma_0^2$，所采用的检验统计量为_____，拒绝域为_____。

6. 设$\overline{X}$、$\overline{Y}$为两个总体$N(\mu_1,\sigma_1^2)$和$N(\mu_1,\sigma_2^2)$的大样本均值，其中，σ_1^2，σ_2^2已知，则对于假设$H_0:\mu_1-\mu_2=\delta$，其统计量为_____，拒绝域为_____。

7. 大样本成数均值检验中，原假设$H_0:P\leq P_0$，其拒绝域为_____。

8. S_1和S_2分别为来自两个总体$N(\mu_1,\sigma_1^2)$和$N(\mu_1,\sigma_2^2)$的小样本标准差，若μ_1、μ_2已知，其$H_1:\sigma_1^2\neq\sigma_2^2$，其统计量为_____，拒绝域为_____。

9. 设某个假设检验问题的拒绝域为W，且当原假设H_0成立时，样本值落入W的概率为0.15，则犯第一类错误的概率为_____。

10. 设$x_1,x_2,x_3,\cdots,x_n$是来自总体$N(\mu,\sigma^2)$的小样本，其中σ^2和μ均未知，$\alpha=0.05$，则μ的置信度为$1-\alpha$的置信区间为_____；若μ为已知常数，则检验假设$H_0:\sigma^2\leq\sigma_0^2$（$\sigma^2$已知）的拒绝域为_____。

11. 分布拟合检验方法有_____与_____。

12. "两个总体相等性检验"的方法为_____。

13. 非参数检验的优点是_____、_____、_____；缺点是_____。

14. 符号检验的统计量表达式为_____；其检验的思路是_____。

15. 符号秩检验中秩是_____；

其检验的原理是_____。

16. 在两个独立样本的 Wlicoxon 秩和检验中,检验的统计量为_____,比较的参照为_____;若样本_____时可视作正态分布,其检验的统计量为_____。

17. 在累计检验中,对于样本的要求是_____,若原假设成立则有_____,若是单边检验,其检验的统计量为_____。

二、单选题

1. 在假设检验中,分别用 α,β 表示犯第一类错误和第二类错误的概率,则当样本容量一定时,下列说法中正确的是(   )。

    A. α 减小时 β 也减小　　　　　　　　B. α 增大时 β 也增大

    C. α 和 β 其中一个减小,另一个会增大　　D. A 和 B 同时成立

2. 设 α,β 是假设检验中犯第一类错误和第二类错误的概率。在其他条件不变的情况下,若增大样本容量 n,则(   )。

    A. α 减小时 β 增大　　B. α 增大时 β 减小　　C. α 减小时 β 减小　　D. α 增大时 β 增大

3. 下列关于第一类、第二类错误的说法中正确的是(   )。

    A. 原假设 H_0 为真而拒绝 H_0 时,称为犯第一类错误

    B. 原假设 H_0 为真而拒绝 H_0 时,称为犯第二类错误

    C. 原假设 H_0 为假而接受 H_0 时,称为犯第一类错误

    D. 原假设 H_0 为假而拒绝 H_0 时,称为犯第二类错误

4. 假设检验中的显著性水平 α 是(   )。

    A. 推断时犯第Ⅱ类错误的概率　　　B. 推断时犯第Ⅰ和第Ⅱ类错误的概率

    C. 推断时犯第Ⅰ类错误的概率　　　D. 推断时犯第Ⅲ类错误的概率

5. 当总体服从正态分布,但总体方差未知的情况下,显著性水平为 α,$H_0:\mu=\mu_0$,$H_1:\mu<\mu_0$,则(   )。

    A. $t \leqslant t_\alpha(n-1)$　　　　　　　　　B. $t \leqslant -t_\alpha(n-1)$

    C. $t \leqslant t_{\alpha/2}(n-1)$　　　　　　　　D. $t > t_\alpha(n-1)$

6. 在假设检验中,若抽样单位数不变,显著性水平从 0.01 提高到 0.1,则犯第二类错误的概率(   )。

    A. 维持不变　　　　　　　　　　　B. 将会下降

    C. 将会提高　　　　　　　　　　　D. 可能提高,也可能不变

7. 机床厂某日从两台机器所加工的同一种零件中,分别抽取两个样本,检验两台机床的加工精度是否相同,则提出假设(   )。

    A. $H_0:\mu_1-\mu_2=0$;$H_1:\mu_1-\mu_2\neq 0$　　　B. $H_0:\mu_1-\mu_2\leqslant 0$;$H_1:\mu_1-\mu_2>0$

    C. $H_0:\sigma_1^2\leqslant\sigma_2^2$;$H_1:\sigma_1^2\neq\sigma_2^2$　　　D. $H_0:\sigma_1^2\leqslant\sigma_2^2$;$H_1:\sigma_1^2>\sigma_2^2$

8. 容量为 3 升的橙汁容器上的标签标明,该种橙汁的脂肪含量的均值不超过 1 克,在对标签上的说明进行检验时,建立的原假设和备择假设为 $H_0:\mu\leqslant 1$,$H_1:\mu>1$,该检验所犯

的第一类错误是( )。

　　A. 实际情况是 $\mu \geq 1$,检验认为 $\mu > 1$　　B. 实际情况是 $\mu \leq 1$,检验认为 $\mu < 1$

　　C. 实际情况是 $\mu \geq 1$,检验认为 $\mu < 1$　　D. 实际情况是 $\mu \leq 1$,检验认为 $\mu > 1$

9. 从统计量出发,对总体某些特性的"假设"做出拒绝或接受的判断的过程称为( )。

　　A. 参数估计　　　B. 统计推断　　　C. 区间估计　　　D. 假设检验

10. 假设检验的概率依据是( )。

　　A. 小概率原理　　　　　　　　　B. 最大似然原理

　　C. 大数定理　　　　　　　　　　D. 中心极限定理

11. 现从某超市一批袋装食品中随机抽取 10 袋,测得每袋重量(单位:克)分别为 789,780,794,762,802,813,770,785,810,806,假设重量服从正态分布,要求在 5% 的显著性水平下,检验这批食品平均每袋重量是否为 800 克。其原假设和备择假设为( )。

　　A. $H_0: \mu = 800; H_1: \mu \neq 800$　　B. $H_0: \mu = 800; H_1: \mu > 800$

　　C. $H_0: \mu = 800; H_1: \mu < 800$　　D. $H_0: \mu \neq 800; H_1: \mu = 800$

12. 若事先不知道方差,小样本正态分布均值假设检验的统计量为( )。

　　A. $T = \dfrac{\overline{X} - \mu_0}{S/\sqrt{n}} \sim t(n-1)$　　B. $T = \dfrac{\overline{X} - \mu_0}{S/\sqrt{n}} \sim t(n)$

　　C. $Z = \dfrac{\overline{X} - \mu_0}{\sigma/\sqrt{n}} \sim N(0,1)$　　D. $Z = \dfrac{\overline{X} - \mu_0}{S/\sqrt{n}} \sim t(n-1)$

13. 单正态总体方差双边检验的拒绝域为( )。

　　A. $(-\infty, -Z_{\alpha/2}] \cup [Z_{\alpha/2}, +\infty)$　　B. $(0, \chi^2_{1-\alpha/2}) \cup (\chi^2_{\alpha/2}, +\infty)$

　　C. $(-\infty, -t_{\alpha/2}] \cup [t_{\alpha/2}, +\infty)$　　D. $(\chi^2_\alpha, +\infty)$

14. 若观察的配对样本数据为定距变量,却不能满足正态分布,应采用的检验方法为( )。

　　A. 大样本 Z 检验法　　　　　　B. 小样本 t 检验法

　　C. 符号检验法　　　　　　　　　D. 秩和检验法

15. 样本数 n 大于 25 时才能将统计量依照正态分布函数方法检验的检验方法为( )。

　　A. 累计频次检验　　　　　　　　B. 符号检验

　　C. 秩和检验　　　　　　　　　　D. 符号秩检验

　　E. 单个样本的 x^2 拟合优度检验

16. 分布函数类似于正态分布的检验统计量函数为( )。

　　A. t 分布　　　　　　　　　　　B. χ^2 分布

　　C. F 分布　　　　　　　　　　　D. 二项分布

　　E. 泊松分布

17. 检验的统计量需要从备选方案中选取最大者的检验方法为( )。

　　A. 符号检验　　　　　　　　　　B. 累计频次检验

　　C. 秩和检验　　　　　　　　　　D. 符号秩检验

E. 单个样本的 χ^2 拟合优度检验

18. 需要查找显著性 α 水平下值及显著性 $1-\alpha$ 水平下值的检验统计函数为（   ）。

   A. t 分布 　　　　　　　　　　　B. 多项分布
   C. 泊松分布 　　　　　　　　　　　D. 二项分布
   E. F 分布

三、多选题

1. 下面关于单边和双边假设检验的说法正确的有（   ）。
   A. 在显著性 α 水平下，检验假设 $H_0:\mu=\mu_0$；$H_1:\mu\neq\mu_0$ 的假设检验，称为双边假设检验
   B. 右边检验和左边检验统称为单边检验
   C. 在显著性 α 水平下，检验假设 $H_0:\mu\geq\mu_0$；$H_1:\mu<\mu_0$ 的假设检验，称为左边检验
   D. 在显著性 α 水平下，检验假设 $H_0:\mu\geq\mu_0$；$H_1:\mu<\mu_0$ 的假设检验，称为右边检验
   E. 在显著性 α 水平下，检验假设 $H_0:\mu\leq\mu_0$；$H_1:\mu>\mu_0$ 的假设检验，称为右边检验

2. 关于假设检验中两类错误的说法正确的有（   ）。
   A. 如果拒绝的是真的 H_0，就可能犯弃真（第一类）错误，一般犯弃真错误的概率记为 α
   B. 如果接受的是不真的 H_0，就可能会犯取伪（第二类）错误，一般犯取伪错误的概率记为 β
   C. 在样本容量 n 固定的条件下，要使 α 与 β 同时减小是不可能的
   D. 在样本容量 n 固定的条件下，当 α 增大时 β 将随之减小；当 α 减小时 β 增大
   E. 增大样本容量可以使 α 与 β 同时减小

3. 在实际应用中，原假设的确定一般应遵循的原则有（   ）。
   A. 要把"着重考察的假设"确定为原假设
   B. 要把"支持旧方法的假设"确定为原假设
   C. 要把等号放在原假设里
   D. 要所答是所问，不要所答非所问
   E. "后果严重的错误"定为第一类错误

4. 为了考察某种类型的电子元件的使用寿命情况，假定该电子元件使用寿命的分布是正态分布。而且根据历史记录得知该分布的参数为：平均使用寿命 μ_0 为 200 小时，标准差为 10 小时。现在随机抽取 100 个该类型的电子元件，测得平均寿命为 202 小时，给定显著性水平 $\alpha=0.05$，为了判断该电子元件的使用寿命是否有明显的提高，下列说法正确的有（   ）。

   A. 提出假设 $H_0:\mu\leq200$；$H_1:\mu>200$
   B. 提出假设 $H_0:\mu\geq200$；$H_1:\mu<200$
   C. 检验统计量及所服从的概率分布为 $Z=\dfrac{\bar{x}-\mu_0}{\sigma/\sqrt{n}}\sim N(0,1)$
   D. 如果 $Z>Z_\alpha$，则称 $\bar{x}$ 与 μ_0 的差异是显著的，这时拒绝 H_0

E. 检验结果认为该类型的电子元件的使用寿命确实有显著提高

5. 某种电子元件的重量 x(单位:g)服从正态分布,μ,σ^2 均未知。测得 16 只元件的重量如下:159,280,101,212,224,379,179,264,222,362,168,250,149,260,485,170,判断元件的平均重量是否大于 $225g$(取 $\alpha=0.05$)。下列计算过程中正确的提法有( )。

 A. 提出假设:$H_0:\mu\leqslant 225$;$H_1:\mu>225$

 B. 提出假设:$H_0:\mu\geqslant 225$;$H_1:\mu<225$

 C. 检验统计量及其概率分布为 $T=\dfrac{\bar{x}-\mu_0}{S/\sqrt{n}}\sim N(0,1)$

 D. 取 $\alpha=0.05$,经计算有:$T<t_{0.05}(15)$

 E. 接受 H_0,即认为元件的平均重量不大于 $225g$

6. 假设检验的基本思想是( )。

 A. 先对总体的参数或分布函数的表达式做出某种假设,然后找出一个在假设成立条件下出现可能性甚小的(条件)小概率事件

 B. 如果试验或抽样的结果使该小概率事件出现了,这与小概率原理相违背,表明原来的假设有问题,应予以否定,即拒绝这个假设

 C. 若该小概率事件在一次试验或抽样中并未出现,就没有理由否定这个假设,表明试验或抽样结果支持这个假设,这时称假设与实验结果是相容的,或者说可以接受原来的假设

 D. 如果试验或抽样的结果使该小概率事件出现了,则不能否认这个假设

 E. 若该小概率事件在一次试验或抽样中并未出现,则否定这个假设

7. 假设检验的具体步骤包括( )。

 A. 根据实际问题的要求,提出原假设及备择假设

 B. 确定检验统计量,并找出在假设成立条件下,该统计量所服从的概率分布

 C. 根据所要求的显著性水平和所选取的统计量,查概率分布临界值表,确定临界值与否定域

 D. 将样本观察值代入所构造的检验统计量中,计算出该统计量的值

 E. 判断计算出的统计量的值是否落入否定域,如落入否定域,则拒绝原假设,否则接受原假设

8. 统计推断包括以下几个方面的内容( )。

 A. 通过构造统计量,运用样本信息,实施对总体参数的估计

 B. 从统计量出发,对总体某些特性的"假设"做出拒绝或接受的判断

 C. 相关分析

 D. 时间序列分析

 E. 回归分析

9. 针对某大样本进行成数检验,下列说法正确的是( )。

 A. 在大样本下 $[np\geqslant 5$ 且 $n(1-p)\geqslant 5]$,样本成数 $\hat{P}$ 趋近于正态分布

 B. 样本成数的方差为 $p(1-p)$

C. 样本的统计量为 $Z=\dfrac{\hat{P}-p}{\sqrt{P(1-P)}} \sim N(0,1)$

D. 样本的统计量为 $Z=\dfrac{\hat{P}-p}{\sqrt{p(1-p)/n}} \sim N(0,1)$

E. 它既可以适用于单总体也适用于两个总体的成数检验

10. 假设检验中犯第一类、第二类错误概率分别为 α 和 β，则下列说法正确的是（　　）。

    A. α 和 β 是此消彼长的关系，没有办法使二者均减少
    B. α 应等于检验的显著性水平
    C. 第一类错误为弃真错误，第二类错误为纳伪错误
    D. 第二类错误为弃真错误，第一类错误为纳伪错误
    E. 在显著性水平 α 一定的情况下，样本 n 越大 β 就越小

11. 有关小样本方差之比的检验，说法不正确的为（　　）。

    A. 大样本情况下，不做方差之比检验的原因是其不具备相应的条件
    B. 该检验的统计量为 $F=\dfrac{S_A^2}{S_B^2} \sim F(n_A, n_B)$
    C. 该检验的统计量为 $F=\dfrac{S_A^2}{S_B^2} \sim F(n_A-1, n_B-1)$
    D. 得出统计量的关系式只是在 $\sigma_A^2=\sigma_B^2$ 这种假设情形下得出的
    E. 其检验的临界值无论是单边或双边检验均在右侧

12. 下列关于非参数检验说法正确的是（　　）。

    A. 非参数检验一般适应于定类-定序和定类-定类变量的数据
    B. 非参数检验一般适应于定类-定序数据，也适应于定类-定距数据
    C. 非参数检验适用于限量少、计算量不多的情形
    D. 非参数检验的缺点是不够精确
    E. 非参数检验可以适用于所有数据检验

13. 符号检验与符号秩检验间关系，下列说法正确的是（　　）。

    A. 符号检验只考虑样本差数的符号，对资料运用不充分
    B. 符号秩检验是符号检验的升级版
    C. 二者方法采用的原理相近，但方法不同
    D. 二者方法采用的原理相近，方法也差不多
    E. 后者的应用范围更广

14. 符号检验和秩和检验之间的关系为（　　）。

    A. 符号检验只考虑样本差数的符号，秩和检验考虑样本差数的符号和样本差数的顺序
    B. 二者均为非参数检验方法
    C. 秩和检验也是符号检验的升级版
    D. 秩和检验考虑更周全，效力更强
    E. 二者只是叫法接近，但实际是风马牛不相及

15. 有关卡方检验的说法正确的是(　　)。
    A. 卡方检验仅适用于非参数检验
    B. 卡方检验即 x^2 拟合优度检验
    C. 这种方法需要借助于 x^2 表的临界值来比较
    D. 卡方检验的拒绝域允许出现负数
    E. 卡方检验也可以称为列联表检验法

16. 下列非参数检验中,可以正态分布作为统计量的检验方法为(　　)。
    A. 单个样本的 x^2 拟合优度检验　　B. 符号检验
    C. 符号秩检验　　D. 秩和检验
    E. 累计频次检验

四、判断题

1. 如果一个假设检验问题只是提出一个原假设,而且检验的目的仅在于判断原假设是否成立,那么这个检验问题称为显著性检验。（　　）
2. 通常是在控制犯取伪错误概率的条件下,使犯弃真错误的概率尽可能小一点。（　　）
3. 一项研究表明,司机驾车时因接打手机而发生事故的比例超过20%,用来检验这一结论的原假设和备择假设为 $H_0: p<20\%$；$H_1: p\geqslant 20\%$。（　　）
4. 设样本是来自正态总体 $N(\mu,\sigma^2)$,其中 σ^2 未知,那么检验假设 $H_0: \mu=\mu_0$ 时,用的是 Z 检验。（　　）
5. 检验一个正态总体的方差时所使用的分布为正态分布或者 t 分布。（　　）
6. x^2 检验涉及定量数据运算,因而它不属于非参数检验。（　　）
7. 符号检验要求配对样本,即对每一个观察单元做两次观察,但若不能做到时可以将该单元分为两个不同的部分,而这两部分其他内容应相同。（　　）
8. 对于单因素方差分析的问题,也可以使用通过多次假设检验得到解决。（　　）
9. 假设检验中拒绝域的大小与显著性水平有关。（　　）
10. 若总体为非正态分布,只要样本容量为大样本,则可以用 Z 统计量进行检验。（　　）
11. 假设检验和区间估计之间没有必然联系。（　　）
12. 显著性水平 α 给定后检验的临界值就确定了,它与样本及其分布关系不大。（　　）
13. 在参数检验中,无论单总体或是双总体假设检验,其所采用的原理是一样的。因此,只要学会其中一个,另一个也就不难了。（　　）
14. 非参数检验实际是定类—定序变量的研究方法,其相对于参数假设检验要求条件宽松,因此,应用范围较广。（　　）
15. 符号秩检验实际是在符号检验的同时将"秩"列进去考虑,因而其原理和方法基本相同。（　　）
16. 符号检验仅适应于定类-定序变量检验,不适应于定类-定距变量,其检验结果也较

为粗略。( )

17. 在非参数检验中,若采用秩和检验法判定两组数据存在显著性差异,就没有必要再用参数检验等更精确检验方法了,但若判定为没有显著性差异,则需要用更精确的判定方法来进一步判定。( )

18. 累计检验法既可以采用向上累计也可以采用向下累计的方法,二者的检验结果不受影响。( )

19. 秩和检验法所采用的临界值不仅与显著性水平有关,还与样本容量有关,当样本数大于等于 30 时,临界值为 $Z_{\alpha/2}$。( )

20. 参数检验可以涉及单总体假设检验也可以涉及二总体假设检验,而非参数检验主要涉及二总体假设检验问题。( )

五、简述题

1. 试述假设检验中的两类错误。
2. 描述假设检验中犯两类错误的概率和样本容量的关系。
3. 假设检验的基本原理是什么?
4. 描述假设检验的基本步骤。
5. 简述区间估计和假设检验的关系。
6. 以大样本总体成数检验为例简要说明一下二总体假设检验的步骤。
7. 试简述累计频次检验的工作原理。
8. 简述秩和检验法与符号秩检验法的区别与联系。
9. 简述符号检验的步骤。

六、计算题

1. 某研究人员未证实某镇养牛集聚区家庭成员在外工作的家庭平均每人养牛数低于全部在家务农家庭(后者平均每人养牛数为 2.5 头)。共做了 100 个家庭成员在外工作的家庭抽样调查。其结果为:(平均每人养牛数)=2.1(头),S(标准差)=1.1(头)。试问:上述看法是否得以证实($\alpha=0.05$)?

2. 根据原有资料,某农村居民网络的拥有率为 60%。先根据最新 100 户的抽样调查,网络的拥有率为 62%。试问:能否认为网络的拥有率有所增长($\alpha=0.05$)?

3. 根据某农村 100 户的抽样调查,居民用于建房的费用平均占总收入的比例为 80%,标准差 20%。试问:(1) 有关建房费用占总收入的比例,平均为 75% 的说法是否成立($\alpha=0.05$)?(2) 如果建房费用占总收入比例为 75% 的说法遭到拒绝,则可能犯错误的概率是多少?

4. 根据某商店的上报,每天平均营业额为 55 万元,经过 6 天的抽查,其营业额为(设营业额满足正态分布):59.2,68.3,57.8,56.5,63.7,57.3(单位:万元)。试问:原商店上报的数字是否可信($\alpha=0.05$)?

5. 假设某厂生产的缆绳,其抗拉强度 x 服从正态分布 $N(10600;82^2)$,现在从改进工艺后生产的一批缆绳中随机抽取 10 根,测量其抗拉强度,算得样本均值为 10 653,方差为

6 992。试问：当显著水平 $\alpha=0.05$ 时，能否据此样本认为新工艺生产的缆绳，抗拉强度比过去生产的缆绳抗拉强度有显著提高；新工艺生产的缆绳抗拉强度，其方差有显著变化？

7. 某厂生产某种型号的电池，其寿命长期以来服从方差为 $\sigma^2=(40)^2h^2$ 的正态分布因而拒绝 H_0，即这批元件不合格。现从中抽取 25 只进行测量，得 $S^2=2\,500h^2$，试问：$\alpha=0.05$ 时，这批电池的波动性较以往有无显著变化？

8. 甲、乙两个品种的作物，分别用 10 块地试种，产量为 $\bar{x}=30.97,\bar{y}=21.79,S_1^2=26.7$，$S_2^2=12.1$。设甲、乙品种产量分别服从正态分布（$(\mu_1,\sigma^2)$ 和 (μ_2,σ^2)），试问：在 $\alpha=0.01$ 时，这两种品种的产量是否有显著性差异？

9. 甲、乙两台机床，生产同一型号的滚珠。从甲机床生产的滚珠中任取 8 个，从乙机床生产的滚珠中任取 9 个，测量直径的数据如下（单位：mm）。

甲：15.0，14.5，15.2，15.5，14.8，15.1，15.2，14.8；

乙：15.2，15.0，14.8，15.2，15.0，15.0，14.8，15.1，14.8。

设滚珠直径服从于正态分布。试问：在显著性水平 $\alpha=0.05$ 时，两机床产品的直径是否可以认为具有同一分布？

10. 某企业管理者认为，该企业职工对工作环境不满意的人数至少占职工总数的 1/5。随机抽取了 100 人，调查得知其中有 26 人对工作环境不满意。

试问：(1) 在 0.10 的显著性水平下，调查结果是否支持这位负责人的看法？

(2) 若检验的显著性水平为 0.05，又有何结论？

(3) 检验 P 值是多少？

11. 现对某乡免收农业税前后每亩小麦增值进行抽样调查（单位：元），具体数据如下表所示。

前	170	164	140	184	174	142	191	169	161	200
后	201	179	159	195	177	170	183	179	170	212

试问：(1) 在 $\alpha=0.05$ 下，试用符号检验法，检验免税前后每亩增值是否有显著性变化，变化方向如何？

(2) 在 $\alpha=0.05$ 下，试用秩和检验法，检验免税前后每亩增值是否有显著性变化，变化方向如何？

12. 已知如下甲乙两组数据，在 $\alpha=0.05$ 下运用秩和检验法判定这两组数据是否来自同一总体？

甲：86.55　100.19　98.80　87.97　90.71　90.71；

乙：87.26　83.71　91.31　89.46　74.36　80.00　73.32　80.97　68.50。

13. 某大学对于学制五年的专业如土木工程、机械、医学等的大学生分年级进行调查，就其参与政治性社团和娱乐性社团的人数进行了统计。情况如下表。

年级	政治性社团人数	娱乐性社团人数
一	194	92
二	286	162
三	176	186
四	272	482
五	76	262

试用累计频次检验判断参与两种社团与年级高低是否有显著性差异($\alpha=0.05$)。

第十章

方差分析

Adviced Cases

> **教学目的和要求**
> 掌握方差分析的基本原理及其运用的方法和步骤;简单运用 EXCEL 表对一些定量数据进行分析,获得是否相关的正确判断,有效地运用此类知识来解决现实生活与经济建设工作之统计问题。
>
> **关键词**
> 方差分析　总方差　组间方差　组内方差　F 分布

第一节　方差分析概述

一、方差分析的概念及其分类

(一) 基本概念

1. 方差分析。方差分析(Analysis of Variance,ANOVA),又称"变异数分析"或"F 检验",是 R. A. Fisher 发明的,开始应用于生物和农业田间试验,以后在许多学科中得到了广泛应用。方差分析用于两个及两个以上样本均数差别的显著性检验,是从观测变量的方差入手,研究诸多控制变量中哪些变量是对观测变量有显著影响的变量。

2. 方差分析的作用。方差分析通过数据分析找出对该事物有显著影响的因素,各因素之间的交互作用,以及显著影响因素的最佳水平等。经过方差分析,若拒绝了检验假设,可以说明多个样本总体均值不相等或不全相等。

3. 方差分析的假定条件:① 各处理条件下的样本是随机的。② 各处理条件下的样本是相互独立的,否则可能出现无法解析的输出结果。③ 各处理条件下的样本分别来自正态分布总体,否则使用非参数分析。④ 各总体方差相同,即具有齐效性。

4. 方差分析的3个基本概念:① 因变量,即我们实际测量的作为结果的变量,例如失业持续时间。② 自变量,即作为原因的、把观测结果分成几个组以进行比较的变量,例如奖金水平。在方差分析中,自变量也被称为因素。③ 因素的水平,即因素的不同表现,亦即每个自变量的不同取值。

(二) 方差分析的种类

1. 单因素方差分析。仅研究单个因素对观测变量的影响,因此称为单因素方差分析。对成组设计的多个样本均值比较,应采用完全随机设计的方差分析,是用来研究一个控制变量的不同水平是否对观测变量产生了显著影响。

2. 双因素方差分析。研究两个因素对因变量的影响的方差分析称为双因素方差分析。对随机区组设计的多个样本均值比较,应采用配伍组设计的方差分析。

3. 多因素方差分析。研究多个因素对因变量的影响的方差分析称为多因素方差分析。

二、方差分析的理论依据

要检验各个水平值 $\mu_1, \mu_2, \cdots, \mu_r$ 是否相等,一般步骤是通过方差的比较来实现的。观察值之间差异的产生来自两个方面:一方面是由因素中的不同水平造成的,例如,饮料的不同颜色可能带来不同的销售量,我们称之为系统性差异;另一方面是因为随机性抽选样本而产生的差异,比如,颜色相同的饮料在不同的商场销售量也不同。两个方面产生的差异可以用两个方差来计量,一个称为水平之间的方差,一个称为水平内部方差。前者既含系统性因素,也包括随机性因素。如果不同的水平对结果没有影响,如饮料的颜色对销售量不产生影响,那么在水平之间的方差中,就仅仅有随机因素的差异,而没有系统性差异,它与水平内部方差就应该很接近,两个方差的比值就会接近于1。反之,如果不同的水平对结果产生影响,在水平之间的方差中就不仅包括了随机性差异,也包括了系统性差异。这时,该方差就会大于水平内方差,两个方差的比值就会显著大于1,当这个比值大到某个程度,或者说达到某个临界点,就可以做出判断,说不同的水平之间存在着显著性差异。因此,方差分析就是通过统计量 F 值的比较,做出不拒绝或拒绝原假设的判断。

当且仅当 $F=\dfrac{可以解释的方差}{不能解释的方差}>F_\alpha(r-1, n-r)$ 时,拒绝原假设,接受备择假设。否则,不拒绝原假设。

三、方差分析的步骤

1. 检验数据是否符合方差分析的假设条件。
2. 提出原假设和备择假设。
(1) 原假设:各总体的均值之间没有显著差异,即 $H_0: \mu_1=\mu_2=\cdots=\mu_r$。
(2) 备择假设:至少有两个均值不相等,即 $H_1: \mu_1, \mu_2, \cdots, \mu_r$ 不全相等。
3. 根据样本计算 F 统计量的值。

$$F = \frac{\text{组间方差}\ MS_B}{\text{组内方差}\ MS_E} = \frac{SS_B/r-1}{SS_E/n-r}$$

4. 确定决策规则并根据实际值与临界值的比较,得出检验结论。在原假设成立时,组间方差与组内方差的比值服从自由度为$(r-1, n-r)$的F分布。

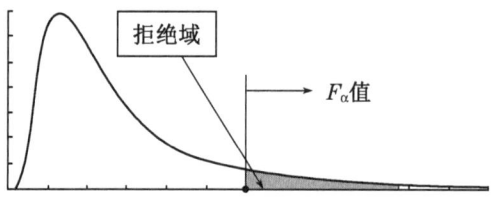

图 10.1　方差分析的拒绝域

$F > F_\alpha(r-1, n-r)$,为其拒绝域,即原假设H_0不成立,应接受备择假设H_1;否则,不拒绝原假设。

第二节　单因素试验的方差分析

一、单因素方差分析的基本形式

假设某个单因素有s个水平,并有n个观察结果,则此类单因素方差分析的情形及其主要指标如表 10.1 所示。

表 10.1　单因素方差分析数据源的一般情形

观察结果 \ 水平	A_1	A_2	…	A_s
	X_{11}	X_{12}	…	X_{1s}
	X_{21}	X_{22}	…	X_{2s}
	⋮	⋮		⋮
	$X_{n_1 1}$	$X_{n_1 2}$	…	$X_{n_s s}$
样本总和	T_1	T_2	…	T_s
样本均值	$\overline{X}_1$	$\overline{X}_2$	…	$\overline{X}_s$
总体均值	μ_1	μ_2	…	μ_s

二、单因素方差分析几个重要概念

1. 总变差

总变差在方差分析中记作 SS_T，它表示 X_{ij} 对于总均值 $\overline{X}$ 的偏差之平方和。即：

$$SS_T = \sum_{i=1}^{i=r}\sum_{j=1}^{n_i}(X_{ij}-\overline{X})^2 = \sum_{i=1}^{i=r}\sum_{j=1}^{j=n_i}X_{ij}^2 - \frac{(\sum_{i=1}^{i=r}\sum_{j=1}^{j=n_i}X_{ij})^2}{n} \tag{10-1}$$

2. 组间变差

组间变差（Between-groups Sum of Squares），记作 SS_B，它涉及诸类别均值 $\overline{X_i}$ 对总均值 $\overline{X}$ 的偏差，反映了数据各类别"中心"的散布程度。

$$SS_B = \sum_{i=1}^{i=r} n_i(\overline{X_i}-\overline{X})^2 = \sum_{i=1}^{i=r}\frac{(\sum_{j=1}^{j=n_i}X_{ij})^2}{n_i} - \frac{(\sum_{i=1}^{i=r}\sum_{j=1}^{j=n_i}X_{ij})^2}{n} \tag{10-2}$$

3. 组内变差

组内变差（Within-groups Sum of Squares）是各观测值 X_{ij} 对其所属类别均值 $\overline{X_i}$ 的偏差的平方和，记作 SS_W，又记为 SS_E。组内变差反映了数据围绕各"中心"的散布程度，即反映了 X_{ij} 因随机波动所产生的变异，与自变量因素无关。换言之，SS_E 即是自变量因素所没有解释的 X_{ij} 的变异，因此，又称之为残差。

$$SS_E = \sum_{i=1}^{i=r}\sum_{j=1}^{n_i}(X_{ij}-\overline{X_i})^2 \tag{10-3}$$

上述变差间存在如下关系（推导过程从略）：

$$SS_T = SS_B + SS_E \tag{10-4}$$

三、判定方法

$$F = \frac{\text{组间方差 } MS_B}{\text{组内方差 } MS_E} = \frac{SS_B/r-1}{SS_E/n-r} \sim F(r-1, n-r) \tag{10-5}$$

若给定显著性水平 α 一般为 0.05 或 0.01，查表找出 $F_\alpha(r-1, n-r)$ 值。若 $F > F_\alpha(r-1, n-r)$，应接受备择假设，认为至少有两个均值不相等，即 $H_1: \mu_1, \mu_2, \cdots, \mu_r$ 不全相等；否则，认为各总体的均值之间没有显著差异，即 $H_0: \mu_1 = \mu_2 = \cdots = \mu_r$。

四、单因素方差分析表

表 10.2 单因素方差分析

变异来源	变差平方和 SS	自由度 df	均方 MS	F 值
组 间	SS_B	$r-1$	MS_B	MS_B/MS_E
组 内	SS_E	$n-r$	MS_E	
总变异	SS_T	$n-1$		

例 10-1 研究某种商品销量与品牌的关系,得表 10.3 资料,其中 A_1, A_2, A_3 表示不同的品牌,数据表示销量,其中 A_1 有 2 个样本销量分别为 3 件和 7 件,A_2 有 4 个样本销量分别为 4 件、2 件、7 件和 3 件,A_3 有 3 个样本销量分别为 8 件、4 件和 6 件。试以显著性水平 10% 判断品牌对该种商品的销量有无影响。

解 将上述资料列表计算,如表 10.3 所示:

表 10.3 某商品销量与品牌间关系方差分析数据

	A_1		A_2		A_3		合计
	X_{1j}	X_{1j}^2	X_{2j}	X_{2j}^2	X_{3j}	X_{3j}^2	
销量 X	3 7	9 49	4 2 7 3	16 4 49 9	8 4 6	64 16 36	
合计	10	58	16	78	18	116	$\sum_{i=1}^{i=3}\sum_{j=1}^{j=n_i} X_{ij} = 44$ $\sum_{i=1}^{i=3}\sum_{j=1}^{j=n_i} X_{ij}^2 = 252$
各品牌 样本容量 平均销量	$n_1 = 2$ $\overline{X_1} = 5$		$n_2 = 4$ $\overline{X_2} = 4$		$n_3 = 3$ $\overline{X_3} = 6$		$n = 9$ $\overline{X} = 4.89$

进一步计算各变差:

$$SS_T = \sum_{i=1}^{i=r}\sum_{j=1}^{j=n_i} X_{ij}^2 - \frac{(\sum_{i=1}^{i=r}\sum_{j=1}^{j=n_i} X_{ij})^2}{n}$$

$$= 252 - \frac{(44)^2}{9} = 36.89$$

$$SS_B = \sum_{i=1}^{i=r} \frac{(\sum_{j=1}^{j=n_i} X_{ij})^2}{n_i} - \frac{(\sum_{i=1}^{i=r}\sum_{j=1}^{j=n_i} X_{ij})^2}{n}$$

$$= \frac{(10)^2}{2} + \frac{(16)^2}{4} + \frac{(18)^2}{3} - \frac{(44)^2}{9} = 6.89$$

$$SS_E = SS_T - SS_B = 36.89 - 6.89 = 30$$

由于这里 $r=3, n=9$，故 $MS_B = 6.89/2 = 3.445, MS_E = 30/6 = 5, F = MS_B/MS_E = 0.69 < 1$，可以直接判定原假设成立，即不同品牌对该产品销售量没有显著影响。也可以依据 $F < F_{0.1}(2,6) = 9.33$ 来判定，其结论相同。

例 10-2 以下是某单位抽样 41 名职工家庭赡养人数的统计数据。

管理员：3;5;0;5;4;4;2;3;1;3;2;3;3;2;4;2;6;1。(18 人)

工人：1;3;4;4;6;2;3;4;3;5;2;4。(12 人)

技术员：6;4;2;2;3;0;5;3;1;2;1。(11 人)

若 $\alpha = 0.05$，试判定这三类员工家庭赡养人数是否存在显著性差异。

解 将上述数据列表计算，如表 10.4 所示：

表 10.4　某单位三类不同职工赡养人数方差分析数据

$A_1 =$ 管理员		$A_2 =$ 工人		$A_3 =$ 技术员	
赡养人数(X_{1j})	$(X_{1j} - \overline{X_1})$	赡养人数(X_{2j})	$(X_{2j} - \overline{X_2})$	赡养人数(X_{3j})	$(X_{3j} - \overline{X_3})$
3	0.04	1	-2.42	6	3.36
5	2.04	3	-0.42	4	1.36
0	-2.96	4	0.58	2	-0.64
5	2.04	4	0.58	2	-0.64
4	1.04	6	2.58	3	0.36
4	1.04	2	-1.42	0	-2.64
2	-0.96	3	-0.42	5	2.36
3	0.04	4	0.58	3	0.36
1	-1.96	3	-0.42	1	-1.64
3	0.04	5	1.58	2	-0.64
2	-0.96	2	-1.42	1	-1.64
3	0.04	4	0.58		
3	0.04				
2	-0.96				
4	1.04				
2	-0.96				
6	3.04				
1	-1.96				
$\overline{X_1} = 2.94$ $n_1 = 18$	$\sum_{i=1}^{i=18}(X_{1j} - \overline{X_1})^2$ $= 40.944$	$\overline{X_2} = 3.42$ $n_2 = 12$	$\sum_{i=1}^{i=12}(X_{2j} - \overline{X_2})^2$ $= 20.917$	$\overline{X_3} = 2.64$ $n_3 = 11$	$\sum_{i=1}^{i=11}(X_{3j} - \overline{X_3})^2$ $= 32.545$

$$SS_E = \sum_{i=1}^{i=r}\sum_{j=1}^{n_i}(X_{ij}-\overline{X_i})^2$$
$$= \sum_{i=1}^{i=3}\sum_{j=1}^{n_i}(X_{ij}-\overline{X_i})^2$$
$$=40.944+20.917+32.545=94.406$$

由于
$$\overline{X}=\frac{1}{n}\sum_{i=1}^{i=r}\sum_{j=1}^{j=n_1}X_{ij}$$
$$=\frac{1}{n}\sum_{i=1}^{i=3}n_i\overline{X_i}$$
$$=\frac{1}{18+12+11}(18\times2.96+12\times3.42+11\times2.64)\approx 3.00$$
$$SS_B=\sum_{i=1}^{i=r}n_i(\overline{X_i}-\overline{X})^2$$
$$=n_1(\overline{X_1}-\overline{X})^2+n_2(\overline{X_2}-\overline{X})^2+n_3(\overline{X_3}-\overline{X})^2$$
$$=18(-0.055\ 5)^2+12(0.420\ 0)^2+11(-0.360\ 0)^2$$
$$=3.597\ 8$$

又 $r=3, n=41$，则：
$$F=\frac{\text{组间方差}MS_B}{\text{组内方差}MS_E}=\frac{SS_B/r-1}{SS_E/n-r}$$
$$=\frac{3.597\ 8/(3-1)}{94.406/(41-3)}=0.73$$

而 $F_{0.05}(2,38)=3.24$，显然，$F<F_{0.05}(2,38)$，不拒绝原假设，即认为三类员工家庭赡养人数不存在显著性差异。

第三节 双因素试验的方差分析

一、无交互作用的双因素方差分析的基本形式

双因素方差分析中的基本假设是各子总体都服从正态分布，有相同的方差，并且各个观测值之间相互独立（与单因素时相同）。假设因素 A 和 B 分别有 r 和 s 个水平，其共同作用下所形成的关系数据如表 10.5 所示。此表显示了无交互作用的双因素方差分析的原始数据一般情形。

表 10.5 无交互作用的双因素试验数据一般形式

因素A \ 因素B	B_1	B_2	⋯	B_s
A_1	X_{11}	X_{12}	⋯	X_{1s}
A_2	X_{21}	X_{22}	⋯	X_{2s}
⋮	⋮	⋮		⋮
A_r	X_{r1}	X_{r2}	⋯	X_{rs}

(一) 无交互作用的双因素数学模型

双因素方差分析中因素 A 和 B 对结果的影响相互独立时称为无交互作用的双因素方差分析。

在无交互作用的双因素方差分析模型中因变量的取值受 4 个因素的影响：总体的平均值，因素 A 导致的差异，因素 B 导致的差异，以及误差项。写成模型的形式就是：

$$X_{ij} = \mu + \alpha_i + \beta_j + \varepsilon_{ij} \tag{10-6}$$

其中

$$\alpha_i = \overline{X}_{i\cdot} - \overline{X} = \frac{1}{s}\sum_{j=1}^{s} X_{ij} - \frac{1}{rs}\sum_{i=1}^{r}\sum_{j=1}^{s} X_{ij} \tag{10-7}$$

$$\beta_j = \overline{X}_{\cdot j} - \overline{X} = \frac{1}{r}\sum_{i=1}^{r} X_{ij} - \frac{1}{rs}\sum_{i=1}^{r}\sum_{j=1}^{s} X_{ij} \tag{10-8}$$

假定 $\varepsilon_{ij} \sim N(0,\sigma^2)$

其中 $i=1,2,\cdots,r; j=1,2,\cdots,s$

(二) 无交互作用的双因素试验方差分析

1. 提出假设

$$H_0: \begin{cases} \alpha_i = 0, i=1,2,\cdots,r \\ \beta_j = 0, j=1,2,\cdots,s \end{cases}$$

$$H_1: \begin{cases} 至少存在一个 i, i\in\{1,2,\cdots,r\}, 使得 \alpha_i \neq 0 \\ 至少存在一个 j, j\in\{1,2,\cdots,s\}, 使得 \beta_j \neq 0 \end{cases}$$

α, β 中 H_0 与 H_1 分别对应原假设和备择假设，并非整体对应原假设和备择假设。

2. 离差平方和的分解

$$SS_T = \sum_{i=1}^{r}\sum_{j=1}^{s}(X_{ij}-\overline{X})^2$$

$$= \sum_{i=1}^{r}\sum_{j=1}^{s}[(\overline{X}_{i\cdot}-\overline{X})+(\overline{X}_{\cdot j}-\overline{X})+(X_{ij}-\overline{X}_{i\cdot}-\overline{X}_{\cdot j}+\overline{X})]^2$$

$$= \sum_{i=1}^{r}\sum_{j=1}^{s}(\overline{X}_{i\cdot}-\overline{X})^2 + \sum_{i=1}^{r}\sum_{j=1}^{s}(\overline{X}_{\cdot j}-\overline{X})^2 + \sum_{i=1}^{r}\sum_{j=1}^{s}(X_{ij}-\overline{X}_{i\cdot}-\overline{X}_{\cdot j}+\overline{X})^2$$

$$= s\sum_{i=1}^{r}(\overline{X}_{i\cdot}-\overline{X})^2 + r\sum_{j=1}^{s}(\overline{X}_{\cdot j}-\overline{X})^2 + \sum_{i=1}^{r}\sum_{j=1}^{s}(X_{ij}-\overline{X}_{i\cdot}-\overline{X}_{\cdot j}+\overline{X})^2$$

$$= SS_A + SS_B + SS_E \tag{10-9}$$

上式的含义是总的离差平方之和等于因子 A 的离差平方和与因子 B 的离差平方和以及残差平方和的总和。

3. 双因素无交互作用方差分析表

表 10.6 无交互作用双因素方差分析判定

变异来源	离差平方和 SS	自由度 df	均方 MS	F 值
A 因素	SS_A	$r-1$	$MS_A = SS_A/(r-1)$	$F_A = MS_A/MS_E$
B 因素	SS_B	$s-1$	$MS_B = SS_B/(s-1)$	$F_B = MS_B/MS_E$
残　差	SS_E	$n-r-s+1$	$MS_E = SS_E/(n-r-s+1)$	
合　计	SS_T	$n-1$		

4. 判定标准

依据表 10.6 中公式计算,若 $F_A > F_\alpha[(r-1),(r-1)(s-1)]$,则因素 A 的作用是显著的,即原假设 H_0 不成立,备择假设 H_1 成立;否则,原假设 H_0 成立。

若 $F_B > F_\alpha[(s-1),(r-1)(s-1)]$,则因素 B 的作用是显著的,即原假设 H_0 不成立,备择假设 H_1 成立;否则,原假设 H_0 成立。

例 10-3 设有 6 种不同品种的种子和 5 种不同的施肥方案,在 30 块同样面积的土地上,分别采用 6 种种子和 5 种施肥方案的各种搭配进行试验,获得收获量如表 10.7 所示。试问:种子的品种对收获量是否有显著的影响?施肥方案对收获量是否有显著影响?(取显著性水平 $\alpha = 0.01$)

表 10.7 施肥方案、品种与收获量间关系原始数据

品种 \ 施肥方案	1	2	3	4	5
1	12.0	10.8	13.2	14.0	11.6
2	11.5	11.4	13.1	14.0	13.0
3	11.0	12.0	12.5	14.0	14.2
4	11.0	11.1	11.4	12.3	14.3
5	9.5	9.6	12.4	11.5	13.7
6	9.3	9.7	10.4	9.5	12.0

解 本试验是无重复的双因素试验,种子作为因素 A,有 6 个水平;施肥方案作为因素 B,有 5 个水平。在每种水平组合下只做一次试验,只考虑因素 A、B 的作用,不考虑它们的交互作用,即假定二者的交互作用不显著。

(1) 做出原假设。

$$H_0: \alpha_1 = \alpha_2 = \cdots = \alpha_6 = 0$$
$$H_0': \beta_1 = \beta_2 = \cdots = \beta_5 = 0$$

式中，α_i 为水平 A_i 的效应，β_j 为水平 B_j 的效应。

(2) 计算 $T_i.$，$T._j$ 和 T 的结果列表如表 10.8 所示。

表 10.8 施肥方案、品种与收获量间关系数据汇总

A_j \ B_j	B_1	B_2	B_3	B_4	B_5	$T_i.$
A_1	12.0	10.8	13.2	14.0	11.6	61.6
A_2	11.5	11.4	13.1	14.0	13.0	63.0
A_3	11.5	12.0	12.5	14.0	14.2	64.2
A_4	11.0	11.1	11.4	12.3	14.3	60.1
A_5	9.5	9.6	12.4	11.5	13.7	56.7
A_6	9.3	9.7	10.4	9.5	12.0	50.9
$T._j$	64.8	64.6	73.0	75.3	78.8	$T=356.5$

(3) 计算平方和。

$$CT = \frac{1}{30}T^2 = \frac{1}{30} \times 356.5^2 = 4\,236.4$$

$$\sum_{i=1}^{6}\sum_{j=1}^{5} X_{ij}^2 = 12.0^2 + 11.5^2 + \cdots + 13.7^2 + 12.0^2 = 4\,303.45$$

由此可得 $SS_T = \sum_{i=1}^{6}\sum_{j=1}^{5} X_{ij}^2 - CT = 4\,303.45 - 4\,236.4 = 67.05$

$$SS_A = \frac{1}{5}\sum_{i=1}^{6} T_{i.}^2 - CT$$

$$= \frac{1}{5}(61.6^2 + 63.0^2 + \cdots + 50.9^2) - 4\,236.4 = 24.18$$

$$SS_B = \frac{1}{6}\sum_{j=1}^{5} T_{.j}^2 - CT$$

$$= \frac{1}{6}(64.8^2 + 64.6^2 + \cdots + 78.8^2) - 4\,236.4 = 27.06$$

$$SS_E = SS_T - SS_A - SS_B = 67.05 - 24.18 - 27.06 = 15.81$$

(4) 确定自由度。

$$df_A = r - 1 = 6 - 1 = 5$$
$$df_B = s - 1 = 5 - 1 = 4$$
$$df_E = (r-1)(s-1) = 5 \times 4 = 20$$
$$df_T = 29$$

(5) 计算 F 值。

$$F_A = \frac{df_E SS_A}{df_A SS_E} = \frac{20 \times 24.18}{5 \times 15.81} = 6.37$$

$$F_B = \frac{df_E SS_B}{df_B SS_E} = \frac{20 \times 27.06}{4 \times 15.81} = 8.9$$

(6) 查分位数表。

$$F_{0.01}(df_A, df_E) = F_{0.01}(5, 20) = 4.10$$
$$F_{0.01}(df_B, df_E) = F_{0.01}(4, 20) = 4.43$$

(7) 结论。

由于 $F_A = 6.37 > 4.10, F_B = 8.9 > 4.43$ 均落入否定域,所以否定 H_0 和 H_0',认为种子的品种和施肥方案产量都有影响。方差分析如表 10.9 所示:

表 10.9 施肥方案、品种与收获量间关系方差分析判定

变异来源	平方和	自由度	F 值	分位数	显著性
种子	$SS_A = 24.18$	$df_A = 5$	$F_A = 6.37$	$F_{0.01}(5,20) = 4.10$	**
施肥方案	$SS_B = 27.06$	$df_B = 4$	$F_B = 8.9$	$F_{0.01}(4,20) = 4.43$	**
残差	$SS_E = 15.18$	$df_E = 20$			
总计	67.05	29			

二、有交互作用的双因素试验方差分析

如果除了 A 和 B 对结果的单独影响外还存在交互作用,这时的双因素方差分析称为有交互作用的双因素方差分析。

表 10.10 有交互作用的双因素试验数据的一般形式

因素 A \ 因素 B	B_1	B_2	⋯	B_s
A_1	$X_{111}, X_{112}, \cdots, X_{11t}$	$X_{121}, X_{122}, \cdots, X_{12t}$	⋯	$X_{1s1}, X_{1s2}, \cdots, X_{1st}$
A_2	$X_{211}, X_{212}, \cdots, X_{21t}$	$X_{221}, X_{222}, \cdots, X_{22t}$	⋯	$X_{2s1}, X_{2s2}, \cdots, X_{2st}$
⋮	⋮	⋮	⋮	⋮
A_r	$X_{r11}, X_{r12}, \cdots, X_{r1t}$	$X_{r21}, X_{r22}, \cdots, X_{r2t}$	⋯	$X_{rs1}, X_{rs2}, \cdots, X_{rst}$

(一) 有交互作用的双因素方差分析模型

在有交互作用的双因素方差分析模型中因变量的取值受 5 个因素的影响:总体的平均值,因素 A 导致的差异,因素 B 导致的差异,由因素 A 和因素 B 的交互作用导致的差异,以及误差项。

设
$$\overline{X} = \frac{1}{rs} \sum_{i=1}^{r} \sum_{j=1}^{s} \overline{X}_{ij} = \frac{1}{rst} \sum_{i=1}^{r} \sum_{j=1}^{s} \sum_{k=1}^{t} X_{ijk} \quad (10-10)$$

$$\overline{X}_{i\cdot} = \frac{1}{s} \sum_{j=1}^{s} \overline{X}_{ij} \quad i = 1, 2, \cdots, r \quad (10-11)$$

$$\overline{X}_{\cdot j} = \frac{1}{r} \sum_{i=1}^{r} \overline{X}_{ij} \quad j = 1, 2, \cdots, s \quad (10-12)$$

$$\alpha_i = \overline{X}_{i\cdot} - \overline{X} \quad i = 1, 2, \cdots, r$$

$$\beta_j = \overline{X}_{\cdot j} - \overline{X} \quad j=1,2,\cdots,s$$

$$(\alpha\beta)_{ij} = \overline{X}_{ij} - \overline{X}_{i\cdot} - \overline{X}_{\cdot j} + \overline{X}$$

写成模型的形式就是：

$$X_{ij} = \mu + \alpha_i + \beta_i + (\alpha\beta)_{ij} + \varepsilon_{ijk} \tag{10-13}$$

并且

$$\sum_{i=1}^{r}\alpha_i = 0; \sum_{j=1}^{s}\beta_j = 0; \sum_{i=1}^{r}(\alpha\beta)_{ij} = 0; \sum_{j=1}^{s}(\alpha\beta)_{ij} = 0$$
$$i=1,2,\cdots,r$$

假定 $\varepsilon_{ijk} \sim N(0,\sigma^2)$ $j=1,2,\cdots,s$
$k=1,2,\cdots,t$

(二) 有交互作用的双因素试验方差分析

1. 提出假设

$$H_0: \begin{cases} \alpha_i = 0 & i=1,2,\cdots,r \\ \beta_j = 0 & j=1,2,\cdots,s \\ (\alpha\beta)_{ij} = 0 & i=1,2,\cdots,r; j=1,2,\cdots,s \end{cases} \quad H_1: \begin{cases} \alpha_1,\alpha_2,\cdots,\alpha_r \text{ 不全为 } 0 \\ \beta_1,\beta_2,\cdots,\beta_j \text{ 不全为 } 0 \\ (\alpha\beta)_{ij} \text{不全为 } 0 \quad i=1,2,\cdots,r; j=1,2,\cdots,s \end{cases}$$

$\alpha, \beta, (\alpha\beta)$ 的原备择假设是分别对应的，而非整体对应。比如，对于 α 来说，

$$\begin{cases} H_0: \alpha_1 = \alpha_2 = \cdots = \alpha_r = 0 \\ H_1: \alpha_1, \alpha_2, \cdots, \alpha_r \text{ 不全为 } 0 \end{cases}$$

2. 离差平方和的分解

$$\begin{aligned} SS_T &= \sum_{i=1}^{r}\sum_{j=1}^{s}\sum_{k=1}^{t}(X_{ijk} - \overline{X})^2 \\ &= st\sum_{i=1}^{r}(\overline{X}_{i\cdot} - \overline{X})^2 + rt\sum_{j=1}^{s}(\overline{X}_{\cdot j} - \overline{X})^2 \\ &\quad + t\sum_{i=1}^{r}\sum_{j=1}^{s}(\overline{X}_{ij} - \overline{X}_{i\cdot} - \overline{X}_{\cdot j} + \overline{X})^2 \\ &\quad + \sum_{i=1}^{r}\sum_{j=1}^{s}\sum_{k=1}^{t}(X_{ijk} - \overline{X}_{ij})^2 \\ &= SS_A + SS_B + SS_{A\times B} + SS_E \end{aligned} \tag{10-14}$$

式中，SS_T 为总的离差平方之和，SS_A 和 SS_B 分别表示为因素 A 和 B 的组间离差平方和，$SS_{A\times B}$ 为因素 A 和 B 的交互作用离差平方和，SS_E 为残差平方和。

假设有如下的运算关系式：

$$T_{\cdots} = \sum_{i=1}^{r}\sum_{j=1}^{s}\sum_{k=1}^{t}X_{ijk} \quad i=1,2,\cdots,r; j=1,2,\cdots,s; k=1,2,\cdots,t$$

$$T_{ij\cdot} = \sum_{k=1}^{t}X_{ijk} \quad i=1,2,\cdots,r; j=1,2,\cdots,s$$

$$T_{i\cdot\cdot} = \sum_{j=1}^{s}\sum_{k=1}^{t}X_{ijk} \quad i=1,2,\cdots,r$$

$$T_{\cdot j\cdot} = \sum_{i=1}^{r}\sum_{k=1}^{t}X_{ijk} \quad j=1,2,\cdots,s$$

这些离差平方和还可以通过以下公式来计算：

$$\begin{cases} SS_T = \sum_{i=1}^{r}\sum_{j=1}^{s}\sum_{k=1}^{t} X_{ijk}^2 - \dfrac{T_{\cdots}^2}{rst} \\ SS_A = \dfrac{1}{st}\sum_{i=1}^{r} T_{i\cdot\cdot}^2 - \dfrac{T_{\cdots}^2}{rst} \\ SS_B = \dfrac{1}{rt}\sum_{j=1}^{s} T_{\cdot j\cdot}^2 - \dfrac{T_{\cdots}^2}{rst} \\ SS_{A\times B} = \left(\dfrac{1}{t}\sum_{i=1}^{r}\sum_{j=1}^{s} T_{ij\cdot}^2 - \dfrac{T_{\cdots}^2}{rst}\right) - SS_A - SS_B \\ SS_E = SS_T - SS_A - SS_B - SS_{A\times B} \end{cases} \quad (10-15)$$

显然,式(10-15)比式(10-14)在运算时更简便,但数据很大,处理起来较麻烦。

3. 有交互作用的双因素方差分析表

表 10.11 有交互作用的双因素方差分析判定数据形式

变异来源	离差平方和 SS	自由度 df	均方 MS	F 值
A 因素	SS_A	$r-1$	$MS_A = SS_A/(r-1)$	$F_A = MS_A/MS_E$
B 因素	SS_B	$s-1$	$MS_B = SS_B/(s-1)$	$F_B = MS_B/MS_E$
AB 交互作用	$SS_{A\times B}$	$(r-1)(s-1)$	$MS_{AB} = SS_{AB}/(r-1)(s-1)$	$F_{AB} = MS_{AB}/MS_E$
残 差	SS_E	$rs(rt-1)$	$MS_E = SS_E/rs(rt-1)$	
合 计	SS_T	$rst-1$		

4. 判定标准

此类双因素方差分析的判定标准与无交互作用的双因素方差分析相类似,所不同之处在于两点:其一是多了一个双因素相互作用因素;其二是 F 值计算方法不同,具体如表 10.11 所示。

若 $F_A > F_\alpha[(r-1), rs(t-1)]$,则因素 A 的作用是显著的,即原假设 H_0 不成立,备择假设 H_1 成立;否则,原假设 H_0 成立。

若 $F_B > F_\alpha[(s-1), rs(t-1)]$,则因素 B 的作用是显著的,即原假设 H_0 不成立,备择假设 H_1 成立;否则,原假设 H_0 成立。

$F_{A\times B} > F_\alpha[(s-1)(r-1), rs(t-1)]$,则因素 A 和 B 的交互作用是显著的,即原假设 H_0 不成立,备择假设 H_1 成立;否则,原假设 H_0 成立。

例题 10-4 用 4 种燃料、3 种推进器做火箭射程试验,燃料和推进器的每一种组合做两次试验,得出火箭射程如表 10.12,取显著水平 $\alpha=0.05$。试分析燃料、推进器以及燃料与推进器的交互作用对射程有无显著的影响。

表 10.12 3 种推进器和 4 种燃料组合与射程间关系数据

燃料 \ 推进器	B_1	B_2	B_3
A_1	58.2 52.6	56.2 41.2	65.3 60.8
A_2	49.1 42.8	54.1 50.5	51.6 48.4
A_3	60.1 58.3	70.9 73.2	39.2 40.7
A_4	75.8 71.5	58.2 51.0	48.7 41.4

解 在本试验中,燃料作为因素 A,有 $r(r=4)$ 个水平:A_1,A_2,A_3,A_4。推进器作为因素 B,有 $s(s=3)$ 个水平:B_1,B_2,B_3。在每一个水平组合 (A_i,B_j) 下做 $t(t=2)$ 次试验,这是双因素重复试验的方差分析。记在水平组合 (A_i,B_j) 下射程的均值:

$$\mu_{ij}=\mu+\alpha_i+\beta_j+(\alpha\beta)_{ij} \quad i=1,2,3,4;j=1,2,3$$

式中,μ 是均值的总平均,α_i 是 A_i 的效应,β_j 是 B_j 的效应,$(\alpha\beta)_{ij}$ 是交互作用 $A_i\times B_j$ 的效应。

1. 做出原假设如下。

$$\begin{cases} H_0:\alpha_i=0 & i=1,2,3,4 \\ H_0':\beta_j=0 & j=1,2,3 \\ H_0'':(\alpha\beta)_{ij}=0 & i=1,2,3,4;j=1,2,3 \end{cases} \quad \begin{cases} H_1:\alpha_1,\alpha_2,\alpha_3,\alpha_4 \text{ 不全为 } 0 \\ H_1':\beta_1,\beta_2,\beta_3 \text{ 不全为 } 0 \\ H_1'':(\alpha\beta)_{ij} \text{ 不全为 } 0 \quad i=1,2,3,4;j=1,2,3 \end{cases}$$

2. 计算过程如下。

(1) 计算 $T_{ij},T_{i\cdot\cdot},T_{\cdot j\cdot}$ 和 T,结果列于表 10.13 中。

表 10.13 3 种推进器和 4 种燃料组合与射程间关系数据汇总

T_{ij} \ B \ A	B_1	B_2	B_3	$T_{i\cdot\cdot}$
A_1	110.8	97.4	126.1	334.3
A_2	91.9	104.6	100.0	296.5
A_3	118.4	144.1	79.9	342.4
A_4	147.3	109.2	90.1	346.6
$T_{\cdot j\cdot}$	468.3	455.3	396.1	$T=1\,319.8$

(2) 计算离差平方和。

$$CT=\frac{1}{24}T^2=\frac{1}{24}\times 1\,319.8^2=72\,578$$

$$\sum_{i=1}^{4}\sum_{j=1}^{3}\sum_{k=1}^{2}X_{ijk}^2=58.2^2+52.6^2+\cdots+48.7^2+41.4^2=75\,216.3$$

$$\sum_{i=1}^{4}\sum_{j=1}^{3}T_{ij\cdot}^2=110.8^2+91.9^2+\cdots+90.1^2=149\,958.7$$

于是

$$SS_T=\sum_{i=1}^{4}\sum_{j=1}^{3}\sum_{k=1}^{2}X_{ijk}^2-CT=75\,216.3-72\,578=2\,638.3$$

$$SS_A=\frac{1}{6}\sum_{i=1}^{4}T_{i\cdot\cdot}^2-CT$$

$$=\frac{1}{6}\times(334.3^2+296.5^2+342.4^2+346.5^2)-CT$$

$$=\frac{1}{6}\times 436\,968.75-CT$$

$$=72\,828.13-72\,578=236.95$$

$$SS_B=\frac{1}{8}\sum_{j=1}^{3}T_{\cdot j\cdot}^2-CT$$

$$= \frac{1}{8}(468.3^2+455.3^2+396.1^2)-CT=359.27$$

$$SS_E = \sum_{i=1}^{4}\sum_{j=1}^{3}\sum_{k=1}^{2}X_{ijk}^2 - \frac{1}{2}\sum_{i=1}^{4}\sum_{j=1}^{3}T_{ij\cdot}^2$$

$$=75\ 216.3-\frac{1}{2}\times 149\ 958.7=236.95$$

$$SS_{A\times B}=SS_T-SS_A-SS_B-SS_E$$

$$=2\ 638.3-250.13-359.27-236.95=1\ 791.95$$

(3) 确定自由度。

SS_A 的自由度 $\qquad df_A=r-1=4-1=3$

SS_B 的自由度 $\qquad df_B=S-1=3-1=2$

$SS_{A\times B}$ 的自由度 $\qquad df_{A\times B}=(r-1)(s-1)=6$

SS_E 的自由度 $\qquad df_E=rs(t-1)=12$

SS_T 的自由度 $\qquad df_T=rst-1=23$

(4) 计算 F 的值。

$$F_A=\frac{df_E SS_A}{df_A SS_E}=\frac{12\times 250.13}{3\times 236.95}=4.22$$

$$F_B=\frac{df_E SS_B}{df_B SS_E}=\frac{12\times 359.27}{2\times 236.95}=9.09$$

$$F_{A\times B}=\frac{df_E SS_{A\times B}}{df_{A\times B} SS_E}=\frac{12\times 1\ 791.95}{6\times 236.95}=15.13$$

(5) 查分位数表。

对给定的显著性水平 $\alpha=0.05$,查表:

$$F_{0.05}(df_A,df_E)=F_{0.05}(3,12)=3.49$$

$$F_{0.05}(df_B,df_E)=F_{0.05}(2,12)=3.89$$

$$F_{0.05}(df_{A\times B},df_E)=F_{0.05}(6,12)=3.00$$

(6) 结论。

由于 $F_A=4.22>3.49, F_B=9.09>3.89, F_{A\times B}=15.13>3.00$,均落入否定域,所以燃料、推进器以及两者的交互作用均对火箭的射程有显著的影响,方差分析如表 10.14:

表 10.14　3 种推进器和 4 种燃料组合与射程间关系数据方差分析判定

变异来源	平方和	自由度	F 值	分位数	显著性
A(燃料)	$SS_A=250.13$	$df_A=3$		$F_{0.05}(3,12)=3.49$	*
B(推进器)	$SS_B=259.27$	$df_B=2$		$F_{0.05}(2,12)=3.89$	*
$A\times B$	$SS_{A\times B}=1\ 791.95$	$df_{A\times B}=6$		$F_{0.05}(6,12)=3.00$	*
残差	$SS_E=236.95$	$df_E=12$			
合计	$SS_T=2\ 638.3$	$df_T=23$			

第四节 用EXCEL表进行方差分析的实例说明[①]

一、实验一

将某山区克山病11名患者与13名健康人的血磷值进行比较,该地区的克山病患者与健康人的血磷值是否不同?

解 打开"数据"→打开"数据分析"→选择"方差分析:单因素方差分析"→单击"确定"。在"输入区域"中正确选择数据,如下图所示。

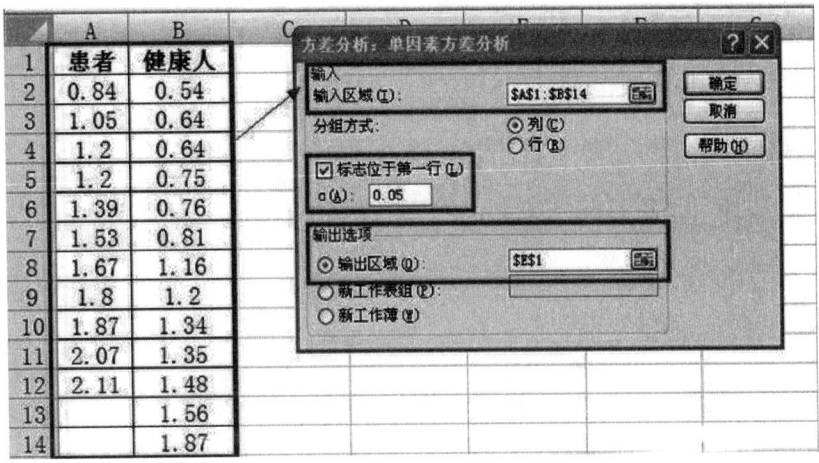

点击确认,得到如下结果:

方差分析:单因素方差分析

SUMMARY				
组	观测数	求和	平均	方差
患者	11	16.73	1.520 909	0.177 909
健康人	13	14.1	1.084 615	0.178 21

方差分析

差异源	SS	df	MS	F	P-value	F crit
组间	1.134 182	1	1.134 182	6.369 183	0.019 337	4.300 949
组内	3.917 614	22	0.178 073			
总计	5.051 796	23				

由以上分析看出,结论是:存在差别。

[①] 该实验资料来源于豆丁网:http://www.docin.com/p-1283512717.html。

二、实验二

五个地区每天发生交通事故的次数如下表所示,试以 $\alpha=0.01$ 显著水平检验各地区平均每天交通事故的次数是否相等。

东部	北部	中部	南部	西部
15	12	10	14	13
17	10	14	9	12
14	13	13	7	9
11	17	15	10	14
——	14	12	8	10
	——	——	7	9

解 将实验数据输入工作表中:

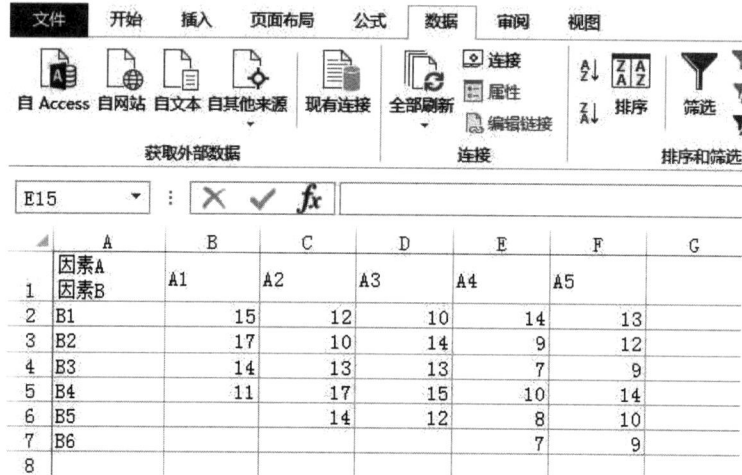

然后按下述步骤进行方差分析:

1. 点击"数据"菜单栏右上方"数据分析"选项,弹出"数据分析"对话框:

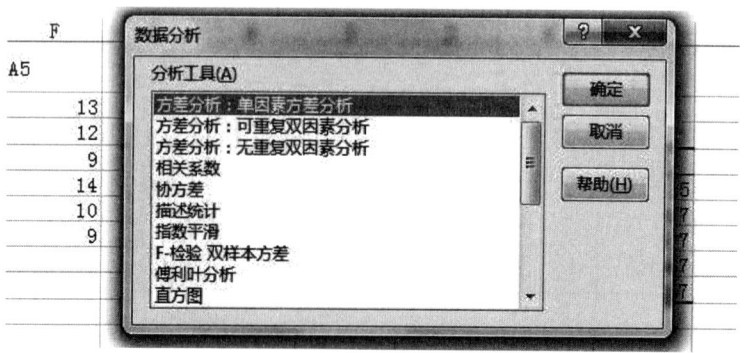

2. 在分析工具中选择"单因素方差分析",在对话框内选择如下数据:

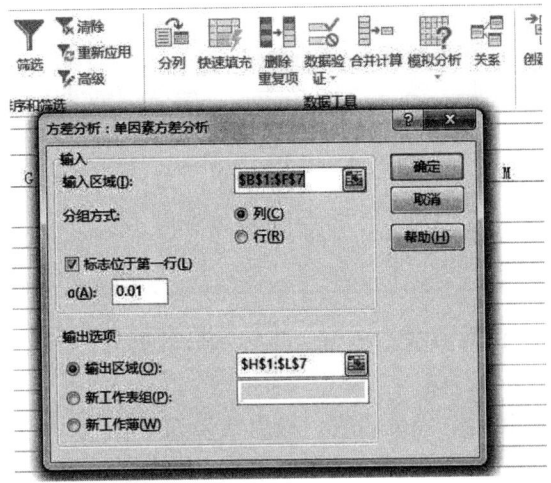

3. 点击确定按钮,得出如下分析结果:

组	观测数	求和	平均	方差
A1	4	57	14.25	6.25
A2	5	66	13.2	6.7
A3	5	64	12.8	3.7
A4	6	55	9.166667	6.966667
A5	6	67	11.16667	4.566667

方差分析

差异源	SS	df	MS	F	P-value	F crit
组间	82.63718	4	20.65929	3.676135	0.020229	4.368815
组内	118.0167	21	5.619841			
总计	200.6538	25				

由于 $F=3.6761 < F_\alpha = 4.3688$,不拒绝原假设,即各地区每天发生的交通事故次数相等。

三、实验三

运用 Excel 进行双因素方差分析:

1. 打开一张新的 EXCEL 表,输入如下数据。

因素A 因素B		A₁	A₂	A₃	A₄
		15	17	15	18
	B₁	15	17	17	20
		17	17	16	20
		19	15	18	15
	B₂	19	15	17	16
		16	15	16	17
		16	19	18	17
	B₃	18	22	18	17
		21	22	18	17

2. 从"数据"选项卡选择"数据分析",选择"方差分析:可重复双因素分析"调出可重复双因素方差分析,其对话框如下。

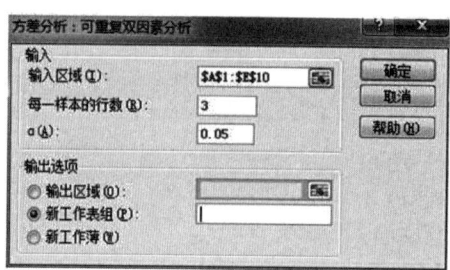

上图中"输入区域"应包括因素名称等全部单元格区域;每一样本的行数为各因素每一水平搭配实验的次数"k"。

3. 单击"确定"按钮,得到方差分析表。输出结果如下:

	A	B	C	D	E	F	G
1	方差分析:可重复双因素分析						
2							
3	SUMMARY	A1	A2	A3	A4	总计	
4	B1						
5	观测数	3	3	3	3	12	
6	求和	47	51	48	58	204	
7	平均	15.666667	17	16	19.333333	17	
8	方差	1.3333333	0	1	1.3333333	2.9090909	
9							
10	B2						
11	观测数	3	3	3	3	12	
12	求和	54	45	51	48	198	
13	平均	18	15	17	16	16.5	
14	方差	3	0	1	1	2.2727273	
15							
16	B3						
17	观测数	3	3	3	3	12	
18	求和	55	63	54	51	223	
19	平均	18.333333	21	18	17	18.583333	
20	方差	6.3333333	3	0	0	4.0833333	
21							
22	总计						
23	观测数	9	9	9	9		
24	求和	156	159	153	157		
25	平均	17.333333	17.666667	17	17.444444		
26	方差	4.25	7.75	1.25	2.7777778		
27							
28							
29	方差分析						
30	差异源	SS	df	MS	F	P-value	F crit
31	行	28.388889	2	14.194444	9.462963	0.000933	3.4028261
32	列	2.0833333	3	0.6944444	0.462963	0.7107688	3.0087866
33	交互	63.833333	6	10.638889	7.0925926	0.0001961	2.5081888
34	内部	36	24	1.5			
35							
36	总计	130.30556	35				

这里"行"为 B 样本效应,"列"为 A 样本效应,交互为 $A \times B$ 效应,内部为误差。我们关心的是 P 值(P-value),即截尾概率。当 $P < \alpha$ 时,就可以说在显著水平 α 下效应显著。由表可见,B 因素效应显著,交互作用效应显著,而 A 因素效应不显著。也可以由 F 统计量和 F 临界值进行判断:当 $F > F\ crit$ 时,效应显著,否则不显著。

第十章 方差分析

After —— Class

——知识结构图

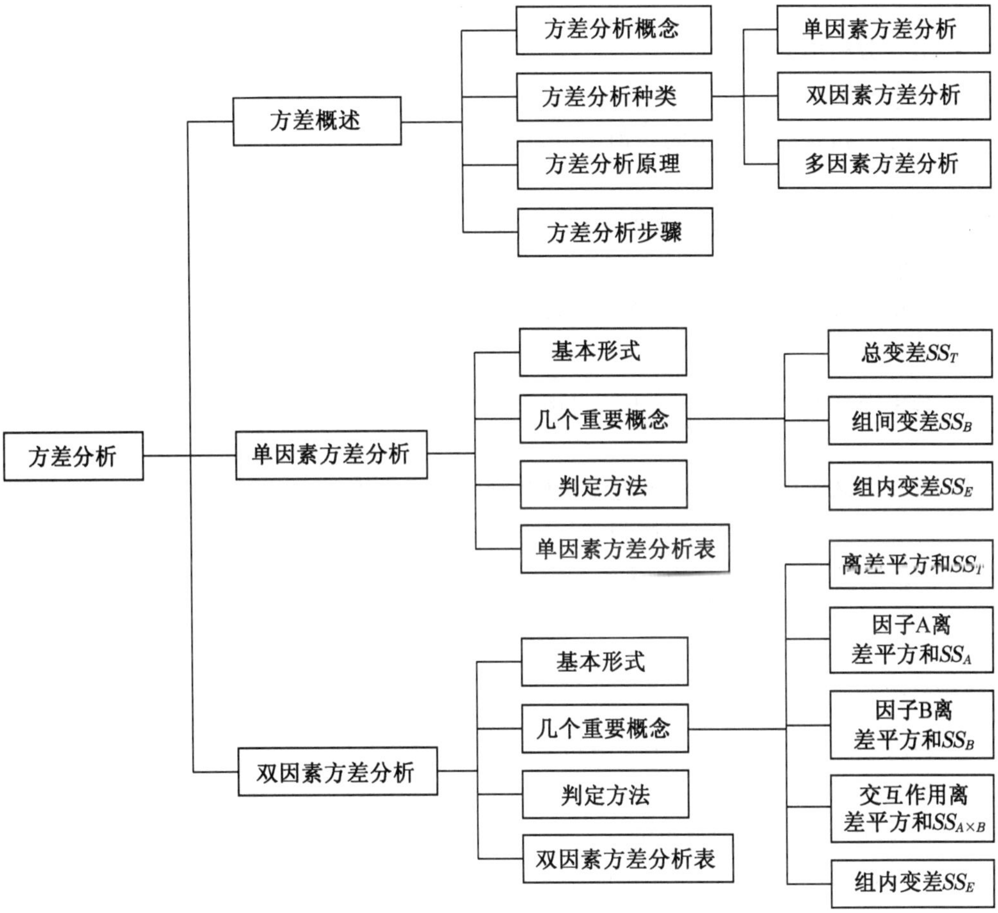

```
方差分析
├─ 方差概述
│   ├─ 方差分析概念
│   ├─ 方差分析种类 ─┬─ 单因素方差分析
│   │               ├─ 双因素方差分析
│   │               └─ 多因素方差分析
│   ├─ 方差分析原理
│   └─ 方差分析步骤
├─ 单因素方差分析
│   ├─ 基本形式
│   ├─ 几个重要概念 ─┬─ 总变差 $SS_T$
│   │               ├─ 组间变差 $SS_B$
│   │               └─ 组内变差 $SS_E$
│   ├─ 判定方法
│   └─ 单因素方差分析表
└─ 双因素方差分析
    ├─ 基本形式
    ├─ 几个重要概念 ─┬─ 离差平方和 $SS_T$
    │               ├─ 因子A离差平方和 $SS_A$
    │               ├─ 因子B离差平方和 $SS_B$
    │               ├─ 交互作用离差平方和 $SS_{A\times B}$
    │               └─ 组内变差 $SS_E$
    ├─ 判定方法
    └─ 双因素方差分析表
```

——深度乐享

美女午后品茶——费雪突发灵感

——课后练习

一、填空题

1. 将在实验中或在抽样时发生变化的"量"称为_____。
2. 方差分析的目的是检验因变量 y 与自变量 x 是否_____,而实现这个目的的手段是通过_____的比较。
3. 总变差平方和、组间变差平方和、组内变差平方和三者间的关系是_____
_____。
4. 方差分析中的因变量是_____,自变量可以是_____,也可以是_____。
5. 方差分析是通过对组间均值的分析研究判断多个_____是否相等的一种统计方法。
6. 在试验设计中,把要考虑的那些可控制条件称为_____,把因素变化的多个等级状态称为_____。
7. 在单因素方差分析中,计算 F 统计量的分子是_____方差,分母是_____方差。
8. 在单因素方差分析中,分子的自由度是_____,分母的自由度是_____。
9. 在无交叉作用的双因素方差分析中,分子的自由度为_____、_____和_____,分母的自由度为_____。
10. 在具有交叉关系的双因素方差分析中,双因素相互影响的离差平方和指标自由度为_____,组内离差平方和 SS_E 的自由度为_____。

二、单项选择题

1. 利用"方差分析表"进行方差分析时,该表不包括的项目有(   )。
   A. 方差来源   B. 离差平方和及其分解
   C. 各离差平方和的自由度   D. 原假设的统计判断
2. 以下对方差分析叙述不正确的是(   )。
   A. 方差分析可以对若干均值是否相等同时进行检验
   B. 进行方差分析要求各水平下的样本容量相同
   C. 离差平方和能分解为组内变差与组间变差的和
   D. 方差分析方法在社会科学领域也大有用武之地
3. 双因素方差分析有两种类型:一个是有交互作用的,一个是无交互作用的。区别的关键是看这对因子(   )。
   A. 是否独立   B. 是否都服从正态分布
   C. 是否因子的水平相同   D. 是否有相同的自由度
4. 完全随机设计资料的方差分析中,必然有(   )。

A. $SS_{组间} > SS_{组内}$　　　　　　B. $MS_{组间} < MS_{组内}$
C. $SS_{总} = SS_{组间} + SS_{组内}$　　D. $MS_{总} = MS_{组间} + MS_{组内}$
E. $\nu_{组间} > \nu_{组内}$

5. 当组数等于2时，对于同一资料，方差分析结果与 t 检验结果（　　）。

   A. 完全等价且 $F = \sqrt{t}$　　　　B. 方差分析结果更准确
   C. t 检验结果更准确　　　　　　D. 完全等价且 $t = \sqrt{F}$
   E. 理论上不一致

6. 在随机区组设计的方差分析中，若 $F_{处理} > F_{0.05(\nu_1,\nu_2)}$，则统计推论是（　　）。

   A. 各处理组间的总体均数不全相等
   B. 各处理组间的总体均数都不相等
   C. 各处理组间的样本均数都不相等
   D. 处理组的各样本均数间的差别均有显著性
   E. 各处理组间的总体方差不全相等

7. 完全随机设计方差分析中的组间均方是（　　）的统计量。

   A. 表示抽样误差大小
   B. 表示某处理因素的效应作用大小
   C. 表示某处理因素的效应和随机误差两者综合影响的结果。
   D. 表示 n 个数据的离散程度
   E. 表示随机因素的效应大小

8. 完全随机设计资料，若满足正态性和方差齐性，要对两小样本均数的差别做比较，可选择（　　）。

   A. 完全随机设计的方差分析　　B. u 检验
   C. 配对 t 检验　　　　　　　　D. χ^2 检验
   E. 秩和检验

9. 配对设计资料，若满足正态性和方差齐性，要对两样本均数的差别做比较，可选择（　　）。

   A. 随机区组设计的方差分析　　B. u 检验
   C. 成组 t 检验　　　　　　　　D. χ^2 检验
   E. 秩和检验

10. 对 k 个组进行多个样本的方差齐性检验（Bartlett 法），得 $\chi^2 > \chi^2_{0.05},\nu, P < 0.05$ 按 $\alpha = 0.05$ 检验，可认为（　　）。

    A. $\sigma_1^2,\sigma_2^2,\cdots,\sigma_k^2$ 全不相等　　B. $\sigma_1^2,\sigma_2^2,\cdots,\sigma_k^2$ 不全相等
    C. $S_1,S_2,\cdots,S_k$ 不全相等　　　　D. $\overline{X}_1,\overline{X}_2,\cdots,\overline{X}_k$ 不全相等
    E. $\mu_1,\mu_2,\cdots,\mu_k$ 不全相等

11. 方差分析所要研究的问题是（　　）。

    A. 各总体的方差是否相等
    B. 各样本数据之间是否有显著差异

C. 分类型自变量对数值型因变量的影响是否显著

D. 分类型因变量对数值型自变量是否显著

12. 组间误差是衡量因素的不同水平(不同总体)下各样本之间的误差,它( )。

   A. 只包含随机误差

   B. 只包含系统误差

   C. 既包含随机误差,也包含系统误差

   D. 有时包含随机误差,有时包含系统误差

13. 组内误差( )。

   A. 只包含随机误差

   B. 只包含系统误差

   C. 既包含随机误差,也包含系统误差

   D. 有时包含随机误差,有时包含系统误差

14. 在单因素方差分析中,各次实验观察值应( )。

   A. 相互关联   B. 相互独立

   C. 计量逐步精确   D. 方法逐步改进

15. 在单因素方差分析中,若因子的水平个数为 k,全部观察值的个数为 n,那么( )。

   A. SS_T 的自由度为 n

   B. SS_A 的自由度为 k

   C. SS_E 的自由度为 $n-k-1$

   D. SS_T 的自由度等于 SS_E 的自由度与 SS_A 的自由度之和

16. 在方差分析中,如果拒绝原假设,则说明( )。

   A. 自变量对因变量有显著影响

   B. 所检验的各总体均值之间全部相等

   C. 不能认为自变量对因变量有显著影响

   D. 所检验的各样本均值之间全不相等

17. 在单因素分析中,用于检验的统计量 F 的计算公式为( )。

   A. SS_B/SS_E B. SS_B/SS_T

   C. MS_B/MS_E D. MS_E/MS_B

18. 在单因素分析中,如果不能拒绝原假设,那么说明组间平方和 SS_B( )。

   A. 等于 0   B. 等于总平方和

   C. 完全由抽样的随机误差所决定   D. 显著含有系统误差

19. SS_B 自由度为( )。

   A. $r-1$ B. $n-1$ C. $n-r$ D. $r-n$

三、多项选择题

1. 方差分析针对不同情况可分为( )。

   A. 单因素方差分析   B. 多因素方差分析

C. 双因素方差分析　　　　　　　　D. 双因素无交互影响方差分析

E. 双因素有交互影响方差分析

2. 对方差分析的基本原理描述正确的有(　　)。

A. 通过方差的比较,检验各因子水平下的均值是否相等

B. 方差比较之前应消除自由度的影响

C. 方差比较的统计量是 F 统计量

D. 方差分析的实质是对总体均值的统计检验

E. 方差分析的因子只能是定量的,不然无从进行量化分析

3. 应用方差分析的前提条件是(　　)。

A. 各个总体服从正态分布　　　　　B. 各个总体均值相等

C. 各个总体具有相同的方差　　　　D. 各个总体均值不相等

E. 各个总体相互独立

4. 若检验统计量 F 等于或近似等于 1,说明(　　)。

A. 组间变差中不包含系统因素的影响

B. 组内变差中不包含系统因素的影响

C. 组间变差中包含系统因素的影响

D. 方差分析中应拒绝原假设

E. 方差分析中应接受原假设

5. 对于单因素方差分析中的组内变差,下列说法正确的是(　　)。

A. 其自由度为 $r-1$

B. 反映的是随机因素的影响

C. 反映的是随机因素和系统因素的影响

D. 一定小于组间变差

E. 其自由度为 $n-r$

6. 为研究溶液温度对液体植物的影响,将水温控制在三个水平上,则称这种方差分析是(　　)。

A. 单因素方差分析　　　　　　　　B. 双因素方差分析

C. 三因素方差分析　　　　　　　　D. 单因素双水平方差分析

E. 单因素三水平方差分析

7. 针对多因素方差分析,下列说法正确的是(　　)。

A. 多因素方差分析是对一个独立变量是否受多个因素或变量影响而进行的方差分析

B. 影响样本的因素超过一个

C. 因变量服从正态分布,且总体各单元方差相同

D. 多因素方差分析的用途比单因素方差分析更为广阔

E. 因变量是连续变量,自变量是分类变量

8. 单因素与多因素方差分析间的差异表现在(　　)。

A. 分析的因素多少不同,多因素较单因素多

B. 分析的方法不同,后者更为复杂

C. 分析所要求的数据条件不同

D. 二者的用途不同

E. 分析所采用的原理存在差异

9. 有交叉关系与没有交叉关系的双因素方差分析间的差异表现在（　　）。

A. 原理存在差异,方法不同

B. 用途不同,有交叉关系的方差分析用途广阔

C. 有交叉关系分析需要多次重复试验,无交叉关系分析无须多次实验

D. 前者考虑抽样误差,后者则没有

E. 前者在分析时所需要的数据更多

10. 方差分析的主要用途表现在（　　）。

A. 检验两个或多个样本均数间的差异有无统计学意义

B. 检验两个现象间的方差是否相等

C. 检验两个或多个因素间有无交互作用

D. 回归方程的线性假设检验

E. 判定数据的均衡性与离散性,用于统计决策

11. 方差分析的应用条件（　　）。

A. 对于样本分布没有限制,可以是任意分布

B. 各个样本是相互独立的随机样本

C. 各个样本来自正态总体

D. 各个处理组（样本）的总体方差相等,即方差齐

E. 需要大样本数据

12. 有关方差分析的作用,正确的是（　　）。

A. 通过线性关系,找到相应的关系模型

B. 其目的是通过数据分析找出对该事物有显著影响的因素,各因素之间的交互作用

C. 分析找出对该事物有显著影响因素的最佳水平

D. 分析现象的现状与未来发展趋势

E. 方差分析方法就是从总离差平方和分解出可追溯到指定来源的部分离差平方和

四、判断题

1. 在方差分析中,当检验结果是拒绝原假设时,我们不但可认为各总体的均值不等,还可判断各个总体均值间的大小。　　　　　　　　　　　　　　　　　　（　　）

2. 方差分析方法就是从总离差平方和分解出可追溯到指定来源的部分离差平方和。
　　　　　　　　　　　　　　　　　　　　　　　　　　　　　　　　（　　）

3. 在方差检验中,F 统计量越大,越说明组间方差是主要的方差来源,因子影响是显著的。　　　　　　　　　　　　　　　　　　　　　　　　　　　　　（　　）

4. 方差分析是为了分析总体均值是否相等而进行的假设检验。　　　　　（　　）

5. 单因素方差分析的实质是用两个方差之比来判断原假设 H_0 是否成立。　　（　）

6. 方差分析中,若处理因素无作用则 F 一定等于1。　　（　）

7. 方差分析是通过比较回归变差与残差之间的比例的显著性来检验回归效果的。
　　（　）

8. 方差分析检验中,若统计量 $F \geqslant F_a$,表明回归效果不显著,即变量之间不存在线性关系。　　（　）

9. 两个独立样本的均值的假设检验,可以用 t 检验,也可以用方差分析。　　（　）

10. 双因素方差分析主要用于检验两个总体方差是否相等。　　（　）

11. 在方差分析中,如果组间平方和大于组内平方和,说明至少有一对平均数不等。
　　（　）

12. F 检验主要运用的是方差分析,所以 F 检验和方差分析是一回事。　　（　）

13. 多因素方差分析中,如果因子间存在相互作用,我们称之为交互影响。　　（　）

14. 方差分析的目的就是分析对实验或抽样的结果是否有显著影响。　　（　）

15. 设因素 A 有 r 个水平,且每一水平下样本容量为 n 情况下:组间方差平方和 SS_A 的自由度为 $r-1$。　　（　）

16. 单因素方差分析与双因素方差分析间仅仅是因数分析数量的差异,其分析的原理、步骤和方法都相同。　　（　）

五、简答题

1. 方差分析中有哪些基本假定?
2. 简述方差分析的基本原理。
3. 以单因素方差分析为例,简述其分析的基本步骤。
4. 有交互影响的双因素方差分析中,与各离差平方和相对应的自由度各为多少?
5. 说明双因素方差分析中 SS_T、SS_E、SS_A、SS_B、$SS_{A \times B}$ 含义,及其之间的相互关系。
6. 简述方差分析的应用条件与用途。

六、计算题

1. 下表是某一现象与某因子通过方差初步分析获得关键数据,在 $\alpha=0.05$ 下,试判断现象间是否存在显著性的关系。

方差来源	平方和	自由度
因子	367	3
误差	294	16
总和	661	19

2. 某课题研究 4 种衣料内棉花吸附十硼氢量。每种衣料各做 5 次测量,所得数据如下表。在 $\alpha=0.05$ 下,试检验各种衣料棉花吸附十硼氢量有没有差异。

衣料 1	衣料 2	衣料 3	衣料 4
2.33	2.48	3.06	4.00
2.00	2.34	3.06	5.13
2.93	2.68	3.00	4.61
2.73	2.34	2.66	2.80
2.33	2.22	3.06	3.60

3. 研究中国各地区农村 3 岁儿童的血浆视黄醇水平,分成三个地区:沿海、内陆、西部,数据如下表,在 $\alpha=0.05$ 下,试问:三个地区农村 3 岁儿童的血浆视黄醇水平有无差异?

地区	n	$\bar{X}$	S
沿海	20	1.10	0.37
内陆	23	0.97	0.29
西部	19	0.96	0.30

4. 将同性别、体重相近的同一配伍组的 5 只兔子,分别用 5 种方法染尘,共有 6 个配伍组 30 只兔子,测得各兔子肺感染,见下表。在 $\alpha=0.05$ 下,试问:5 种处理间的肺感染有无差别?

区组	对照	A 组	B 组	C 组	D 组
第 1 区	1.4	3.3	1.9	1.8	2.0
第 2 区	1.5	3.6	1.9	2.3	2.3
第 3 区	1.5	4.3	2.1	2.3	2.4
第 4 区	1.8	4.1	2.4	2.5	2.6
第 5 区	1.5	4.2	1.8	1.8	2.6
第 6 区	1.5	3.3	1.7	2.4	2.1

5. 现有某工地为赶工程,让 3 名挖掘工人在 4 台挖掘机上进行操作,以挖掘土方,其日挖掘量(单位:立方)记录如下表。

机器代号	操作工代码								
	A_1			A_2			A_3		
M_1	7.5	7.5	8.5	9.5	9.5	8	8	9	10.5
M_2	8.5	8.5	8.5	7.5	7.5	7.5	9.5	11	11
M_3	7.5	8.5	8	9	8.5	8	9	9	9
M_4	9	10	11	7.5	8	8.5	8.5	8.5	8.5

在 $\alpha=0.05$ 下,试用方差分析法检验:

(1) 操作工之间是否存在显著性差异?

(2) 机器之间的差异是否显著？

(3) 这二者交互作用是否显著？

6. 某轻工院校食品工程系实验室在 4 种温度和 3 种酵母下对面包发酵质量进行记录，其数据如下表，假设各个水平搭配下总体服从正态分布且方差相等。试问：在 $\alpha=0.05$ 下，酵母品种、温度及其相互交叉作用是否有显著性影响。

质量指标		温度(度)			
		5	12	19	26
酵母菌编号	M_1	14	11	19	10
		10	11	9	12
	M_2	9	10	7	6
		7	8	11	10
	M_3	5	13	12	14
		11	14	13	10

7. 实验练习：有 4 个品牌的彩电在 5 个地区销售，为分析彩电的品牌（品牌因素）和销售地区（地区因素）对销售量是否有影响，对每种品牌在各地区的销售量取得以下数据。试分析品牌和销售地区对彩电的销售量是否有显著影响？（$\alpha=0.05$）

	地区 1	地区 2	地区 3	地区 4	地区 5
品牌 1	365	350	343	340	323
品牌 2	345	368	363	330	333
品牌 3	358	323	353	343	308
品牌 4	288	280	298	260	298

第十一章 统计分析

Adviced Cases

教学目的和要求
了解统计分析的概念和作用;掌握统计分析的程序;熟练掌握统计分析报告的撰写方法。
关键词
统计分析　统计分析报告

第一节　统计分析概述

一、统计分析的概念和特点

(一) 统计分析的概念

统计是社会认识最有力的武器之一。认识的根本任务在于认识事物的本质和规律性。然而,社会经济现象是非常复杂的,其存在和发展是以多种因素相互依存、相互制约、相互联系为条件的。如果只运用一种方法,仅从表面现象来认识,或者只从几个指标数值而不是从联系中综合分析,就不能全面深入地认识事物。所以,通过统计调查搜集到所需要的材料并经过整理之后,必须进行综合分析。

统计综合分析是整个统计工作的一个重要阶段,是统计工作的最终环节,其好坏直接影响统计的质量。在统计实践中,只有开展统计综合分析,才能更好地发挥统计的作用,为各级领导和有关方面公众提供有数据、有情况、有分析的资料,为制定计划和规划,实行宏观调控,决定有关方针、政策,提供科学依据。

(二) 统计分析的特点

1. 以统计数据为基础,定量与定性分析相结合。统计综合分析是对所研究事物进行剖析,从有关统计指标数值中研究其联系、差别、矛盾,摆情况、揭矛盾、找措施。所以统计综合分析离不开统计数据。但统计综合分析也并非单纯的数据罗列,而是将真实的数据与生动的情况相结合,定量分析与定性分析相结合,综合掌握事物的联系和变化过程,揭示事物量变的关键点、最佳度,综合深入探索事物变化、发展的根本原因,进而提出可行的对策。

2. 统计综合分析的目的在于提出办法解决问题。分析方法是手段,解决问题是目的。统计综合分析要求对所计算和研究的问题做出周密的分析、正确的判断与评价,进而提出解决问题的方向和办法。所以,统计综合分析绝不仅是分析方法的总和,而是认识和研究问题的更高级的分析研究阶段。

3. 综合运用多种分析方法。统计综合分析要认识问题的全貌,掌握现象运动的全过程,这就不能只限于运用一种分析方法,而必须综合运用多种分析方法;更不局限于运用统计分析方法,而是要运用有关科学诸如经济计量学、系统工程等分析方法。在进行综合分析时要根据研究事物的特点和研究目的选择符合实际需要的一整套分析方法体系。

上述统计综合分析的概念和特点是针对统计综合分析的实践活动而言。在统计学中,不可能具体研究和阐述统计综合分析活动实际的复杂内容,所阐述的统计综合分析是以统计数据为基础,定性与定量分析相结合,综合运用多种方法,对事物进行剖析,认识其本质和规律性的方法论。

二、统计分析的形式

根据统计综合分析的任务和研究重点不同,其形式综合归纳起来,主要有以下四种。

1. 专题性分析

这主要是就社会经济现实状况某一方面或某一问题而进行的专题调查的研究分析。专题性分析的范围虽然可以是一个部门或综合部门,题目可大也可小,内容可多也可少。但是,一般都强调内容的专门性、形式的多样性、表达的灵活性和剖析的深刻性。这种分析一般不受时间和空间的限制,要求分析研究具有针对性,单刀直入,深刻解剖,最忌面面俱到,泛而不专。同其他分析比较,专题性分析目标更集中,重点更突出,认识更深刻,是最常用的一种分析。

2. 总结性分析

这主要是从多方位和一定过程的角度进行综合研究。其主要特点是全面性、系统性和综合性。例如,对微观企业的人、财、物,供、产、销运营情况进行综合评价;又如,宏观地将整个国民经济全局的发展速度、重要比例、经济效益,生产、分配、流通、消费与积累联系起来,进行分析研究等。此种分析的目的是对全局做出总评价,反映总变动趋势,从错综复杂的联系和发展中揭示存在的主要问题,找出原因,探寻对策。要求实事求是,正确总结,科学评价,切不可浮夸虚假。

3. 进度性分析

这主要是从事物发展的历程角度所进行的分析,如生产进度、工程进度、工作进程等分析。进度性分析分为一般性进度分析和战略性进度分析两种。前者主要是就各级领导关心的问题和社会敏感性很强的问题进行分析;后者主要是就影响全局未来发展的、较大的趋势性问题进行研究。进度性分析要求有很强的时效性,最忌讳"雨后送伞"。

4. 预测决策性分析

这是在分析历史和现实的基础上,运用统计预测方法,对所研究事物的未来发展趋势做出的科学推理判断和定量预测。预测的目的是为增强预见性。预测分析的要求是赖以预测的基础数据要准确,进行预测计算要定量分析与定性分析紧密结合,提出预测的分析结果具有置信区间和可信度。在进行预测分析的基础上,进行一定的决策分析,为实施正确决策提供参考依据。

第二节 统计综合分析的过程和方法

一、统计综合分析的过程

统计综合分析从选题到写出报告,一般程序是:确定研究课题;课题研究设计;采集、积累与鉴别资料;进行系统分析;得出结论,提出建议;根据分析结果形成分析报告。具体程序可依实际条件灵活安排。

(一) 确定研究课题

统计综合分析要有针对性,这是进行统计综合分析首先需要解决的问题,集中体现在研究课题上。研究课题体现着研究目的和所要分析的问题。所以,选择并确定课题是统计综合分析的初始环节,是课题研究设计的前提。

研究课题的选择与确定是否恰当,直接影响统计综合分析的效果。选择和确定的课题,要从实际出发,应当是关键问题,并且要有相当的预见性,能超前提出即将出现的问题。具体来说有多种渠道、多方面来源。既可根据党和政府在各时期的方针、政策和工作重心的要求,选择领导关心的问题,也可根据生产、经营管理工作中的难点来选择;既可选择社会各界关注的热点、焦点和有争论的问题,也可选择改革、开放中出现的新情况、新问题。

在选题中要正确处理好需要与可能的关系。课题虽好,但尚无条件,可暂时不搞;课题虽不太好,但已掌握材料,只要能反映出值得重视的问题也可以搞。前种情况可积极创造条件,后种情况可进一步努力提高质量。

(二) 课题研究的设计

选择并确定课题之后,接着就要设计课题研究计划。这是统计综合分析的重要一环。研究课题的设计的内容,一般包括:分析研究的目的、要求;课题研究的必要性和可行性;指导思想、理论、政策和法规依据;分析研究的内容纲目;分析研究所需资料及其来源;分析研究课题的实施步骤、方法与组织。分析研究课题设计是指导性文件,但在具体实施时,并不是一成不变的,它还要根据分析研究中所发现的新情况和新问题进行补充、修改。

(三) 采集、积累与鉴别资料

统计综合分析以统计数据资料为基础。因此,在选定课题并进行设计之后,就要采集足够丰富和充分可靠的资料。不仅要采集有关普查、抽样调查、重点调查的资料,还要进行科学推算;不仅要适当利用定期统计报表资料,还要积累有关会议文件、总结和简报资料;不仅要采集并积累平时掌握的比较丰富的系统的材料,还要根据需要,深入实际,深入群众,进行调查研究,掌握典型材料,补充新材料,探索解决矛盾的切实办法。采集、积累什么材料,主要取决于研究课题的内容和所涉及的领域。有的主要是本单位、本地区或本国的材料,有的则要用到外单位、外地区或外国的材料。

由于所采集和涉及的材料不同、来源各异,因此,材料的总体范围、指标口径、计算方法、准确程度等都会有差别,这就需要对材料进行审查和鉴别。对所采集的资料要进行质量评价,根据需要决定取舍,并进行调整、估计和换算。特别是在利用外域和历史资料时,要特别注意资料的范围、口径、计算方法是否一致,各自的条件如何,要根据具体情况进行必要的调整、换算,否则就会导致结论错误。

对经过审查、鉴别、调整、换算的材料,要根据课题研究设计需要,进一步加工整理,使其成为系统、完整的材料,以提供分析研究的直接依据。

(四) 运用各种方法进行系统周密的分析

这是统计综合分析研究中的最重要的环节,它是依据经过鉴别、整理的资料,进行刻苦、细致的思考,系统周密的分析的过程。进行系统周密的分析,要运用各种统计方法,诸如分组法、综合指标法、时间数列法、指数法、抽样推断法、相关与回归分析法、预测估算法等。这些方法中既有静态分析,又有动态分析;既有描述方法,又有推算方法;既有实际的剖析,又有预测分析。

方法是达到目的的手段,了解并掌握每种方法的作用、应用条件和实施过程,对于搞好统计综合分析十分重要。具体需注意以下几方面:

(1) 要根据所研究对象特点和分析研究的任务来选用适当的有效方法。既可以是几种方法的有机结合,也可以多种方法的综合运用。

(2) 从各种方法特点出发,灵活运用比较和对照。既可进行纵向对比,也可进行横向比较。对错综复杂的现象进行对比时,要注意比得合理,比得恰当,比得有效。

(3) 从统计认识活动总任务出发,深刻认识事物的本质和规律性,把比较法、剖析法、分解法结合起来。统计中的比较对照研究可谓比较法,分组法可谓剖析法,指数法可谓分解法。

(4) 运用一般分析方法进行逻辑推理和判断,准确分清一般与个别,正确划分正常与非正常、主要与次要、必然与偶然、系统与非系统,综合概括,做出正确的结论。

(5) 在运用统计方法进行系统周密的分析时,切忌单纯用统计方法反复计算纷繁的数字,就数字论数字,脱离实际,应当数字与现实情况结合,定量与定性结合,实事求是地下结论。

(五) 得出结论,提出建议

这是系统周密分析的深化过程,也可说是系统周密分析的结果。这一过程并非凭空臆想,而是以实际材料为依据,将丰富的感性材料去粗取精,去伪存真,由此及彼,由表及里的改造制作,以形成概念和理论的系统,从感性认识跃进到理性认识。在这个环节中一定要抓住主要矛盾,找出根本原因,透过现象看本质,通过数据的变化看趋势,得出结论,提出积极建议。

(六) 根据分析结果形成分析报告

这是统计综合分析的最后程序。分析报告是分析研究成果的集中表现。统计综合分析中,应根据研究目的和内容,采用灵活多样的形式来表现,以供有关方面使用或参考。一般来说,搞好统计分析关键是真实丰富的材料,完整的内容和正确的观点,但恰当的表现形式也是统计分析发挥作用的重要方面。统计综合分析结果的表现形式有多种,其中分析报告是主要的。分析报告是写给别人看的,因而一定要认真考虑叙述的逻辑问题,写好分析报告。

二、统计综合分析一般方法

统计各种方法已在有关章节阐述,这里从综合分析角度,从综合运用各种方法方面作一概述,也可谓统计综合分析基本思想观点。

(一) 统计综合分析中多层次、多种方法的综合运用

这是指分析方法的多层性问题,它并非分析阶段所特有的,但在分析阶段,这个问题特别重要,必须正确认识和运用。

(1) 使用最高层次的哲学方法,即唯物辩证法。在统计分析阶段中它不仅直接发生作用,而且对于统计分析特有方法的选择、确定和使用起着指导作用。

(2) 使用一般性的科学方法,如数学方法、社会调查研究方法、系统工程方法等。这些方法的结合运用会扩展统计综合分析的领域,保证统计综合分析的质量,提高统计综合分析的水平。

(3) 使用统计综合分析所特有的方法,即对于社会经济总体的数量方面的分析方法。统计综合分析方法的多层性,不是封闭的,而是开放的,只要有助于社会经济总体数量方面的分析,不论属于哪门科学,都可引用。

(二) 问题与方法的交错性

统计综合分析中所要研究的是统计综合分析的问题,如现状分析、历史分析、预测决策分析。分析所应用的手段,则是指分析的方法。问题与方法是交错的,一个问题可用多种方法来分析,一种方法可应用于多种问题的分析研究,在统计综合分析中,要善于综合运用多种方法。

(三) 统计综合分析中质与量的结合

统计综合分析中质与量的结合即定性与定量的结合,它贯穿于统计的全过程,但各个阶段各有侧重。统计设计阶段是从定性到定量的过渡,即设计统计指标以及统计分组质的规定性和量化方法;统计整理阶段,是从采集的个体的数字资料中,整理出反映总体的数值,达到对总体现象的与定性相结合的定量认识;统计分析阶段,则是在取得大量统计资料的基础上,通过进一步的质与量相结合的分析,达到对事物更深刻的认识。

统计综合分析中质与量的结合主要体现在以下几个方面的分析中：

（1）从量变到质变的分析。研究事物从量变到质变问题，首先要从定性入手，明确有关事物的含义，即质的规定性。然后，根据科学的含义，从有关的事物中筛选出具有代表性的若干指标，再搜集这些指标的具体数字，并且采用必要的方法进行分析，得出结论性意见。定量研究的结果反过来又可以深化对事物的定性认识。

（2）从现象到原因的分析。分析事物的变化，不论是一般的量的变化，还是到达到质变关节点的变化，都是回答"是什么"的问题。但是，这远远不够，统计综合分析还必须探讨"为什么"的问题，即分析其发生的原因。这是一个从表面现象的认识逐步向实质性认识发展的过程。

（3）从原因到决策的分析。在对社会经济现象产生的原因进行分析之后，还要进行决策分析。这就是说在回答了"为什么"之后，还要回答"怎么办"的问题。这是一个从认识事物现状到改造事物的逐步深化的过程，而改造事物是为了推动它发生符合决策目标的量的变化或质的变化。

（4）统计综合分析，得出正确判断结论。统计综合分析要通过多层交叉比较研究，对所分析的事物做出正确判断结论。这同样要定性分析与定量分析相结合，反复思考，加深认识。

第三节　统计分析报告

一、统计分析报告的概念和特点

（一）统计分析报告的概念

统计分析结果可以通过表格式、图形式和文章式等多种形式表现出来。文章式的主要形式是统计分析报告。它是全部表现形式中最完善的形式。这种形式可以综合而灵活地运用表格、图形等形式；可以表现出表格式、图形式难以充分表现的情况；可以使分析结果鲜明、生动、具体；可以进行深刻的定性分析。

统计分析报告，就是指运用统计资料和统计分析方法，以独特的表达方法和结构特点，表现所研究事物本质和规律性的一种应用文章。

（二）统计分析报告的特点

（1）统计分析报告是以统计数据为主体。统计分析报告主要以统计数字语言，来直观地反映事物之间的各种复杂的联系，以确凿的数据来说明具体时间、地点、条件下社会经济领域的成就和经验、问题与教训、各种矛盾及其解决办法。

（2）统计分析报告是运用科学的指标体系和统计方法进行分析、研究说明。统计是社会认识的武器，着眼于社会经济现象总体的量的方面，并在质与量的辩证统一中进行研究。因此，统计分析报告是通过一整套科学的统计指标体系，进行数量研究；进而说明事物的本质。在整个分析研究中,运用一整套科学的方法,进行灵活、具体的分析。但它又不同于数学分析。数学分析方法撇开事物的质量,只分析抽象的数量关系和空间的形式。而统计分析报告是在质与量的辩证统一中,在定量研究基础上,说明事物质的规定性。

(3) 统计分析报告具有独特的表达方式和结构特点。统计分析报告属于应用文体,基本表达方式是以事实来叙述,让数字说话,在阐述中议论,在议论中分析。在表现事物时,不是用夸张、虚构、想象等手法,而是用较少的文字,精确的数据,言简意赅,精练准确地表达丰富的内涵。统计分析报告在结构上的突出特点是脉络清晰、层次分明。一般是先摆数据、事实,进行各种科学的分析,进而揭示问题,亮出观点,最后有针对性地提出建议、办法和措施。统计分析报告的行文,通常是先后有序,主次分明,详略得当,联系紧密,做到统计资料与基本观点统一,结构形式与文章内容统一,数据、情况、问题和建议融为一体。

二、统计分析报告的类型

由于统计分析报告的内容和作用不同,统计分析报告的类型主要有下列几种。

1. 统计公报

统计公报是政府统计机构通过报刊向社会公众公布一个年度国民经济和社会发展情况的统计分析报告。一般是由国家、省一级以及计划单列的省辖市一级的统计局发布的。

统计公报的特点是:① 政治性、政策性和权威性较强。② 主要用统计数字直接反映方针政策的贯彻执行所取得的成就和问题,一般不进行统计分析。③ 标题和结构比较固定。④ 写作严肃认真,用语郑重,概括性强,语言简练。

2. 进度统计分析报告

进度统计分析报告主要以定期报表为依据,反映社会经济的发展情况,分析其影响和形成的原因。如月度分析、季度分析和年度分析。从时间上看,它可分为定期和不定期的、期中的和期末的统计分析报告;从内容上看,它又可分为专题和综合统计分析报告两种。

进度统计分析报告必须讲究时效,力求内容短小精悍,结构简单规范,看后一目了然。

3. 综合统计分析报告

综合统计分析报告是从客观的角度,利用大量丰富的统计资料,对国民经济和社会发展的规模、水平、结构和比例关系、经济效益以及发展变化状况,进行综合分析研究所形成的一种统计分析报告。

综合统计分析报告主要特点是:① 内容上具有全面性、系统性、客观性。② 使用大量丰富而广泛的统计资料。③ 统计分析方法运用灵活。

4. 专题统计分析报告

专题统计分析报告是对社会经济现象的某一方面或某一问题进行专门的、深入研究的一种分析报告。它的目标集中,内容单一,不像综合分析报告那样,要反映事物的全貌。正因为如此,专题统计分析报告更要求突破时间和空间的限制,根据领导和社会公众的需要灵活选题,做到重点突出,认识深刻。

5. 典型调查报告

典型调查报告是根据调查的目的、要求,有意识地选择少数有代表性的单位,深入实际调查后所写成的报告。典型调查是各级领导、各部门了解情况,指导工作经常采用的一种工作方法,习惯上称为"解剖麻雀"。

典型调查报告特点是:① 内容上只反映少数单位的具体情况,不直接反映总体的全部情况,也不用这些单位的情况去推断总体的情况。② 直接取材。编写统计分析报告所使用的材料主要是典型调查所收集的第一手资料。因此,它比其他分析报告更具体、细致和生动。

三、统计分析报告的写作程序

1. 选择分析课题

选题是写作统计分析报告首先要解决的问题。统计分析报告的选题可以分为三种类型:首先是任务题。这是领导交办、上级部门布置以及有关单位委托的选题。其次是固定题。这是结合定期统计报表进行统计分析的选题。这种选题一般比较稳定、变化不大。最后是自选题。这是作者从统计资料或从现实生活中发现的选题。

统计分析报告选题范围、题材内容十分广泛,从社会到经济、从宏观到微观,各种社会经济活动从开始到结束,都可以产生选题。正因为如此,就必须注意选题的准确性,既要考虑选题的社会经济价值和意义,又要考虑党政领导和社会的需求,还要考虑作者自身的主观和客观条件,力求使选题准确对路。

2. 拟制分析提纲

分析提纲与写作提纲不同,它是如何进行统计分析的思路和打算,是作者对分析对象的初步认识,它对统计分析的顺利进行起指导作用。

分析提纲主要包括以下内容:统计分析的目的和任务是什么,要解决哪些问题;需要收集哪些统计数字和具体事实,从哪些途径去取得这些资料;要选择哪些分析方法,准备从哪些方面进行分析;统计调查与分析工作的组织安排等。

3. 收集加工资料

统计分析报告所需要的材料主要是统计资料。统计资料不仅是统计分析的基础,也是报告写作的基础;不仅是形成和表现观点的依据,也是阐明事物发展变化的依据。

统计资料包括:

(1) 定期统计报表资料。这是根据定期统计报表制度,从全部基层填报单位逐级汇总上报的一种全面统计调查资料。

(2) 一次性调查资料。这是为了一定目的而专门组织的统计调查(包括统计普查、抽样调查、重点调查、典型调查)资料。

(3) 统计整理资料。按照一定的要求,对原始资料进行汇总、加工、整理后的统计资料。

(4) 统计分析资料。包括统计分析素材和统计分析报告,是数字和文字相结合的资料。

(5) 统计资料书刊。统计年鉴、统计手册等。

统计资料的收集,要根据选题的要求明确收集的方向和渠道,要注意收集反映事物总体情况的资料以及反映事物发展变化的背景资料。调查收集得来的统计资料,要按照材料处理的程序和要求进行整理、鉴别、选择等。

4. 分析认识事物本质

统计分析的目的是为了认识事物。只有做到分析更加深入,才能对事物的认识更加深刻,从而使统计分析报告更加具有深度。

四、统计分析报告的写作技巧

(一) 拟定写作提纲

拟定提纲,并不是写作统计分析报告必经的步骤,有些短小的统计分析报告不必有提纲。但对于大型的综合性较强的统计分析报告的写作和初次撰写统计分析报告,提纲是很重要的。

随着写作的进行,统计分析报告不断展开,作者的分析和认识不断加深,在具体的分析中,也常会出现新的问题,有新的发现。因此,在具体的写作中,根据不同情况,要随时补充新的资料、新的观点,论证新的发现。所以,提纲不是写作的框框,作者也不要受写作前拟定的提纲的约束。一般地,最后完成的统计分析报告,总会多多少少与提纲有不同程度的差别。

(二) 标题的拟定

1. 标题的作用。标题可以反映文章的基本思想,在文章中占有重要的地位。一篇统计分析报告有了好的标题,可以对读者产生强烈的吸引力,使统计分析报告增色。相反,一篇统计分析报告也会因标题定得较差而逊色。

2. 标题的常见毛病。近些年来,统计分析报告的质量有了显著的提高,但是在统计分析报告的写作中,有相当多的作者不重视标题。有些标题虽然如实反映了统计分析报告的内容,但缺乏新意,引不起人们的兴趣。一般有以下几种通病:

(1) 提法雷同。很多统计分析报告的标题显不出特色,显得呆板、千篇一律。虽然标题基本上反映了统计分析报告的内容,但却使人看了不想再读下去。

(2) 标题与内容不一致。一般文不对题的情况较少,但标题与内容不一致的情况则时有发生。例如,有的题义过宽,有的题义过窄。我们拟定标题,要力求避免这些通病,使标题确切、新颖、有吸引力。

3. 标题的基本要求。拟定好标题,首先要了解标题方面的一些知识。就统计分析而言,好的标题应做到确切、简洁、新颖。

(三) 导语的撰写

导语,就是统计分析报告的开头。文章开头的好坏,是关系全篇成效的一个重要因素之一。因此,对导语的基本要求是:① 要抓住读者的心理,引起读者的注意和兴趣,使读者急于读下去和乐于读下去。② 要为全文的展开理清脉络;牵出头绪,做好铺垫,主定格局。③ 要短、要精、要新。

(四) 构思统计分析报告的结构

统计分析报告的正文是它的主体。正文要求结构严谨、层次分明、条理清晰。这就要求对内容的先后次序、展开的步骤、详略的安排从全局出发进行合理的组织。一般地,统计分析报告的结构有以下几种。

(1) 递进结构。即各层意思之间是一层进一层,层层深入地联系。一般又可分为按照事物之间的因果关系展开,及按照事物逻辑层次展开的递进结构。

(2) 并列结构。即各层意思之间是并列关系。一般是将所要表述的情况,分成并列的几部分横向展开。如在分析国民经济发展状况时,按照农业、工业、商业等一部分一部分地进行叙述。

(3) 序时结构。即按事物发展的经过和时间的先后次序安排层次。这种结构多用于反映客观事物随着时间的变化而变化的统计分析。

要合理安排分析报告的内容,使之具有一个适当的结构。不仅要明了有什么样的结构,而且还要清楚如何使分析研究的成果适合于哪种结构;在立体结构确定后,各层次的内容怎样前后呼应,怎样突出分析的主题等一些问题。

(五) 结束语的撰写

结束语就是分析报告的结尾。好的结尾,可以帮助读者明确题旨、加深认识,又可引起读者的联想和思考。统计分析报告结尾的写法,也是多种多样的,常见的有以下几种。

1. 总括全文。统计分析报告在分析事物发展变化的主客观原因,论证多层次观点后,在结束全文时予以归纳总结,加强基本观点,突出中心思想,这种结尾方法就叫总括全文。

总括全文式结尾的文章一般都有明显的"总起、分说、总结"的结构特点。且结尾的起始句多使用"综上所述""总之""总而言之"等概括性词语,然后再把文章前面叙述的内容进行简要回顾概括,使读者进一步明确全文的中心思想。

2. 提出建议。统计分析报告以建议结束全篇的居多,并且形式各异。归纳起来主要有以下两大类:首先是没有结尾段,以最后一个层次的若干条建议来收笔;其次是专门有个建议结尾段,用简练的语言把建议内容概括在终篇段内。

3. 首尾呼应。有的统计分析报告在导语提出问题,通过分析归纳,在结尾时给予回答,这种结尾方法叫作首尾呼应式。

4. 篇末点题。这种类型的统计分析报告,在开头不亮出基本观点,经过一系列分析、论证、最后才在文章的收笔处照应题旨,点明题意。所谓"点",就是用笔极少,但却含义深刻,富有概括力、表现力。

五、统计分析写作方法

1. 要综合运用多种分析方法从多方面、多角度进行分析。

2. 定性分析与定量分析相结合。定性分析是根据现有资料和经验,主要运用演绎、归纳、类比以及矛盾分析的方法,对事物的性质进行分析研究。定性分析主要从实地调查收集资料,通过选择能代表事物本质特征的典型进行研究而获得结论。定性分析可以较快地从纷繁复杂的事物中找出其本质要素。但由于定性分析忽略了同类事物在数量上的差异,结论多具有概貌性,并带有一定程度的主观成分,因此不容易根据定性分析的结论来推断所涉及的社会经济现象的总体。

定量分析是研究社会经济现象的数量特征、数量关系和发展过程中的数量变化的方法。定量分析可以为认识社会经济现象提供量的说明,可以反映事物总体的数量情况。定量分析是现代统计调查分析的主要方法。但定量分析也有一定的局限性,只有把定量分析与定性分析结合起来,才能形成完整的科学的分析方法体系。

3. 要善于使用比较分析的方法。比较是认识事物的基本方法,也是统计分析的基本方法。统计分析离不开比较,如分组法、动态数列法、指数法等统计分析方法,它们有一个共同的特点,都是通过比较来说明问题的。

比较可以分为纵比和横比。纵比是事物现状与历史的比较,它可以反映事物前后的变化,揭示事物的内部联系。横比是一事物与其他同类事物的比较,它可以反映事物之间的差距,找出事物的外部联系。

在统计分析中使用比较的地方较多,如本期与上期比、本期与上年同期比、本单位与外单位比等。

使用比较应注意可比性。指标的口径范围、计算方法、计量单位必须一致;比较的指标类型必须统一;比较单位的性质必须相同。

4. 要善于进行系统分析。社会是一个错综复杂、互相联系的有机整体。在分析过程中,不但要注意研究对象所包括的各因素之间的相互联系、相互制约的关系,而且要用系统的眼光将所研究的对象放在社会的大系中去考察。

六、统计分析报告的质量要求

统计分析报告的质量好坏,一般从两个方面来衡量:首先是统计分析报告的深度和广度,即报告的内容是否丰富,对资料的分析和写作技巧如何。其次是统计分析报告的时效性及产生的社会影响,即分析报告在实际工作中发挥的作用如何,也就是它的社会效益。后者是衡量分析报告质量的主要标准。

其基本质量要求是:① 选题准确,能够紧密结合经济形势,配合党的中心任务,反映方针、政策的执行情况和效果,对党政领导的决策能起积极的作用。② 资料可靠,观点鲜明,分析深刻,提出一定的见解。③ 时效性强,反映情况及时。④ 主题突出,结构严谨,条理清晰,文字简洁。

这 4 条标准可概括为统计分析报告的"四性",即准确性、针对性、时效性、逻辑性。当然,要写出一篇高质量的统计分析报告,还应在求"新"和求"深"上下功夫。

所谓"新",是指创新。不仅内容有新意,形式也要新颖。要有所创新,就要树立新观念,研究新课题,挖掘新事物、新思想,选择新视角,反映新情况、新特点、新动态,写出新成就、新问题,分析新原因,总结新经验,提出新建议。所谓"深",是指深入透彻。要掌握丰富的资料,进行深入的分析,达到对研究对象有深刻、透彻的认识。

七、统计分析报告的选题方法

选准题目,是统计分析报告的首要任务。要达到这一要求,就要遵循选题的原则,选好课题的内容,讲究选题的方法,突出选题的要点。

(一) 选题的方向

根据统计工作多年的经验来看,一般应围绕以下重点来选题:
(1) 选领导关心的问题,特别是领导亲自出的题目。
(2) 选具有现实意义的课题,或是与中心工作、全局性工作有密切联系的课题。
(3) 选国民经济发展中带有动向性、突发性的问题。
(4) 选改革开放和社会主义现代化建设中出现的新情况、新问题、新经验。
(5) 选各方面有不同看法的重大问题。
(6) 选为中心工作、重要会议提供材料的课题。

总之,要根据实际情况来选题,不要为了分析而分析。当然选题中还要对主观条件加以考虑,课题所需资料的来源渠道是否畅通,干部力量是否能胜任,时间是否赶得上领导决策的需要等。

(二) 选题的技巧

统计分析报告的选题要在明确方向的基础上,注意结合以下"三点"来进行。这"三点"就是重点、焦点和发生点:① 重点。重点是指管理过程中,领导和群众比较注意的地方。比如说,从全国来说,第一季度要总结工作,提出新的任务,制定年度工作计划,要开一些重要的会议,如每年的中央经济工作会议,会议的中心议题就成为"注意点";到了第四季度要预计计划完成情况,做好下一年度的各项准备工作,此时的"注意点"又转移到本年计划的完成情况上来了。② 焦点。焦点是指管理过程中,问题比较集中,事情比较关键,影响比较大或争论比较多的地方。③ 发生点。发生点是指管理过程中,事物处于萌芽状态,还未被多数人认识之时,也即人们所说的新情况、新问题,新趋势。

总之,只要能抓住这"三点"来进行选题,统计分析报告就能发挥积极的作用,取得较好的社会效益。要抓好这"三点",必须做到"六经常"。即:① 经常深入实际,深入调查,了解情况。② 经常了解党政领导的工作动向。③ 经常走访有关主管部门。④ 经常研究统计资料。⑤ 加强理论学习,经常阅读报刊。⑥ 经常讨论研究,发挥集体智慧。

八、统计分析报告的写作要求

1. 主题要突出

主题是统计分析报告的中心思想或基本论点。它像一根红线贯穿于全文,是文章的灵魂与统帅。统计分析报告要根据统计研究的任务,抓住要解决的主要矛盾及矛盾的主要方面,开展分析工作。内容要紧扣主题,从统计资料反映的复杂社会经济现象中,抓住重点问题,突出主题思想加以阐述。

2. 材料和观点要统一

统计分析报告必须以统计资料为依据,但不能搞资料堆砌,要用统计资料来说明观点。这就要求编写统计分析报告必须处理好材料与观点的关系。统计资料要支持报告所说明的观点,而观点要依据统计资料,做到材料与观点的辩证统一。如果材料与观点脱节,便失去统计分析报告的说服力。

3. 判断推理要符合逻辑

统计分析报告的准确性,不仅是运用的统计数字要准确可靠,而且要准确地说明社会经济现象的本质和发展变化的规律。这就要求编写要在统计资料的基础上进行深入分析,运用推理和判断的逻辑方法。判断是以准确的统计数字为依据的;推理是以充分的依据为前提的。正确的判断和推理,从事物发展上说,就是要有根有据,符合客观的规律性;从思维发展上说,就是要实事求是,合乎事物的逻辑性。判断和推理的结果,前后不能矛盾,左右不能脱节,要如实反映客观事物的内在联系。

4. 结构要严谨

结构要严谨,是指统计分析报告内容的组织、构造精当细密,无懈可击。这就要求首先要思想周密,没有顾此失彼的现象出现;其次要组织严谨,没有颠三倒四。因此,结构能否严谨,首先取决于作者思想认识和思路是否清晰、严密。作者只有充分认识与掌握事物发展的内在规律,才能把它顺理成章地表达出来。

5. 语言要生动、简练

统计分析报告的质量高低,首先在于内容正确;其次还要讲究辞章问题。如果用词烦琐,语言不通,词不达意,就不能较好地表述分析的结果。所以,写一篇较好的分析报告,要善于用典型的事例、确凿的数据、简练的辞藻、生动的语言来说明问题。

6. 报告要反复研究、修改

写统计分析报告与其他文章一样,必须反复研究和反复修改,做到用词恰当,符合实际。统计分析报告要进行反复研究和修改的目的,是为了检查观点是否符合政策,材料是否真实可靠,文章结构是否严密,文字是否言简意明,表达是否准确得当。只有反复修改,才能写出好的统计分析报告。

After —— Class

——知识结构图

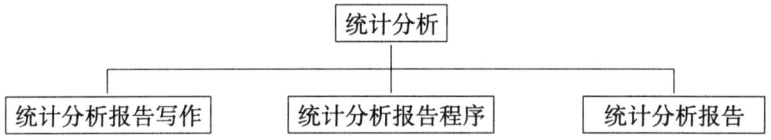

——深度乐享

次级信息数据　　　数字天才——埃尔德什　　　统计笑话

——课后练习

一、多项选择题

1. 统计综合分析的主要形式有（　　）。
   A. 专题性分析　　B. 总结性分析　　C. 进度性分析
   D. 预测决策性分析　　E. 周期性分析
2. 统计综合分析的主要特点是（　　）。
   A. 以统计数据为基础，定量与定性分析相结合
   B. 要掌握大量的统计数据
   C. 要运用全面统计分析方法
   D. 统计综合分析的目的在于提出办法解决问题
   E. 综合运用多种分析方法

二、简答题

1. 简述统计分析的内涵。
2. 简述统计分析报告的写作技巧。
3. 简述统计分析报告的质量要求。
4. 简述统计分析方法。

三、写作题

结合实际,请撰写一份统计分析报告。

参考文献

[1] 贾俊平,何晓群,金勇进.统计学(第7版).中国人民大学出版社,2018

[2] 黄良文.统计学原理[M].中国统计出版社,2000

[3] 魏建国.统计学(第五版)[M].武汉理工大学出版社,2016

[4] 龚有容.应用统计学(第三版)[M].机械工业出版社,2016

[5] 韩兆洲.EXCEL整理实验[oL].暨南大学,Google网

[6] 统计教研组.EXCEL整理实验[oL].成都信息工程学院,Google网

[7] 统计教研组.统计学原理、统计实验[oL].河北农业大学统计学网站,百度网

[8] 统计教研组.统计学[oL].浙江大学统计学网站,百度网

[9] 夏冰,董晓红.基于统计回归方法的交通运输产业值预测[J].金融理论与教学,2016(4):76-78

[10] 吴广谋,等.数据、模型与决策[M].石油工业出版社,2003

[11] 徐国祥.统计预测和决策[M].上海财经大学出版社,2012

[12] 暴奉贤,陈宏立.经济预测与决策方法[M].暨南大学出版社,2003

[13] 卢淑华.社会统计学[M].北京大学出版社,2009

[14] 盛骤,谢式千,潘承毅.概率论与数理统计[M].高等教育出版社,2001

[15] 郭绍建,傅丽华,萧亮壮.概率统计学习指导与提高[M].北京航空航天大学出版社,2003

[16] 倪加勋,袁卫,易丹辉,等.应用统计学[M].中国人民大学出版社,1993

[17] 袁卫,庞皓,曾五一.统计学[M].高等教育出版社,2000

[18] 张昕.概率统计习题集[M].科学技术文献出版社,2000

[19] 郭熙汉.累计频次检验在教学评价与测量中的应用案例[J].汉口学院学报,2016(2):33-35

[20] 郑人权.介绍几种统计预测的基本方法[J].中国统计,1981(3):34-38

图书在版编目(CIP)数据

统计学 / 李军红,李付庆,范建民编著. —— 南京：南京大学出版社,2020.3(2021.8重印)
ISBN 978-7-305-22725-7

Ⅰ. ①统… Ⅱ. ①李… ②李… ③范… Ⅲ. ①统计学 Ⅳ. ①C8

中国版本图书馆 CIP 数据核字(2019)第 263737 号

出版发行	南京大学出版社
社　　址	南京市汉口路 22 号　　邮　编　210093
出 版 人	金鑫荣
书　　名	统计学
编　　著	李军红　李付庆　范建民
责任编辑	唐甜甜　　　　　编辑热线　025-83594087
照　　排	南京南琳图文制作有限公司
印　　刷	南京人民印刷厂有限责任公司
开　　本	787×1092　1/16　印张 21　字数 498 千
版　　次	2020 年 3 月第 1 版　2021 年 8 月第 4 次印刷
ISBN	978-7-305-22725-7
定　　价	65.80 元

网址：http://www.njupco.com
官方微博：http://weibo.com/njupco
官方微信号：njupress
销售咨询热线：(025) 83594756

＊版权所有,侵权必究
＊凡购买南大版图书,如有印装质量问题,请与所购图书销售部门联系调换